Walter Gagel

Geschichte der politischen Bildung in der Bundesrepublik Deutschland 1945-1989

2. Auflage

Walter Gagel

Geschichte der politischen Bildung in der Bundesrepublik Deutschland 1945-1989

Zwölf Lektionen

2. überarbeitete Auflage

Leske + Budrich, Opladen 1995

Für Hilde

ISBN: 3-8100-1426-5

Satz: Leske + Budrich
Druck: Presse-Druck Augsburg

Printed in Germany

Vorwort

Diese Geschichte der politischen Bildung ist ein Ergebnis der deutschen Einheit. Das epochale Ereignis hat mein Interesse an der historischen Betrachtung meines Fachgebietes geweckt. Darüber gibt die erste Lektion Rechenschaft. Die Entstehung des Buches hingegen ist einer Gelegenheit zu verdanken. Es basiert auf einer Vorlesung, die ich während eines Gastsemesters an der Universität Halle-Wittenberg im Sommer 1991 gehalten habe. Bis zur vorliegenden Endfassung habe ich diese Vorlesung gründlich überarbeitet und stark erweitert. Es blieb aber die didaktische Konzeption: die Gliederung in zwölf, thematisch abgeschlossene Einheiten und die Absicht zu belehren. Vor Augen standen mir jetzt bei der Arbeit an der Endfassung nicht nur Leser aus den neuen Bundesländern, sondern Interessenten aus dem ganzen Deutschland. Ich wollte versuchen, den in der Geschichte ruhenden Bestand an Ideen und Erkenntnissen zum politischen Unterricht und zur politischen Bildung zu vergegenwärtigen, – auf daß nicht immer wieder alles in Vergessenheit gerät, wenn Generationen von jüngeren abgelöst werden.

Als Autor bin ich zugleich Miterlebender. Seit meiner zweiten Staatsarbeit von 1957, spätestens aber seit Beginn meiner Tätigkeit in der Lehrerfortbildung 1963 war ich ausschließlich mit politischer Bildung und politischem Unterricht beschäftigt. Die persönlichen Erfahrungen prägen ein Geschichtsbild. Insoweit ist in diesem Buch auch viel Subjektives enthalten, und so gilt hierfür in Abwandlung das Wort von Emile Zola über die Kunst: Geschichtsschreibung bietet Ereignisse, gesehen durch ein Temperament. Das mögen diejenigen tolerieren, die mit der Sichtweise nicht einverstanden sind oder auch Wichtiges zu vermissen meinen.

Wegen der thematischen Konzentrierung in zwölf Lektionen konnte ich eine Vollständigkeit nicht anstreben. Das Buch ist didaktisch organisiert; die didaktischen Konzeptionen der politischen Bildung stehen als exemplarisch für die geschichtliche Entwicklung. Für mich sind sie nach wie vor der wichtigste Ertrag der vierzigjährigen Geschichte politischer Bildung in der alten Bundesrepublik. Mit den Lektionen versuche ich daher, in die geschichtliche Betrachtung und in ausgewählte Konzeptionen einzuführen. Ihr Verständnis soll durch Unterrichtsbeispiele der jeweiligen Autoren und durch die immer wiederholte Frage nach dem biographischen Hintergrund des Autors, nach der „Grunderfahrung“, erleichtert werden.

Für die folgende Darstellung habe ich eigene Vorarbeiten genutzt. Es sind dies der historische Abriß „Theorien und Konzepte" in dem Handbuch zur politischen Bildung, hrsg. von Wolfgang W. Mickel und Dietrich Zitzlaff (Opladen: Leske + Budrich 1988), die exemplarische Studie „Politisierung der politischen Bildung. Erfahrungen und Perspektiven" in Umbrüche in der Industriegesellschaft, hrsg. von Will Cremer und Ansgar Klein (Opladen: Leske + Budrich 1990), ferner „Zeitdiagnose und existentieller Bezug. Zur Entstehung und Entwicklung der didaktischen Konzeption Wolfgang Hilligens" in Herausforderungen Antworten, Festschrift für Wolfgang Hilligen zum 75. Geburtstag, hg. von Bernhard Claußen, Walter Gagel und Franz Neumann (Opladen: Leske + Budrich 1991), und eine Reihe weiterer Aufsätze. Vom Wochenschau Verlag erhielt ich die Erlaubnis, meine Schrift „Drei didaktische Konzeptionen: Giesecke, Hilligen, Schmiederer" (Schwalbach/Ts. 1991) zu verwenden. Mein Beitrag „Geschichte der politischen Bildung in der alten Bundesrepublik bis 1989" in dem Band Politische Bildung im vereinten Deutschland, hg. von Adolf H. Noll und Lutz R. Reuter (Opladen: Leske + Budrich 1993), enthält den Stand meiner Überlegungen im Jahre 1991, in dem ich jenes Manuskript abgeschlossen hatte.

Um die Verwendung des folgenden Lehrtextes zu verbessern, wird durchgehend auf zwei Bücher verwiesen, die durch die Bundeszentrale und die Landeszentralen weit verbreitet sind: Hans-Werner Kuhn, Peter Massing, Werner Skuhr (Hg.), Politische Bildung in Deutschland. Entwicklung – Stand – Perspektiven, 2. Aufl., Opladen 1993, die Quellensammlung zur Geschichte der politischen Bildung; im Literaturverzeichnis auf die Nachdrucke in Gotthard Breit, Peter Massing (Hg.): Grundfragen und Praxisprobleme der politischen Bildung, Schriftenreihe Bd. 305 der Bundeszentrale für politische Bildung, Bonn 1992.

Es bleibt mir noch, Unterstützung zu erwähnen: Hilde Gagel hat das ganze Manuskript gegengelesen und mich auf manche Verbesserungsmöglichkeit aufmerksam gemacht. Daher und aus vielen anderen Gründen ist dieses Buch ihrem Andenken gewidmet. Von Prof. Dr. Gotthard Breit erhielt ich wertvolle Anregungen für die Textgestaltung. Den Studentinnen und Studenten in Halle danke ich dafür, daß sie mir die Gelegenheit gaben, über die Geschichte der politischen Bildung im Zusammenhang nachzudenken.

Die hier vorliegende geschichtliche Darstellung schließt mit dem Jahre 1989 ab, dem Jahr der „Wende" in der DDR und dem ersten Schritt zur deutschen Einheit. Ich habe mir versagt, Perspektiven für eine politische Bildung im vereinten Deutschland auch nur anzudeuten. Daher gibt es kein Nachwort. Ich denke, daß Autoren meiner Generation, die so lange mit der politischen Bildung der alten Bundesrepublik verbunden waren, dazu schweigen dürfen. Umso mehr kann ich die bis dahin führende Entwicklung als ein abgeschlossenes Ganzes betrachten. Aber ich meine, daß sie damit nicht abgelegt und archiviert ist. Soweit auch das künftige Deutschland ein der westlichen Welt verbundenes demokratisches Land sein wird, was ich hoffe, wird die politische Bildung der alten Bundesrepublik weiterwirken können.

Die zweite Auflage wurde durchgesehen und stellenweise ergänzt oder verändert, ferner wurde sie durch ein Register erweitert.

Inhalt

1. Geschichte der politischen Bildung in der alten Bundesrepublik: Ist sie noch zeitgemäß? Einleitende Überlegungen zum Sinn einer historischen Betrachtung

Wer heute eine Geschichte der politischen Bildung schreiben will, die sich auf die Entwicklung in der alten Bundesrepublik beschränkt, gerät in einen **doppelten Rechtfertigungszwang**. Er muß sein Vorhaben einerseits gegenüber Lesern aus den alten Bundesländern und andrerseits gegenüber denjenigen aus den neuen Ländern begründen. Bei den Lesern aus dem Westen wird ihm die Rechtfertigung wahrscheinlich leichter gelingen, weil er bei ihnen mit der Überzeugung rechnen kann, daß sie etwas über die „eigene" Geschichte erfahren. Denkt er jedoch an Reaktionen ostdeutscher Leser, dann könnte ihn dies sehr verunsichern. Waren doch skeptische Einwände zu hören: Sollen wir einen „Schnelldurchlauf" durch die Geschichte der politischen Bildung in Westdeutschland absolvieren, ehe wir als kompetent angesehen werden? Sollen wir in das Korsett einer uns fremden geschichtlichen Entwicklung eingezwängt werden? Vernehmlich wurde der Wunsch geäußert: Wir müssen unseren eigenen Weg finden.

Das scheint einleuchtend zu sein, aber vielleicht doch nur auf den ersten Blick. Nach der Vereinigung sind wir nicht mehr jeweils selbständige Gesellschaften, die sich in Abgrenzung gegeneinander definieren, wie es vierzig Jahre lang geschah. Wir stehen vielmehr vor der Aufgabe, die Teile einer Nation langsam wieder zusammenwachsen zu lassen. Wir müssen **Annäherungen** versuchen auf allen Gebieten, auch im Bereich der Mentalitäten, dem Bewußtsein. Und da politische Bildung vor allem „Bewußtseinsbildung" ist, liegt hier eine vordringliche Aufgabe. Daraus folgt der Versuch, das für alle zumutbare **Gemeinsame** herauszufinden. Für Westdeutsche erfordert dies eine Selbstvergewisserung der eigenen Tradition und die Frage, was an ihr erhaltenswert ist. Für Ostdeutsche bedeutet dies einen Weg zum Verstehen dessen, was sie nach dem Fall der Mauer an Vorschlägen zur politischen Bildung im Westen kennengelernt haben. Und für beide liegt darin die Möglichkeit, in der geschichtlichen Betrachtung nach Gemeinsamkeiten zu suchen, die sich für die Zukunft als tragfähig erweisen.

So richten sich die folgenden Ausführungen über die Funktionen einer geschichtlichen Betrachtung zunächst an die ostdeutschen Leser. Dann aber will ich in der Hauptsache den Weg zu den Gemeinsamkeiten suchen. Und hierbei wird es auch um die Klärung des **beiderseitigen Selbstverständnisses** gehen, für welche die deutsch-deutsche Vereinigung einen neuerlichen Impuls gegeben hat.

1.1 Funktionen einer geschichtlichen Betrachtung

Die Öffnung der Mauer 1989 hat für viele der in der DDR in Wissenschaft und Bildung Tätigen wie das Öffnen einer Schleuse gewirkt: Eine **Fülle neuer Informationen** stürmte auf jeden ein. Die Bundesrepublik erschien als das Vorbild auf jedem Gebiet, also galt es nachzuholen. So war auch der Bedarf an Information über die politische Bildung in Westdeutschland groß. Doch muß die Ratlosigkeit nicht gering gewesen sein. Denn an der Mauer hatten sich die Gedanken von 40jähriger Arbeit aufgestaut. Wer konnte dies alles so schnell aufnehmen? Die Fülle der Schriften, die gelesen sein wollten, bot **Unübersichtlichkeit** und erzeugte Verwirrung. Kennzeichnend ist ja für die Wissenschaft in der pluralistischen Gesellschaft die Vielfalt der Richtungen und Strömungen. Für diejenigen, die das geordnete und einheitliche gedankliche System gewohnt waren, brachte dies eine befremdliche Erfahrung.

Den Ratsuchenden half kein Ordnungssystem für die vielen didaktischen Vorschläge und Konzeptionen auf dem Gebiet der politischen Bildung. In der Tat gab es hier keine Systematik, sondern allenfalls Klassifizierungsversuche nach der „politischen Geographie“, also eine Einordnung nach politischen Richtungen wie konservativ, altliberal, linksliberal, sozialistisch usw. Jedoch helfen diese Etiketten nicht sehr viel. Denn unter dem Aspekt der politischen Orientierung kann immer nur eine von mehreren Seiten der jeweiligen Konzeption getroffen werden. Ein anderes Klassifikationssystem würde eine ganz andere Anordnung hervorrufen. So interessant auch die politische Zuordnung in bildungspolitischer Hinsicht sein mag, – für das didaktische Nachdenken bringt sie wenig Gewinn. Beispielsweise wird die Bedeutung von Rolf Schmiederer für die Entwicklung eines schülerorientierten Unterrichts von der Tatsache kaum berührt, daß er politisch als demokratisch-sozialistisch klassifiziert wurde. Die Frage nach den **Funktionen geschichtlicher Betrachtung** hilft hingegen weiter.

Die Kenntnis der geschichtlichen Entwicklung kann zunächst als **Orientierungshilfe** dienen. Die Gliederung des Verlaufs in Etappen oder Phasen der politischen Bildung bringt eine gewisse Übersichtlichkeit in die Vielfalt. Beispielsweise grenzen Hans-Werner Kuhn u.a. (1993) bis 1989 folgende Phasen voneinander ab:

1. Erziehung zur Demokratie als Lebensform – Re-education nach 1945
2. Partnerschaftspädagogik oder Erneuerung der staatsbürgerlichen Erziehung
3. Grundlegende Einsichten als Ziel politischer Bildung
4. Der Konflikt als Grundbegriff der politischen Bildung
5. Emanzipation oder politische Rationalität – Bildungsziele im Widerstreit
6. Pragmatische Wende, Pluralisierung und neue Ansätze

Es gibt andere Phaseneinteilungen; auch meine eigene, die den folgenden Kapiteln zugrundeliegt, wird davon abweichen. Ungeachtet der mehrfachen

Möglichkeiten: Auch diejenige von Kuhn u.a. ist hilfreich, weil sie die inhaltlichen Schwerpunkte in den jeweiligen Zeitabschnitten hervorhebt und dadurch eine Zuordnung von Konzeptionen ermöglicht.

Wichtiger erscheint mir aber eine andere Funktion der geschichtlichen Betrachtung: Sie bietet zugleich eine **Verständnishilfe**. Politische Bildung ist immer an Wissenschaft gebunden gewesen, zunächst an die Pädagogik, später an die Fachdidaktik. Wissenschaft ist ein ständiger Diskurs. Insofern standen und stehen die Pädagogen und Didaktiker der politischen Bildung in einem Diskussionszusammenhang miteinander. Das einzelne Werk, die einzelne Schrift kann eigentlich nur aus diesem Zusammenhang verstanden werden. Ich führe als Beispiel den sog. „Beutelsbacher Konsens" an. Er wird in Schriften ostdeutscher Autoren häufig zitiert. Er enthält drei Prinzipien, die der politischen Bildung zugrundeliegen sollten: 1. Überwältigungsverbot: Es ist nicht erlaubt, den Schülern eine Meinung aufzuzwingen; 2. Prinzip der Kontroverse: Was in Politik und Wissenschaft kontrovers ist, muß auch im Unterricht kontrovers dargestellt werden; 3. Fähigkeit zur Interessenvertretung: Schüler sollen fähig werden, ihre Interessen selbständig zu analysieren und zu vertreten (s. 9.4; unten S. 219).

Manchmal entsteht der Eindruck, als diente dieser Beutelsbacher Konsens als Rettungsring: Angesichts der Vielfalt, angesichts der Kontroversen in der Didaktik der politischen Bildung ist dies wenigstens etwas Unbestrittenes, an das man sich halten kann. Jedoch muß man die Vorgeschichte kennen, um zu verstehen, warum dies und nichts anderes Inhalt des Konsenses ist. Warum steht da nicht z.B. „Erziehung zu den Menschenrechten" oder „Fähigkeit zu moralischer Urteilsbildung"? Und man muß wissen, daß diesem Beutelsbacher Konsens kein Beschluß, keine förmliche Abstimmung zugrundeliegt, daß er vielmehr eine Konsens*hypothese* darstellt. Aus diesem Grunde läßt er sich nicht wie einen Lehrsatz verwenden, an dem es nichts zu deuteln gibt. Man muß immer wieder erklären, was damit eigentlich gemeint ist. Und vor allem: Man muß seine Vorgeschichte kennen (dazu 9.3; unten S. 211ff.), um ihn nicht falsch aufzufassen. Insofern verhilft die geschichtliche Betrachtung zum Verstehen von didaktischen Positionen in der politischen Bildung.

Geschieht dies nicht, dann erscheinen die Schriften der Didaktiker, die nach der Öffnung der Mauer bekannt wurden, als zufällige Gebilde, als ein unzusammenhängendes Vielerlei. Erst die historische Tiefendimension stellt den Zusammenhang her, der Verstehen ermöglicht.

Eine dritte Aufgabe der geschichtlichen Betrachtung liegt in ihrer **Aufklärungsfunktion**. Die Geschichte der politischen Bildung in Westdeutschland stellt eine Art Labor dar, in welchem man Abläufe beobachten kann, die denen, welche einen Neuanfang machen, vielleicht noch bevorstehen. Denn beide, die Deutschen im Westen wie im Osten, befanden sich damals und befinden sich heute in einer ähnlichen Situation: Sie versuchten und versuchen einen demokratischen Neuanfang nach totalitärer Herrschaft, und sie bemühten und bemühen sich um politische Bildung als Mittel zur Schaffung einer demokratischen Gesellschaft. Das geschichtliche Labor der alten Bundesrepublik enthält die Versuchsanordnungen, die Abläufe der Experimente, aus denen Nachfolgende gelernt haben. Tatsächlich läßt sich wie in einer Computersimulation im Schnellgang gedanklich nachvollziehen, was in der alten Bundesrepublik Jahrzehnte gedauert hat. Die Chance liegt darin, daraus Anwendungsmöglichkeiten zu gewinnen, daraus zu lernen, ohne daß man erst die Irr- und Umwege selber beschreiten muß, welche die Geschichte aufweist.

Geschichte der politischen Bildung in der alten Bundesrepublik ist folglich nicht das künstliche Aufwärmen von längst Vergangenem, sondern bietet die **Gegenwart der Vergangenheit**, zu der man sich selbst und seine eigenen Bemühungen permanent in Beziehung setzen kann. Insofern muß bei der geschichtlichen Betrachtung immer auch die Gegenwart im Blick sein. Geschichte ermöglicht dadurch eine Art Selbstaufklärung.

Diese drei Funktionen, Orientierungshilfe, Verständnishilfe und Aufklärung, führe ich zur Begründung für die geschichtliche Betrachtung an. – Wie aber steht es mit den Gemeinsamkeiten? Der Weg zu ihnen geht über das theoretische Vorverständnis der geschichtlichen Betrachtung.

1.2 Theoretisches Vorverständnis

Geschichte kann man nicht einfach nacherzählen. Sie stellt immer eine Art Rekonstruktion im gegenwärtigen Bewußtsein dar. Daher ist es erforderlich, die **Prinzipien der Rekonstruktion** offenzulegen.

Bei uns ist bisher nur eine Geschichte der politischen Bildung erschienen: Rolf Schmiederer, Zwischen Affirmation und Reformismus. Politische Bildung in Westdeutschland seit 1945 (1972). Dieses Buch enthält eine sozialgeschichtliche Analyse. Der Zusammenhang zwischen den in der Bundesrepublik wirksamen Ideologien und der ökonomischen Struktur und Funktionsweise ihrer Gesellschaft wird dargestellt, wenn auch nur annäherungsweise, wie der Autor sagt (1972: 10). Schmiederers Analyse war von dem Erkenntnisinteresse geleitet, durch Bildungsreform die Reform der Gesellschaft zu bewirken, in der Hoffnung, der kapitalistische Staat würde sich in einen Staat des demokratischen Sozialismus umwandeln. Inzwischen haben die geschichtliche Ereignisse der „Revolution in Europa" des Jahres 1989 unmöglich gemacht, diese Fragestellung zu wiederholen.

Die „Wende" vom Herbst 1989 und der sich anschließende Einigungsprozeß haben mich zu einem neuen Nachdenken darüber angeregt, was in den 40 Jahren politischer Bildung in der alten Bundesrepublik eigentlich geschehen ist (hierzu und zum Folgenden vgl. Gagel 1991c u. 1992a). Was ist unter gegenwärtigen Bedingungen an Unverzichtbarem geblieben? Mit welchem Recht erwarten wir von den neuen Bundesländern, daß sie die westliche politische Bildung übernehmen? Die Antwort folgt aus einer umfassenderen Geschichtsbetrachtung. Die Geschichte der Bundesrepublik ist die erste **Westorientierung** eines deutschen Staates in der deutschen Geschichte seit dem 19. Jahrhundert. Die Entwicklung der politischen Bildung seit 1945 verstehe ich dementsprechend als den Versuch, diese Westorientierung im Bildungsprozeß nachzuvollziehen. Dies sehe ich als einen mühsam erarbeiteten Gewinn, der in Zukunft nicht verspielt werden darf.

Der Schriftsteller Peter Schneider, der in seinen Büchern die deutsch-deutschen Beziehungen vielfach beschrieben hat, hält den Raum zwischen Rhein und Oder für eine Art Großlabor, in welchem Zwillingsstudien ähnlich wie diejenigen amerikanischer Forscher gemacht werden könnten. Man müßte nur die Macht der Gene durch Worte wie „Tradition" und „Nationalcharakter" ersetzen (Schneider 1990: 124). Man braucht dies nicht wörtlich zu nehmen, um den fruchtbaren Gedanken zu erkennen, daß es nämlich eine gemeinsame oder, um im Bilde von Schneider zu bleiben, „genetische" Disposition der Deutschen gibt. Denn uns stellt sich ja die Frage: Wie sollen wir zwischen Ost und West über politische Bildung sprechen? Für dieses Gespräch benötigen wir einen **gemeinsamen Bezugspunkt**. Um ihn zu finden, müssen wir in die geschichtliche Tradition vor der Teilung Deutschlands zurückblicken, also in die Zeit vor 1945. Der gemeinsame Bezugspunkt für die Betrachtung der Geschichte der politischen Bildung in der alten Bundesrepublik liegt in der Antwort auf die Frage, **was eigentlich „deutsch" ist**. Erst dann können wir überlegen, wie die gegenwärtig sichtbaren Verschiedenheiten zu beurteilen sind.

1.3 Gemeinsamkeiten und Verschiedenheiten

1.3.1 Die gemeinsame geschichtliche Tradition

Die gemeinsame geschichtliche Tradition ist der **Sonderweg**, auf dem die Deutschen sich seit dem 19. Jahrhundert vom westlichen Europa getrennt haben. Diesen „Sonderweg" haben zwei Autoren untersucht, die mit dem Deutschtum leidvoll verbunden waren: Helmut Plessner und Norbert Elias, beides Soziologen und beide während der Zeit des Nationalsozialismus emigriert. Sie wurden von der Frage getrieben, wie NS-Herrschaft und menschenverachtender Terror in Deutschland überhaupt möglich geworden sind.

Plessners Thema in seinem Buch „Die verspätete Nation" ist „Deutschlands ideelle Entfremdung von der westlichen Welt" (Plessner 1988: 58), die sich seit dem Beginn des 19. Jahrhunderts vollzog. Westlich ist für Plessner die von der Aufklärung geprägte Kultur, ist für ihn der Staatsgedanke, „der um des Menschen willen den Menschen zum Träger der freien Ordnung macht." (ebda.: 54) „Der Staat als Vertrag im Sinne der Übereinkunft zwischen freien Bürgern ist spezifisch westliches Ideal." (ebda.: 63) In Deutschland verhinderte das Auseinanderfallen in Einzelstaaten die Herausbildung einer Nation als politisches Gebilde, das sich in einem Staat wiederfinden konnte. Es fehlte das durch den 30-jährigen Krieg dezimierte Bürgertum, das eine politische Tradition politischer Selbstbestimmung hätte aufbauen können. Aus der Traditionslosigkeit flüchtete sich die Intelligenz in die Geschichtsentwürfe, beispielsweise in den marxistischen Geschichtsentwurf und zuletzt in die biologischen Stammbaumkonstruktionen auf der Grundlage des Darwinismus. Die Wirkung dieser Geschichtsentwürfe liegt nach Plessner in ihrem Potential an objektiver Erklärungen, welche die subjektive Sinngebung ersetzen können; dadurch nehmen sie schließlich dem geschichtlichen Handeln „den Druck der Verantwortung, d.h. sie setzen an Stelle der Freiheit den Weltlauf" (ebda.: 117).

Norbert Elias leitet aus der politischen Schwäche und Ohnmacht der Deutschen ein Bewußtsein ab, das von den „kumulativen Erfahrungen der Zersplitterung" geprägt ist. Daraus ergab sich der „glühende Wunsch nach Einheit" als Leitmotiv der Geschichte, ein Selbstbild von Zwietracht und Streit und daraus folgend eine „Sehnsucht nach einem Souverän, einem starken Führer, der sie zur Einheit und Freiheit bringen könnte" (Elias 1992: 413). Darin wurzelte die ablehnende Haltung gegenüber dem Parlamentarismus. Deutsch war nach Elias das „Verlangen nach Fremdkontrolle" (ebda.: 414), ein Verständnis von Einheit als eine „totale Einheit ohne jede Spur von Zwietracht" (ebda.: 415) und daher die Ablehnung des Pluralismus. Dem entsprach der Verhaltenskanon der Deutschen: „Seine Anforderungen waren kompromißlos und unbedingt. Nichts Geringeres als totale Übereinstimmung mit den Normen verschaffte Befriedigung". In den Jahrhunderten absoluter Herrschaft entstand das Verlangen nach Idealen und Glaubensdoktrinen, „denen man absolut gehorchen konnte" (ebda.: 422).

Besonders in den „Ideen von 1914" (vgl. Lübbe 1974: 171-235) hat sich das **Sonderbewußtsein der Deutschen** gegenüber den westeuropäischen Nachbarn manifestiert. Mit ihnen beschrieb die geistige Elite des damaligen Kaiserreiches ihre politische Deutung des ersten Weltkrieges.

Der Krieg wurde nicht lediglich als Auseinandersetzung zwischen Großmächten verstanden, sondern als Angriff auf die deutsche Identität. Der Feind, so äußerte der Philosoph Rudolf Eucken, setze in Unverständnis deutsches Wesen herab; Eucken stellte dem entgegen: Inmitten äußerlicher Zivilisation die Kultur der Seele zu retten – das ist des Deutschen Beruf, den er gerade in diesem Krieg erfüllt (Lübbe 1974: 182, 183). Der Historiker

Georg von Below schrieb: „Die Ideen der Freiheit, Gleichheit, Brüderlichkeit sind durch die deutschen Ideen von 1914, Pflicht, Ordnung, Gerechtigkeit überwunden.“ (v. Krockow 1990: 100) Der Philosoph Wilhelm Wundt wertete 1918 die Demokratie ab: „Zwischen dem deutschen und dem demokratischen Geist gibt es keine Vermittlung... Demokratie ist recht eigentlich der Triumph der toten Zahl über die lebendige Form.“ (ebda.: 100f.) Der Schriftsteller Thomas Mann vollzog in seinem Buch „Betrachtungen eines Unpolitischen“ von 1918 die schmerzliche Auseinandersetzung mit seinem Bruder Heinrich und seine eigene Selbstvergewisserung als Dichter und Deutscher. Dort heißt es: „Ich will nicht Politik. Ich will Sachlichkeit, Ordnung, Anstand... Ich bekenne mich tief überzeugt, daß das deutsche Volk die politische Demokratie niemals wird lieben können... und daß der vielverschrieene »Obrigkeitsstaat« die dem deutschen Volk angemessene, zukömmliche und von ihm im Grunde gewollte Staatsform ist und bleibt.” (ebda.: 101) In der Publizistik und in der Literatur wurde der Gegensatz zwischen den Deutschen und dem Westen mannigfach umschrieben; für Thomas Mann war der Bruder nicht Dichter, sondern „Zivilisationsliterat“, weil er den westlichen Ideen in seinen Werken Raum gab. Weitere Schlagwörter, die den Gegensatz hervorhoben, wurden gebraucht: Deutscher Geist stand gegen Westeuropa, Helden gegen Händler, Soldaten gegen Demokraten, Idealismus hier und Egoismus der „anderen“ (ebda: 164). Nach dem Weltkrieg fanden diese Gedanken ihre Fortsetzung in den Vorstellungen der „Konservativen Revolution“ Moeller van den Brucks und in den Schriften Oswald Spenglers, der 1919 schrieb: „Parlamentarismus in Deutschland ist Unsinn und Verrat“ (Felken 1988: 107).

In derartigen Äußerungen ist der „Sonderweg“ oder das „Sonderbewußtsein“ (vgl. Lorig 1987) erkennbar, die für viele Deutsche politische und kulturelle Richtschnur gewesen sind und die deutsche Geschichte seit dem 19. Jahrhundert geprägt haben.

Gegenüber dieser Tradition stellt das Jahr 1945 eine tiefeinschneidende Zäsur dar. Vorbei war es mit der Mittellage, welche die Politik Deutschlands bisher bestimmt hatte. Besatzungsrechte, Kalter Krieg und Eiserner Vorhang teilten das Land in zwei ungleiche Hälften. Die dann selbständig werdenden beiden deutschen Staaten drifteten auseinander: Westorientierung bei dem einen, Ostorientierung bei dem anderen.

1.3.2 Verschiedenheit: Zwei politische Kulturen

Betrachten wir das Ergebnis. Vor dem Hintergrund der deutschen Geschichte war in der **Bundesrepublik** die Entscheidung Adenauers für eine **Westbindung**, wie er sie schon in der ersten Regierungserklärung 1949 ausgesprochen hatte, nicht nur politischer Opportunismus, sondern auch die Überzeugung, daß, wie er sagte, „wir nach unserer Herkunft und nach unserer Gesinnung zur westeuropäischen Welt gehören“ (zit. nach Schwarz 1981: 55). Hier sprach der Katholik und Rheinländer, der schon in der Weimarer Zeit mehr dem Westen als dem Osten zugewandt war. Aber er stand mit dieser Einstellung nicht alleine. Bemerkenswert ist, daß es von Anfang an in der Bundesrepublik kein verbreitetes antiwestliches Ressentiment gab, wie es noch die Weimarer Republik prägte. Die Folge war eine auf die Dauer nicht angezweifelte Integration der westdeutschen Demokratie in die wirtschaftliche und politische Gemeinschaft des demokratischen Westeuropa und damit verbunden eine zunehmende Angleichung der bundesrepublikanischen Gesellschaft an die anderen freien Gesellschaften des Westens (vgl. Löwenthal 1979: 255). Hans-Hermann Hartwich hat diese Westorientierung als einen **Prozeß** beschrieben, als „Verfassungsprozeß" und „Demokratiebindung post festum", die von heterogenen Faktoren vorangetrieben wurden: Sowohl problematische Kontinuitätselemente wie die Wiedereinstellung der Beamten als auch die Wiedergutmachungspolitik, der Kalte Krieg und die Staatsschutzbestimmungen, Wirtschaftssystem und Sozialleistungen, Regierungswechsel zur SPD, antiautoritäre Bewegung und außenpolitische Westintegration trugen zur Akzeptanz und Legitimation der bundesrepublikanischen Verfassung vom Typ „westliche Demokratie" bei (Hartwich 1990b: 153-155). Insgesamt vollzog sich in der Bundesrepublik in den vierzig Jahren bis 1989 eine Abkehr vom deutschen „Sonderweg" oder „Sonderbewußtsein" und die langsame Umwandlung einer „Untertanenkultur" in eine „Bürgerkultur" (Rohe/Dörner 1990: 21).

Anders die **DDR**. Trotz relativer Modernisierung stand nach Aussage von Jürgen Kocka die zweite deutsche Diktatur in der DDR „tief in den Traditionen des Obrigkeitsstaats, des Antiparlamentarismus, des Illiberalismus, ja auch des Militarismus", und er meint damit jene Traditionen, welche den inneren Kern des „deutschen Sonderwegs" ausgemacht hätten. In der Bundesrepublik seien sie mit der Zeit abgeschwächt und schließlich weitgehend überwunden (Kocka 1994: 45). Auch die bereits erwähnte „Kultur-Zivilisations"-Dichotomie der „Konservativen Revolution" verlängerte sich in die DDR, so bei Heiner Müller und seiner Zivilisationskritik an Westeuropa (Herzinger 1992: 102), doch setzte er sie auch nach der Vereinigung zusammen mit Christa Wolf und Volker Braun fort (Gebhardt/Kamphausen 1994: 29).

Peter Schneider hat die Metapher der „Kühlschranktheorie" erfunden. Sie besagt, der Kommunismus funktioniere wie ein Tiefkühlfach, in dem die historischen Eigenarten und Passionen der Völker gleichsam tiefgefroren werden (1990: 126). Das spezifisch „Deutsche" wäre demnach in der DDR konserviert worden. Schneider resümiert die Entwicklung der beiden Teile Deutschlands: „Während der eine sich im Tiefkühlschrank des realen Sozialismus traditionell deutsch erhalten hat, hat sich das Wesen des anderen im Reizklima irgendwie zersetzt." (1990: 138) Die Westdeutschen, so läßt sich folgern, sind europäischer geworden, eben westeuropäischer, während die Deutschen im Osten deutsch geblieben sind, – was das Auseinanderdriften sinnfällig machen würde.

Vielleicht ist dies etwas überspitzt formuliert. Aber daß sich **unterschiedliche Kulturen** entwickelt haben, ist uns beiderseitig bewußt. Die Umfragen, die der SPIEGEL Ende 1990 veröffentlichte, bestätigen dies, wenngleich auch manche Gemeinsamkeit. „In hohem Maße“, meinte der SPIEGEL, „fühlen sich die Ost-Deutschen ihren Landsleuten im Westen unterlegen, was die Eigenschaften betrifft, die sie in ihrem neuen Leben brauchen.“ Für deutlich überlegen halten sie die West-Deutschen bezüglich Entschlußkraft, Selbständigkeit, Geschäftstüchtigkeit und Selbstbewußtsein. Relativ geringe Unterschiede nehmen sie hingegen wahr hinsichtlich von Zuverlässigkeit, Fleiß, Toleranz, Pflichtbewußtsein und Disziplin (DER SPIEGEL Nr. 46 vom 12.11.1990: 125f.). Aufschlußreich scheint mir hierbei zu sein, daß sich die Ost-Deutschen die traditionell deutschen Sekundärtugenden wie Fleiß usw. durchaus zusprechen, also solche, die sich mit einem autoritären Charakter vereinbaren lassen, nicht aber solche, die Ichstärke signalisieren und zu den Merkmalen einer demokratischen Persönlichkeit gerechnet werden können. Ähnliches hat auch eine Umfrage unter Studenten vor der Einigung ergeben: Junge Akademiker in der alten Bundesrepublik verstehen sich in erster Linie als autonome Individuen, denen Eigenständigkeit, Abgrenzung von der Umwelt und Abwehr sozialer Verbindlichkeiten wichtig sind. Die ostdeutschen Studenten geben vorrangig eine soziale Selbstdefinition mit einer größeren Abhängigkeit von ihrem unmittelbaren gesellschaftlichen Umfeld (Brämer/ Heublein 1990: 16).

Andere Forschungen belegen diese **Unterschiede**. Untersuchungen mit Hilfe psychometrischer Fragebogentests ergaben, daß „Ostdeutsche die »deutscheren« Deutschen sind. Bei ihnen haben klassische »deutsche Tugenden« (wie z.B. Ordnungsstreben, Zuverlässigkeit oder Normenorientierung) eine stärkere Ausprägung; sie vertreten konservativere Wertvorstellungen, während Westdeutsche Selbstentfaltungs- und hedonistischen Werten einen höheren Stellenwert einräumen“ (Becker 1992: 33). Das soll nicht als Abwertung einer vermeintlich ‚rückständigen‘ Seite verstanden werden. Denn man muß dies historisch relativieren. Die Gesellschaft der Bundesrepublik hat in den 60er und 70er Jahren einen „Wertwandelschub“ erlebt, den Übergang von dominierenden „Pflicht- und Akzeptanzwerten“ einerseits zu „Selbstentfaltungswerten“ andererseits (Klages 1988: 56). Die Geschichte der Bundesrepublik zeigt aber, daß in der unmittelbaren Nachkriegszeit auch hier eine „massive Aufwertung von Pflicht- und Akzeptanzwerten“ stattfand (ebda.: 45), die dann erst später von dem „Wertwandelschub“ abgelöst wurde. Wenn wir einen Unterschied in der Wertorientierung zwischen West und Ost feststellen, dann ist das im Sinne einer **„nachholenden Revolution“** (Habermas 1990) gemeint. Die Westdeutschen haben früher als die Ostdeutschen die Chance zur Neuorientierung bekommen.

Mir ist bewußt, daß diese Unterscheidungen durchaus **ambivalent** sind. Der sozialstrukturelle Wandel zur Individualisierung, welcher die Gesellschaft der alten Bundesrepublik in ihrer letzten Phase erfaßt hatte, ist nach dem Urteil des Soziologen Ulrich Beck „eine Versuchsanordnung zur Konditionierung ichbezogener Lebensweisen“ und bewirkt ein „Verschwinden der

Solidarität" (Süddeutsche Zeitung 14./15. 2. 93: 15). Eigenständigkeit tendiert zu Egoismus, zur „Ellenbogengesellschaft", dagegen hat Abhängigkeit vom gesellschaftlichen Umfeld eine Tendenz zu Verpflichtungen gegenüber der Gemeinschaft, die beispielsweise in den USA zum demokratischen Verhalten gehören. In der DDR konnte man ganz spezifische Eigenschaften entwickelten, die in der dortigen Umwelt höchst funktional waren: Lutz Marz führt „Beziehungsarbeit" und „Chaosqualifikation" an (1992: 8f.). Die Bewertungen sind also nicht eindeutig. Dennoch zeigen die Befunde, daß verschiedenartige Verhaltensdispositionen entstanden sind. Mir geht es hier nicht um die Bewertung, sondern um Indizien für die Unterschiede in den politischen Kulturen.

Nicht jeder wird sich in diesen Beschreibungen wiederfinden. Empirische Untersuchungen geben Trends wieder, nicht die Einstellung jedes einzelnen Menschen. Ich bin mir auch bewußt, daß es problematisch ist, vom Westen über den Osten Deutschlands zu sprechen, die Menschen scheinbar trennscharf einzuordnen. Das kann nur ganz grob geschehen. Trotzdem muß ich es ansprechen, weil es zu meinem Thema gehört: Es geht um die Merkmale des Deutschen. So unsicher manches im einzelnen sein mag: Wir haben ein **subjektives Unterschiedsbewußtsein**, und das äußert sich in Selbsteinschätzungen und in Fremdeinschätzungen, also darin, wie wir wechselseitig übereinander denken. Mit erscheint es wichtig, darüber zu sprechen und es nicht zu verschweigen. Auf dieser kommunikativen Ebene können wir uns dann nähern, also auf der Ebene des Miteinandersprechens.

1.4 Das Verständnis der „Wende": Konsens oder Dissens?

Ein Thema dieses Miteinandersprechens wäre das **Verständnis der „Wende"**. Dieses Verständnis ist ein wichtiger Faktor für die Möglichkeit einer gemeinsamen politischen Bildung in neuen und alten Bundesländern. Ihre Bedeutung ist jedoch nicht eindeutig. Sie spannt sich zwischen den Parolen der Demonstranten von „Wir sind das Volk" bis zu „Wir sind ein Volk". Je nachdem, welcher dieser Deutungen man folgt, erhält politische Bildung eine andere Kontur. Damit nicht alles auseinanderdriftet, müssen wir die Frage prüfen: Können Pädagogen der politischen Bildung aus den neuen Bundesländern die „Wende" des Jahres 1989 so definieren, daß sie sich mit denen aus den alten Ländern in der Definition treffen?

Ein Westdeutscher kann keine dieser Deutungsmöglichkeiten vorschreiben. Aber er kann sie bis in ihre Konsequenzen entfalten.

1.4.1 Nationale Einheit als Ziel der „Wende"?

Das Bemerkenswerte an der „Wende" war der **Zielwandel**: Anfangs benutzten die Demonstranten die demokratische Losung „Wir sind das Volk", aber nach der Maueröffnung folgte die nationale Losung: „Wir sind *ein* Volk". Wolfgang Ullmann vom Bündnis 90 meinte, damit sei „unabsehbar eine Abgrenzung zu anderen Völkern vollzogen" worden und nannte dafür Beispiele (Bergedorfer Gesprächskreis 1990: 82).

Das Bekenntnis zur Einheit mag viele Motive enthalten. Das Streben nach **Wirtschaftseinheit** mit dem Ziel der „Teilhabe" am Wohlstand der Bundesrepublik wäre legitim. Hier rechtfertigt die Nation als historische Schicksalsgemeinschaft die Zuordnung: die gemeinsame geschichtliche Vergangenheit. Aber diese deutsche Vergangenheit hat immer auch den Nationalismus, und das heißt: die Abgrenzung gegen andere nach außen sowie Ausgrenzung im Innern hervorgebracht. Deswegen können wir nur vorsichtig mit dem Gedanken der Nation umgehen.

Die gefährliche Seite wäre ein **völkisches Nationsverständnis**, ein Verständnis von Nation als homogene Gemeinschaft, „deren Ideal die Einigkeit ist, die es gegen Zersetzung zu verteidigen gilt" (Hättich 1990: 118). Die Angst vor „Überfremdung" ist so zu verstehen. Darin ist der Gedanke enthalten, daß die ethnischen Merkmale die Zugehörigkeit zu einem völkisch homogenen Staat gewähren. Das aber hat die Unterdrückung andersartiger ethnischer, kultureller, religiöser oder sozioökonomischer Besonderheiten unter der Bevölkerung zur Folge, also Fremdenfeindlichkeit, wofür es gegenwärtig Beispiele in Ost und West gibt.

Anders ist das **politische Nationsverständnis** zu bewerten. Für Ernest Renan, einen französischen Philosophen des 19. Jahrhunderts, war die Nation nicht die Abgrenzung einer volkhaften Besonderheit nach außen, sondern das Symbol eines binnengesellschaftlichen „täglichen Plebiszits" für die demokratische Teilhabe an der politischen Selbstorganisation (Merkel 1990). In diesem Sinne läßt sich die Volkskammerwahl vom März 1990 als Plebiszit zur Einheit in einem Nationalstaat verstehen. Dieses tägliche Plebiszit grenzt niemanden aus; der Nationalstaat in diesem Sinne muß also keine ethnische Homogenität aufweisen, er bleibt für eine Duldung kultureller Andersartigkeit offen.

Der Nationalstaat ist gegenwärtig die historisch gewordene Form, in welchem **demokratische Verfassung und Herrschaft des Rechts gewährleistet** sind. In dieser Funktion, wie sie der Soziologe Ralf Dahrendorf (1990a: 124) beschreibt, wird er auch in einem Vereinigten Europa – „einstweilen", wie Dahrendorf an anderer Stelle betont (1990 b: 827) – noch fortdauern. Das schließt nicht aus, daß der Nationalstaat auf vielen Gebieten, vor allem der Ökonomie, der Technologie und der Ökologie, seine Funktion schon längst eingebüßt hat. Gefragt ist zukünftig transnationale Politik der Nationalstaaten. Widersinnig wäre demnach eine Verstärkung des Nationalbewußtseins zum Nationalismus, also eine Rückkehr ins 19. Jahrhundert. Der Nationalstaat ist eine Form, nicht ein Inhalt, es sei denn, man würde ihn mit dem Gedanken der demokratischen Selbstorganisation verbinden. Dann aber hätte die „demokratische Grundordnung Vorrang vor nationalstaatlichen Identitätsmerkmalen" (Seeber 1990: 280).

1.4.2 Der „Dritte Weg" als Ziel?

Die „Wende" wurde zunächst von dem Ruf nach Freiheit getragen: Reisefreiheit, Redefreiheit, demokratische Selbstbestimmung waren die Parolen der Demonstranten. Das Ziel war die Reform des DDR-Staates und damit der Versuch, einen **eigenen, neuen Weg zum Sozialismus** zu eröffnen. In politischer Hinsicht war das Konsumland Bundesrepublik keineswegs erstrebenswert. Er könne sich nicht vorstellen, sagte Wolfgang Ullmann in einem Spiegel-Gespräch, „daß einzig und allein die politischen Parteien die Instrumente der politischen Willensbildung sein und bleiben können". Er erklärte damit die in der Noch-DDR vorhandene Distanz zu den Parteien und zur rein repäsentativen Demokratie (DER SPIEGEL Nr. 21 vom 21. 5. 1990: 43). Am Runden Tisch äußerte Gregor Gysi: „Der »dritte Weg« ist objektiv notwendig, um die Menschheitsprobleme zu lösen." (Thaysen 1990: 147)

Aber hier wird einer Entscheidung ausgewichen. Die jahrzehntelange Abqualifizierung der westlichen Demokratien als bürgerlich und kapitalistisch wirkt nach. Ralf Dahrendorf hat auf dem Soziologentag in Frankfurt/Main im Oktober 1990 dargelegt, daß es nur zwei Typen von Gesellschaften gibt: **offene und geschlossene Gesellschaften**. Die Lehre der vergangenen Jahrzehnte ist die, daß eine geschlossene Gesellschaft wie die des realen Sozialismus auf Dauer nicht bestehen kann, weil sie nicht für Wandel und Modernisierung ausgestattet ist. „Geschlossene Gesellschaften dauern nicht." (Dahrendorf 1991: 141) An anderer Stelle sagte er, es gebe nur die Wahl zwischen Systemen und der offenen Gesellschaft. „Die Wahl zwischen Freiheit und Knechtschaft ist eindeutig." (1990 a: 63, 60) Es gibt also kein „Drittes".

1.4.3 „Wende" als Westorientierung?

Dann bliebe nur die Entscheidung für die **politischen Vorstellungen der westlichen Demokratien**, also „Westorientierung". So läßt sich der Ruf nach Freiheiten interpretieren, den die Leipziger Demonstranten erhoben. Der Engländer Timothy Garton Ash hat unter dem unmittelbaren Eindruck der Geschehnisse eine Deutung der osteuropäischen Revolutionen von 1989 einschließlich derjenigen in der DDR unter dem Buchtitel: „Ein Jahrhundert wird abgewählt“ (1990) versucht. Er stellte die Gemeinsamkeiten der Freiheitsbewegungen von 1989 heraus:

„Politisch vertreten sie unisono: Es gibt keine »sozialistische Demokratie«, es gibt nur Demokratie. Und mit Demokratie meinen sie Mehrparteiensystem, die parlamentarische Demokratie, wie sie im heutigen West-, Nord- und Südeuropa praktiziert wird. Sie sagen: Es gibt keine »sozialistische Rechtsstaatlichkeit«, es gibt nur Rechtsstaatlichkeit. Und damit meinen sie eine Rechtsordnung, die durch konstitutionell verankerte Unabhängigkeit der Justiz garantiert wird. Sie sagen auch ...: Es gibt keine »sozialistische Wirtschaft«, es gibt nur eine Wirtschaft. Und Wirtschaft heißt nicht sozialistische Marktwirtschaft, sondern soziale Marktwirtschaft. Nicht Ota Šik, sondern Ludwig Erhard.“ (Ash 1990: 470f.)

Hier spricht ein Beobachter von außen. Er nennt Ideen, die Deutschland seit dem 19. Jahrhundert bekämpft hat, als es seinen Sonderweg der Feindschaft gegen Westeuropa beschritt. Ash meint, überall in den Ländern Osteuropas laute der Satz, mit dem die Menschen das Geschehen zusammenfassen: „die Rückkehr nach Europa“ (Ash 1990: 473). Der französische Philosoph André Glucksmann sagte, der Fall der Mauer mache die Deutschen zu wirklichen Europäern, er bedeute das Ende des „deutschen Sonderweges“ (Süddeutsche Zeitung 20./21. 11. 1990, S. 47).

Diese Ausländer stellen die Frage an uns: **Können wir die „Wende“ in ihrem Sinne verstehen**? Sprechen die Westdeutschen mit dem Soziologen Ralf Dahrendorf von der „Revolution in Europa“ des Jahres 1989 (1990a)? Sprechen Ostdeutsche mit dem Bürgerrechtler Jens Reich von der „Rückkehr nach Europa“ (1991)? Wenn ja, dann treffen sich die Menschen dort mit denjenigen im Westen, die in der Westorientierung und in der Rückkehr nach Europa schon vorangegangen sind. Die Einheit wäre dann um der Freiheit, des Rechts und der Menschenwürde willen errungen worden.

Soweit die Deutungsmöglichkeiten. Die politische Erfolgsgeschichte der alten Bundesrepublik kann Mißverständnisse erzeugen. Die Demokratie und damit die Westorientierung ist den Westdeutschen in den Schoß gefallen, sie haben sie nicht erkämpft. Sie haben sie im Laufe von Jahrzehnten angenommen. Das war eine langer Prozeß. Und sie konnten ihn durch die Gunst der Umstände früher beginnen.

Das mag für viele ein schwacher Trost sein. Wer die jetzige Situation in den neuen Bundesländern erlebt, wird diese Gedanken mit erheblicher Reserve vernehmen. Was ist eine Demokratie wert, welche die **Erfahrung von Not und Benachteiligung** vermittelt, werden sich viele fragen. Daher muß ich hinzufügen: In der Erfolgsgeschichte der Demokratie in der alten Bundesrepublik wird nicht mehr erwähnt, was die Menschen in Westdeutschland in den Jahren nach 1945 bedrückte, nicht erwähnt wird z.B. der Hungerwinter von 1946/47. Nicht erwähnt wird die soziale Not derjenigen, für welche das soziale Netz nur dürftig geknüpft war und auch immer noch ist. Nicht erwähnt wird ferner, daß das „Wirtschaftswunder“ der 50er Jahre wesentlich zum Einleben in die Demokratie beitrug. So auch hier: Wenn wir über die Bedeutung der „Wende“ diskutieren, dann abstrahieren wir von manch bitterer Erfahrung. Bei allen drängenden Erlebnissen muß man sich aber auch das **Grundsätzliche** bewußt machen, muß nach dem Kompaß fragen, der in der Turbulenz der Wellen leiten kann. Das ist die Aufgabe einer wissenschaftlichen Diskussion: gelöst von den Sorgen des Alltags sich mit dem Grundsätzlichen und dem Überdauernden zu beschäftigen.

Im Sinne einer solchen grundsätzlichen Überlegung verstehe ich „Westorientierung“ als den Versuch, den **geschichtlich gewordenen Sozialcharakter der Deutschen zu verändern**. Wenn die „Wende“ als Westorientierung gedeutet wird, dann ist die Übernahme der Kerngedanken westlicher politischer Bildung keine „Adaption“, keine „Überwältigung“, sondern der Nachvollzug des Weges, den die Deutschen im Westen 40 Jahre vorher beschreiten konnten. Er wäre der Versuch, ein **gemeinsames Verständnis unserer deutschen Geschichte** zu finden. Er gilt dann als eine Konsequenz aus der deutschen Geschichte und nicht als Diktat des Westens.

1.5 Leitlinien der folgenden Lektionen

Den vorangegangenen Überlegung entnehme ich die Leitlinien für die Darstellung der Geschichte der politischen Bildung. Sie wird von der Frage geleitet, wie diese „**Westorientierung**“ in der Diskussion um die politische Bildung in der alten Bundesrepublik vollzogen wurde. Es war ein langsamer und nicht gradliniger Prozeß. Er ist lehrreich für diejenigen, die ihn nachvollziehen wollen. Unter dieser Fragestellung entdeckt man in der Geschichte der politischen Bildung den Prozeß des Demokratie-Lernens.

„Westorientierung“ wird hier demnach als ein Lernprozeß verstanden und nicht als eine geopolitische Richtungsentscheidung. Sicherlich enthielt Adenauers Option für die Westbindung auch eine Frontstellung gegen den Osten, weil dieser in der Zeit des Kalten Krieges und der Teilung Europas in Blöcke das Gegenbild einer offenen Gesellschaft repräsentierte. Das Wichtige an diesem Begriff ist jedoch seine inhaltliche Bestimmung; er enthält die Entscheidung für die Verfassung vom Typ „westliche Demokratie“ mit seinen Grundprinzipien Rechtsstaat, Parlamentarismus und Menschenrechte (s. oben S. 22). In dieser Bedetutung ist Westorientierung auch ein Programm osteuropäischer Staaten nach der „Revolution von 1989“ geworden, und sie schließt demzufolge auch eine Politik mit ihnen ein. Sie ist die Voraussetzung für eine Osterweiterung der EU, wenn es denn die politischen Umstände zulassen. Der Begriff „Westen“ bezeichnet daher keinen außenpolitischen Kurs im

Sinne einer Verengung, sondern nennt die verfassungsrechtlichen und normativen Prinzipien als Bedingung für eine Kooperation europäischer Staaten.

Unter dem Schutz der Mauer war dieser Konsens unbestritten. Heute (1994) scheint er brüchig geworden zu sein. Jetzt gibt es auch folgende Lesart:

„Bis 1945 gab es in Deutschland starke antiwestliche Strömungen. Nach der Niederlage neigten die Deutschen zu einer Überidentifikation mit den Siegern, also in der Bundesrepublik mit »dem Westen«, in der DDR mit der Sowjetunion. In der Publizistik und Wissenschaft wurde »der Westen« teilweise irrational verklärt und ein Idealbild gezeichnet, von dem sich der verhängnisvolle »deutsche Sonderweg« negativ abhob. Die Idealisierung »des Westens« ging mit einer generellen Abwertung der deutschen Geschichte einher." (Knütter 1993: 421) Der Autor, der in den 70er Jahren in den Streit um die politische Bildung auf konservativer Seite eingegriffen hat, beklagt, daß der Westen „die Sympathiebekundung nicht in dem Maße erwidert [hat], wie man es sich in der Bundesrepublik einredete" (ebda.).

Angesichts solcher Bekundung von Enttäuschung und verletztem Selbstwertgefühl erhält diese Leitlinie der Westorientierung **politisches Profil**: Sie ist nicht als eine Identifikation des Unterworfenen mit dem Sieger gemeint, sondern als eine Entscheidung für die Werte der Demokratie, welche „der Westen" repräsentiert, und wider ihren Austausch gegen spezifisch deutsche nationale Werte und Geschichtsdeutungen.

In diesem Sinne bezieht sich eine andere Leitlinie auf den amerikanischen **Pragmatismus**, dessen Einwirkung auf die politische Bildung ich aufspüren will. Der Pragmatismus ist die eigenständige amerikanische Philosphie. Sie ist eng verbunden mit der Mentalität und der politischen Kultur der Amerikaner. Indem wir nach **philosophischen Hintergrundtheorien** der politischen Bildung fragen, versuchen wir, in die Tiefenschichten des Bewußtseins vorzudringen. Dabei werden wir auch andere Philosophien entdecken: Marxismus und Existentialismus. Ungeachtet der Bedeutung der anderen: Im Pragmatismus sehe ich einen Indikator für die gelungene „Westorientierung", weil er die einzige Philosophie ist, die in einer demokratischen Gesellschaft entstand und sie recht eigentlich repräsentiert.

2. Umorientierung von außen: Re-education durch Reform des Bildungswesens 1945-1949

2.1 Das Bildungsprogramm der Siegermächte

Am Beginn der Geschichte der politischen Bildung in der Nachkriegszeit steht ein **Bruch mit der Vergangenheit**. Mit der bedingungslosen Kapitulation der deutschen Streitkräfte am 7. und 8. Mai 1945 hatte der deutsche Staat aufgehört zu existieren. Seine Souveränität ging auf die vier Siegermächte über: USA, Sowjetunion, England und Frankreich. Politik in Deutschland war seit 1945 Besatzungspolitik. Die Siegermächte übten ihre Herrschaft durch den alliierten Kontrollrat aus. Zugleich verwaltete jede Besatzungsmacht eine eigene Besatzungszone.

Das Potsdamer Abkommen der Siegermächte vom 2. August 1945 enthielt die **Ziele der Besatzungspolitik**, auf welche sich die Allierten einigen konnten: die völlige Abrüstung und Entmilitarisierung Deutschlands, die Entnazifizierung, d.h. die Verurteilung der Kriegsverbrecher, die Internierung der Funktionsträger und die Entfernung der Nazis aus öffentlichen Ämtern und der Wirtschaft und schließlich die „Umgestaltung des deutschen politischen Lebens auf demokratischer Grundlage", die Demokratisierung. Speziell zur Bildung hieß es in dem Abkommen: „Das Erziehungswesen in Deutschland muß so überwacht werden, daß die nazistischen und militaristischen Lehren völlig entfernt werden und eine erfolgreiche Entwicklung der demokratischen Ideen möglich gemacht wird." (Kuhn u.a. 1993: 118)

Die Siegermächte waren sich im Prinzip einig. In ihren Augen stand am Ende des Zweiten Weltkrieges nicht lediglich eine militärische Niederlage, sondern die moralische Katastrophe des deutschen Volkes, welches die Naziherrschaft geduldet und unterstützt hatte. In dem noch am 20. 11. 1945 beginnenden Nürnberger Prozeß gegen die Kriegsverbrecher aus der Nazizeit wurden die schweren Vorwürfe als völkerrechtliche Unrechtstatbestände formuliert: Verbrechen gegen den Frieden, Kriegsverbrechen und Verbrechen gegen die Menschlichkeit. Gemeint waren die Aggression, die Verstöße gegen die Haager Landkriegsordnung wie beispielsweise Tötung und Mißhandlung von Kriegsgefangenen, Mißhandlung der Zivilbevölkerung, Verschleppung zur Zwangsarbeit. Zu den Verbrechen gegen die Menschlichkeit gehörte die planmäßige Ausrottung ganzer Bevölkerungsteile, wovon die Juden in Deutschland und in den von den Deutschen eroberten Ländern ganz besonders betroffen waren.

Über die **Schuldfrage**, ob nämlich das deutsche Volk mit dem Nationalsozialismus zu identifizieren sei und dadurch als schuldig zu gelten habe, stimmten die Allierten jedoch nicht überein. Die UdSSR bezog mit dem bekannten Wort Stalins, „Die Hitler kommen und gehen, aber das deutsche Volk, der deutsche Staat, bleibt“, Stellung in Richtung auf Differenzierung und moralische Entlastung. Die westlichen Alliierten neigten dazu, dem „deutschen Volkscharakter“ die Schuld zu geben. In England war Lord Vansittart mit seiner Forderung, „We are fighting the character of the German people“, einflußreich (Pakschies 1981: 104). In der amerikanischen Diskussion wurde von dem „mentally sick German people“ gesprochen (Bungenstab 1970: 22). Hier sollte die **„Re-education“** ansetzen. Der Begriff wurde vor dem Kriege nur in der amerikanischen Psychologie, Sonderpädagogik und Psychiatrie verwendet und bezeichnete den Heilungsvorgang einer kranken Psyche (Rossmeissl 1988: 171). Der Nationalsozialismus wurde demnach als eine pathologische Erscheinung angesehen. Er galt als eine „Eigentümlichkeit des deutschen Wesens“ und schien daher eine ständige Gefahr für die Weltgesellschaft zu bilden (Eschenburg 1983: 111). Das deutsche Volk war ein Patient, den man heilen mußte.

Jede der Besatzungsmächte entwickelte ein eigenes **Programm der Umerziehung**; eine zentrale Rolle spielte dabei das Bildungswesen. Es sollte derart umgestaltet werden, daß die heranwachsende Generation gegenüber der Verführung durch den Nationalsozialismus immun werden konnte.

Die Einigkeit über das Prinzip verhinderte nicht, daß es von den Besatzungsmächten in sehr unterschiedlichen Verfahren realisiert wurde. Denn nicht der Alliierte Kontrollrat, sondern die Militärgouverneure, die an der Spitze der jeweiligen Besatzungszone standen, führten die Beschlüsse aus. Das politisch-kulturelle Selbstverständnis und die unterschiedlichen Traditionen der einzelnen Besatzungsmächte bewirkten ein **Auseinanderdriften der östlichen und der westlichen Besatzungszonen**. Daraus ist schließlich die Teilung Deutschlands mit ihrer tiefen Kluft zwischen dem westlichen und dem östlichen Teil der Nation entstanden.

2.2 Das amerikanische Programm der Re-education

2.2.1 Kritik am deutschen Bildungssystem

Im Mittelpunkt der amerikanischen Umerziehungspolitik stand die Reform, die **Demokratisierung des Bildungswesens**. Die Umerziehung der deutschen Jugend sei eine Voraussetzung für die allgemeine Erholung Deutschlands, hieß es in einer regierungsamtlichen Publikation (Bungenstab 1970: 30).

Die Amerikaner stießen in Deutschland auf ein ihnen völlig fremdes Schulsystem. Die Kluft zwischen zwei Bildungskulturen macht ein Schlüsseldokument, das Protokoll einer **Konferenz amerikanischer Erziehungsoffiziere in Bayern** vom September 1948 (Rossmeissl 1988: 210-218), sinnfällig.

Zunächst wurde auf dieser Konferenz das Thema: „Das bayerische Erziehungssystem – wie wir es vorfanden“, behandelt. Die Amerikaner beobachteten als den auffälligsten Unterschied zum eigenen Schulsystem das sog. **„Zwei-Wege-System“**. Gemeint war damit die Tatsache, daß sich in Deutschland nach Ablauf von vier Schuljahren die Wege der Schüler trennten: Die einen blieben in der Volksschule und gingen nach 8 Schuljahren in die Berufsausbildung, die anderen konnten sich auf dem Gymnasium vom 5. Schuljahr an auf das Abitur zwecks Hochschulzulassung vorbereiteten. Dieses System, so wurde gesagt, „begründet und verstärkt eine Art Klassenunterscheidung, welche die ganze bayerische Gesellschaft durchzieht“ (211). Durch dieses System werde ein Kind „im Alter von 10 Jahren bereits auf Dauer zu einer Art von Leben verdammt“, in dem „es niemals erfolgreich oder glücklich sein“ werde (212). In den Augen der Amerikaner war aber dies ein Hindernis auf dem Wege zur Demokratisierung: Jedes Programm für die Demokratisierung Deutschlands, so wurde auf der Konferenz gesagt, müsse auf der Abschaffung oder Änderung dieses Schulsystems beruhen (212). An diese Ausführungen schlossen sich Beobachtungen zum **Schulklima** an. „In den Vereinigten Staaten arbeiten Lehrer und Schüler auf eher freundschaftlicher Basis zusammen; die Atmosphäre im Klassenzimmer ist ziemlich locker, bedingt durch kleine Gruppen von Schülern, die oft recht unabhängig an einer Vielzahl von Projekten arbeiten. Das durchschnittliche deutsche Klassenzimmer erweckt immer noch den Eindruck strikter Reglementierung, und die Beziehung zwischen Lehrer und Schülern ist meist recht steif und förmlich.“ (213-4) Und es wurde das „Fehlen außerlehrplanmäßiger Aktivitäten“ festgestellt. So heißt es weiter: „Es ist noch immer ungewöhnlich für Schüler, in irgendeiner Art und Weise an der Verwaltung der Schule teilzunehmen, und Schülervertretungen sind in vielen Fällen verboten oder entmutigt worden.“ (214) Auch hierin stellte man einen diametralen Gegensatz zum amerikanischen Schulwesen fest.

Dies war der erste Teil dieser Konferenz. Für den zweiten Teil lautete das Thema: „Das bayerische Erziehungssystem – wie wir es uns wünschen“. Der Referent vertrat den Grundsatz, „daß öffentliche weiterführende Bildung das Recht eines jeden Kindes sein sollte, nicht ein Privileg, das auf wenige Auserwählte beschränkt ist“. Demokratie verlange, daß alle Leute – „Mitläufer ebenso wie Führer“ – dazu erzogen werden müssen, „bewußt zu denken und einen Sinn für Werte zu entwickeln“ (215). Die Militärregierung hatte ein **Reformkonzept** für das bayerische Schulwesen entworfen. Es ruhte auf einer 6-jährigen Elementarschule, die alle Kinder gemeinsam besuchen sollten. Als Kompromiß zwischen amerikanischen Vorstellungen und deutschen Traditionen wurde dann eine Verlängerung der Schulzeit auf mindestens 9 Jahre und eine Differenzierung der weiterführenden Schule in drei Züge vorgeschlagen, die bewirkte, daß ein gymnasialer Zweig zur Hochschulreife hätte führen können, die aber auch die Möglichkeit bot, diese Zweige in einer gemeinsamen Schule zusammenfassen zu können (216). Wichtig waren ferner die Vorschläge für den Unterricht. „Wir möchten", so hieß es, „daß der staatsbürgerlichen Verantwortung und der Bedeutung demokratischen Lebensstils mehr Bedeutung beigemessen wird." Zum einen sollte dem „Studium der Gesellschaft" mehr Aufmerksamkeit gewidmet werden, zum anderen wurde Wert gelegt auf die „Entwicklung kooperativer Lebens- und Arbeitsweisen in der Schule", und zwar „anstelle der rein intellektuellen Ausrichtung" (217). Auch die universitätsvorbereitenden Schulen sollten ihren Schülern einige Erfahrung in praktischen Dingen vermitteln (217).

In diesen Ausführungen spiegelt sich die amerikanische Sicht auf das deutsche Schulsystem wider. Für die Amerikaner bedeutete demokratische Erziehung eine **egalitäre Erziehung** mit Chancengleichheit, Anerkennung des einzelnen ohne Rücksicht auf Leistung und Herkunft, kooperatives Verhältnis zwischen Lehrer und Schülern, die Erziehung zu Selbständigkeit im Denken und Handeln und die Vermittlung von Grundwerten, bei denen vor allem auf die Toleranz großen Wert gelegt wurde. Das Schulsystem sollte dazu beitragen.

Diese Vorstellungen waren sehr stark von dem amerikanischen Pädagogen und Philosophen **John Dewey** geprägt, der den amerikanischen Pragmatismus mitbegründet hat. Zentral war bei ihm die Kritik am deutschen Idealismus. Erhöhung des Staates und Unterwerfung des einzelnen waren für ihn die Folge dieser Lehre. Die deutschen Schulen galten als Instrumente des Staates, durch welche diese Lehre ins öffentliche Bewußtsein eindrang (Schlander 1981: 48ff.). Die Schulreform sollte die hierarchische Gliederung des Schulsystem aufheben und anstelle des Dogmatismus den freien Austausch der Meinungen setzen (ebda.: 50). Für viele Amerikaner hatte die deutsche Bildungstradition versagt, weil sie die Machtergreifung des Nationalsozialismus nicht verhindert hatte.

Die **bildungspolitischen Vorstellungen** in der sowjetischen Besatzungszone und der amerikanischen Besatzungsmacht lagen in den ersten Jahren nach 1945 gar nicht so weit auseinander. Im gemeinsamen Aufruf der KPD und SPD zur demokratischen Schulreform vom 18. Oktober 1945 hieß es: „Alle Bildungsprivilegien einzelner Schichten müssen fallen." Das Ziel sei die Schaffung eines „einheitlichen Schulsystems" für alle ohne Rücksicht auf Herkunft (Kleßmann 1982: 391). Noch 1947 ordneten die vier Alliierten in der Kontrollratsdirektive Nr. 54 über die Demokratisierung des Schulunterrichts an: „Die Möglichkeit, sich zu bilden, muß für alle in gleicherweise sichergestellt werden." Außerdem wurde in dieser Direktive die Stufenschule anstelle des dreigliedrigen Schulsystems zur Pflicht gemacht: das „zusammenhängende Erziehungssystem“ mit „Grundschule“ und Oberstufe als zwei „aufeinanderfolgende Unterrichtsstufen“ (Kuhn u.a. 1993: 124). Auf der erwähnten amerikanischen Konferenz hieß es: „Wir wollen ein Erziehungsprogramm, das unabänderliche berufliche Entscheidungen vermeidet“ (Rossmeissl 1988: 217), das nicht die „Klassenunterschiede“ verfestigt (ebda.: 214). Die Entscheidung für eine spezifische Schullaufbahn sollte möglichst weit hinausgeschoben werden. Erst **1948 endeten die Gemeinsamkeiten** in den bildungspolitischen Vorstellungen der Besatzungsmächte. In der sowjetischen Besatzungszone begann die ideologische Beeinflussung des Bildungssystems, die grundsätzlichen Differenzen zwischen westlicher und östlicher Bildungspolitik traten zutage.

Ziel der amerikanischen Vorschläge zur Schulreform war nicht die egalitäre Gesellschaft mit Aufhebung der sozialen Unterschiede und Überwindung der kapitalistischen Wirtschaftsordnung, wie es seit 1948 als Politik der UdSSR in der sowjetischen Besatzungszone offenbar wurde. Leitend war vielmehr das Bild einer Schichtengesellschaft mit starker sozialer Mobilität, welche dem Tüchtigen seine Chance gewährt.

2.2.2 Das neue Unterrichtsfach

Zum Reformprogramm der Amerikaner gehörte die Einführung eines **Unterrichtsfaches für die politische Bildung**. In den USA heißt dies heute noch „Social-Studies“. Dort werden die Probleme menschlichen Zusammenlebens in der Gesellschaft behandelt, es umfaßt also Lerngegenstände der Soziologie, der Politikwissenschaft und der Ökonomie. Dieses Fach hatte die Aufgabe, den Lernenden ein Verständnis von Demokratie zu vermitteln, das über die Kenntnis der Institutionen hinausging. In dem Bericht des amerikanischen Social Studies Committees, welches 1947 die amerikanische Zone bereiste, um Vorschläge für die politische Bildung in Deutschland zu entwickeln, hieß es dazu: Demokratie müsse als Lebensform verstanden werden, d.h. nicht nur als Staatsform. **Grundlegende Wertvorstellungen** waren in diesem Bild von Demokratie die folgenden:

1. Respekt vor der Würde und dem Wert eines jeden Menschen.
2. Gleiche soziale und politische „Privilegien“ für alle. In einer gerechten Gesellschaft sollte niemand aufgrund seiner Zugehörigkeit zu einer sozialen Klasse, Familie, Rasse oder Religion benachteiligt werden.
3. Freiheit, seine Meinung zu äußern und Versammlungsfreiheit als Voraussetzung dafür.
4. Eine Volksregierung, d.h. eine repräsentative Mehrheitsregierung mit angemessenen Minderheitsrechten, vor allem Recht auf Kritik.
5. Das Petitionsrecht.

6. Eine faire Anklage für Angeschuldigte und ein faires Gerichtsverfahren.
7. Gewissens- und Religionsfreiheit.
8. Gleiche Chancen für Bildung und sozialen Aufstieg und größtmögliche ökonomische Sicherheit für alle.
9. Anerkennung der Bedeutung von Kooperation und Kompromiß bei der Lösung von Problemen.
10. Die Verpflichtung von Einzelnen wie von Gruppen, ihren Teil Verantwortung für das allgemeine Wohlergehen zu übernehmen. (Lange-Quassowski 1979: 217)

Demokratie wird als Chancengleichheit und als Herrschaftsform mit repräsentativer Mehrheitsregierung definiert; die Sicherung von Grundrechten ist selbstverständlich, die Minderheiten dürfen nicht vergewaltigt werden, eine pluralistische Gesellschaft wird stillschweigend vorausgesetzt; Politik ist nicht Feindschaft, sondern der Prozeß, in welchem nach Regeln eine Übereinkunft gesucht wird: Kompromiß, Kooperation.

Großen Wert legte die Social-Studies-Kommission auf die Entwicklung von „**Bürgersinn**", von „sozialer Verantwortung" im Sinne von „Teilnahme auf allen Ebenen der menschlichen Gemeinschaft", also Verantwortlichkeit für Familie, Schule Gemeinde bis hin zu Nation und Welt. Dazu gehörte die Bereitschaft, egoistische Interessen hinter das Gemeinwohl zurückzustellen (ebda.: 218).

Es war dies die **amerikanische Idee von Demokratie als Lebensform**, die Gesellschaft und Staat durchdringt. Das fängt bei der Familie an, wie eine andere Kommission, die 1946 das wiederhergestellte Bildungssystem in den Ländern der amerikanischen Besatzungszone begutachtete, in ihrem Bericht meinte: Wenn die Familie als „die Hochburg des Privatlebens in ihrer inneren Gestalt ausgeprägt »preußisch« bleibt, so wird die Demokratie bereits an der Quelle vergiftet", und das hat zur Folge: Durchsetzung des Führerprinzips auch in einer Demokratie (Kuhn u.a. 1993: 119). Demokratieerziehung beginnt nach dieser Vorstellung schon in der Familie; sie ist von der Familienstruktur in einer Gesellschaft abhängig, je nachdem, ob diese autoritär oder partnerschaftlich beschaffen ist. Im gleichen Sinne gilt auch die Schule als Sozialisationsfaktor.

Daher legten die amerikanischen Pädagogen soviel Wert auf die Unterrichtsmethoden und die **Vermittlungsformen**. Zum Unterricht in Sozial- oder Gemeinschaftskunde gehörte nach Auffassung des Social Studies Committees auch das veränderte Lehrer-Schüler-Verhältnis. Der Lehrer sollte eine „familienähnliche" Atmosphäre erzeugen, die durch Vertrauen, Ehrlichkeit, Zuneigung und Kooperation gekennzeichnet ist. Gruppenaktivitätem, bewegliche Tische und Stühle statt festverschraubter Bänke sollten den Unterricht auflockern. Lehrer und Schüler sollten für die Planung des Unterrichts gemeinsam verantwortlich sein. Hinzu kamen die Vielfältigkeit der Arbeitsmethoden: „Lektüre, Beobachtung, Hören, Befragen, das Zusammentragen und Ordnen von Tatsachenmaterial, Diskussion, Arbeit in Ausschüssen“ usw., dazu verschiedene Diskussionsmethoden (Lange-Quassowski 1979: 219f.).

Man kann die **Merkmale der amerikanischen Bildungspolitik**, die als Instrument der Re-education diente, zusammenfassen:

1. das Eintreten für Chancengleichheit im Bildungssystem durch die Annäherung der deutschen Schule an die Gesamt- oder Einheitsschule der Amerikaner und Schulgeldfreiheit;
2. die Demokratisierung des Schullebens durch kooperative Unterrichtsmethoden und Mitverwaltung der Schüler und Eltern;
3. die Auffassung von Demokratie als Lebensform mit den alles durchdringenden Werten wie „die Würde des Individuums, Toleranz, individuelle Freiheit, Teilnahme an bürgerlichen Verantwortlichkeiten sowie Anerkennung der Gleichheit aller Nationen und Rassen“, die der Planungsstab für Erziehung in der amerikanischen Regierung 1945 aufzählte, mit dem Gedanken, daß dies „Ideale“ seien, welche den Deutschen „einzuprägen“ seien (Tent 1981: 71);
4. das „Studium der Gesellschaft“ als Inhalt des neuen Unterrichtsfaches Sozialkunde, das der politischen Bildung dienen sollte, wozu die Vermittlung sozialwissenschaftlich fundierter Kenntnisse über Politik, Gesellschaft und Wirtschaft gehörte, also sozialwissenschaftliche Bildung;
5. die sozialwissenschaftliche Ausbildung der Lehrer und im Zusammenhang damit die Einführung oder Verstärkung sozialwissenschaftlicher Studiengänge an den Universitäten.

2.3 Bildungspolitik der Engländer und Franzosen

Die westlichen Besatzungsmächte hatten unterschiedliche Vorstellungen von politischer Bildung und ihrer Funktion.

Charakteristisch für das **englische Verständnis von politischer Erziehung** waren die Versuche zur Umerziehung in den Kriegsgefangenenlagern. Diese Umerziehung sollte nicht im puren Austausch weltanschaulicher Inhalte bestehen, Umerziehung sei vielmehr die Sache der gesamten Persönlichkeit, die sich frei und ungehindert entfalten müsse. Der junge Mensch sollte weniger umerzogen werden, als vielmehr sich selber finden (Schörken 1990: 120). Im Lager Wilton Park wurde eine Art akademische Weiterbildung in der Form von sechswöchigen Kursen für Kriegsgefangene in Großbritannien veranstaltet. Dort herrschte das Prinzip der völligen Meinungsfreiheit. In der Bücherei lag beispielsweise Hitlers „Mein Kampf“ neben einem Buch von Churchill, an Filmen wurden auch NS-Filme vorgeführt, englische Parlamentsabgeordnete der gegensätzlichen Parteien stritten über aktuelle Gesetzesvorlagen, öffentliche Einrichtungen wurden besucht (ebda.: 120f.). Es war eine sechswöchige intensive Berührung mit „English life, people and ideas“, wie ein Engländer schrieb (Jürgensen 1981: 133); die Lehrgangsteilnehmer erlebten das Modell einer offenen Gesellschaft.

Ganz in diesem Sinne verfolgten die Briten in ihrer Besatzungspolitik auf dem Gebiet der Bildung das **Prinzip der Nichteinmischung**. Früher als die Amerikaner verzichteten sie auf das Wort „Re-education“, das seiner Bedeutung nach einen starken Eingriff in die Persönlichkeit beinhaltet, und benutzten das Wort „Reorientation“ (Kleßmann 1982: 94). Die Briten lehnten in ihrer Besatzungszone eine eigene Reforminitiative für das Bildungssystem ab. Reformen könnten nicht oktroyiert werden, sondern müßten auf eigene Entschlüsse der Deutschen zurückgehen, so lautete das Argument (Pakschies 1979: 157). Bei der Eröffnung der Schulen im Herbst 1945 begnügten sich die Engländer mit Maßnahmen der Entnazifizierung: Genehmigung der Lehrpläne, Überprüfung und Zulassung der Schulbücher und die Entlassung belasteter Lehrer (Davies 1981: 143f.). Im übrigen versuchten sie es mit der „indirekten Methode“, also der Methode des Überzeugens und der unauffälligen Unterstützung von reformfreudigen Gruppen. Daher ergriffen sie z.B. nicht Partei, als in Niedersachsen der sog. Grimme-Plan einer einheitlichen Schule der Sekundarstufe I bis zum 8. Schuljahr auf heftigen Widerstand der Pädagogen von den Gymnasien stieß. Sie überließen es auch den Länderregierungen, ob ein Schulfach für politische Bildung eingeführt wurde oder nicht.

Die zurückhaltende Schulpolitik wurde ergänzt durch andere Maßnahmen wie Einladungen an Deutsche nach England, wo sie Demokratie „erleben“ konnten, Tätigkeiten von Engländern als Gastprofessoren oder Gastdozenten an deutschen Universitäten, Einrichtung von Gesprächskreisen, Förderung der Erwachsenenbildung und der Lehrerfortbildung (Jürgensen 1981: 125ff.).

In der **französischen Besatzungszone** begann wie in den anderen westlichen Zonen nach 1945 der Unterricht in den alten Formen, eine Reform sollte später durchgeführt werden. Geplant war die Einführung des französischen laizistischen Schulsystems und Verlängerung der bisherigen Grundschule auf 8, später wenigstens auf 6 Jahre, um zumindest Ansätze eines einheitlichen Schulsystems zu schaffen. Durch die Gymnasien, das war die Ansicht der Militärregierung, sei die deutsche Jugend zu romantischen Schwärmern erzogen worden und leichtes Opfer nationalsozialistischer Irrlehren geworden. Überdies sei die Auslese der Schüler für diese Schulen zutiefst antidemokratisch gewesen (Winkeler 1981: 221). Jedoch wurden die gerade wiederhergestellte Bekenntnisschule und das Gymnasium von den deutschen Kultusverwaltungen mit Unterstützung der Kirchen so lange erfolgreich verteidigt, bis nach Gründung der Bundesrepublik die Besatzungsmacht keinen Einfluß mehr hatte. Als Ergebnis stellt René Cheval fest, daß die Ziele der französischen Bildungspolitik in der Besatzungszeit nicht erreicht worden seien. Er hebt aber eine umgekehrte Wirkung hervor: Das dezentralisierte deutsche Erziehungssystem habe später auf Frankreich zurückgewirkt (Cheval 1981: 199f).

2.4 Die Wirkung von Bildungsreform und Umerziehung

2.4.1 Widerstände bei den Deutschen

Die **Notwendigkeit einer Umerziehung** wurde auch von Deutschen anerkannt. In seiner Rede in der Kölner Universität sagte der damalige CDU-Vorsitzende Konrad Adenauer am 24. 3. 1946: „Das deutsche Volk muß in seinem Denken und Fühlen umerzogen werden." (Huster u.a. 1975: 402) Auf Parteitagen der SPD wurde von der „vollständigen Umerziehung unseres Volkes" gesprochen (Kühr 1980: 36, ohne Quellenangabe). In offiziellen Texten scheint dieses Wort jedoch nicht aufgetaucht zu sein. In den Politischen Leitsätzen der SPD vom Mai 1946 heißt es: „Die Schulen sollen die Jugend frei von totalitären und intoleranten Anschauungen erziehen im Geist der Humanität, der Demokratie, der sozialen Verantwortung und der Völkerverständigung." (Kunz u.a. 1975: 71) In einer Begründung zum hessischen Schulgesetz vom 30. 10. 1948 sprach der hessische Kultusminister Stein von der „religiös-sittlichen Erneuerung unseres Volkes" (Ruhl 1982: 317), beschrieb also den Wandlungsprozeß, ohne das deutsche Volk als Erziehungsobjekt zu definieren, wie es im Begriff „Umerziehung" geschieht.

Der Begriff hatte eine **psychologische Wirkung**, er rief eine Abwehrhaltung hervor. Eine Umfrage ergab, daß 1947 immerhin 35 Prozent der befragten Deutschen selbst die „Re-orientation" für ein Erniedrigung des deutschen Volkes hielten (Rossmeissl 1988: 172). Ein deutscher Autor schrieb 1947: „Umerziehung – das hat den üblen Beigeschmack von Schulmeisterei, und dies hat zur Folge, daß das pädagogische Objekt sich von vornherein dem Nachdenken darüber verschließt, ob und inwieweit die Absicht dem eigenen Nutzen entspricht." (Georg Alexander, zit. bei Jürgensen 1981: 121) Diese Wirkung hat Alfred Grosser, der französische Politikwissenschaftler, offenbar nachempfunden, wenn er den „Pharisäismus der »Re-education« und ihres Überlegenheitsgefühls" kritisierte (1974: 84). Die Ambivalenz von Begriff und Intention muß man in Rechnung stellen, um die nur begrenzte Akzeptanz der Besatzungspolitik auf dem Bildungssektor zu verstehen. Die Widerstände wurden besonders dort stark, wo die Amerikaner eine grundlegende Schulreform forderten, die an traditionelle Wertvorstellungen der Deutschen rührte.

Erst im März 1947 hatte sich die amerikanische Militärregierung für ein **Programm der Schulreform** in ihrer Besatzungszone entschieden. Es sollte ein Gesamtschulsystem nach amerikanischem Vorbild eingeführt werden. Sie verlangte von den deutschen Landesregierungen in ihrer Zone Reformpläne und verweigerte deren Genehmigung, wenn sie ihren Kriterien nicht entsprachen. Dennoch ging sie von der Maxime nicht ab, daß die Reform von den Deutschen selbst zu planen und durchzuführen sei, mit Ausnahme Bayerns, das sich am rückständigsten erwiesen hatte (Bungenstab 1970: 93). Dort wurden direkte Eingriffe erprobt, doch zeigte sich, daß Widerstand erfolgreich bleiben konnte.

Der Konflikt in Bayern deckte das **politische Dilemma der Besatzungspolitik** auf. Als die Militärregierung den bayerischen Kultusminister Hundhammer zwang, dem Landtag ihr eigenes Bildungsprogramm vorzulegen, und dieser es ablehnte (Tent 1981: 82), eskalierte der Konflikt zur Auseinandersetzung mit der demokratisch gewählten Volksvertretung. Diktatorisches Handeln war aber nicht mit dem Anspruch der Amerikaner, die Demokratie nach Deutschland zu bringen, vereinbar. So endete der Konflikt mit einem Kompromiß, durch welchen die Reform des Schulsystems letztendlich unterblieb (Tent 1981: 82). Seit dem Jahre 1947 arbeitete die Zeit für die widerstrebenden Deutschen, da der Kalte Krieg die Lage zunehmend veränderte. Andere CDU-regierte Länder folgten dem Beispiel Bayerns. Schließlich setzten sich bei den Westdeutschen die restaurativen Tendenzen durch, welche auf die Wiederherstellung des alten dreigliedrigen Schulsystems zielten.

Der **deutsche Widerstand** gegen das Herzstück der Re-education hatte folgende Gründe:

1. Bei den Deutschen der Westzonen war eine **restaurative Faschismustheorie** wirksam. Die unmittelbare Erfahrung vor allem der Politiker der CDU und CSU war die Verfolgung der Kirchen durch den Nationalsozialismus und dessen antichristliche Ideologie gewesen. Die katholische Bevölkerung hatte sich als relativ immun gegenüber dem Nationalsozialismus erwiesen. Daher sah man in der Erneuerung des Christentums die Voraussetzungen für die Abkehr vom Nazismus. So wurde die konfessionelle Volksschule wieder eingeführt. Hinzu kam die Auffassung, daß Widerstand gegen den Nationalsozialismus und seinen Lehren vor allem aus der humanistischen Bildung entstehe. Daher verlangte man, die Änderungen auf dem Gebiet des Schulwesens, die die Nazis vorgenommen hatten, wieder rückgängig zu machen. Diese Veränderungen waren: die Zentralisierung des Bildungssystems, die Umwandlung des Gymnasiums in die „Deutsche Oberschule" und die Reduzierung der Schulzeit von 13 auf 12 Jahre. Gerade die Tatsache, daß die Nationalsozialisten das Gymnasium angetastet hatten, gab den Politikern von der Union den moralischen Rückhalt, auf die Wiederherstellung des Gymnasiums in der traditionellen Gestalt als Mittel der Umerziehung zu bestehen. Sicherlich war dies ein Antifaschismus, aber ein restaurativer. Er sah die Ur-

sache des Nationalsozialismus in der falschen Gesinnung, nicht in den autoritären Strukturen der Gesellschaft. Daher war er zugleich antidemokratisch und antisozialistisch.

In dem Umerziehungsprogramm der Amerikaner ist hingegen eine **sozialisationstheoretische Faschismustheorie** zu erkennen. Es müssen die Sozialisationsbedingungen geändert werden, um das demokratische Potential zum Leben zu erwecken, so lautete die These. Familie und Schule waren daher die Ansatzpunkte der Umerziehung. Eine Nähe zu der unter Max Horkheimer entstandenen Studie über „Die autoritäre Persönlichkeit" ist unverkennbar. Zwar erschien diese erst 1950, aber schon 1936 veröffentlichte das von ihm geleitete und nach den USA emigrierte Institut für Sozialforschung die „Studien über Autorität und Familie". Gelöst von dem in diesen Untersuchungen vorausgesetzten theoretischen Kontext, konnte man die Ergebnisse als Diagnose eines autoritären Nationalcharakters der Deutschen interpretieren. Später wurde diese Auffassung bei uns als eine „Reduktion des Faschismus auf eine deutsche Sozialpathologie" kritisiert, weil sie den Zusammenhang zwischen Faschismus und Kapitalismus ignoriere (Huster u.a. 1972: 26). Derart systemkritische Ansätze, welche auch im Kreise der deutschen Emigranten in den USA vertreten wurden, konnten sich in der amerikanischen Besatzungspolitik jedoch nicht durchsetzen. Als 1945 die KZ-Greuel gerade offenbar geworden waren, mußte sich der Gedanke an eine deutsche Sonderentwicklung und an pathologische Erscheinungen in der amerikanischen Öffentlichkeit geradezu aufdrängen; er hatte überdies den Vorzug, daß er sich phänomenologisch, also durch Beschreibung von Sachverhalten, entfalten und auf theoretische Annahmen verzichten konnte.

2. **Psychologische Barrieren gegenüber der Besatzungspolitik**: Die Niederlage hatte eine tiefgehende Wirkung im Seelenhaushalt der Deutschen zur Folge. Nach der militärischen und politischen Katastrophe verteidigten viele Angehörige des Bürgertums ihre Vorstellung von kultureller Überlegenheit gegenüber den Besatzungsmächten als letzte Bastion ihres Selbstbewußtseins. Der Anspruch der Alliierten, Demokratie zu lehren, wurde heftig abgewehrt. Vielen schien die Wiederherstellung des Zustandes vor Hitler zu genügen. Sie war verbunden mit einer Besinnung auf Goethe und andere Traditionen des deutschen Geistes; eine „humanistisch orientierte Goethe-Verkultung" läßt sich beobachten (Hermand 1986: 71). Diese diente zugleich als Bollwerk gegen die „Unkultur der Yankees" und die Barbarei der Russen (Benz 1986: 183).

Verbreitet war auch die **Ablehnung von Schuldeingeständnissen**. Bedeutende Autoren suchten die Verantwortlichkeit für Untaten im Abstrakten und Allgemeinen: Wilhelm Röpke führte das NS-Regime auf die Verpreußung Deutschlands zurück; Friedrich Meinecke sah in der steigenden „Vermassung" die Ursache, Gerhard Ritter wandte sich gegen den Versuch, alles Böse den Deutschen anzulasten, und bezeichnete den Faschismus als Ausdruck des „modernen Massenmenschentums"; Hans Windisch diagnostizierte eine Zurückdrängung der früheren „Wert-Aristokratie" und das Entstehen von „Menschenmassen", die sich zu allem mißbrauchen ließen und prognostizierte, daß andere „Kulturvölker" in Zukunft ähnliche Erfahrungen machen würden (Hermand 1986: 48f.). Indem die NS-Greuel ihrer Einmaligkeit entkleidet wurden, reduzierte sich der Schuldvorwurf auf die Fehlbarkeit des Allgemein-Menschlichen. Dies erzeugte eine Resistenz gegenüber den Umerziehungsabsichten der Allierten.

3. Hinzu kamen **negative Vorstellungen vom amerikanischen Schulsystem** (s. Kasten S. 43). Die Übernahme des in den USA praktizierten Schulsystems erschien nicht erstrebenswert, weil die amerikanische High-School im Ruf stand, schlechte Lernergebnisse zu erbringen. Zu diesem Ruf hatte ein Manifest von 13 deutschamerikanischen Professoren von der University of Chicago beigetragen, in dem diese ihre negativen Eindrücke vom amerikanischen Schulsystem dargelegt hatten (Bungenstab 1970: 95). Demgegenüber erschien das deutsche Gymnasium als die höherwertige Schule. Zugleich geriet die Stufenschule in den Sog antikommunistischer Polemik; der Hinweis auf die „sozialistische Einheitsschule“ der sowjetischen Besatzungszone genügte, um auch die Stufenschule nach angelsächischem Muster auf Jahrzehnte hinaus als „rote Kaderschmiede“ zu diskreditieren. Eine Umfrage aus dem Jahre 1948 ergab, daß eine große Mehrheit der deutschen Bevölkerung die Einführung einer gemäßigten Variante der Einheitsschule mit sechsjähriger Grundschulzeit ablehnte, weil dadurch das Niveau der höheren Schulen beeinträchtigt werden könne (Kleßmann 1982: 94).

Wenn die Deutschen auf den Leistungsaspekt verwiesen, dann hatte das sicherlich eine gewisse empirische Grundlage. Freilich handelte es sich dabei um die **Frage der Wertprioritäten**, und da demokratische Werte wie Chancengleichheit damals in Westdeutschland beim Bildungsbürgertum nicht hoch im Kurs standen, hatte Demokratisierung der Schulbildung wenig Erfolgsaussicht.

Durch diesen Widerstand blieben in den westlichen Besatzungszonen deutsche Traditionen aus der Zeit der **Reformpädagogik** ungenutzt. Dazu hätten beispielsweise die Kunsterziehungsbewegung (A. Lichtwark), die Landerziehungsheime (H. Lietz), die Pädagogik „vom Kinde aus“ (E. Key), die Arbeitsschulbewegung (G. Kerschensteiner, H. Gaudig), die Produktionsschule (Bund entschiedener Schulreformer) gehört (Winkeler 1981: 224). Nicht daß dies alles vergessen gewesen wäre; die NS-Zeit dauerte ja nicht 40, sondern nur 12 Jahre. Aber es standen hinter denen, welche die Erinnerung an diese Tradition bewahrten, keine entscheidungsrelevanten Gruppierungen, die den demokratischen Prozeß auf Dauer hätten beeinflussen können. Und die westlichen Besatzungsmächte konnten oder wollten diese Reformen nicht gegen den Mehrheitswillen oktroyieren.

Das amerikanische Schulwesen hatte seit dem Ende des vorigen Jahrhunderts eine fundamentale Wandlung durchgemacht. 1870 gingen drei Viertel der Schüler der High School zum College; die High School hatte damals also, ähnlich dem deutschen Gymnasium, die Aufgabe, auf das College-Studium vorzubereiten. 1940 jedoch besuchten 90 mal mehr Schüler die High School, und von diesen strebten drei Viertel nicht das Studium, sondern die Berufsausübung an (Harvard-Committee 1949: 18f.). Damit ergab sich das Problem, in welcher Weise die Bildungsbedürfnisse von Schülern unterschiedlicher Begabungen berücksichtigt werden sollten. Kern der amerikanischen Erziehungsphilosophie war die Aussage: „Demokratie heißt nicht nur, Bildungsmöglichkeiten für die Begabten zu schaffen, sie bedeutet auch Hebung des Durchschnitts" (ebda.: 22). Daß hierin nicht nur die Realisierung des demokratischen Gedankens, sondern auch ein Zielkonflikt des Bildungswesens beschlossen war, hat die amerikanische Schule immer wieder erfahren müssen, zum ersten Mal nach dem „Sputnik-Schock" von 1957, als die Bundesregierung die Initiative ergriff und der Kongreß 1958 das Bildungsgesetz zur nationalen Verteidigung zwecks Förderung der naturwissenschaftlich-technischen Bildung verabschiedete. Aber zu bedenken ist, daß es 1964 auch eine Bürgerrechtsgesetzgebung gab, durch welche die Rassenintegration in den Schulen gefördert werden sollte (Behrmann 1991: 219).

2.4.2 Gründe für das amerikanische Einlenken

Für die Amerikaner hatte das Erziehungswesen einen hohen Stellenwert. Sie maßen ihm eine Schlüsselfunktion zu bei dem Bemühen, aus den Hitlerdeutschen Demokraten zu machen, die fähig wurden, mit den Völkern der Welt friedlich zusammenzuleben. Umso erstaunlicher ist es, daß für sie dieses politische Ziel immer mehr in den Hintergrund trat, so daß sich auch in der amerikanischen Besatzungszone und nicht nur in der britischen und französischen letztendlich die von den Deutschen mehrheitlich geforderte **Restauration des Bildungssystems** durchsetzte.

Im Unterschied zur sowjetischen Besatzungsmacht hatten die westlichen Besatzungsmächte am Ende des Krieges kein fertiges, realisierbares bildungspolitisches Programm. Daher begannen die Schulen nach ihrer späten Wiedereröffnung im Herbst 1945 in den alten Formen, was als Provisorium gemeint war. Die Amerikaner und Franzosen entwickelten etwas später ein Reformprogramm, das aber nicht durchsetzbar war, weil sich das Provisorium schon verfestigt hatte und sich widerstrebende Interessengruppen formiert hatten. In der sowjetischen Besatzungszone begann die Schule hingegen 1945 sogleich mit der Schulreform.

Als die Amerikaner ihr Reformprogramm entwickelten, gerieten sie in ein **außenpolitisches und wirtschaftspolitisches Dilemma**. Der Beginn des Kalten Krieges 1947 bewirkte eine Umorientierung der amerikanischen Besatzungspolitik. Die Absicht der verordneten Umerziehung mußte einer **Politik der Kooperation** Platz machen: Die westlichen Alliierten benötigten ihre deutschen Besatzungszonen als Vorfeld zum Schutz gegen den Kommunismus. Der Marshall-Plan sollte eine politische Stabilisierung und Immunisierung gegen kommunistische Ansteckung bei den europäischen Staaten bewirken. Für Westdeutschland begann die Politik der Westintegration und damit verbunden der Aufbau eines stabilen, marktorientierten Wirtschaftssystems.

In dieser Situation gab es jedoch einen **Konflikt mit den politischen Parteien**, da keine von ihnen die Besatzungspolitik insgesamt unterstützte. Die CDU und die CSU der westlichen Besatzungszonen entwickelten sich immer mehr zu marktwirtschaftlichen Parteien, waren aber im Gegensatz zu den Amerikanern bildungspolitisch konservativ, erstrebten also die Restauration des alten Schulsystems. Die SPD hingegen war bildungspolitisch progressiv und bewegte sich in dieser Hinsicht auf der Linie der Amerikaner, aber sie hatte ein planwirtschaftliches Wirtschaftsprogramm, das mit den Vorstellungen der westlichen Alliierten kollidierte. Die Westalliierten und vor allem die Amerikaner arbeiteten immer mehr mit den Unionsparteien zusammen, weil sie diese zur Unterstützung ihrer antikommunistischen und marktwirtschaftlichen Politik brauchten. Dafür mußten sie aber auf die Bildungsreform verzichten, weil sie diese nur mit Hilfe der SPD hätten durchführen können. Im Dilemma zwischen außenpolitischer und wirtschaftspolitischer Stabilisierung einerseits und innenpolitischer Umerziehung andererseits erhielten die **Außen- und Wirtschaftspolitik Vorrang**; die Bildungspolitik mußte Abstriche machen und wurde zur Sache der Deutschen erklärt.

So blieb als Ergebnis: **Die Schulreform scheiterte**. Das dreigliedrige Schulsystem wurde nicht angetastet, die amerikanische Kritik am „Zwei-Wege-System" blieb wirkungslos. Eine fundamentale Demokratisierung des Bildungssystems fand nicht statt. Von den Reforminitiativen hatten nur die Schulgeldfreiheit und die Ansätze zur Mitbestimmung von Eltern und Schülern Bestand. Auf dem Gebiet der politischen Bildung gab es die langsame Einführung des Unterrichtsfaches für die politische Bildung in den Ländern der 1949 gegründeten Bundesrepublik. Hessen und Bayern machten mit „Sozialkunde" den Anfang, andere Bundesländer folgten zögernd, erst in den 70er Jahren gab es ein solches Fach in allen Bundesländern.

2.5 Erfolg oder Scheitern der Umerziehung?

Kritik an der Besatzungspolitik wurde auch von amerikanischer Seite geäußert. Ein amerikanischer Autor stellte angesichts der Ergebnisse des amerikanischen Umerziehungsprojektes fest: „Letztlich hatte also die ökonomische Notwendigkeit über das demokratische Ideal gesiegt." (Gimbel, zit. nach Söllner 2, 1986: 170) Ein anderer Autor kritisierte die Unentschiedenheit der Amerikaner, einmal die Bildungsreform als Beitrag zur Veränderung der Sozialstruktur zu verstehen, andererseits nur auf eine Veränderung der Mentalität abzuzielen (Söllner ebda.: 171). Gesellschaftskritische Autoren bemängelten die Vorentscheidung der Amerikaner zugunsten der Wiederherstellung der freien Marktwirtschaft, woraus das Bündnis mit konservativen Parteien der Westzonen resultierte (Söllner ebda.: 173). Rolf Schmiederer, diesen Wissenschaftlern nahestehend, stellte fest:

> „Der wesentliche Mangel lag aber darin, daß man glauben machte, eine Demokratisierung der Gesellschaft könne über Erziehung und Bildung allein erreicht werden, und verschwieg, daß eine grundlegende Veränderung der Gesellschaftsstruktur notwendig gewesen wäre, um die Fundamente für eine dauerhafte Demokratisierung zu schaffen." (Schmiederer 1972: 18)

Inzwischen hat sich gezeigt, daß eine grundlegende Veränderung der Gesellschaftsstruktur im Sinne des Sozialismus durchaus den Boden für undemokratische, nämlich autoritäre Mentalitäten bereiten kann, wie die DDR demonstriert hat. Das Defizit der Periode der Umerziehung ist daher heute darin zu sehen, daß die Möglichkeit zur Demokratisierung des Bildungssystems mit den Zielen Chancengleichheit und Mobilität ungenutzt blieb.

Zur Beantwortung der Frage nach dem **Erfolg oder Scheitern** der Umerziehung kann jedoch die Bildungspolitik nur in einem vordergründigen Sinne als Indikator dienen. Wenn die Amerikaner an dem dreiteiligen Schulsystem die Merkmale einer ständischen Gesellschaft oder Klassengesellschaft ablasen, so traf das nicht mehr auf die **Wirklichkeit der westdeutschen Gesellschaft** nach 1945 zu. Schon 1965 hat Ralf Dahrendorf darauf hingewiesen, daß durch den Nationalsozialismus die deutsche Gesellschaft auf den Weg in die **Modernität** gebracht worden war. Er habe die „Bindekraft der Zugehörigkeiten zu Region und Schicht" geschwächt und eine „Einschmelzung der Schichten" bewirkt. Die soziale Rolle des „Volksgenossen" sei derjenigen des heutigen „Staatsbürgers" in einer Hinsicht nicht unähnlich gewesen: „Ungleiches gleich und Zugeschriebenes erwerbbar" zu machen. Hinzu kam der Kampf gegen die Loyalitäten „in oft langer Tradition geheiligter Zugehörigkeiten" (Dahrendorf 1965: 438). Diese Auflösung von Bindungen, Standes- und Klassenschranken wurde zudem auch durch die Kriegs- und Nachkriegszeit bewirkt:

„Revolutionäre Dimension gewann der Umbruch zwischen Stalingrad und der Währungsreform nicht allein durch die Zerschlagung des Deutschen Reiches, den Verlust der Ostgebiete und die Entmachtung der alten aristokratischen Oberschicht, sondern etwa auch durch die schon in den letzten Kriegsjahren beginnenden Evakuierungen und die gewaltige Völkerwanderung im Zuge von Flucht und Vertreibung, die die ganze deutsche Gesellschaft durcheinanderschüttelte, fast überall die alte konfessionelle, soziale und kulturelle Segregation beseitigte und schließlich eine stark nivellierte »Notgesellschaft« entstehen ließ, in der rückblickend schon die Umrisse der Mittelstandsgesellschaft der Bundesrepublik zu erkennen sind." (Broszat u.a. 1988: XXV)

Der gesellschaftliche Wandel, der durch eine Demokratisierung des Schulsystems erzeugt werden sollte, war demnach schon im Gange, als die Alliierten eingriffen, und er hat sich auf die Dauer auch ohne ein Gelingen der ersten Bildungsreform durchgesetzt.

Daher muß man die Wirkung dieser Umerziehungs-Politik unter **längerfristiger Perspektive** beurteilen. Bungenstab entnimmt der späteren Gesamtschul-Debatte in der Bundesrepublik, daß es langfristige Wirkungen gebe und die amerikanische Militärregierung die Rolle des Anregers gespielt habe, die Re-education-Politik daher als „zumindest teilweise erfolgreich" beurteilt werden könne (1970: 150). Der für die Umerziehung zuständige ehemalige Beamte in der US-Regierung Henry Kellermann verweist auf die Wirkung des umfangreichen amerikanischen Austauschprogrammes, welches deutschen Studenten und Wissenschaftlern das Studium amerikanischer Einrichtungen und wissenschaftlicher Ergebnisse ermöglichte (1981: 100f.).

In den ersten beiden Jahrzehnten der Bundesrepublik fand eine anhaltender **Transfer von sozialwissenschaftlichem und erziehungswissenschaftlichem Wissen** aus Amerika in die Bundesrepublik statt. Beispielsweise wurden durch Heinrich Roth in seiner weit verbreiteten „Psychologie des Lehrens und Lernens", 1957 zuerst erschienen und danach vielfach aufgelegt, die Ergebnisse der amerikanischen, empirisch arbeitenden Lernpsychologie nach Deutschland vermittelt. Wolfgang Hilligen lernte während eines Studienaufenthaltes in den USA die kognitive Lerntheorie von Jerome S. Bruner kennen. Den Einfluß von Erfahrungen, die Pädagogen und Wissenschaftler durch Studienaufenthalte in den USA gemacht haben, auf die politische Bildung dokumentiert ein Sammelband mit Beiträgen der „deutschen Amerika-Fahrer" (Minssen 1966; s. auch 7.1, unten S. 151ff.). Die Frage nach dem Erfolg ist also nur in einem größeren Zeitraum zu prüfen, und dann liegt eine positivere Antwort nahe.

2.6 Das Problem des Kulturtransfers

„Re-education war ein Fall sui generis, ein erstmaliges und einmaliges Experiment", sagte rückblickend ein ehemaliger Beamter der amerikanischen Regierung, der mit dieser Aufgabe befaßt war (Kellermann 1981: 86). Das scheint nicht ganz zutreffend zu sein. 44 Jahre später ist Vergleichbares eingetreten: Der Zusammenbruch eines totalitären Systems mußte erneut bewältigt werden. Sicherlich gibt es grundlegende Unterschiede: Nach 1945 mußte in Westdeutschland nicht eine neue Wirtschaftsordnung errichtet werden. Insofern haben wir es heute in den neuen Bundesländern mit einer weitreichenden Systemtransformation zu tun, die nicht auf Sektoren, beispielsweise den des politischen Systems, beschränkt bleibt.

Die Alliierten standen vor der Frage: Wie kann eine politische Kultur in eine andere Gesellschaft übertragen werden? Aus der Sicht der politischen Bildung ergaben sich folgende Probleme, die gelöst werden mußten:

1. Das Problem des **Wissenstransfers**, d.h. des Transfers von sozialwissenschaftlichem Wissen in die deutsche Gesellschaft. Soll er gelingen, dann setzt dies eine kognitive Vorprägung voraus, also ein Vorwissen in Form von Denkstrukturen. Damals gab es bei den Pädagogen, die Wissen hätten rezipieren und vermitteln müssen, keine sozialwissenschaftliche Vorbildung, sondern nur eine neuhumanistische und philosophische. Sie fragten nicht nach der Gesellschaftsstruktur. Sie waren daher kaum in der Lage, Impulse der amerikanischen, stark empirisch geprägten Erziehungstradition aufzunehmen. 1990 stellte sich wieder die Frage, ob es das zur Rezeption von sozialwissenschaftlichem Wissen erforderliche Vorverständnis gab. Die anfängliche Konjunktur von „Lebenskunde" im Bereich der politischen Bildung in der DDR nach der „Wende" könnte darauf hinweisen, daß bei den Pädagogen vielleicht ein ethisches Interesse und ein pädagogisches Vorverständnis, aber weniger ein sozialwissenschaftliches vorhanden war.

2. Das Problem des **Wertetransfers**. Es gab nach 1945 in der Mehrheit der deutschen Bevölkerung keine positive Einstellung zur Demokratie. In der Minderheit waren diejenigen, welche aus der sozialdemokratischen Tradition kamen und unter denen sich noch Schulreformer aus der Weimarer Zeit befanden. Diese kamen jedoch politisch nicht zum Zuge. Anders waren die Voraussetzung nach der Wende. Für die Menschen der ehemaligen DDR war die Demokratie nicht mit einer Niederlage verbunden wie 1945, sondern mit einer eigenen Revolution. Die Werte der Demokratie waren dadurch so etwas wie eigener Besitz geworden. Zu prüfen wäre nur, ob das Bild von Demokratie nicht vielleicht zu idealistisch beschaffen war, weil die Erfahrung mit seiner Realisierung im Alltag fehlte. Gegenwärtig scheint sich für viele die Vorstellung von Demokratie mit sozialer Not zu verbinden. Eine Enttäuschung ist die Folge.

3. Das Problem des **Transfers politischer Kultur**: Nach 1945 mußte dieser Transfer Widerstände durchbrechen. Die deutsche Tradition hatte eine negative Bewertung von Politik als „schmutziges Geschäft" und als bloße „Parteipolitik" überliefert. Politik gehörte nach dieser Auffassung in die Hand der Staatsorgane, nicht der Parteien. Politik galt nicht als die gemeinsame Regelung öffentlicher Angelegenheiten, nicht als das Feld, in dem Formen der Beteiligung an politischer Verantwortung praktiziert werden, in welchem Freiheit als Auseinandersetzung und geregelter Kampf um Entscheidungen praktiziert wird. Dieses demokratieadäquate Verständnis von Politik setzt Verhaltensweisen bei den einzelnen voraus, die nicht autoritär sind wie Gehorsam und Passivität. Nichtautoritäre Verhaltensweisen können jedoch schwerlich durch eine Besatzungsmacht autoritär vermittelt werden; daher fruchtet Appell oder Zwang nichts. Vielmehr werden sie durch den Sozialisationsprozeß verinnerlicht, und dieser dauert lange, weil er einen Lernprozeß der Gesellschaft voraussetzt. Die Gesellschaft muß demokratisch sein, wenn demokratische Verhaltensweisen im Sozialisationsprozeß an nachfolgende Generationen weitergegeben werden sollen. Und wenn sie es nicht ist? Theodor Litt hat später den Gedanken der „Selbsterziehung" in die Diskussion eingebracht (3.3.1; unten S. 71). Er enthält die These, daß der Kulturtransfer nicht von außen bewirkt werden kann, sondern eigene Leistung sein muß. Auch das gilt für den Wandlungsprozeß nach 1989.

Blickt man auf das Programm der amerikanischen politischen Bildung zurück, so mutet es durchaus aktuell an. Es fehlen sicherlich Ergänzungen, auf die ich später eingehen werde. Aber im Grunde genommen ist das Programm der Westorientierung der politischen Bildung darin schon enthalten. Die Amerikaner hatten es vorweggenommen, jedoch ohne sofortigen Erfolg. In der Bundesrepublik wurde es erst im Verlauf von Jahrzehnten realisiert. Heute haben wir für den Kulturtransfer nicht so viel Zeit.

3. Pragmatismus und philosophische Demokratietheorie: Die Kontroverse um die Partnerschaftspädagogik zwischen Oetinger und Litt 1951-1955

3.1 Die Anfänge der Bundesrepublik

3.1.1 Merkmale des neuen Staates

Die Wahl Konrad Adenauers zum Bundeskanzler am 15. 9. 1949 schloß die Gründungsphase der Bundesrepublik Deutschland ab. Wenig später, am 7. 10. 1949, konstituierte sich die DDR durch die Umbildung des Deutschen Volksrates in die Provisorische Volkskammer. In der Bundesrepublik waren die **Grundentscheidungen** über das gesellschaftliche und politische System in diesem Jahr, aber auch vorher schon gefallen. Vor Inkrafttreten des Grundgesetzes hatte der Frankfurter Wirtschaftsrat in den Westzonen die Rahmenbedingungen für die soziale Marktwirtschaft als Wirtschaftsordnung festgelegt. Das Grundgesetz enthielt die verfassungsrechtlichen Bestimmungen für einen föderativen Staat und für ein parlamentarisches Regierungssystem. Die zeitgeschichtlichen Erfahrungen mit dem NS-Staat waren in die neue Verfassungsordnung eingegangen: Die Grundrechte sollten durch die Wesensgehaltsgarantie hochrangig geschützt, die Fundamentalnorm der Menschenwürde in Art. 1 sogar unabänderlich sein, und sie wurden unmittelbar geltendes Recht, sie galten also nicht im Sinne einer Gewährung des Staates, sondern als Anspruch für jedermann. Der Demokratieschutz wurde ausgebaut; die „streitbare Demokratie" sollte die Wiederholung von 1933 verhindern. Die Verfassungsordnung beschränkte die demokratische Beteiligung auf die Wahlen, sie ließ, von geringfügigen Ausnahmen abgesehen, kein Plebiszit zu.

Seit der Gründung der Bundesrepublik änderte sich die Besatzungsherrschaft. Der neue Staat erhielt **Souveränitätsrechte**, aber in einem Besatzungsstatut sicherten sich die westlichen Alliierten eine Reihe von „Vorbehaltsgebieten". So blieb beispielsweise die Regelung der auswärtigen Beziehungen in der Hand der Besatzungsmächte. Aber schon im März 1951 konnte der junge Staat ein Außenministerium einrichten. In den folgenden Jahren wurde das Besatzungsstatut nach und nach gelindert, je mehr die Integration der Bundesrepublik in das westliche Staatensystem fortschritt. Diese **Westintegration** lag seit Beginn des Kalten Krieges nicht nur im Interesse der westlichen Alliierten, sie war auch zwischen den großen Parteien der Bundesrepublik im Prinzip nicht strittig, wenngleich die Wiederbewaffnung seit Beginn der 50er Jahre, die eine Konsequenz war, und später der Eintritt in die NATO in der SPD einen entschiedenen Gegner fanden. Wirtschaftspolitisch blieb der Dissens zwischen SPD und CDU/CSU. Die SPD erteilte in den Dürkheimer Beschlüssen vom 30. 8. 1949 der Marktwirtschaft erneut eine Absage. Nach der Wahl Adenauers zum Bundeskanzler durch den Bundestag mit einer Stimme Mehrheit mußte die SPD die Oppositionsrolle übernehmen. Die Regierung verfolgte den **Kurs der sozialen Marktwirtschaft** weiter, zumal der linke Flügel der CDU mit seinem Programm eines christlichen Sozialismus innerhalb der Partei an Einfluß verloren hatte. Insgesamt zeigten die Anfänge der Bundesrepublik das Bemühen um eine „historische Korrektur antiwestlicher Fehlentwicklungen der deutschen Politik" (Schwarz 1981: 55), und das galt nicht nur für die außenpolitische Orientierung.

3.1.2 Bildungspolitik und politisches Bewußtsein

In der Bildungspolitik gab es jedoch keine Korrektur, sondern **Restauration**; hier setzten sich die Traditionen aus der Zeit vor dem NS-Staat durch. Die westlichen Besatzungsmächte waren schon in der Zeit ihrer Souveränität mit ihren Versuchen zur Schulreform nicht sehr erfolgreich gewesen. Jetzt wurde das alte Schulsystem völlig wiederhergestellt: Dreigliedrigkeit, Konfesssionsschule. Nach dem Grundgesetz war die Bildung zur ausschließlichen Ländersache geworden. Die Sozialdemokratische Partei verlor in dem neuen Staat und in den Ländern immer mehr an Einfluß. Damit entfiel auch das deutsche Reformpotential. Bis auf wenige Ausnahmen kam es zur Stabilisierung des dreigliedrigen Schulsystems.

In manchen Bundesländern war ein **Unterrichtsfach der politischen Bildung** eingeführt worden. Die Bezeichnung lautete „Sozialkunde" oder „Gemeinschaftskunde". Über das Ziel dieses Faches gab es keine Übereinstimmung. Bemerkenswert waren die Richtlinien für den politischen Unterricht von Hessen aus dem Jahre 1949. Sie begannen mit dem Satz: „Politischer Unterricht darf nicht mit Staatsbürgerkunde verwechselt werden" (Kuhn u.a. 1993: 154). Angestrebt wurde ein bewußter Bruch mit der Tradition der staatsbürgerlichen Erziehung aus der Zeit der Weimarer Republik. Die Richtlinien setzten sich zum Ziel, die Fremdheit der Deutschen gegenüber der Politik zu überwinden (ebda.: 155). Mit diesem Bestreben stand Hessen aber allein.

Die Wirkung der Re-education-Politik auf dem Gebiet des Bildungswesens war begrenzt geblieben. Nicht viel anders war es hinsichtlich der Umerziehung des deutschen Volkes. Durch ihre Umfragen erhielten die Amerikaner desillusionierende Erkenntnisse über das **Meinungsbild** der westdeutschen Bevölkerung.

Im Herbst 1951 waren nur 37% der westdeutschen Bevölkerung der Meinung, daß insgesamt gesehen mehr Böses als Gutes an der nationalsozialistischen Ideologie gewesen sei. 42% glaubten, daß der Nationalsozialismus mehr gute als schlechte Seiten gehabt habe. Nur 20% erklärten, daß sie alles in ihren Kräften Stehende tun würden, um die erneute

Heraufkunft einer nationalsozialistischen Partei zu verhindern. 30% gaben an, sie würden einen solche Partei nicht gerne sehen, sich aber nicht gegen sie engagieren, 23% sie würden sich überhaupt nicht darum kümmern, 10% sie würden ihr Entstehen begrüßen, aber nicht aktiv unterstützen, 3% sie würden sie fördern (Bungenstab 1970: 154).

Die Deutschen hatten sich also **keineswegs zu Antifaschisten** gewandelt. Sicherlich waren sie damit nicht schon Antidemokraten. Aber die amerikanische Vorstellung von Demokratie als Lebensform erfüllten sie nicht. Der amerikanische Hohe Kommissar McCloy sagte im Juni 1951, nicht die wenigen Prozent Rechtsradikaler seien gefährlich, sondern die Abneigung der Bevölkerung, sich gegen sie zu engagieren. Die Amerikaner stellten fest, daß die Mehrzahl der Deutschen die Demokratie herbeiwünschte, jedoch nicht bereit war, sehr aktiv an ihrem Zustandekommen mitzuwirken. Sie beobachteten das Entstehen eines Demokratiekonzeptes, das weniger von den Vorstellungen individueller Rechte und Freiheiten ausging, als vielmehr von den Begriffen Sicherheit und Ordnung (Bungenstab 1970: 161).

Sechs Jahre nach dem Ende der Naziherrschaft und der Niederlage erschien 1951 das erste grundlegende Buch über eine neue politische Bildung. Friedrich Oetingers „Partnerschaft“ enthielt so etwas wie ein Korrektiv an der von den Amerikanern diagnostizierten politischen Apathie der Deutschen.

3.2 Friedrich Oetinger

Friedrich Oetingers Buch hatte ursprünglich den Titel: „Wendepunkt der politischen Erziehung. Partnerschaft als pädagogische Aufgabe“. Der Name war ein Pseudonym; in Wirklichkeit hieß der Autor Theodor Wilhelm. Er wurde einige Jahre später Professor für Pädagogik an der Pädagogischen Hochschule Flensburg, danach an der Universität Kiel.

Das Buch von 1951 erschien 1953 in überarbeiteter zweiter Auflage unter dem Titel „Partnerschaft – Die Aufgabe der politischen Erziehung“, die dritte, erneut verbesserte und erweiterte Auflage 1956 unter demselben Titel. Im folgenden wird aus der dritten Auflage nur mit Seitenangabe zitiert; bei Zitaten aus der 1. Auflage wird das Erscheinungsjahr vorangestellt. Auszüge aus der 1. Auflage bei Kuhn u.a. 1993: 156-167.

Oetingers Buch hat bei seinem Erscheinen eine große Resonanz gehabt; es hat Zustimmung wie Kritik erfahren und eine **breite Diskussion** ausgelöst. Es war nach dem Zweiten Weltkrieg das erste Buch über politische Bildung, das systematisch eine neue Konzeption darzulegen versuchte. Oetinger wollte in ihm die Erfahrungen der jüngsten Vergangenheit verarbeiten und produktiv wenden. Seine **Ausgangsfrage** lautete: „Was können wir von der Erziehung her tun, um uns vor neuen politischen Irrwegen zu bewahren?“ (VII).

Diese Frage haben sich nach 1945 viele gestellt. Den meisten ging es darum, eine geistige und moralische Erneuerung der Deutschen zu bewirken, direkt von der Versagensdiagnose in die innere Umkehr zu gelangen. Felix Messerschmid, der später in der politischen Bildung sehr einflußreich wurde, schrieb 1946: „Das Hauptgewicht der Erzieheraufgabe liegt in der rechten Lehre vom Menschen und seinen Ordnungen, in der Darlegung der Fundamente seines Standes und Lebens." (Messerschmid 1946: 15) Oetinger beschritt einen anderen Weg: Er versuchte eine **historische Herleitung** der Katastrophe, um daraus die Folgerungen für die politische Erziehung zu gewinnen.

3.2.1 Der Ansatz: Die Sonderwegproblematik

Als einziger in der politischen Bildung befaßte sich Friedrich Oetinger mit der **Sonderwegproblematik der Deutschen**; er nahm diese als Ausgangspunkt seiner Überlegungen. In vielen Beispielen stellte er spezifische Merkmale der Deutschen den Traditionen der westlichen Demokratien gegenüber und machte dies an einer kritischen Durchmusterung der früheren Konzepte politischer Erziehung bis hin zum Nationalsozialismus fest. Als ein wichtiges Merkmal erschien ihm die Neigung der Deutschen, Idee und Wirklichkeit voneinander zu trennen. In der deutschen pädagogischen Theorie wurde die Unerfreulichkeit des wirklichen Staates durch die Idee des guten und wahren Staates überhöht. Das bewirkte eine philosophische Diskussion über das Verhältnis von **Idee und Wirklichkeit** in der deutschen Pädagogik. In den westlichen Demokratien hingegen übte man sich in politischen Experimenten, verließ Unbrauchbares, erprobte neue Entwürfe und häufte im Experimentieren pädagogische Erfahrung auf Erfahrung, wie Oetinger darstellte (28-29). Daraus entstanden dann die neuen Ideen. Oetinger hob die „Entgegensetzung von »Kultur« und »Zivilisation«" in der staatsbürgerlichen Bildungstheorie hervor, mit der sich die Deutschen gegen den Westen abgrenzten. In Deutschland war die Theorie der politischen Erziehung Kulturphilosophie, im Westen hingegen war die Soziologie als Erfahrungswissenschaft auch für die Pädagogik leitend (32).

Ein weiterer Punkt war das **Verhältnis des einzelnen zum Staat**. In Deutschland stand der Bürger in einem unmittelbaren Verhältnis zum Staat, in England hingegen steht der Bürger mittelbar zu seinem Staat, weil das Institut der Selbstverwaltung dazwischengeschoben erscheint. Der Deutsche war von der Pflicht gegenüber seinem Staat bestimmt, der Engländer von der Idee der „Besorgtheit um das Wohlergehen der Mitbürger"; an der Stelle des Dienstes für den Staat gibt es in England die „Loyalität gegenüber der Gemeinschaft" (36). Zum Staat erziehen hieß in Deutschland zu Unterordnung unter eine Machtorganisation zu erziehen, in England und den USA hingegen zuerst und vor allem für den Gemeinverband zu erziehen, der nicht als Machtverband, sondern als Organisation zum Zwecke der Selbsthilfe verstanden wird. „Der Bürger ordnet sich nicht unter, sondern ordnet sich ein", schrieb Oetinger (49-50).

Die **deutsche Gehorsamsneigung** führte Oetinger auf unterschiedliche religiöse Grundhaltungen zurück. Die Angelsachsen fassen die Menschen als Gottes Werkzeuge auf, daher werden auch die politischen Führer als bloße Werkzeuge gebraucht und verstanden. Für die Deutschen hingegen habe der jeweilige Führer im Stande der Gnade gestanden (56). Oetinger ging auch auf die deutsche „Beamtenfrömmigkeit" ein; der Beamte repräsentierte die Macht und die Autorität des Staates. „Gehorsam, Dienst, Ordnung – »Staatsbewußtsein«, Korrektheit, Unterordnung und wenig eigene Initiative – es sind nicht nur die prägnanten Merkmale des deutschen Beamtentums..., sondern auch Kennzeichen des staatsbürgerlichen Volkscharakters insgesamt", stellte Oetinger fest (59). Er entwarf das Bild einer Kultur, die von Innerlichkeit, Politikferne, Staatsgläubigkeit und autoritärem Verhalten geprägt war. Es sind dies Merkmale einer **undemokratischen politischen Kultur**.

Vieles von dem, was Oetinger anführte, hatten Helmut Plessner und Norbert Elias beschrieben und in den geschichtlichen Horizont der Entwicklung des **Sozialcharakters der Deutschen** gestellt, – ich habe dies in der ersten Lektion (1.3.1; oben S. 20f.) erwähnt. Oetinger fand diese Aussagen unabhängig von diesen Autoren, deren Werke in Deutschland noch nicht erschienen waren. Insbesondere Norbert Elias ist für das Verständnis von Oetinger wichtig. In seiner 1962 entstandenen, aber erst 1989 veröffentlichten Schrift „Der Zusammenbruch der Zivilisation" hat er die soziologischen Bedingungen für den „Barbarisierungsschub im Nationalsozialismus" und das spezifische Muster des „deutschen Staatsbildungs- und Zivilisationsprozesses", die ihn ermöglichten, untersucht (in Elias 1992, 391ff.; Zitate aus dem Nachwort des Herausgebers, ebda.: 553). Gemeint sind die durch den geschichtlich geprägten Gesellschaftsprozeß eingeschliffenen Verhaltensweisen. Bei Engländern findet man nach Elias einen ausgearbeiteten „Verhaltenskanon", das „Idealbild von dem Benehmen eines Engländers" mit klassenübergreifenden Gemeinsamkeiten (ebda.: 421), bei den Deutschen sah er hingegen keinen „way of life, keine Lebensweise, die im Denken und Sprechen als spezifisch deutsch gegolten hätte" (ebda.: 420). Der englischen Toleranz für menschliche Schwächen steht die deutsche Kompromißlosigkeit, die „tiefe Kluft zwischen Ideal und Wirklichkeit" gegenüber (ebda.: 422f.).

Politische Kultur: Sie bedeutet politisches Bewußtsein und umfaßt in diesem Sinne politische Einstellungen und Meinungen, aber auch Werte und Ideologien in einer sozialen Einheit, meist einer nationalen Gesellschaft. Im weiteren Sinne gehört auch politisches Verhalten dazu, also alle Formen politischer Beteiligung konventionelle und unkonventioneller Art. P.K. beschreibt damit die subjektive Dimension eines politischen Systems. (Nach Everhard Holtmann [Hg.]: Politik-Lexikon, München: Oldenbourg 1991, S. 473f.)

Wie Elias kritisierte Oetinger die **politische Kultur** der Deutschen (ähnlich auch Grammes 1986: 72). Er wies der politischen Erziehung die Aufgabe zu, den historisch gewordenen **Sozialcharakter der Deutschen zu korrigieren**. Wichtiger als alle Erziehung zur Republik und als alle Durchgeistigung des Staates sei die „Verwandlung der Untertanengesinnung in freien Gemeinsinn" (60), also die Umwandlung der Untertanenkultur in eine Bürgerkultur. Aber – so fuhr er fort – es werde sich auch nach dem Kriege nichts Entscheidendes ändern, „sofern wir unserer Gehorsamsfreudigkeit nur durch vertiefte sittliche Appelle zu begegnen suchen" (60). Das zielte auf die nach dem Kriege zahlreich erschienene Besinnungsliteratur.

Es mag überraschen, wie sehr Oetinger damit die Versuche abwertete, zur Vergangenheit ein moralisches Verhältnis zu gewinnen. Die Frage nach Schuld und Verantwortung war damals, als die NS-Greuel gerade erst bekannt geworden waren, wichtig genug, wurde aber auch gerne verdrängt. Oetingers Abwertung ist so zu deuten, daß er nicht auf der Ebene der Moral, sondern auf der **Ebene der politischen Kultur** diskutierte, also auf der Ebene des Verhaltens und der Einstellungen im öffentlichen Raum. Auf dieser Ebene schien ihm die bloß gedankliche Bewältigung der Vergangenheit nicht ausreichend zu sein, weil sie nicht in die Tiefenstruktur der durch Sozialisation bewirkten Prägungen der Menschen eingreift. Dort aber wollte Oetinger ansetzen. Er folgerte: „Die einzige Gegenwehr, die wirklichen Wandel schaffen kann, ist der Geist der Selbsthilfe und die Praxis der Mitverantwortung." (60) Mit seinem neuen pädagogischen Konzept schrieb Oetinger gegen die in der deutschen Gesellschaft verherrschenden Verhaltensmuster an, welche die Amerikaner, wie oben erwähnt, durch ihre Umfragen aufgedeckt hatten.

Oetinger hat seine Kritik des deutschen Sozialcharakters immer wieder am Vergleich mit England und den USA geschärft. Die Kulturen beider Länder sind für ihn zum normativen Bezugspunkt geworden. Auch das verbindet ihn mit Autoren wie Helmut Plessner und Norbert Elias, wenngleich diese auch noch andere westliche Staaten, insbesondere Frankreich, miteinbezogen.

3.2.2 Die Konzeption der Partnerschaftspädagogik

Das Wort „Partnerschaft“, das in der zweiten Auflage des Buches zum Titel erhoben wird, steht für das neue Erziehungsziel Oetingers, als Inbegriff für die erwünschten sozialen Verhaltensweisen. Oetinger meint mit diesem Wort eigentlich nur eine Fähigkeit: die Fähigkeit zur Kooperation. Er beschreibt demnach soziales Verhalten. Aber zugleich geht es ihm darum, einen Menschentyp zu charakterisieren, indem er eine **Theorie der Partnerschaft** entwickelt. Ich will diese knapp skizzieren.

Diese Theorie enthält eine **Anthropologie**, also Aussagen über grundlegende Merkmale des Menschseins. In Oetingers Vorstellungen ist der Mensch ein soziales Wesen, das zu anderen hin offen ist, das bereit ist, sich mit anderen einzulassen, und das Werte verfolgt, die einen Bezug zu anderen Menschen aufbauen. Für ihn ist der Mensch nicht „Persönlichkeit“ im Sinne der deutschen Klassik, die sich aus sich heraus entfaltet und zu Vollkommenheit bringt, auch nicht die „allseitig gebildete Persönlichkeit“ des Marxismus; in „Partnerschaft“ stellt er kein umschriebenes Idealbild des Menschen dar. Sondern der Mensch ist nach dieser Vorstellung in Bezug auf seine innere Ausgestaltung „für echte Zukunft offen“ (95), also nicht festgelegt durch Werte oder Ideale, geschweige durch Zukunftsdeutungen. Eine Abgrenzung zum „kollektiven Menschenbild“ sieht Oetinger darin, daß für den Wert des Menschen nicht das Ergebnis seiner Aktivität ausschlaggebend ist, sondern „daß und wie ich kooperiere“ (96), also das Faktum und die Qualität der Sozialbeziehung.

„Partnerschaft“ nach Oetinger ist ein **Modell der Sozialerziehung**. Der Mensch ist ein soziales Wesen, und das heißt, daß er erst in den Beziehungen zu anderen Menschen „als Mensch konstituiert“ wird (119). Menschliches Handeln ist „dialogisches Handeln“ (112), also immer ein Miteinanderhandeln durch Kommunikation. Dazu muß er fähig werden, „sich ganz in den anderen hineinzuversetzen“, „Rollen zu tauschen“, ein „dialogisches Gespräch“ zu führen (120), also das, was im symbolischen Interaktionismus als die Fähigkeit beschrieben wird, die Perspektive des anderen wahrzunehmen. Kooperation sei der einzige Weg, um „praktische Wahrheit“ zu finden (121), was bedeutet, daß Wahrheit nur als praktische, also handlungsleitende und sich im Handeln bewährende Wahrheit auftritt und diese allein im Miteinanderhandeln gefunden werden kann, also durch einen Konsens über das Richtige. Wahrheit ist folglich nicht objektiv, sondern kommunikativ. Wahrheit ist – nach Oetinger – das, „was sich in der Kooperation der Partner selbst herausschafft“ (120).

„Partnerschaft“ enthält eine **Handlungstheorie**. Die Theorie der Wahrheit verweist auf die handlungstheoretische Auffassung des Denkens, die Oetinger von John Dewey übernommen hat. Oetinger stellt den Menschen als ein „in der Welt tätig handelndes Ich“ dar, als eine „Handlungsganzheit“ (116).

Er veranschaulicht dies an der Theorie des Denkens nach Dewey. Denken steht für Dewey im Zusammenhang mit Handeln. Es wird ausgelöst durch eine Schwierigkeit und dient zur Überwindung der Schwierigkeit. „Es ist Bestandteil eines Tuns, das durch den Stoß der Unterbrechung aus den Fugen geraten ist." (117f.) Dementsprechend hält Oetinger ein „reines" Denken für unfruchtbar, soweit es sich um Bewältigung von Situationen handelt. „Wir müssen in das Experiment der Handlung selbst eintreten. Erst dann kann unser Denken zum Zuge kommen." (118) Dieses zum Denken führende Handeln ist – wie erwähnt – ein „dialogisches Handeln", bezieht andere mit ein.

Daraus ergibt sich für Oetinger der Maßstab für gutes Handeln, also für eine **politische Ethik**, die er „partnerschaftliche Sittlichkeit" nennt. Wie Max Weber unterscheidet er eine „Gesinnungsethik" von einer „Verantwortungsethik". Die reine „Gesinnungsethik" fragt nur nach dem Motiv, aber nicht nach den Folgen des Handelns. Entscheidend ist für die gute Tat allein der gute Wille des Handelnden. Dagegen grenzt sich Oetinger ab. Wir brauchen, sagt er, „eine Verantwortungsethik, die neben den Motiven und Zielen unseres Handelns auch die Folgen dessen, was wir tun, in die Verantwortung einbezieht" (129). Die Instanz für die Bewertung ist also nicht das Ich und die Reinheit seiner Motive, sondern Instanz sind die anderen, welche die Folgen zu tragen haben. Der zweite Grundsatz der partnerschaftlichen Sittlichkeit lautet: Die Ziele müssen auch als Mittel gut sein (130); folglich darf das Ziel nicht die Mittel rechtfertigen. Für Oetinger gibt es keine Endzwecke, und er grenzt sich damit ausdrücklich gegen den Marxismus ab (131-132). Auch die Partnerschaft ist in diesem Sinne kein Ziel oder Endzweck, sondern sie ist etwas, das nur im Tagtäglichen praktiziert werden kann. Sie wird herbeigeführt, so lautet der dritte Grundsatz, „indem wir sie fortlaufend bewirken. Sie ist nicht Resultat, sondern Prozeß, nicht Ideal oder Wert, sondern Aktionsfeld" (134). Sittliches Handeln hat als Maßstab eine Situationsethik, welche besagt: Es gibt keine Sittlichkeit im allgemeinen, sondern nur im Besonderen der jeweiligen Handlungssituation, folglich auch keine Autorität, die das Urteil über das Sittliche abgibt. Und der vierte Grundsatz: Freiheit ist daher weder Freisein wovon, noch Freiheit wofür, sondern die „Wahl zwischen echten Möglichkeiten" (137); sie bemißt sich daran, ob und wieviel solcher Wahlmöglichkeiten eine Gesellschaft bietet. Dies ist also eine soziologische Definition der Freiheit, nicht eine philosophische. Ihr Kriterium ist der Handlungsspielraum, der dem einzelnen zur Verfügung steht.

Selbstregierung, Ablehnung des Freund-Feind-Denkens: Oetinger setzte mit seiner Partnerschaftspädagogik der deutschen Tradition das am Vorbild der amerikanischen *community* entwickelte Modell einer „kooperativen Gemeinschaft" entgegen, deren Ziel „die Selbststeuerung der Gemeinschaft durch ihre eigenen Konflikte hindurch" sei (1951: 168). Es ist dies die angelsächsische Idee des *selfgovernment*, die hier umschrieben wird, die Fähigkeit von sozialen Einheiten, sich selbst zu regieren, und das bedeutet auch, die internen Konflikte zu bewältigen. Dabei wandte sich Oetinger/Wilhelm gegen die „Verabsolutierung des Kampfes" (Wilhelm 1954: 44) und forderte statt vorgezeichneter „Endlösungen" eine Verständigung, die es ermöglicht, „den Gegner als Person im Auge zu behalten" (ebda.: 47). Er erteilte einem Freund-Feind-Denken eine Absage, das eine Wurzel in der deutschen Tradition hat und das von Carl Schmitt in den zwanziger Jahren zur politischen Philosophie erhoben worden war. Es ist in der Frontstellung des Deutschen zum Nichtdeutschen ebenso virulent gewesen, wie es in den Feindbildern des Nationalsozialismus und des realen DDR-Sozialismus praktisch geworden ist: die Unerbittlichkeit gegen den Rassen- wie den Klassenfeind. Pragmatisch ist hingegen, politisch so zu handeln, „daß das Leben weitergehen" kann, wie Oetinger/Wilhelm schrieb (Wilhelm 1954: 48). Seine politischen Vorstellungen enthalten den Gedanken der Mäßigung, der Machtbegrenzung und des Vorranges des Gesellschaftlichen vor dem Staat.

3.2.3 Politische Bildung als Sozialerziehung

Die pädagogische Aufgabe der politischen Bildung umreißt Oetinger so: „Partnererziehung lehrt Demokratie nicht als Staatsform, sondern als Lebensform." (85) Politische Bildung ist für ihn **Sozialerziehung**. Um die daraus folgende Didaktik zu verdeutlichen, will ich von einem Beispiel ausgehen. Es ist eines von den in seinem Buch skizzierten Unterrichtsthemen:

„Öffentliche Mißstände

Betrachtungsweise:
Es gibt Aufgaben, die keinen Befehl, sondern Initiative erfordern.

Wie soll ich mich in folgenden Fällen verhalten:
Über uns wohnen drei Kinder bei der Großmutter, die immer hustet und ausspuckt.
Die Nachbarin schlägt fortgesetzt ihr Kind.
Der Schleusendeckel auf der Straße ist nicht richtig geschlossen.
Die Schulkameraden betreten immer den Rasen, obwohl die Stadtgärtnerei sich große Mühe gibt, die Anlagen wieder in den Vorkriegszustand zu bringen.
Max setzt zum Spaß alte Zehnpfennigstücke in Verkehr. Heißt es da: wer schweigt, hat Frieden?, oder geht mich das etwas an?
Die Toilette des Strandbads ist völlig ungenügend: was kannst du tun, um den Mißstand zu beseitigen?
Wessen Schaden ist es, wenn öffentliche Telefonzellen, Automaten usw. immer wieder beschmutzt oder zerstört, die Telefonbücher zerrissen werden?

Was kannst du tun, um bessere Filme in die Stadt zu bringen?
Was kannst du tun, um den schlimmsten Schund aus den Kiosken zu entfernen? (Warum scheut man sich, von der Möglichkeit des § 184, 1 StGB – Anzeige an die Staatsanwaltschaft – Gebrauch zu machen?)
Hast du schon einmal einen Brief an einen Kinobesitzer geschrieben, in dem du ihm dankst, daß er den guten Film XY gebracht hat, obwohl es ein finanzielles Risiko für ihn war?
Auch an die Gemeinde, den Stadtrat, den Rundfunk, die Zeitung und an den Bundestagsabgeordneten deines Wahlkreises oder deiner Partei kannst du schreiben.
Sieh und hör dir denjenigen an, dem du deine Stimme gegeben hast oder geben willst." (200f.)

Andere Themen sind: Der häusliche Frieden, In Freiheit leben, Mitmachen – Ja oder Nein? Der Betrieb, Andere Berufe, Gefahren des Fortschritts, Mein Geld – unser Geld, Recht und Gerechtigkeit, Selbsterkenntnis und Urteil über andere, Höflichkeit, Geschmackserziehung, Faktor öffentlicher Meinung, Inter Nationes. Sie sind in ähnlicher Weise entfaltet. Nach der Formulierung einer Einsicht als Ziel werden Einstiegsmöglichkeiten aufgezählt.

Oetinger will **keinen Lehrplan** anbieten, sondern ein **Verfahren** verdeutlichen: „Wie das Ausgehen von der menschlichen Partnerschaft allem Institutionellen einen nahen Bezugspunkt verleiht, der jedem jungen Menschen einleuchtet". Er will mit diesen Beispielen „an Staat und Politik »von unten« heranführen" (191).

Das **Ziel der politischen Bildung** ist nach Auffassung Oetingers Erziehung zur Initiative und zur Verantwortung für die Gemeinschaft. Politische Bildung versteht Oetinger als **Sozialerziehung**. Ihre Realisierung geschieht in der Erziehungspraxis der Schule, daher steht die Gestaltung der Handlungsmöglichkeiten in der Schule im Vordergrund: die Art und Weise des Umgangs mit dem Lehrstoff, also eine aktivierende, Selbsttätigkeit ermöglichende, kooperatives Arbeiten verlangende Methodik, der Abbau der Autoritätsbeziehung zwischen Schüler und Lehrer zugunsten eines vertrauensvollen, partnerschaftlichen Verhaltens beiderseitig, die Schülermitverwaltung in der Schule. Nicht „Lernen" im Sinne von Einprägung eines Wissensstoffes hat Vorrang, auch nicht das Vermitteln von „Einsichten", sondern **„Erfahrung und Übung"**; später hat der Pädagoge Hartmut von Hentig in ähnlichem Sinne eine Schule als „Erfahrungsraum" entworfen (1973). Üben heißt hier das Praktizieren dessen, was Partnerschaft beinhaltet, also den Lehrer als Partner erfahren und mit ihm umgehen, Tätigkeit in der Schülermitverwaltung, in der Zusammenarbeit mit den Mitschülern bei der täglichen Unterrichtsarbeit. „Erfahrung und Übung" meint ein Paradox: die bewußte Gestaltung des funktionalen Lernens, also der sonst verborgen bleibenden „geheimen Miterzieher" in der Schule.

Läßt sich dies mit politischer Bildung vereinbaren? Es entsteht der Eindruck, als sei Politik ausgeklammert. In der Tat spricht Oetinger von einer „sozialen Erziehung an sozialen Stoffen“, aber das meint: Der Unterricht soll von Situationen des Zusammenlebens ausgehen und von dort her versuchen, **an Staat und Politik „von unten her“ heranzuführen**. Oetinger nahm damit den „situationsorientierten“ Ansatz des politischen Unterrichts vorweg, wie er in den 70er Jahren von der Didaktik entwickelt worden ist. Auch Oetinger sah hierin die Möglichkeit, den Jugendlichen einen Zugang zum Institutionellen zu verschaffen. Die Institutionen des Staates bleiben also nicht ausgeklammert. Es ist der Weg „vom Nahen zum Fernen“, oder genauer: der Weg von der alltäglichen Lebenswelt zu den Systemstrukturen, welche die Alltagswelt beeinflussen, ohne daß man es immer merkt.

Dem liegt die **Lerntheorie des Pragmatismus** zugrunde: Nicht das theoretische Vorwissen schafft Erkenntnis, sondern die Konfrontation mit Problemsituationen; Handlungswiderstände setzen Erkenntnisprozesse in Gang. Diesen didaktisch fruchtbaren Ansatz hat Oetinger jedoch nicht unterrichtspraktisch ausgeführt, und daher läßt er sich nur mühsam rekonstruieren. Indem er nicht den Lernweg beschreibt, sondern nur Einstiegsfragen aufzählt, zeigt er, daß er eine Lebens- und Verhaltenskunde anstrebt, nicht aber die **Problemlösungskompetenz**, auf welche der Pragmatismus Wert legt. Im Sinne einer bloßen Verhaltenslehre wurde seine Konzeption damals auch verstanden.

Oetinger sah die Aufgabe seiner Theorie von politischer Bildung nicht darin, zu zeigen, was Politik ist. Denn seine Pädagogik zielte nicht darauf, richtige „Einsichten“ zu vermitteln, sondern demokratisches Verhalten. Politische Erziehung erhielt die Aufgabe, zur **Veränderung der politischen Kultur** in Deutschland beizutragen. Darin ist das Politische der Konzeption Oetingers zu sehen und nicht in einer Urteilsbildung angesichts von politischen Entscheidungsfragen.

3.2.4 Exkurs: Der amerikanische Pragmatismus

Mit seiner „Partnerschaft“ hat Oetinger den amerikanischen Pragmatismus in die deutsche Pädagogik übertragen. Es war bis dahin die einzige umfassende, zudem auch ausdrückliche Rezeption; vorher hatte nur die Projektmethode die deutsche Reformpädagogik beeinflußt (Schäfer 1983: 510). Später gab es in der politischen Bildung lediglich eine verdeckte Rezeption (Gagel 1995).

Oetinger wies dem **Pragmatismus eine Therapiefunktion** zu; er sah die „Heilkraft des pragmatischen Lebensstils“ und gab ihm die „Bedeutung einer echten geschichtlichen Ausgleichsbewegung“ (101). Diese amerikanische Philosophie eignete sich in seinen Augen für eine Korrektur des deutschen Sonderweges. Oetinger vollzog die Westorientierung durch die Rezeption des Pragmatismus.

Der Pragmatismus ist die Philosophie, welche den **Bruch mit dem deutschen Idealismus** vollzogen hat. Statt philosophische Aussagen auf eine letzte Begründung zurückzuführen, sucht er nach Prüfungsverfahren. Den Begründer des Pragmatismus, Charles S. Peirce, leitete das Bemühen, Kriterien für die Überprüfung der „wahren Ideen“, von Überzeugungen zu finden und somit einen **„operativen Wahrheitsbegriff“** zu konstituieren (Apel 1975: 125). Diese Wahrheitssuche ist nicht an eine allgemeine „Vernunft“ gebunden, sondern an eine reale Gemeinschaft der Wahrheitssuchenden, die miteinander kommunizieren können. Es handelt sich um die Gemeinschaft von experimentierenden Forschern (ebda. 58f.). Die Forschergemeinschaft ist nicht nur real, sondern auch unbegrenzt: In einem Aufsatz von 1868 schrieb Peirce zum Begriff der Realität, daß er „wesenhaft den Gedanken einer Gemeinschaft einschließt, die ohne definite Grenzen ist, jedoch das Vermögen zu einem definiten Wachstum der Erkenntnis besitzt“ (zit. nach Apel 1975: 57). Vernunft erscheint hier als „Verkörperung der Vernunft“, d.h. als eine unendliche Gemeinschaft von Wesen, die irgendwelche Sinne besitzen und in Zeichen kommunizieren können, erläutert Karl-Otto Apel diese Stelle (ebda.: 58).

Hier liegt der Ursprung des **Wahrheitsbegriffes des Kritischen Rationalismus**, welcher im Fallibilitätsprinzip die Möglichkeit der Wahrheit immer unter dem Vorbehalt einer unendlichen Verifizierung oder Falsifizierung durch die im Prinzip unbegrenzte Forschergemeinschaft versteht. Ebenso leitet sich von ihm eine Philosophie ab, welche auf metaphysische Letztbegründungen verzichtet und Wahrheitsfindung unter der Leitidee des idealen Diskurses sieht; Repräsentanten sind Karl-Otto Apel und Jürgen Habermas.

Der Pragmatismus ist auch in der deutschen Pädagogik wirksam gewesen, aber meist nur indirekt. Der Pädagoge und Philosoph John Dewey gab entscheidende Anregungen für die **Reform der Pädagogik**. Dewey lehrte Pädagogik nicht nur theoretisch, sondern gründete an der Universität Chicago 1896 eine Versuchsschule zur Erprobung und Entwicklung pädagogischer Gedanken. Für Dewey war es eine kopernikanische „Revolution“, wenn er 1899 forderte, daß das Kind die „Sonne“ sein solle, um die sich alle Erziehungsgrundsätze drehen, das Kind sollte „Mittelpunkt“ der Erziehung sein (Bohnsack 1976: 159). Heute heißt dies bei uns „Schülerorientierung“. Durch Dewey wurde der Gedanke des Arbeitsunterrichts in die Pädagogik Europas eingeführt. Er sah das Lernen im Zusammenhang mit der experimentierenden Tätigkeit der Schüler, aber nur, weil die Beziehung zwischen den Handlungen und ihren Folgen durch Denken hergestellt wird, wodurch erst Erfahrungen gemacht werden. Später wurde diese Deutung in das berühmte „learning by doing“ trivialisiert, ein Wort, das Dewey zwar zugeschrieben wird, das er aber nicht gebraucht hat. Wolfgang Hilligen zitiert einen amerikanischen Kenner Deweys, der meint, in dessen Sinne sei vielmehr der Satz: „Wir lernen, etwas zu tun, dadurch, daß wir über das nachdenken, was wir tun“ (Hilligen 1971: Sp. 2602). Dewey hat das problemorientierte und situationsorientierte Lernen gefordert. Der Denkakt wurde für ihn am Modell des Problemlösens sinnfällig: Das Lernen beginnt mit Befremdung, Verwirrung, Zweifel, also mit einem Hindernis, und fordert zum eigenen Bemühen um eine Lösung heraus (Dewey 1964: 201; Dewey 1951). Dewey nannte dies „denkende Erfahrung“ (Dewey 1964: 201).

Dies alles ist uns inzwischen bekannt, wird aber selten auf den amerikanischen Pragmatismus zurückgeführt. Er wurde meist verdeckt und indirekt, über Zwischenstationen, rezipiert. Man kann daher sagen: Seine Pädagogik ist zwar vertraut, aber unbekannt. Oetinger machte in dieser Hinsicht eine Ausnahme; nach ihm brach die explizite Rezeption ab.

Die politische Bedeutung des Pragmatismus liegt darin, daß er als die **Philosophie der Demokratie** angesehen werden kann. Karl-Otto Apel gibt einen Gedanken Deweys so wieder: daß „die demokratische Lebensordnung ihrer objektiven Struktur nach eine Experimentiergemeinschaft mündiger Menschen ist, in der jeder den anderen grundsätzlich die Aufstellung plausibler, d.h. erprobbarer Hypothesen, keiner aber dem anderen den Besitz der absoluten Wahrheit zutraut“ (1975: 14). Dewey sah in der Demokratie ein Kriterium für seine Erziehungsphilosophie wie auch für die Schultheorie. Chancengleichheit, Pluralität und Universalität (im Gegensatz zu nationaler Verengung) waren für ihn nicht nur Merkmale der Gesellschaft, sondern auch Richtpunkte für die Inhalte wie die Organisation des Bildungssystems, das zur Zeit der Abfassung des hier herangezogenen Werkes „Demokratie und Erziehung“ (1916) sich schon auf dem Wege zur Gesamtschule befand. Allgemeinbildung im Unterschied zu ständisch differenzierter Bildung galt für Dewey als Voraussetzung zur Erhaltung einer demokratischen Gesellschaft (ebda.: 255). Berühmt wurde später bei uns der Satz Deweys: „Die Demokratie ist mehr als eine Regierungsform; sie ist in erster Linie eine Form des Zusammenlebens, der gemeinsamen und miteinander geteilten Erfahrung.“ (ebda.: 121) Von diesem Satz ließen sich die amerikanischen Pädagogen der Re-education leiten, er wurde auch zu einem Basissatz für Oetingers Partnerschaftskonzeption, wenngleich mit der aufschlußreichen terminologischen Verschiebung: statt „Form des Zusammenlebens“ heißt es bei Oetinger „Lebensform“ (3.2.3, oben S. 57), ein Begriff, der eine Verwechslung mit dem völlig anders gemeinten Begriff „Lebensformen“ von Eduard Spranger (1930) nicht ausschließt. An der Originalstelle steht hingegen „mode of associated living“ (Dewey 1980: 93), was mit „Art und Weise des Zusammenlebens“ übersetzt werden kann und somit weniger Typisierung beabsichtigt als der vorher von Dewey gebrauchte Begrif „Regierungsform“ (form of government). Sicherlich wirkt hier auch die Herkunft Oetingers aus der geisteswissenschaftlichen Pädagogik noch nach.

Die Lerntheorie des Pragmatismus hilft, ein **theoretisches Lernkonzept** von einem **praktisch-pragmatischen** zu unterscheiden (s. Kasten S. 62).

Zum **theoretischen Lernkonzept** gehört die Einsichtendidaktik; Einsicht ist die vorgängig ermittelte, allgemeingültige theoretische Aussage als Ziel des Lernprozesses, die zu einem Element einer objektiven Wahrheit wird. Problem- und situationsorientiertes Lernen als **pragmatisches Lernkonzept** meint, daß die Erkenntnis nicht mit dem theoretischen Vorwissen, beispielsweise mit der Kenntnis von Institutionen beginnt, sondern mit einer widerständigen Erfahrung, welche zur Klärung reizt, weil der Lernende sie mit seinem Leben in Verbindung bringen kann. Didaktisches Modell eines solchen Lernens wurde in der deutschen politischen Bildung das **Fallprinzip**: Das kontroverse, zur Stellungnahme und zur Lösungssuche auffordernde politische Ereignis wird Gegenstand des Unterrichts.

3.2.5 Partnerschaft als Modell für „ziviles" Verhalten

Auf die Kontroverse zur Zeit des Erscheinens von „Partnerschaft" werde ich im nächsten Abschnitt (3.3) noch eingehen. Betrachten wir zunächst spätere Urteile, so fällt auf, daß die Konzeption Oetingers der **Kritik aus allen Lagern** unterzogen wurde (Zitate bei Hüser u.a. 1976: 43f.). Sie sei „eine Variation der Ideologie der modernen Industriegesellschaft" (Paul Röhrig), Partnerschaft sei „instrumentalisierbar, manipulierbar, man kann sie in Dienst stellen" (Klaus Hornung), eine „unpolitisch sich gebende Konzeption" sei politisch im Sinne der „Erziehung zur Anpassung" (Kurt Gerhard Fischer), er verschleiere die „antagonistische Grundstruktur der bestehenden Gesellschaft" (Rolf Schmiederer).

Dies sind Urteile seit den 60er Jahren, als in der politischen Bildung sich ein tiefgreifender Wandel anbahnte. Der Blick wurde für die Analyse der Systemstrukturen geschärft, das Herrschaftsproblem rückte in den Mittelpunkt, gesellschaftlicher Wandel wurde zum politischen Programm. Diese Vorstellungen verbauen aber den Blick nach rückwärts. Um Oetingers Konzeption gerecht zu werden, muß man versuchen, sie **von den eigenen Voraussetzungen her zu verstehen**. Daher ist es notwendig, die selbstgewählte Intention, Abkehr vom deutschen Sonderweg und Korrektur des geschichtlich geprägten deutschen Sozialcharakters, ernst zu nehmen.

Dies wird erleichtert, wenn man die **Zivilisationstheorie von Norbert Elias** zur Hilfe nimmt, dessen im Exil entstandenes Hauptwerk, „Über den Prozeß der Zivilisation", erst 1969 in Deutschland bekannt geworden ist. Elias sieht das **Schlüsselproblem** jedes Zivilisationsprozesses darin, „wie Menschen für ihre elementaren animalischen Bedürfnisse im Zusammenleben miteinander Befriedigung finden können, ohne daß sie sich bei der Suche nach dieser Befriedigung immer von neuem gegenseitig zerstören, frustrieren, erniedrigen oder in anderer Weise schädigen" (Elias 1992: 46), – es geht also um Regeln eines Zusammenlebens, in welchem Bedürfnisbefriedigung nicht auf „Kosten der Bedürfnisbefriedigung eines anderen oder einer anderen Gruppe geht" (ebda.). Um dies zu erreichen, sind Zwänge erforderlich, die man in **Fremdzwänge und Selbstzwänge** unterscheiden kann. Kennzeichen von Zivilisationprozessen sind die „Veränderungen im Verhältnis von gesellschaftlichen Fremdzwängen und individuellen Selbstzwängen" (ebda.: 49). Dieser Zusammenhang wird bedingt durch das politische System. In einem Polizeistaat entwickeln sich „Persönlichkeitsstrukturen, bei denen ihr Vermögen der Selbstzügelung auf einen Fremdzwang angewiesen bleibt, auf eine starke Gewalt, die sie mit Strafe bedroht". Dies wären also die Merkmale eines autoritären oder diktatorischen Staates. Demgegenüber verlangt ein „nicht-absolutistisches, also ein Mehrparteienregime", das dem demokratischen Staat entspricht, „eine weit stärkere und festere **individuelle Selbstzwangapparatur**". Elias meint damit subjektinterne Fähigkeiten, bei denen die Zügelung des Verhaltens nicht durch Strafandrohung, sondern durch „Überzeugung und Überredung" erreicht wird (ebda.: 49), wodurch also eine Form der Selbststeuerung der Individuen bewirkt wird.

Wenn man von dort einen Blick auf Oetinger zurückwirft, dann erkennt man, daß auch bei ihm **„ziviles" Verhalten** im Sinne des Ausgleichs und der Mäßigung intendiert ist. Der Gedanke des Rollentausches, die Berücksichtigung der Folgen für andere, die Selbstregierung, die Absage an das Freund-Feind-Denken und an eine Verabsolutierung des Kampfes, – dies alles sind Kennzeichen für Verhaltensweisen, durch welche nicht die Überwältigung und Unterwerfung von anderen, nicht heroische Tat und Gewaltherrschaft angestrebt, sondern ein **Miteinander** bewirkt wird, in dem die sozialen Kosten auf ein Minimum reduziert werden. Von dort her bekommt auch das belächelte Wort vom „Wohlwollen" (85) eine neue Bedeutung, mit welcher Oetinger die Qualität zwischenmenschlicher Beziehungen zu beschreiben versucht, das ja in der Mitte liegt zwischen Zuwendung und Distanz. Wenn Elias sagt, daß wir im Verkehr mit *allen* Menschen ein relativ hohes Maß an **Selbstzügelung** entwickeln müssen, auch im Verhältnis zu sozial Untergebenen (ebda.: 51), dann entspricht dem die Idee der Partnerschaft, deren Verhaltensmuster der Kooperation von Oetinger auch auf hierarchische Systeme, also Betrieb und Militär, ausgedehnt wird (vgl. Oetinger 1956: 101-106), wo sie die Kluft zwischen Führung und Untergebenen mildert.

Um sie würdigen zu können, muß man diese Gedanken mit der vorhergegangenen Zeit vergleichen. Oetingers „Partnerschaft" setzte sich in diametralen **Gegensatz zur Herrschaftsweise und zum kriegerischen Verhaltensmuster der Naziideologie**, die auf ungehemmte Expansion zielte. Wenn Elias die „Verachtung für die Schwachen und Mißratenen, die Hochhaltung von Krieg und Stärke gegenüber Frieden und zivilistischer Zufriedenheit" nennt, um den „Verhaltenskanon von Kriegern" zu beschreiben, der in der deutschen Gesellschaft weit verbreitet war (Elias 1992: 154), oder vom Gesellschaftsbild des Kampfes aller gegen alle spricht, der in deutschen schlagenden Studentenverbindungen zu Hause war (149), dann wird deutlich, wie weit Oetingers Leitbild der „Partnerschaft" davon entfernt ist. Wie Oetinger ist auch Elias in späteren Schriften von der Frage geleitet worden, wie es geschehen konnte, worauf „ein solcher Ausbruch der Roheit und Barbarei" in der NS-Zeit (Elias 1992: 395) zurückzuführen sei. „Das Verlangen nach der Fremdkontrolle eines starken Herrschers... war eng verknüpft mit den unsicheren Standards der Selbstkontrolle, die Deutschen durch ihre Tradition vermittelt wurden" (ebda.: 414), – so lautet eine der Diagnosen von Elias. Dagegen verlangt „Partnerschaft" ein hohes Maß an **individueller Selbstkontrolle**. Insofern wurde von Oetinger tatsächlich ein „Wendepunkt" markiert, der sich in der Abkehr vom deutschen Sonderweg manifestierte.

Auf dem Hintergrund des Pragmatismus hat Oetinger das pädagogische Programm einer Verhaltenserziehung entworfen, durch welche der Bruch mit deutschen politischen Traditionen herbeigeführt und die Annäherung Deutschlands an eine der Demokratie adäquate politische Kultur angebahnt wurde. Darin liegt das Verdienst Friedrich Oetingers. Seine Wirkung ist jedoch dadurch beeinträchtigt worden, daß diese Rezeption des Pragmatismus selber eine Vorgeschichte im Nationalsozialismus hatte.

3.2.6 Die NS-beeinflußte Rezeption des Pragmatismus durch Oetinger

3.2.6.1 Die Grunderfahrungen

Unter Grunderfahrung verstehe ich einen die pädagogische oder didaktische Konzeption organisierenden biographischen Faktor. Nach ihr will ich hier wie auch bei anderen Autoren fragen.

Oetingers Grunderfahrungen stammen aus zwei Bereichen: aus der NS-Zeit und aus der Nachkriegszeit. Sie sind beide aus seinem Buch zu erschließen.

Oetinger hat die **faszinierende Wirkung der NS-Ideologie** auf junge Menschen erlebt, der er sich selbst offenbar nicht entziehen konnte. Hitlers Ausführungen in „Mein Kampf" über Jugenderziehung erschienen vielen, wie Oetinger schreibt, „durchaus nicht dumm, in vieler Hinsicht einleuchtend, in einzelnen Punkten geradezu erlösend" (61). Zustimmung erzeugte Hitler, weil er der Schule einseitigen Wissensdrill vorwarf und mehr körperliche Ertüchtigung und charakterliche Erziehung der jungen Generation forderte. Es war der „Appell, Willens- und Entschlußkraft zu pflegen und die Verantwortungsfreude zu stärken" (61). Diese Absage an die neuhumanistische Bildungstradition wurde von vielen geteilt, und Oetinger scheint sich hier nicht auszuschließen. Dadurch fesselte Hitler die Jugend: „Er kam der Sehnsucht nach Gemeinschaft entgegen und er appellierte an das Freiheitsbedürfnis des deutschen Volks.“ (62) Nach Auffassung Oetingers wiesen zwei Bestandteile der nationalsozialistischen Erziehungstheorie positive Ansätze auf, die aber dann durch Übersteigerungen entwertet wurden: **Volk und Tat**. Das „Volk“ prägt „die nicht rational faßbaren Formkräfte des Menschen“ (65); durch deren Neubewertung wurde eine „Rehabilitierung des Gefühls“ bewirkt (66). Die Lehre vom Vorrang der „Tat“ besitzt eine Nähe zu Oetingers Konzeption; die „Aktivität“ nennt er das „Herzstück der Partnerschaft“ (69). Die Entwertung dieser Begriffe erfolgte in seinen Augen dadurch, daß „Volk“ zum Bestandteil einer Staatsideologie und die „Tat“ zur heldischen Tat stilisiert, von den Machthabern okkupiert und dadurch zur Erziehung zum Gehorsam verfälscht wurde (70f.).

Der Nationalsozialismus rührte demnach **verwandte Saiten bei Pädagogen** der damaligen Zeit an. Was Oetinger von Alfred Baeumler zitiert, einem der führenden Nazipädagogen, dessen Mitarbeiter bei der Herausgabe einer Zeitschrift er war, erscheint wie ein Vorgriff auf seine eigene Partnerschaftskonzeption: Der Mensch sei als ein wesentlich Handelnder aufgefaßt, Baeumler habe dem theoretischen Typus den politischen entgegengesetzt, und er habe die emotionale Erziehung gegenüber der formalen über Stoff und Unterricht bevorzugt (12).

Oetinger gehört zu der **Generation der Enttäuschten**, die „gutgläubig »ihrem Führer« folgten“ (63) und sich daher als Opfer fühlten. Er war, Jahrgang 1906, seit 1938 Dozent für Erziehungswissenschaft an der Hochschule für Lehrerbildung in Oldenburg und auch NSDAP-Mitglied gewesen. Nach dem Krieg fand er sich mit anderen desillusioniert wieder und machte dennoch die Erfahrung, „daß das Leben weitergeht, mögen die Wege der nationalen Staatspolitik auch noch so verhängnisvoll sein“ (76). Er bekam ein neues Bild von Politik, die sich jetzt auf der „einfachen Ebene des »gewöhnlichen« Miteinanderlebens“ abspielt (76). Es ist eine Absage an die Ideen und eine Orientierung an der „Forderung des Tages“, am „konkreten Leben der Menschen“, daran, daß man „das Seinige tut“, – Umschreibungen, mit denen Oetinger die von ihm angezielte neue Haltung zu fassen versuchte. Es ist das Erfahrungsmuster der **„skeptischen Generation“**, wie es Helmut Schelsky kurze Zeit später beschrieben hat (Schelsky 1957).

3.2.6.2 Rezeption des Pragmatismus in der NS-Zeit

Tilman Grammes hat als erster gezeigt, daß die **Rezeption des Pragmatismus** bei Oetinger schon **in der NS-Zeit** erfolgte, vermittelt durch den Soziologen und Amerikanisten Eduard Baumgarten (Grammes 1989). Das Angelsächsische war Oetinger durch einen Studienaufenthalt in England und durch seine Tätigkeit beim Deutschen Akademischen Austauschdienst vertraut (Grammes 1989: 263). Seine Dissertation von 1928 ging über das Thema: Die englische Verfassung und der vormärzliche Liberalismus (Hohmann 1985: 194). Baumgarten blieb auch nach dem Kriege noch der wichtigste Gewährsmann für den Pragmatismus; aus seinem Buch „Pragmatismus", erschienen 1938, zitiert Oetinger in „Partnerschaft" im gleichen Umfang wie aus den Originalschriften von John Dewey. Baumgarten gilt zwar als der damals beste Kenner des amerikanischen Pragmatismus (Joas 1992: 131), jedoch interpretiert er den Geist des Pragmatismus in **nationalsozialistischer Einstellung** (Joas 1992: 131; vgl. ebda: 132).

Begriff und Idee der „Partnerschaft" sind dem Buch von Baumgarten entnommen, und zwar dem Kapitel über John Dewey. Baumgarten verwendet das Wort mehrmals dort, wo er die „Deweysche Umdeutung des französischen Brüderlichkeitsideals" darstellt. Nach Baumgarten versteht Dewey „Brüderlichkeit" als immer schon vorhandene Vergesellschaftung durch Sprache und dadurch ermöglichtes kommunikatives Handeln (Baumgarten 1938: 324ff.). Baumgarten nennt dies die „wesensmäßige menschliche Lebensform: Partner zu sein" (ebda.: 330). Oetinger bezieht sich auf diese „amerikanische" Umdeutung des französischen Brüderlichkeitsideals und beschreibt sie als die „Fortbildung der natürlichen menschlichen Genossenschaftlichkeit zu antizipierender Kommunikation" (Oetinger 1956: 120, auch 119).

Die Umdeutung des Pragmatismus: Baumgarten referiert an der bezeichneten Stelle unter der Überschrift „Die Idee der Demokratie" einen Vortrag Deweys über „Philosophie und Demokratie" aus dem Jahre 1919 (Dewey 1982). Aufschlußreich ist der Vergleich mit der Quelle. Keineswegs fand Oetinger bei Baumgarten den Bericht über die Umdeutung des französischen Brüderlichkeitsideals durch Dewey, sondern vielmehr die **Umdeutung der Umdeutung**. Angängig wäre ja noch, daß Baumgarten die elf Zeilen über den Begriff „Brüderlichkeit" bei Dewey (1982: 53) auf sieben Seiten paraphrasiert, indem er zusätzlich dessen Theorie des „kommunikativen Handelns" (Baumgarten 1938: 327) entwickelt, die später als Interaktionstheorie bekannt geworden ist. Aber daß er dann diese Umdeutung als „ältesten germanischen Genossenschaftswillen" reklamiert (ebda.: 328), daß er, wo Dewey nur von den „vergesellschafteten Individuen" spricht („associated individuals"; Dewey 1982: 53), ihnen als „wesensmäßige menschliche Lebensform: Partner zu sein", zuschreibt (Baumgarten 1938: 330), daß er den Nachsatz Deweys „wobei jedes [Individuum] durch den Verkehr mit anderen das Leben eines jeden unverwechselbar macht" (Dewey 1982: 53), unterschlägt, bedeutet doch eine Umdeutung. Denn der zitierte Nachsatz besagt ja, daß in der Interaktion sich sowohl soziale wie personale Identität bildet, also durch die Sozialbezüge auch die Individualität. Baumgarten interpretiert jedoch **einseitig in Richtung auf Gemeinschaftsbindung**; die Entfaltung von Individualität könne nur „aus der Praxis der Gemeinschaft" entspringen (1938: 329), und Gleichheit ist für ihn „Gliedschaft", heißt, „daß einer wie der andere sich einordnet" (1938: 324), während Dewey an dieser Stelle sagt, daß jedes Dasein „etwas Einzigartiges und Unersetzliches" hat (1982: 52). Deweys Bild von Demokratie als „Form des Zusammenlebens" (1964: 121) erscheint bei Baumgarten als Vorstellung von einer **Bindung an die Volksgemein-**

schaft mit den Merkmalen der Ein- und Unterordnung und der Abschottung, denn Baumgarten unterschlägt auch die Aussage Deweys, Brüderlichkeit sei zu verstehen als Vergesellschaftung und Interaktion „without limit", „ohne Grenze" (Dewey 1982: 53), was ihre Universalisierung meint. Im Gegenteil: Im weiteren Verlauf polemisiert Baumgarten gegen Dewey, weil er ihm eine „Ethik des intelligenten Maßes" unterstellt (Baumgarten 1938: 331); Grenzen, so sagt Baumgarten, müßten „wieder und wieder hergerichtet und geweitet werden" und zwar durch Individuen, die Einsicht „sehr wohl mit Gewalt verbanden" (ebda.: 330f.). Baumgarten versucht hier, die amerikanische Eroberung des Westens durch die **nationalsozialistische Lebensraumideologie** zu rechtfertigen, um die Verwandtschaft beider Systeme sinnfällig zu machen.

Deweys Demokratiebegriff übernahm Oetinger also durch den Filter Baumgartens. Sicherlich waren die gröbsten NS-Merkmale getilgt. Aber es blieben die Reste: Auch bei ihm heißt es wie bei Baumgarten wörtlich: „Individualität sieht er [Dewey] aus der Praxis der Gemeinschaft entspringen" (Oetinger 1956: 120), und er verwendet damit den Begriff eines abgegrenzten Sozialgebildes mit **Abschottungstendenz**. Und er ist so bemüht, die kooperative Funktion der Partnerschaft eindringlich zu machen, daß sie zu einem **ausschließlichen Wesensmerkmal mit ontologischer Qualität** avanciert, daß also die Zweipoligkeit: personales und soziales Wesen und damit verbundene „Identitätsbalance" oder das Insistieren Dewey auf dem Unverwechselbaren bei aller Sozialität unter den Tisch fallen. Somit sind durch den Begriff „Partnerschaft" doch noch **Reste der NS-Ideologie** transportiert worden, wie ja auch Grammes festgestellt hat (1989: 266f.).

Außerdem blieb wie bei Baumgarten auch bei Oetinger der Partnerschaftsgedanke **demokratietheoretisch defizitär**, weil er den Systembezug, auf den Elias so großen Wert legt, im ungewissen läßt. Selbst wenn man einräumt, daß Oetinger als Pädagoge nicht verpflichtet war, eine Ordnungstheorie der Demokratie zu entwickeln, muß dies als Mangel angemerkt werden. Denn in der Sprechsituation seiner Zeit, der 50er Jahre, konnte er keinen gemeinsamen Horizont politischer Erfahrungen und Systemvertrauens mit Demokratie voraussetzen, die eine ordnungstheoretische Einbettung überflüssig gemacht hätten.

Es können noch weitere **NS-Spuren in der Partnerschaftskonzeption** festgestellt werden: Die Betonung des Aktivismus basiert auf der von Baumgarten hochstilisierten amerikanische Pionierideologie, das Kognitive erscheint entwertet, wenn Oetinger im Unterschied zu Dewey „Gesinnungsbildung" und „Gewohnheitsbildung" anpreist, seine Abstinenz gegenüber Werten hinterläßt eine Leerstelle.

So ist es erklärlich, daß bei vielen Lesern „Partnerschaft" im **Horizont eines noch aus der NS-Zeit tradierten Gemeinschaftsbewußtseins aufgenommen** wurde, für das die Prozeduren demokratischer Willensbildung und freiheitssichernde Institutionen weniger wichtig waren als das Miteinander in gemeinschaftlichen Sozialgebilden.

3.2.7 Oetingers „halbe" Westorientierung

Die Entstehungsgeschichte von „Partnerschaft" hat also ihre Spuren zurückgelassen, die auch nach mehrfacher Überarbeitung nicht getilgt werden konnten. Ist diese Kritik angemessen?

Sicherlich ist es richtig, Oetinger Werk als eine **fachdidaktische Konzeption** zu interpretieren und nicht als politische Theorie, – eine Unterscheidung, die Grammes fruchtbar verwendet hat (1986: 56f. und passim). Trotzdem ist es wegen der Genese von „Partnerschaft" aus der Zeit des Nationalsozialismus notwendig, nach den demokratietheoretischen Kriterien zu fragen, unter denen das Konzept geprüft werden kann.

Diese Genese legt es auch nahe, die Rezeption Oetingers in den 50er Jahren als „Gemeinschaftserziehung" **nicht als Mißverständnis** zu deuten. Die Ursachen hierfür sind: 1. In der ersten Auflage hat Oetinger den Begriff „Gemeinschaft" anstelle von „Gesellschaft" noch häufiger verwendet als in den folgenden Auflagen, was die weitere Rezeption präformierte. 2. Es fehlte die demokratietheoretische Eindeutigkeit. 3. Hinzu kamen die unterlassene Offenlegung und der dadurch bedingte Mangel einer kritischen Reflexion der NS-Tradition. Diese Defizite beförderten die mit dem Gedanken der „Gemeinschaftserziehung" verbundene **Entpolitisierung**, welche damals viele der unter der Wirkung des Entnazifizierungsschocks stehenden Lehrenden suchten. Wenn es die Intention Oetingers war, zur Veränderung der politischen Kultur in der Bundesrepublik beizutragen, dann hätte auch erkennbar werden müssen, welche Vorstellung von Demokratie ihn leitete.

So bleibt letzten Endes ein **zwiespältiger Eindruck**. „Partnerschaft" als Zivilisierungskonzept und Korrektur des deutschen Sozialcharakters war ein bedeutendes Unterfangen, das seinerzeit in dieser Dimension gar nicht wahrgenommen worden ist. Aber es war bei Oetinger eingebettet in die Spuren der Genese und in zeitbedingte Bewußtseinsverengungen.

Oetinger hat mit seiner Konzeption eine bewußte Westorientierung der politischen Pädagogik vorgenommen. Aber man kann nur von einer **„halben" Westorientierung** und einem **„halben" Pragmatismus** sprechen. Die westeuropäischen Ideen erscheinen bei ihm nur halb rezipiert: Von der Aufklärung findet man die nüchterne Mitmenschlichkeit im alltäglichen Umgang, nicht aber die universelle Idee der Menschenrechte und somit diejenigen regulativen Ideen, welche die regionale oder gruppenspezifische Einengung von Oetingers Partnerschaftsvorstellung und die Ausgrenzung anderer verhindern würden. Vom Pragmatismus fehlt alles Methodische, das überhaupt erst den Weg zur Realisierung von Handlungsorientierung eröffnen kann. Und die Merkmale zivilen Verhaltens erscheinen reduziert um alles, was an kognitiver Orientierung erforderlich ist.

Ungeachtet dieser Einschränkung: Oetinger ist der einzige Vertreter der politischen Pädagogik in der Bundesrepublik, der nach den Versuchen der westlichen Besatzungsmächte selber eine **Anbindung an westliche, hier angelsächsische Traditionen** versuchte. Er sprach sich damit ausdrücklich für eine Westorientierung der politischen Bildung aus. Er hat als erster den Pragmatismus rezipiert, was sich später als fruchtbar erweisen sollte. Sein ungeklärtes Verhältnis zur Demokratie aber macht deutlich, daß auch für die politische Bildung noch **andere Zugänge zur Klärung der Bildungsaufgabe** gewählt werden mußten. Den einen repräsentiert Theodor Litt (3.3), indem er sich bemühte, den fehlenden Horizont des Vorverständnisses durch Wissen von der Demokratie herzustellen, den anderen Wolfgang Hilligen (5.), der die Situation der didaktisch Reflektierenden in Form der Zeitdiagnose bewußt zu machen versuchte.

3.3 Theodor Litt: Staats- oder Politikerziehung?

Friedrich Oetinger erlebte mit seinem Buch „Partnerschaft" Zustimmung und Ablehnung. Den schärfsten Kritiker fand er in Theodor Litt, vormals Professor für Philosophie und Pädagogik an der Universität Leipzig, von dort 1947 an die Universität Bonn übergewechselt. Litt stand zwischen 1933-1945 in Gegnerschaft zum Naziregime; er hatte diese auch in wissenschaftlichen Aufsätzen durch Kritik an der Weltanschauung und Wissenschaftsauffassung des NS publik gemacht und sich durch eine vorzeitige Emeritierung in die innere Emigration begeben (Klafki 1982: 30f.). In dieser Hinsicht war er ein **Antipode** des mit dem Naziregime verhafteten Friedrich Oetinger. Oetinger hatte in seinem Buch Litt als Vertreter einer staatsbürgerlichen Bildung der 20er Jahre zitiert und kritisiert. Aber als Litt sich gegen Oetinger zu Wort meldete, hatte er seine frühere Auffassung bereits geändert und eine „zweifelsfrei demokratische Position der politischen Erziehung" (Klafki 1982: 358) gefunden. So entwickelte er in der 1954 zuerst erschienenen Schrift „Die politische Selbsterziehung des deutschen Volkes" eine bedenkenswerte Alternative zu Oetingers Partnerschaftskonzept.

Sie erschien später als „Wesen und Aufgabe der politischen Erziehung" zusammen mit „Die Freiheit des Menschen und der Staat" unter dem gemeinsamen Titel „Die politische Selbsterziehung des deutschen Volkes", 4. Aufl. 1958; aus ihr wird mit Seitenangabe zitiert. Auszüge bei Kuhn u.a. 1993: 167-170.

3.3.1 Der Gedanke der „Selbsterziehung"

Gemeinhin wird die Position Litts als „Erziehung zum Staat" (Kühr 1980: 57; Kuhn/Massing 1990: 32) beschrieben. Das ist nicht richtig. Litts Konzeption der politischen Pädagogik hatte eine **Erziehung zur Demokratie** zum Inhalt. Es ist allerdings erforderlich, seine spezifischen Demokratievorstellungen zu klären.

Das Motiv für diese Erziehung ist in den **zeitgeschichtlichen Erfahrungen** zu suchen. Litt sieht im Jahre 1954 die Bundesrepublik in einer Entscheidungssituation: „Entweder wir werden zu einem Volk, das imstande ist, in Formen der Demokratie einen gemeinsamen Willen zu bilden und in Taten umzusetzen – oder wir werden abermals das Opfer einer mit mehr oder weniger Geschick getarnten Diktatur.“ Es gebe keine dritte Möglichkeit; wer mit diesem Gedanken spiele, sei Schrittmacher eines neuen Totalitarismus (1958: 52). Litt räumt ein, daß die Demokratie aus einer nichtdeutschen Tradition stammt, doch ist das für ihn kein Hinderungsgrund, weil die Rezeption der Demokratie ihm als unausweichlich erscheint (ebda.). Demokratie hat für ihn eine antifaschistische und antikommunistische Funktion.

Aber indem Litt von der Opferrolle der Deutschen spricht, also davon, daß sie Opfer einer Diktatur gewesen seien, betreibt er eine **andere Ursachenforschung** als Oetinger. Für Litt ist die **falsche Staatsform** Ursache der deutschen Katastrophe, für Oetinger der Sonderweg der Deutschen, ihr Obrigkeitsbewußtsein. Daher kommen beide zu unterschiedlichen Folgerungen. Oetinger will die politische Haltung der Deutschen ändern, ihre politische Sozialisation korrigieren, demokratisches Bürgerverhalten bewirken. Litt will den Deutschen ein neues Denken über die Demokratie als Staatsform vermitteln.

Eine Rezeption der amerikanischen Tradition der Demokratie sieht Litt vor unüberwindliche Hindernisse stehen. Für den Amerikaner sei die Demokratie eine „allumfassende Lebensform“, für den Deutschen sei sie die Bezeichnung für eine bestimmte Staatsverfassung, welche eine bisher gültige ablösen soll (49-50). Litt hebt also die **abweichende Ausgangssituation der Deutschen** hervor: Was für die Amerikaner eingelebte Tradition ist, bekamen sie als Entscheidung einer verfassungsgebenden Versammlung. Es hat einen Transfer der politischen Institutionen, aber nicht der politischen Kultur gegeben. Daraus folgt eine **unterschiedliche Situation der Erzieher**: In Amerika müssen überkommene und feste Gewohnheiten auf die Nachwachsenden übertragen werden, in der Bundesrepublik gilt es, „werdende Seelen für eine Haltung zu gewinnen, die einstweilen mehr Forderung als Wirklichkeit ist, und für eine Form des Staates zu werben, der selbst im günstigsten Falle erst die Zukunft zu dem ihr gemäßen Inhalt verhelfen wird“ (51). Das heißt: Demokratie ist auch jetzt noch nicht, kann in Zukunft vielleicht werden, und die Schule erhält daher die Aufgabe, „Pflanzstätte der Gesinnung“ für die Zukunft zu sein (51).

Litt ist also sehr skeptisch in Bezug auf die Auffassung Oetingers, man könne die Sozialisationsbedingungen durch Erziehung ändern. Ein entscheidendes Hindernis ergibt sich aus der nüchternen **Einschätzung der Lehrer** und ihrer Kompetenz. Es gebe keine pädagogische Kontinuität, weil der Erzieher „sein demokratisches Herz selbst erst entdecken muß“ (53). Litt rührt hier an ein Tabu, indem er die Frage stellt: Wie sollen Nichtdemokraten, also Lehrer, die in einer Diktatur aufgewachsen sind, Jugendliche zu Demokraten erziehen? Wie sollen zu Untertanen erzogene Lehrer den Schülern zur Fähigkeit demokratischer Mitbestimmung verhelfen? Litt verlangt eine schonungslose „Gewissensprüfung“, und diese ergibt, daß das **traditionelle Erziehungsverhältnis zwischen Pädagogen und Zögling nicht mehr greift**.

Litt führt daher den Gedanken der **„Selbsterziehung“** ein. Nicht mehr sei es so, daß die Älteren erziehen und die Jüngeren erzogen werden, vielmehr seien „die Älteren so gut wie die Jüngeren zu erziehen“. Dieser Prozeß der Selbsterziehung übertrage sich sogar auf ein ganzes Volk (54). Litt definiert hier die **Umkehrung des traditionellen erzieherischen Verhältnisses** in einer geschichtlichen Situation, in welcher Lehrende kaum Autorität zur Unterweisung in Sachen Demokratie mitbringen können. Litt beschreibt also die Aufgabe einer politischen Pädagogik in der Situation des radikalen Traditionsbruchs, des Systemwechsels. Da „Umerziehung“ von außen jetzt nicht mehr stattfinden kann, überträgt er der Pädagogik und den Pädagogen die Aufgabe, diesen Systemwechsel durch „Selbsterziehung“ zu fördern.

3.3.2 Lernen

Litts Kritik richtet sich ferner gegen die **Lerntheorie** von Oetinger. Für diesen war Erlernen der Verhaltensformen von Partnerschaft vorzugsweise „Erfahrung und Übung“, weil es vor allem soziales Lernen war. Für Litt hingegen folgt aus der grundsätzlich unterschiedlichen Erziehungssituation in den alten Demokratien und dem nachfaschistischen Deutschland, daß andere pädagogische Wege beschritten werden müssen. „Es kann nicht anders sein“, sagt er, „als daß bei uns der Anteil der bewußten Besinnung auf das Anzueignende unvergleichlich viel größer ist als bei den wie von selbst in die demokratische Lebensform Hineingewachsenen.“ (55) Oetinger erwartete partnerschaftliches Verhalten auch in der Familie. Wie aber, wenn diese Familie wie die deutsche autoritär strukturiert ist, wenn der Vater die Rolle des Patriarchen innehat? Die Frage mußte daher so lauten: Wie vollzieht sich demokratische Erziehung in einem undemokratischen sozialen Umfeld? Litt gab daher eine andere Antwort als Oetinger: Diese Erziehung geschieht nicht durch „Erfahrung und Übung“, sondern durch **bewußtes Erkennen und Bewerten und durch Kritik**, – mit seinen Worten: durch „die Erweckung klarer Einsicht in das, was uns nottut,“ und durch „die schonungslose Enthüllung dessen, was uns mißleitet“ (55).

Dies ist einer von den Sätzen, die leicht überlesen werden. Auch hier rührte Litt an ein Tabu: „Schonungslose Enthüllung“, das war das Nachdenken über die geschichtliche **Unfähigkeit der Deutschen, eine humane Ordnung des Zusammenlebens** innerhalb ihrer Nation und mit anderen Nationen zu errichten. Litt wußte, was er sagte. Die Weigerung, die eigene Vergangenheit selbstkritisch aufzuarbeiten, sich mit ihr auseinanderzusetzen, war damals in den Jahren nach der Gründung der Bundesrepublik weit verbreitet.

3.3.3 Staat, Politik, Demokratie

Zu welcher Einsicht jedoch soll die Erziehung die Jugendlichen hinführen? Litt geht es um ein **Verständnis von Staat und Politik**, die der Demokratie angemessen ist. Seine Hauptkritik an Oetinger liegt in dem Vorwurf, im Konzept der Partnerschaft verfließe das Politische „ins Soziale, ja Allgemein-Menschliche" (67), hier werde eine „Friedensseligkeit" erzeugt, in welcher politischer Kampf als Abirrung erscheine. Notwendig sei daher eine **Einsicht in das Wesen des Staates** (69), durch die seine Verharmlosung und seine Verteufelung vermieden werden soll.

Staat definiert Litt folgendermaßen: „Der Staat ist ein Gebilde höchst komplexer Natur. In seinem Aufbau vereinigen sich Motive von durchaus gegensätzlicher Art. Sein Leben vollzieht sich in dem unausgesetzten Bemühen, die ihm innewohnenden Spannungen zu einem relativen und unter allen Umständen nur vorübergehenden Ausgleich zu bringen." (60) Litt unterscheidet **Staat und Gesellschaft** und wendet sich gegen eine soziologische Auffassung vom Staat, nach der Gesellschaft und Staat im Verhältnis der „Nebenordnung" stehen. Für ihn ist der Staat die „notwendige Voraussetzung" für das Existieren der Gesellschaft: „Nur im Rahmen und auf dem Boden der Lebensordnung, deren Zuverlässigkeit einzig und allein durch den Staat garantiert wird, kann das gesellschaftliche Leben jene Formen der Verständigung und Zusammenarbeit hervorbringen und betätigen, die wegen ihrer »Friedlichkeit« des Beifalls der Wohlgesinnten sicher ist." Unausgesprochen gegen Oetinger gewandt, heißt es dann weiter, daß ohne diese Ordnung die Kooperation „im Wirbel der Unordnung untergehen" würde (70). Gegenüber der Gesellschaft hat der Staat also eine **Ordnungsfunktion**. Es gibt einen „funktionalen Zusammenhang" zwischen beiden (73), aber dieser ist so beschaffen, daß der Staat als Vorbedingung für die Existenz der Gesellschaft den Vorrang innehat.

Hier findet man die Trennung von Staat und Gesellschaft, die für die **deutsche Staatslehre** typisch war. Hegel hat den Staat als Wirklichkeit der sittlichen Idee der Gesellschaft als dem „System der Bedürfnisse" übergeordnet; er ist keine gesellschaftliche Hervorbringung, sondern eine objektive Ordnung (vgl. Baruzzi 1968: 202f.). In England wurde hingegen von John Locke die Auffassung entwickelt, daß der Staat aus einem Gesellschaftsvertrag, aus einer Übereinkunft der Bürger entsteht, an den sie ihre Machtbefugnisse delegieren, um effektiveren Schutz zu erhalten (vgl. Euchner 1968: 15f.). Der Staat erscheint hier als Instrument zur Wahrung von Recht und Sicherheit. Litt spricht zwar vom funktionalen, aber nicht vom instrumentalen Charakter des Staates, und daraus läßt sich entnehmen, daß die hegelsche Tradition noch nachwirkt: der Staat als Garant der Ordnung für die gesellschaftliche Sphäre, die ohne ihn dem „Wirbel der Unordnung" anheimfiele. Wolfgang Klafki hat daran kritisiert, daß diese Trennung von Staat und Gesellschaft bei Litt die „Wechselwirkungen" zwischen beiden Bereichen zu verschleiern drohe, die vor allem durch das Agieren der Interessengruppen bewirkt wird (Klafki 1982: 371).

Wie läßt sich diese Staatslehre mit der **Demokratie** vereinbaren, um die es ja auch Litt geht? Demokratie sieht Litt als die Staatsform an, die den Kampf nicht nur als nicht zu beseitigende Tatsache hinnimmt und anerkennt, sondern geradezu als stilbildendes Motiv in ihr Gefüge einbaut. In ihr ist der **Streit der Ordnungsideen** „das Lebensprinzip", weil durch ihn der Staat immer wieder umgestaltet wird. Demokratie ist „permanente Aufforderung zur kämpfenden Auseinandersetzung der in ihrem Schoß vereinigten Gegensätze" (75). Was Litt hier darzustellen versucht, wird später mit **Pluralismustheorie** bezeichnet. Der Kampf wird nicht ausgeschaltet, sondern geregelt; Ziele der Politik werden nicht vom Staat gesetzt, sondern von gesellschaftlichen Kräften, die sich organisiert haben, in Konkurrenz miteinander ermittelt und immer wieder neu ermittelt.

Litt spricht von **Ordnungsideen**, die im Wettbewerb miteinander stehen, und meint damit die an Prinzipien orientierten Programme politischer Parteien, also solche, die mehr konservativ, mehr national, mehr liberal oder mehr sozial orientiert sind. Das Wichtige dabei ist aber für ihn, daß Demokratie nicht inhaltlich bestimmt ist, und das meint in seiner Vorstellung, daß „sie sich nicht auf eine der Kritik entzogene und den Wandel von sich abhaltende Doktrin festlegt" (85). Sie ist demnach eine Staatsform, die geradezu den **Wandel** bewirkt, weil sie, wie er sagt, „ihre Gestalt und Bewegungsrichtung immer von neuem aus dem Wettstreit sich entgegenstehender Vorschläge und Forderungen hervorgehen läßt" (85). **Politik in der Demokratie** ist demnach nicht determiniert, sondern **offen**, und die Veränderungen beziehen sich sowohl auf Struktur („Gestalt") wie auch auf inhaltliche Ziele („Bewegungsrichtung"), also Ziele wie soziale Sicherung u.a.

Man könnte sagen, daß dies eine sehr **karge Vorstellung von Demokratie** ist. Keine zündenden Ideen beleben sie, wie wir sie beispielsweise aus der französischen Revolution kennen: Freiheit, Gleichheit, Brüderlichkeit. Man spürt auch nichts von einem erlebten Freiheitsbedürfnis und dem Verständnis von Freiheit, wie es sich z.B. in den Forderungen nach Reisefreiheit oder Meinungsfreiheit aussprach, die in der Zeit der „Wende" 1989 erhoben wurden. Aber diese **Abstinenz ist antikommunistisch** zu verstehen; sie ist geboren aus einer bewußten Abwehr gegen das Bemühen der östlichen Staaten, „das Staatsvolk im Zeichen einer einzigen »Idee« zu vereinigen", weil eine solche nur durch Gewalt durchgesetzt werden kann (76). Für Litt besteht die „Idee" der Demokratie darin, daß der Staat keine bestimmte Idee kanonisiert (77). Man hat eine solche Definition von Demokratie als **formale Demokra-**

tietheorie bezeichnet im Unterschied zu einer materialen, also inhaltlich gefüllten. Jedoch läßt die Argumentation Litts ein liberales Freiheitsverständnis als Grundlage der Demokratie sichtbar werden. Seine Demokratievorstellung hat demnach durchaus eine ideelle Substanz; aber es ist ein **entideologisierter Demokratiebegriff**. Dies entspricht der realistischen Politiktheorie Litts, die Konflikt und Wandel auch für den Bereich des Staates konzediert.

3.4 Die Unterschiede zwischen Oetinger und Litt: einander ausschließend oder komplementär?

Die Schrift von Theodor Litt war als Streitschrift gegen Oetingers Partnerschaftslehre konzipiert. Dadurch treten die Unterschiede zwischen beiden deutlich hervor. Jedoch täuscht dieser Eindruck. Ich bin der Auffassung, daß die Polemik Litts die Defizite bei Oetinger sichtbar gemacht hat, indem er sie überzeichnete, aber um den Preis eigener Einseitigkeit. Das Ergebnis sind **Einseitigkeiten bei beiden Kontrahenten**. Aus heutiger Sicht könnte man sagen, daß sich beide ergänzen.

1. **Politikbegriff**. Litts Konzeption enthält eine Erziehung zur Demokratie. Sein Ziel ist es, eine realistische Vorstellung von Politik im demokratischen Staat und eine positive Einstellung zu ihr zu vermitteln. Aber Litt entwickelt einen **engen Politikbegriff**. Politik ist für ihn nur das staatliche Handeln und der geregelte Kampf um die Entscheidungsbefugnis, um die politische Macht.

Für Oetinger ist hingegen auch das politisch, was **politisch relevant** ist oder werden kann, also einen Bezug zum Politischen hat. Es sind dies die Faktoren der Sozialisation, die politisches Verhalten und damit auch die Form der Entscheidungsprozesse im Staat beeinflussen, die politische Kultur prägen.

Daß dieses Verhalten ein stilbildendes Element für die Politik ist, dem stimmt auch Litt zu. Er ist auch für die Verhaltensregeln, die einen humanen Austrag von Konflikten bewirken, daß man z.B. im Konkurrenten nicht den Feind sieht, den es zu eliminieren gilt, sondern den Gegner, mit dem man vielleicht morgen eine Koalition eingehen könnte. Im Unterschied zu Oetinger aber glaubt Litt, dieses Verhalten werde durch „Einsicht“ vermittelt, also durch kognitives Lernen. Daher stützt er sich auf einen **wissenschaftlichen Begriff von Politik**. Oetinger hingegen ist der Auffassung, daß dieses Verhalten nur durch ein Erfahrungslernen, durch praktisches Tun vermittelt wird. Daher verwendet er einen **pädagogischen Begriff von Politik**.

2. **Staat und Gesellschaft**. Wenn wir beide gedanklich einem Oben und einem Unten zuordnen, so läßt sich sagen: Litt **setzt oben, beim Staat an**; Politik vollzieht sich für ihn auf der Ebene des Staates. Es ist dies die Perspektive aus der Tradition der deutschen Staatsphilosophie. Politik wird dadurch für die Menschen das Ferne, Fremde, die Demokratie ein abstraktes Ganzes, das rational begriffen werden muß; die Ausübung von Macht wirkt einschüchternd, die Einflußmöglichkeiten des Bürgers scheinen begrenzt zu sein, der einzelne sieht sich als Unterworfener von Herrschaft, auch wenn sie demokratisch legitimiert ist. Die pädagogische Aufgabe besteht darin, dieses Gefühl des Unterworfenseins durch **Einsicht** zu transzendieren.

Oetinger hingegen **setzt unten an**: bei den gesellschaftlichen Beziehungen, die politisch relevant sind, weil sie Erfahrungen vermitteln und weil sie gemeinsame Angelegenheiten regeln. Politik kann bei ihm in der Nachbarschaft (soziale Dienste), in den Gemeinden, in den Organisationen geschehen. Er folgt damit der angelsächsischen Tradition, beispielsweise der amerikanischen, wo es die Gesellschaft vor dem Staat gab, oder der englischen, wo der Staat, wie ich schon erwähnte, als Instrument der Gesellschaft angesehen wird. Das **Erlebnis eigener Stärke** gewinnt der Lernende nach dieser Auffassung Oetingers durch Handeln.

3. Litt und Oetinger unterscheiden sich auch in ihren **didaktischen Strategien**. Daß zwischen der Lebenswelt der Schüler und der Politik eine große Kluft besteht, wirft ein grundsätzliches Problem auf. Die Lebenswelt: das sind die Primärgruppen wie Familie und Freundeskreis. Politik jedoch ist das Handeln der Bürokratien und politischen Institutionen, also das Ferne, Abstrakte, mit funktionaler Organisation und Machtausübung als spezifischen Merkmalen. Das erleben Jugendliche als große Fremdheit. Angesichts dieser Kluft gibt es für Litt nur den Weg der rationalen Bewältigung durch **kognitives Lernen**, durch das gedankliche Überschreiten der Kluft mit Hilfe der Einsicht in den Sinn des Handelns auf der Ebene der Politik. Von den Lernenden wird ein Akzeptieren des wesenhaft Notwendigen verlangt, wenn auch ein einsichtiges Akzeptieren. Oetinger hingegen schlägt eine Brücke zwischen Lebenswelt und Politik, indem er **Erfahrungen des eigenen Handelns** vermittelt, subjektive Erfahrungen der eigenen Beteiligungsmöglichkeiten und -strategien, und indem er den didaktischen Rat gibt, das **Politische im Sozialen** aufzusuchen, beispielsweise das Politische in der Schule, was bedeutet, an Staat und Politik gleichsam „von unten her" heranzuführen.

Aus dieser Gegenüberstellung läßt sich folgern: Beide, Litt und Oetinger, stehen nicht konträr, sondern **komplementär** zueinander, im **Verhältnis wechselseitiger Ergänzung**. Erfahrungslernen und kognitives Lernen können sich ergänzen. Beide füllen auch gegenseitig jeweilige Defizite aus. Bei Oetinger wird nicht deutlich, daß Lebenswelt und Politik strukturell verschieden sind; das entnimmt man Litt. Bei Litt wird nicht deutlich, daß Lebenswelt und Politik verschränkt sind, das erfährt man von Oetinger, wenn er die Möglichkeiten beschreibt, von der Lebenswelt Zugang zu Politik zu erhalten. Bei Oetinger wird nicht sichtbar, welches die Kriterien und institutionellen Bedingungen für ein Funktionieren eines demokratischen Systems sind, daß man also Wissen über Politik und Bewertungsmaßstäbe, Fähigkeit zum Urteil haben muß. Litt hingegen betont die inhaltliche Seite der politischen Bildung, daß nämlich zu ihr auch Wissen gehört. Oetinger fügt dem als Ergänzung hinzu, daß es auch eine Verhaltenskomponente der politischen Bildung gibt, daß also Demokratie nicht nur Staatsform, sondern auch eine Lebensform ist.

In Oetinger und Litt verkörpern unterschiedliche Lernkonzepte: ein **pragmatisches** und ein **theoretisches Lernkonzept** in der politischen Bildung. Der eine nimmt die widerständige Erfahrung zum Anlaß des Lernprozesses, der andere die vorgängige theoretische Erkenntnis. Über Oetinger habe ich gesagt, daß er seine Konzeption in einer Zeit vorgetragen hat, da er in der Bundesrepublik keinen gemeinsamen Horizont politischer Erfahrungen und Systemvertrauens mit Demokratie voraussetzen konnte (3.2.6.2; oben S. 67). Litt zeigt, daß der **theoretische Zugang unabdingbar** war in einer Situation, da die kulturellen und politischen Selbstverständlichkeiten erst wieder mühsam gegründet werden mußten. Das erschien so dringlich, daß er in Kurt Gerhard Fischer und seiner Einsichtendidaktik 1960 einen Nachfolger gefunden hat. Vorher gab es jedoch in der Institutionenkunde eine mißverstandene Rezeption. – Auch Oetinger wurde irreführend rezipiert; Gemeinschaftskunde und „Erziehung zum Mitmenschen" wurde zum vorherrschenden Verständnis von politischer Bildung in den 50er Jahren. Erst Hermann Giesecke hat 1965 das pragmatische Lernkonzept wieder adäquat aufgegriffen.

Wenn man von den wissenschaftlichen Mängeln absieht und bei den Konzeptionen von Oetinger und Litt auf die strukturellen Merkmale durchstößt, dann zeigen sich **Grundpositionen**, die auch in der Folgezeit immer wieder die Diskussion bestimmt haben, also im Hinblick auf Ziele: Fähigkeiten oder Wissen, politisches Verhalten oder sozialwissenschaftliche Erkenntnis? Oder im Hinblick auf den Ausgangspunkt des Lernens: Erfahrung oder Theorie? Die Auseinandersetzung zwischen Oetinger und Litt war demnach keine bloße Polemik, sondern eine **exemplarische Grundsatzkontroverse**.

4. Gemeinschaftserziehung und Antikommunismus 1950-1960

Die Kontroverse zwischen Oetinger und Litt hatte zwei Auswirkungen. Die eine ist auf das Buch „Partnerschaft" von Oetinger zurückzuführen. Sein Konzept der Sozialerziehung wurde als eine **Gemeinschaftserziehung** verstanden. Dies war zum Teil durch die Terminologie bedingt, die Oetinger brauchte. Er sprach auch dort von „Gemeinschaft", wo er eigentlich gesellschaftliche Beziehungen meinte.

> Unter **Gemeinschaft** ist ein soziales Gebilde zu verstehen, in dem eine „besondere soziale Kraft und Sympathie die Menschen als Glieder eines Ganzen zusammenhält" (Tönnies). Gemeinschaftliche Verhältnisse zeichnen sich der Idealvorstellung nach durch Nähe, Gefühlstiefe, Solidarität, Hilfsbereitschaft aus. Gemeinschaft ist eingelebt, nicht organisiert. Typische Gemeinschaften sind Familie, Verwandtschaft, Ehe, Freundschaft, aber auch Nachbarschaft und Dorfgemeinschaft. Demgegenüber wird **Gesellschaft** definiert als Summe von Individuen, die durch ein Netzwerk sozialer Beziehungen miteinander in Kontakt und Interaktion stehen, ohne daß damit etwas über die Qualität der Beziehung ausgesagt wäre. Sie manifestiert sich vor allem in zweckrationalen Gebilden wie Betrieb, Bürokratie, Organisation, aber auch in den funktionalen, formalen und zweckrationalen Beziehungen ihrer Mitglieder untereinander. (Vgl. Schäfers 1986: 101f; Fuchs u.a. 1978: 268)

Oetinger sagte später, um die Mißverständnisse abzuwehren (jetzt unter seinem richtigen Namen): „Stattdessen bleibt die Idee der Partnerschaft nüchtern im Bereich der Gesellschaft, der massenhaften Welt, wo nicht Freundschaft herrscht, sondern wo sich die Menschen zu »genossenschaftlichem« Verhalten zusammenfinden." (Wilhelm 1954: 45) Mit genossenschaftlichem Verhalten sind hier funktionale und formale, aber auch zweckrationale soziale Beziehungen gemeint.

Die andere Auswirkung hatte in der Schrift „Die politische Selbsterziehung" von Litt ihren Ursprung. Sie wurde so verstanden, daß in der Schule nicht Politik, sondern die politischen Institutionen des demokratischen Verfassungsstaates unterrichtet werden sollten. Es war die Zeit, da die **Institutionenkunde** vorherrschte. Dies war ein Mißverständnis, das daher rührte, daß man die politische Pädagogik von Litt als Erziehung zum Staat verstand und daraus eine Staatsbürgerkunde herleitete.

Zu Gemeinschaftserziehung und Institutionenkunde kam der **Antikommunismus** als dritte Zielrichtung der politischen Bildung in den 50er Jahren.

Diese drei Begriffe umschreiben den Rahmen, den ich in der folgenden Lektion fülle, um eine Vorstellung von politischer Bildung im ersten Jahrzehnt der Bundesrepublik zu vermitteln. Ich wähle dazu einen Schlüsseltext als Leitfaden: das „Gutachten zur Politischen Bildung und Erziehung vom 22. 1. 1955“, verfaßt vom Deutschen Ausschuß für das Erziehungs- und Bildungswesen.

4.1 Das Gutachten des Deutschen Ausschusses 1955

Der Deutsche Ausschuß für das Erziehungs- und Bildungswesen war 1953 vom Bundesinnenminister und der Konferenz der Kultusminister berufen worden, mit dem Auftrag, die Entwicklung des Bildungswesens zu fördern (Kleemann 1977: 22). Er war das erste der bildungspolitischen Beratungsgremien in der Geschichte der Bundesrepublik, die dazu beitragen sollten, die zentrifugalen Tendenzen des föderalistischen Bildungswesens aufzufangen.

Für das Gebiet der Bildung waren die Länder, nicht der Bund zuständig. Eine Vielfalt der Schulorganisation und der Lehrinhalte war die Folge. Dies wirkte sich auch auf die politische Bildung aus. Es gab unterschiedliche Bezeichnungen für das hierfür zuständige Fach, es gab unterschiedliche Lehrpläne und Stundentafeln. Um diese Vielfalt zu koordinieren, wurde die Institution der **Konferenz der Kultusminister** der Länder geschaffen, die es schon seit 1950 gab. Expertengremien wie der Deutsche Ausschuß mit Beratungs-, nicht Entscheidungsfunktion sollten diese Aufgabe unterstützen. Die Anfertigung des Gutachtens wurde also von der Absicht geleitet, die politische Bildung qualitativ zu verbessern und zu vereinheitlichen, auch wenn dies nicht ausgesprochen wurde.

Für den Stellenwert des Gutachtens geben **Zusammensetzung und Arbeitsweise** dieses Gremiums Hinweise. Der Deutsche Ausschuß war zur Hälfte aus „Laien“, zur anderen aus Pädagogen zusammengesetzt. Er hat alle seine „Empfehlungen“ einstimmig verabschiedet. Daraus erklärt sich, daß viele von diesen Empfehlungen den Charakter „des vorweggenommenen politischen Kompromisses“ trugen (Raschert 1980). Auch das Gutachten zur politischen Bildung und Erziehung ist in diesem Sinne als ein **Konkordanzpapier** zu bewerten. Das mindert jedoch nicht, sondern erhöht seinen Wert als geschichtliche Quelle. Wir können annehmen, daß in den Aussagen sich gleichsam eine Art arithmetisches Mittel aus divergierenden Ansichten der damaligen Zeit abbildet, es repräsentiert den damaligen Konsens über die politische Bildung.

Der Text wird hier nach der Quellensammlung von Borcherding (1965: 72-81) benutzt und im folgenden nur mit Seitenzahl zitiert. Vollständig ist er auch bei Schneider 1975, Bd. 1, S. 295-310, in Auszügen bei Kuhn u.a. 1993, S. 179-184, wiedergegeben.

4.1.1 Die Zeitdiagnose

Der 10 Druckseiten lange Text beginnt mit einer umfassenden Beschreibung der Bedingungen, unter denen die politische Bildung im Jahre 1955 stand, eine **Lagebeschreibung**.

Zu diesen Bedingungen gehört **erstens** die deutsche Teilung. Deutschland sei „politisch verstümmelt", und vor der Wiedervereinigung habe das Grundgesetz nur vorläufige Geltung, sei aber nicht weniger verpflichtend. **Zweitens** sei die Bundesrepublik mit „Unterstützung der Besatzungsmächte konstituiert und gegliedert worden", gelte daher noch nicht als die endgültige und dem Willen des Volkes entsprechende Form. Daraus resultiert, daß viele Menschen zu diesem Staat ein „gebrochenes Verhältnis" hätten. **Drittens** gelänge es oft nicht, die Zustimmung der Jugend zu gewinnen. Ein „gesundes Staatsgefühl" könne sich aber nur ausbilden, wenn die tragenden Ideen sich auch „in der Behandlung der öffentlichen Angelegenheiten glaubwürdig darstellen" (72). **Viertens** fehle geschichtliche Orientierung und Vorblick in die Zukunft. Es gebe keine Übereinstimmung in der Beurteilung des Nationalsozialismus und der Widerstandsbewegung; die Unsicherheit der weltpolitischen Konstellation erschwere den Entwurf eines Bildes von der eigenen politischen Zukunft. Gewarnt wird aber angesichts dieser „zwiefachen Ungewißheit" vor Ausflüchten, also einem Ausweichen (72-3). **Fünftens** wird von der Überschätzung weltanschaulicher Gegensätze gesprochen; unterschiedliche politische „Deutungen" seien nicht Hindernisse, sondern „die eigentlichen Gegenstände der politischen Verständigung". „Rechtes politisches Handeln ist gebunden an den Ausgleich dieser Gegensätze von Fall zu Fall." **Sechstens** liege eine Erschwernis für die politische Bildung darin, daß sich die Schule noch nicht „aus den alten obrigkeitsstaatlichen Formen gelöst" habe. Eltern und Lehrer seien durch den Wechsel der politischen Systeme und die Erfahrungen der Entnazifizierung unsicher geworden (73).

Das Gutachten spiegelt die Schwierigkeiten wider, die sich der politischen Bildung damals entgegenstellten, wenn sie sich um ein realistisches **politi-**

sches Lagebewußtsein bemühte. Ausgangspunkt der Überlegungen war die Teilung Deutschlands, Ziel die Wiedervereinigung. Die andere Möglichkeit, Integration in ein westliches Bündnissystem unter Preisgabe der Wiedervereinigung, wurde nicht erwähnt. Im Oktober 1954, also drei Monate vorher, waren die Pariser Verträge geschlossen worden mit dem Beitritt der Bundesrepublik zur Westeuropäischen Verteidigungsunion, und in der Folge kam es zum Eintritt in die NATO, zum Ende des Besatzungsstatuts und zum Aufbau der Bundeswehr. Die schon Jahre andauernde Auseinandersetzung um die Wiederbewaffnung wurde von der Opposition unter den Alternativen: Wiedervereinigung oder Wiederbewaffnung? geführt. Sie spitzte sich während der Verabschiedung des Gutachtens angesichts der bevorstehenden Ratifizierung nochmals zu. Diese erfolgte dann am 27. 2. 1955. Die SPD lehnte die Pariser Verträge mit der Begründung ab, daß sie die Wiedervereinigung unmöglich machten (Lilge 1976: 138).

Angesichts dieser tiefgehenden innenpolitischen Kontroverse vermied der deutsche Ausschuß eine Parteinahme. DDR und Kommunismus werden nicht erwähnt. Also enthält der Text auch keinen expliziten Antikommunismus, obwohl dieser in der Auseinandersetzung um den Wehrbeitrag durchaus eine Rolle gespielt hatte. Während die Politik die Fakten bereits geschaffen hatte, blieb das Bewußtsein der Ausschußmitglieder wie das der Bevölkerung in der Schwebe **zwischen Wiedervereinigungswunsch und Zustimmung zur Staatsgründung**, welche die Zweiteilung der Nation und die Integration in das westliche Bündnissystem zur Folge hatte.

Die **Bevölkerung der Bundesrepublik** hat dieses Dilemma damals auf ihre Weise gelöst. Die Hinwendung zum Alltag, die Konzentration auf die Aufgaben des Tages und der Auf- und Ausbau der privaten Existenz sind in den ersten Nachkriegsjahren aus der elementaren Not zu verstehen, aber sie blieben auch bei zunehmender Expansion der Wirtschaftskräfte, dem „Wirtschaftswunder“, die vorherrschenden Verhaltensweisen; ihre Kehrseite war eine weitgehende **Distanz zu den politischen Fragen**. Die „Ohne-Mich-Haltung“ bestimmte die ersten Jahre der Bundesrepublik. Alltag und private Tugenden waren die normativen Orientierungen, der große Arbeitsdrang erwies sich als Motor des zunehmenden Wohlstandes, Freizeit und Konsum wurden bevorzugte Felder der Bedürfnisbefriedigung (vgl. Tenbruck 1974: 295). Die Familie war in den Nachkriegsjahren zum Stabilisierungsfaktor des individuellen Lebens geworden, und dies verband sich mit völliger Gleichgültigkeit oder sehr geringem Interesse an öffentlichen Angelegenheiten (Kleßmann 1982: 58), mit einer „Privatisierung des Politischen“ (Wurzbacher 1968: 34). Der Deutsche Ausschuß stellte fest: „Weite Kreise haben **zu diesem Staat ein durch Vorbehalte gebrochenes Verhältnis**.“ (72) Noch 1959 waren nur 7% von befragten Westdeutschen stolz auf ihre politischen Institutionen im Vergleich zu 85% der Amerikaner. Umgekehrt waren 33% der Deutschen stolz auf ihr Wirtschaftssystem, aber nur 23% der Amerikaner. Vielleicht als letzten Halt für eine verlorengegangene nationale Identität zeigten sich 36% dieser Deutschen stolz auf ihre Volkseigenschaften, während von den Amerikanern nur 7% diesen etwas abgewinnen konnten (aus der vergleichenden Untersuchung von Almond u. Verba: Civic Culture, 1959; zit. nach Greiffenhagen/Greiffenhagen 1979: 357).

Das **Verhältnis der Deutschen zu ihrer Vergangenheit** umschrieb der Deutsche Ausschuß ganz vorsichtig mit fehlender „Übereinstimmung in der Beurteilung des Nationalsozialismus" (73). Deutlicher war das Ergebnis von Meinungsumfragen. Sie zeigten die verbreitete **Verleugnung der NS-Vergangenheit**; 63% der Befragten stimmten 1951 der Aussage zu, die Deutschen insgesamt müßten sich nicht schuldig fühlen (Reichel 1981: 117).

Das „gebrochene Verhältnis" vieler Westdeutschen zu ihrem Staat bewertete der Deutsche Ausschuß als „Notstand". Zu dessen Überwindung bedürfe es „einer gemeinsamen Anstrengung aller Kräfte hier und jetzt" (72). Damit hatte er die **Aufgabe der politischen Bildung** in der damaligen Zeit beschrieben. Sie erhielt die Funktion, das **Legitimationsdefizit** des im Werden begriffenen und doch auch als Provisorium definierten Staates **auszugleichen**. Die Jugendlichen sollten das gebrochene Verhältnis ihrer Eltern zu diesem Staat überwinden. Deren politische Abstinenz sollte in der zukünftigen Generation ein Ende haben. Damit bekam die Schule die Aufgabe, die politischen Einstellungen in der westdeutschen Gesellschaft zu korrigieren.

Der Vergleich mit Oetinger deckt eine Differenz auf: Dessen Ziel war der Wandel der politischen Kultur, der Deutsche Ausschuß intendierte hingegen die Zustimmung zum politischen System.

4.1.2 Die Empfehlungen: ein genetisches Konzept

In den damaligen pädagogischen Bedingungen sah der Deutsche Ausschuß **starke Barrieren** für eine in diesem Sinne erfolgreiche politische Bildung. In gewissem Sinne baute er sich diese Barrieren aber selber auf. „In einem demokratischen Staat brauchen alle Bürger ein bestimmtes Mindestmaß an politischer Einsicht", stellte er fest (73). Das war im Sinne von Litt gesprochen, und richtig ist, daß die Pädagogen des Deutschen Ausschusses auch die Probleme erkannten: daß mit „Einsicht" kognitive Leistungen verbunden sind, für deren Erfüllung nicht bei allen Menschen die gleichen Voraussetzungen bestehen. Sie konstatierten daher bei der Jugenderziehung das Phänomen der „Verfrühung". Oetinger hat dies zu lösen versucht durch die Verbindung von „Erfahrung und Übung": das Heranführen an den Staat „von unten her", die Herstellung einer Brücke aus der Erfahrungswelt der Jugendlichen zur Politik. Der Ausschuß nannte im Unterschied dazu das Zusammenspiel von „Einsicht und Übung" und sah die „Erfahrung" nicht, erzeugte daher eine Kluft zwischen Lernen und Handeln und kam zwangsläufig zu dem Ergebnis, daß das Übungsfeld fehle (73). Die **Chancen eines pragmatischen Lernkonzeptes** waren ihm demnach nicht bewußt geworden, möglicherweise deshalb, weil Oetinger die Didaktik dieses Konzeptes nur angedeutet, nicht ausgeführt hatte. Litt, welcher die Einsichtendidaktik begründete, hätte hier helfen müssen, aber er hatte seine Zielvorstellung von der Einsicht nicht didaktisiert. Mit der Formel vom „Zusammenspiel zwischen Einsicht und Übung" verbaute sich der Ausschuß ein situations- und erfahrungsbezogenes Herangehen an die Gewinnung von Einsichten. Denn dieses Zusammenspiel mußte als ein Nacheinander verstanden werden: erst Einsicht, dann Anwendung. Pragmatisch wäre es gewesen, die Einsicht als Folge der Anwendung zu erwarten.

Dem entsprach auch die curriculare Lösung, die der Deutsche Ausschuß fand. Nicht durch lebensweltliche Integration von Erfahrung und Einsicht, sondern durch **stufenweise Trennung** beider suchte er das Problem der Verfrühung zu bewältigen. Er entwarf daher ein **genetisches Konzept** der politischen Erziehung und Bildung, das den Jugendlichen in seiner Entwicklung begleiten sollte. Er beschrieb dies „als einen Fortgang durch einen vorpolitischen in den eigentlich politischen Raum" (74). Nach diesem Leitfaden wurden die damaligen Konzepte der politischen Bildung altersspezifisch geordnet: die früh einsetzende „Gemeinschaftserziehung", die aktivierenden und Selbständigkeit ermöglichenden Methoden, die Schülermitverwaltung, die politische Bildung als Unterrichtsprinzip aller Fächer und schließlich der Fachunterricht, „politischer Unterricht" genannt, aber nur für ältere Schüler.

Man erkennt die ungelösten Probleme daran, daß das Gutachten sich ausführlich über den Beitrag der Fächer zur politischen Bildung ausläßt, den **Fachunterricht** aber nur knapp behandelt. Er bleibt den älteren Schüler vorbehalten, ohne daß deren Alter genauer bestimmt würde. In diesem Unterricht sollen die Schüler „Zusammenhänge" des gesellschaftlichen und staatlichen Lebens kennenlernen, auch „Elemente der Rechts- und Wirtschaftsordnung", die Institutionen aus Gesellschaft und Staat; zusammen mit „Zeitgeschichte" dient dies nach Auffassung des Deutschen Ausschusses der Urteilsbildung (80). Das genetische Konzept des Deutschen Ausschusses trennt also Erfahrung und Lehre.

4.1.3 Die Dominanz der Gemeinschaftserziehung in den 50er Jahren

Das Gutachten des Deutschen Ausschusses kann verschiedenartig gelesen werden: als Quelle des zeitgenössischen pädagogischen Denkens auf dem Gebiet der politischen Bildung, aber auch als kritische Distanzierung. Daher möchte ich es im folgenden nutzen, um anhand von einigen Merkmalen der in ihm enthaltenen Konzeption einen Blick auf die damalige Lage der politischen Bildung zu eröffnen.

4.1.3.1 Synthese von Oetinger und Litt

Der Deutsche Ausschuß versuchte eine **Verbindung verschiedener damals diskutierter Ansätze** der politischen Bildung. Er hatte dabei wohl vor allem die pädagogischen Konzepte von Friedrich Oetinger und Theodor Litt im Blick.

Oetinger entwarf – wie in Lektion 3 dargelegt – in seinem 1951 erschienenen, später „Partnerschaft" genannten Buch eine politische Bildung, die im wesentlichen als Sozialerziehung verstanden werden sollte. Intendiert wurde die Einübung sozialer Verhaltensweisen unter Beachtung der „Spielregeln der Partnerschaft". Der Pädagoge Theodor Litt hat dann 1954 mit grundsätzlicher Kritik widersprochen. Er vermißte bei Oetinger den rechten Einblick in das Wesen der Politik. Diese sei nicht Kooperation, sondern Kampf um die Macht, und der Staat habe die Aufgabe der „kunstvollen Ausbalancierung der Kräfte". Ziel der politischen Erziehung sei es, „Einsicht" in das Wesen des Staates und der Politik zu vermitteln (s. oben Lektion 3).

Der Deutsche Ausschuß versuchte, beides zu verbinden; die Sozialerziehung als propädeutische Erziehung zur Politik wird dem Schulleben zugeordnet, die Schule gilt danach als eine Art vorpolitischer Raum. Das, was Litt forderte, wurde dem Fachunterricht zugewiesen, welcher den älteren Schülern vorbehalten war. Der Ausschuß versuchte also eine Art **Synthese** der damals weitgehend als Antipoden und damit als einander ausschließend verstandenen pädagogischen Positionen. Dabei hatte sich offenbar die mehr vermittelnde Position eines der Mitglieder, des Pädagogen Erich Weniger (1952), durchgesetzt, wenngleich diese Synthese in das Nacheinander eines Stufenkonzeptes der schulischen politischen Bildung übertragen wurde. Heute verwenden wir die Begriffe **soziales und politisches Lernen**, sehen sie aber im Zusammenhang und mithin als ein Nebeneinander. Das Stufenkonzept meint ein Nacheinander: erst soziales, später politisches Lernen. Diese Trennung wurde erst aufgehoben, als in den 60er Jahren das pragmatische Lernkonzept akzeptiert wurde und dadurch die Sorge vor der Verfrühung geschwunden war.

4.1.3.2 Gemeinschaftserziehung

Oetinger hat sich dagegen gewandt, daß sein Konzept für eine Gemeinschaftsideologie vereinnahmt wurde; er gebrauchte in einer unter seinem richtigen Namen veröffentlichten kommentierenden Schrift das Wort „Gesellschaft" (Wilhelm 1954: 45). Seiner Intention nach war Partnerschaft vor allem ein „politischer Stil"; der Kampf wird nicht zur Vernichtung eines Feindes geführt, sondern als Auseinandersetzung mit einem kompromiß- und koalitionsfähigen Gegner verstanden. In diesem Sinne spricht auch das Gutachten von dem „Ausgleich dieser Gegensätze von Fall zu Fall“ (73). Der Ausschuß sieht als Ziel, daß die Schüler „in anschaulicher Weise die Schule als gesellschaftliches Phänomen verstehen“ lernen (75). Stichworte dieser Erziehung sind „Kooperation, Gruppenerziehung, Partnerschaft, mitbürgerliche Erziehung“, und darin wird der Einfluß Oetingers sichtbar. Der Ausschuß verwendet diese unterschiedlichen Begriffe, ohne sie zu konkretisieren, und subsumiert sie unter dem Begriff **„Gemeinschaftserziehung“**. Nicht deutlich wird, daß Kooperation und Partnerschaft bei Oetinger Modelle gesellschaftlichen Handelns sind, die sowohl in Wirtschaft und Politik, als auch in sozialen Gebilden leitend sein können. Darin liegt für Oetinger die Möglichkeit des Transfers, der Übertragbarkeit von schulischem Lernen auf das Leben begründet und somit der Zusammenhang von Sozialerziehung und politischer Erziehung.

Zwar sieht der Ausschuß in dieser Gemeinschaftserziehung auch einen „Ansatz“ für *politische* Erziehung. Aber er beschränkt die genannten Interaktionsweisen auf den **Raum der Schule**. Das Bild der Schule, das die vom Ausschuß geforderte „Gemeinschaftserziehung“ voraussetzt, ist dasjenige einer **pädagogischen Insel** innerhalb der Gesellschaft: Die Schüler gestalten das Leben der Schule mit ihren Lehrern „in Vertrauen und Zusammenwirken“, wie es im Gutachten heißt (75). Hier geht es also um Verhalten in der Primärgruppe, welche die Möglichkeit der Intimität und des persönlichen Vertrauens zuläßt; konstituierend ist der „pädagogische Bezug“, der den Lehrer zu einer gewissen Selbstlosigkeit verpflichtet. Keineswegs lernen die Schüler jedoch auf diese Weise die Schule als „gesellschaftliches Phänomen“ kennen, wie der Ausschuß meint, d.h. als politische Institution mit Anstaltscharakter. Und auch von Konkurrenz und Wettbewerb, welche gesellschaftliche und politische Prozesse prägen, ist nicht die Rede, geschweige denn von Streit, Konflikt und der Ausübung von Macht.

Der Deutsche Ausschuß versuchte zwar, dieses Konzept zu relativieren. Er warnt davor, sich mit Gemeinschaftserziehung zu begnügen, weil sich darin eine „antistaatliche, ja antipolitische Tendenz“ verbergen könne; er macht sich damit die Einwände Litts zu eigen (75). Die **Schülermitverwaltung** (SMV) wird hervorgehoben; hier greift der Ausschuß auf die Erfahrungen der deutschen Reformpädagogik vor 1933 zurück. Aber er warnt vor „Übersteigerungen“; die Schule sei kein parlamentarisch verfaßter Staat. Überschulische Zusammenschlüsse der SMV und deren Versuche, auf Lehrerschaft, Schulleitung und Ministerium „Druck“ auszuüben, werden kritisiert und als „Fehlentwicklungen“ bezeichnet, die Mißtrauen gegen die SMV rechtfertigen und dem „Aufbau wirklicher Schulgemeinde“ abträglich seien (75). Eine Interessenvertretung der Schüler lag nicht im Vorstellungsbereich des Deutschen Ausschusses. Ihn leitete eine **harmonische Vorstellung vom Zusammenleben** in der Schule, die zum Modell der gemeinschaftlichen Organisation gesellschaftlichen Lebens wird.

Das Konzept der Gemeinschaftserziehung war in den 50er Jahren in der politischen Pädagogik dominierend. Eine Zeitreihenanalyse der Nennung von „Erziehung zur Gemeinschaft“ als Ziel in pädagogischen Zeitschriften beweist dies auch statistisch. Auffallend ist, daß die Häufigkeit dieser Nennung in der ersten Hälfte der 50er Jahre sehr hoch ist, in der zweiten Hälfte aber abnimmt und in den 60er Jahren dann fast ganz verschwindet (Wallraven 1976: 355). In einer Befragung von Realschullehrern in dem von der SPD regierten Hessen nannten 1954 die meisten „Gemeinschaftsgefühl“ als wichtigstes Erziehungsziel (Hilligen 1955: 52):

Erziehungsziele	Verteilung der Rangplätze			Durchschnittlicher Rangplatz[1]
	Platz 1—2 %	Platz 3—5 %	Platz 6—8 %	
Gemeinschaftsgefühl	*64*	*26*	*10*	2,5
Die sittliche Persönlichkeit	*59*	*20*	*21*	2,8
Kritik- und Urteilsfähigkeit	*31*	*51*	*18*	3,6
Spätere Teilnahme am öffentlichen Leben	*19*	*51*	*30*	4,1
Staatsbürgerliches Wissen	*15*	*50*	*35*	4,4
Kooperation und partnerschaftliches Verhalten	*19*	*25*	*56*	4,7
Einblick in wirtschaftliche Fragen	*5*	*31*	*64*	5,3
Teilnahme am kulturellen Leben	*4*	*22*	*74*	5,5

Im CDU-regierten Nordrhein-Westfalen, wo das Unterrichtsfach der politischen Bildung abgelehnt und das Unterrichtsprinzip skeptisch beurteilt wurde, lag das Gewicht der politischen Erziehung vor allem auf der SMV. Ein Schulsprecher schrieb in der westfälischen SMV-Zeitschrift 1954: „Die Schülermitverantwortung muß die Gemeinschaft herstellen, welche einerseits die geistige Zerrissenheit der Schule durch ihre Menschlichkeit überbrückt und andererseits eben hierdurch die wahre Vermittlung echten Bildungsgutes ermöglicht.“ (Ellwein 1955: 231).

Eine terminologische Unterscheidung von „Gemeinschaft“ und „Gesellschaft“ war damals bei Pädagogen angesichts ihres geringen Standes an soziologischem Wissen nicht gebräuchlich. Erfahrungen mit Kleingruppen wurden umstandslos auf die Gesamtgesellschaft übertragen. Die Folge war die Bestärkung des in der deutschen Gesellschaft seit jeher vorherrschenden **harmonistischen Gesellschaftsbildes** mit seinem Unverständnis für Konflikte und für die Legitimität gesellschaftlicher Interessen (vgl. Dahrendorf 1965: 161ff.).

4.1.3.3 Verhalten der Lehrer

Daß Lehrer die Träger der „antistaatlichen, ja antipolitischen Tendenz“ sein könnten, vor welcher der Deutsche Ausschuß warnte, wurde nicht deutlich gesagt. Das Gutachten nannte aber die Gründe für die bei ihnen verbreiteten Hemmungen: Die Lehrer seien durch den Wechsel der Systeme und durch die Erfahrungen der Entnazifizierung unsicher geworden (73). Er empfahl eher Verzicht auf politischen Unterricht dort, wo Lehrer, die „bereit und geeignet sind", fehlten (80).

Dies sind vorsichtige Hinweise auf die **mangelnde Bereitschaft bei vielen Lehrern** in der damaligen Zeit, die Aufgaben der politischen Bildung zu übernehmen. Folgende Ursachen wurden andernorts aufgezählt: Entnazifizierungsschock, Angst vor der Expansion der Sowjetunion, Perversion der politischen Erziehung im Nationalsozialismus, die fehlende demokratische und parlamentarische Tradition, der Wechsel der Staatsformen, die Vorläufigkeit der Bundesrepublik (Kindler 1960: 106-110). Viele Lehrer scheuten davor zurück, sich politisch zu exponieren. „Es sind nur wenige Lehrer bereit, zu politischen Fragen Stellung zu nehmen", sagte ein Lehrer aus Niedersachsen (Ellwein 1955: 184). Es wird von Bedenken folgender Art berichtet: „Man fände so viele Mängel und Widrigkeiten im deutschen Staatswesen, die auch von den Schülern erkannt und zur Debatte gestellt würden, daß man lieber auf die Behandlung solcher Fragen verzichten wolle, bevor man sich als ehrlicher Mensch gezwungen sähe, allzusehr zu kritisieren." (ebda.: 280)

Verschiedene Schulen in Nordrhein-Westfalen klagten, daß nur einzelne Lehrer an der politischen Bildung Interesse hätten (ebda.: 221). „Ressentiment, Ängstlichkeit, politische Unklarheit und Unorientiertheit stehen im Wege", hieß es (ebda.: 212). Ausschließliche **Gemeinschaftserziehung** bot sich **als Ausweg** an. Sie zwang nicht zur Auseinandersetzung mit der NS-Vergangenheit und ersparte die politische Stellungnahme. Sie ließ es zu, daß man als Lehrer gegenüber der im Entstehen begriffenen politischen Ordnung der Bundesrepublik, dem „Provisorium", unentschieden, neutral bleiben konnte. Doch gab es, wie erwähnt, auch engagierte Lehrer, welche die Schwierigkeiten des Faches nicht scheuten.

4.1.3.4 Ambivalenz des Politischen

Der Deutsche Ausschuß stand dem Politischen ambivalent gegenüber. Er warnte vor der Gefahr, daß wesentliche Bildungsgehalte politisiert würden, allerdings auch davor, „im Raum der Bildung eine Ausflucht aus der politischen Verantwortung zu suchen (74). Er warnte vor politischer Propaganda in der Schule, forderte für den Unterricht „Distanz von den Tagesereignissen"; und wenn sie aufgegriffen würden, dann ziele der Unterricht „nicht auf eine Stellungnahme ab, sondern auf deren Verständnis und auf die allgemeineren Einsichten, die dabei zu gewinnen sind" (77). Diese **Überhöhung des bloß Politischen ins Geistige** läßt eine gewisse Unsicherheit erkennen. Das Wort „Politik" taucht als Substantiv nur an zwei Stellen des Gutachtens auf (74, 81).

Für diese Unsicherheit lassen sich zwei Gründe anführen. Zum einen wurde das **Politikverständnis vom Antikommunismus und Antitotalitarismus beeinflußt**. Die Autoren des Gutachtens sahen „die Gefahr, daß die wesentlichen Bildungsgehalte politisiert werden“ (74). Eines der Mitglieder des Deutschen Ausschusses, Felix Messerschmid, sprach damals von der „totalen Politisierung der Bildung“ im anderen Teil Deutschlands (Messerschmid 1955: 463). Dies war das abschreckende Gegenbild, das auch dem Deutschen Ausschuß vor Augen stand, sicherlich auch dasjenige der NS-Zeit. Der Politik wurde ein Drang zur Usurpation aller Lebensbereiche unterstellt, gegen den Bildung im umfassenden Sinne resistent machen sollte (vgl. ebda. S. 472).

Zum anderen litten die pädagogischen Ausführungen des Deutschen Ausschusses unter dem **Fehlen einer politikwissenschaftlichen Fundierung** und Korrekturmöglichkeit. Denn im Jahre 1955 war die Politische Wissenschaft in der Bundesrepublik erst im Entstehen begriffen und konnte noch nicht in den Bildungsbereich hineinwirken. Als Bezugswissenschaft war damals nur die Soziologie im Blick.

Der Deutsche Ausschuß kannte nur die Einsichtendidaktik und orientierte sich daher am **theoretischen Lernkonzept**. Aber im Unterschied zu Theodor Litt besaß er noch kein realistisches Politikverständnis. Daher erhält die Zielkonzeption „Einsicht“ den Beigeschmack des nur Geistigen, der Überhöhung. Erst 1964 sprach der Deutsche Ausschuß in seinem Gutachten zur Politischen Weltkunde von der „Überführung gesellschaftlich-politischer Sachverhalte ... in die Dimension der Aufgabe“ (Borcherding 1965: 113). Jetzt hat sich auch der Deutsche Ausschuß dem **pragmatischen Lernkonzept** genähert, indem er Politik als Handeln, als Prozeß auffaßte. Das aber sind Definitionen der 60er Jahre, die selbst über Oetingers pragmatisches Konzept hinausgehen, weil nicht nur das Lernen, sondern auch der Lerngegenstand Politik „pragmatisch“ verstanden wird, nämlich als Handeln, als Prozeß.

4.1.3.5 Obrigkeitsstaatlicher Charakter der Schule

Sicherlich enthielt die Aussage, daß sich die Schule „noch nicht aus den alten obrigkeitsstaatlichen Formen gelöst“ habe (73), besondere Brisanz. Sie bedeutete eine **Kritik an der damaligen Schule**, die nach Anstaltsrecht verwaltet wurde und hierarchisch geordnet war. Die Aussage wurde in eine Forderung umgewendet: „Rechte politische Erziehung gelingt nur, wenn die Einrichtungen der Erziehung und Bildung selbst freie Gemeinschaftsordnungen sind.“ (77) Hier tat sich die Perspektive einer Demokratisierung der Schule auf. Auch eine Konsequenz in Richtung auf die unterbliebene Schulreform lag nahe. Der Deutsche Ausschuß verlangte von der Schule, eine „Stätte der Begegnung zwischen Kindern aus allen Schichten unseres Volkes“ zu sein (77). Diese Vorstellung hätte eine tiefgreifende Strukturveränderung des deutschen Schulsystems erfordert. Aber auch der Deutsche Ausschuß war in diesem Punkt keineswegs konsequent.

Als er vier Jahre später in seinem „Rahmenplan zur Umgestaltung und Vereinheitlichung des allgemeinbildenden öffentlichen Schulwesens“ von 1959 den Plan einer Schulreform entwarf, blieb davon nur der Vorschlag einer zweijährigen einheitlichen „Förderstufe“ ohne Trennung der Schüler für die Klassen 5 und 6 übrig. An die Förderstufe sollten sich dann die drei Schulformen anschließen. Eine zusätzliche Verwässerung der ursprünglichen Ansicht lag darin, daß der Rahmenplan die „Studienschule“ ab Klasse 5 für besonders begabte Kinder vorsah, was eine zusätzliche Aufsplitterung des Gymnasiums bewirkt hätte (Raschert 1980: 150). 1959 folgte der Deutsche Ausschuß also keineswegs seinen eigenen, in den „Empfehlungen“ von 1955 geäußerten Gedanken.

Die **Kritik an** der autoritären Tradition der Schule bezog sich aber auch auf **Unterricht und Schulleben**. Der Deutsche Ausschuß warnte vor „veralteten Unterrichtsformen“, weil sie „der politischen Erziehung im Wege stehen“, und empfahl Gruppenunterricht usw., ohne aber die Methodenfrage weiter auszuführen (75). Er sah also, daß den **Unterrichtsmethoden ein demokratisches Erziehungspotential** innewohnt. Die amerikanische Erziehungskommission hatte 1947 geschrieben: „Die Schüler müssen Träger des Lernvorganges sein“ (Benz 1986: 189). Demgegenüber herrschten in den damaligen Schulen auch auf der Ebene der Methoden „obrigkeitsstaatliche Formen“ vor. So wurde der Vorwurf erhoben, die Lehrer verstünden es nicht im ausreichenden Maße, mit den Schülern zu diskutieren (Ellwein 1955: 117f.), oder hätten sogar Angst vor der Methode dieses Faches Sozialkunde. „Der Sozialkundelehrer muß sich den Schülern viel mehr stellen als ein anderer Fachlehrer. Er muß ständig diskutieren und wird sehr häufig sein Nichtwissen zugestehen müssen.“ (ebda.: 280f.) Es waren dies Sorgen von Lehrern, die um ihre Autorität bangten. Anne-Marie Tausch hat in ihrer empirischen Untersuchung des **Erziehungsverhaltens von Lehrern**, später Unterrichtsstile genannt, herausgefunden, daß deren Erziehungsmaßnahmen zu 39% sehr autokratisch und zu 51% autokratisch waren; demgegenüber gab es nur 7% aktiv sozialintegrative und 3% passiv sozialintegrative Maßnahmen (Tausch 1958: 44ff.). Die Empfehlungen des Deutschen Ausschusses gingen also auch in diesem Punkte weit über die damalige Realität hinaus.

4.1.4 Zusammenfassende Würdigung

Der besondere Beitrag des Deutschen Ausschusses zur Entwicklung der politischen Bildung liegt in dem Vorschlag, Sozialerziehung und Unterricht über Politik in einem **Stufenkonzept** zu verbinden. In dem Gutachten wurden die Konzeptionen von Oetinger und Litt also nicht integriert, sondern in einem Nacheinander angeordnet. Im übrigen spiegelt das Gutachten die Vorstellungen und **Schwierigkeiten der politischen Bildung** der 50er Jahre wider: das Vorherrschen der Gemeinschaftserziehung, die Ambivalenz gegenüber dem Politischen, die Reserviertheit der Lehrer und die obrigkeitsstaatlichen Strukturen der Schule, welche Demokratie als Lebensform eigentlich nicht zulassen. So drängt sich der Eindruck auf, daß politische Bildung damals einerseits Fremdkörper in einer obrigkeitsstaatlich geprägten Welt war, andererseits mit zu hohen Erwartungen belastet wurde.

Das Problem des **Transfers politischer Kultur** wird hier erneut sichtbar (s. 2.6; oben S. 48). Wie die Gesellschaft, so war auch die politische Bildung damit belastet. Für sie gab es in der deutschen Tradition nur spärliche Vorläufer. Was durch die Initiative der westlichen Besatzungsmächte, vor allem der amerikanischen, in die Schulen der Westzonen und späteren Bundesrepublik eingeführt werden sollte, bestand aus inhaltlichen und methodischen Elementen, die in der angelsächsischen politischen Kultur zu den durch die Sozialisation vermittelten Selbstverständlichkeiten gehörten, die aber nur in einem adäquaten kulturellen Umfeld ihre pädagogische Wirksamkeit entfalten konnten. Was der Deutsche Ausschuß an Hindernissen aufzählte, beispielsweise die obrigkeitsstaatlichen Formen der Schule, war zutreffend, aber nur schwer zu ändern. Die damals überwiegende Konzentration der pädagogischen Bemühungen auf die **Sozialerziehung** unter dem Namen „Gemeinschaftserziehung“ bot einen naheliegenden Ausweg. Weil die Widerstände so stark waren, wurde daraus eine harmonistische Einseitigkeit, welche die Schule zur „pädagogischen Provinz“ (Schmiederer) machte. In der Praxis brachte dies auf die Dauer die Erfahrung, daß das, was Oetinger in der Theorie forderte, nämlich die Reform der deutschen politischen Kultur, in der Wirklichkeit nicht realisiert werden konnte. Dies erzeugte eine Desillusionierung, aus der in den 60er Jahren dann die antiautoritäre Schülerbewegung erwuchs.

Befördert wurde ferner eine **Moralisierung**. Die besondere geschichtliche Lage nach dem zweiten Weltkrieg regte eine Uminterpretation der amerikanischen Social Studies in Richtung auf eine politische Bildung an, die Gemeinschaftserziehung mit **sittlicher Erziehung** verband. Das trifft übrigens nicht auf das Gutachten zu. Andere Pädagogen unternahmen jedoch den Versuch, „ein neues Menschenbild als Leitbild für die Erziehung zu zeichnen“, eine „Erziehung zu echter Humanitas“ zu fördern (Binder u.a. 1953: 23). Sittliche Erziehung führte der Pädagoge Theodor Ballauf auf die Idee der Demokratie zurück, die für ihn „nur in der Überwindung der primären Selbstsucht jedes einzelnen zustande kommt“ (1961: 441). Diese gesteigerte Moralisierung der politischen Bildung erweckt heute den Eindruck, als hätten damals die Erwachsenen ihr eigenes Versagen in der NS-Zeit auf die heranwachsende Generation projizieren wollen mit dem Auftrag, **stellvertretend für sie die Vergangenheit aufzuarbeiten**. Politische Bildung geriet zum Surrogat für die Bewältigung der Vergangenheit.

Diese Aufgabe bedeutete für die politische Bildung jedoch eine völlige **Überlastung**. Die Schule konnte allenfalls Reforminseln bilden, in welchen der Kontrast zum gesellschaftlichen Umfeld nur umso schärfer hervortrat. Mit dem Wandel von der politischen Pädagogik zur politischen Didaktik seit 1960 entwickelte sich im folgenden Jahrzehnt ein realistischeres Konzept, das sich auf die Gestaltung eines auf Wirklichkeit bezogenen Unterrichts beschränkte und dadurch einer Überforderung aus dem Wege ging.

4.2 Antikommunismus

Die Geschichte der Bundesrepublik ist ohne die Existenz der zweiten, östlichen Hälfte des ehemaligen Deutschland, die DDR, und ohne den Ost-West-Gegensatz des Kalten Krieges nicht zu verstehen. Das gilt sicherlich umgekehrt auch für die DDR. Die politische Bildung wurde davon ebenfalls geprägt. Der Antikommunismus war ein sie bestimmender Faktor und ein zentrales Thema der Bildungsveranstaltungen in ihrem Rahmen.

Die Allgegenwart dieses Antikommunismus will ich veranschaulichen, indem ich nochmals auf das Gutachten des Deutschen Ausschusses für das Erziehungs- und Bildungswesen zurückgreife.

4.2.1 Latenter Antikommunismus im Gutachten des Deutschen Ausschusses

Ein expliziter, an Aussagen festzumachender Antikommunismus kann in dem Gutachten nicht festgestellt werden. Das spricht für die pädagogische Qualität dieses Dokumentes. Dennoch ist das Gutachten beeinflußt von der damaligen weltpolitischen Situation, der Teilung in die Blöcke und dem Kalten Krieg. In dem Sinne, wie Ernst Nolte das Gundgesetz revisionistisch, antikommunistisch und antifaschistisch genannt hat (1985: 203-210), können auch in diesem Text ein revisionistisches Element (Wiedervereinigung) und ein antifaschistisches (gegen Politisierung der Bildung) entdeckt werden. Der **latente Antikommunismus** wird auf dem Hintergrund des Katologes sichtbar, in welchem das Social Studies Committee 1947 das amerikanische Verständnis von Demokratie beschrieben hatte (2.2.2, oben S. 35f.).

Vergleicht man die in dem Gutachten genannten Wertvorstellungen der politischen Bildung mit diesem Katalog, so wird man vieles wiederfinden; der Einfluß der amerikanischen Ideen ist ja nicht zu unterschätzen. Aber es fehlen Aussagen über die **Repräsentativität politischer Herrschaft** („Volksherrschaft“), also die Rückbindung an den Willen des Volkes, der vor allem durch die Parteien vermittelt wird; die Parteien werden in dem Gutachten nur einmal rein aufzählend erwähnt (80). Weiterhin fehlen alle Aussagen, welche **Gleichheit** – in welchem Zusammenhang auch immer – hervorheben. Die tragenden Elemente des Grundgesetzes sind nach Auffassung des Deutschen Ausschusses Menschenrechte, bürgerliche Freiheiten und Rechtsordnung (72). Gleichheit und Beteiligung werden nicht genannt, das Wort „Kritik“ war damals ohnehin unüblich.

Gleichheit war durch den Sozialismus östlicher Prägung diskreditiert und galt als „Gleichmacherei“, ebenso wie politische Beteiligung durch die Mobilisierung der Massen, die in den östlichen Systemen praktiziert wurde und die in der von der SED seit 1947 initiierten Volkskongreßbewegung auch nach Westdeutschland hineinwirken sollte. Hervorgehoben werden daher die von den östlichen Systemen *unterscheidenden* Wertvorstellungen; sie werden zu Bestandteilen einer **Gegenideologie**. So ist zu verstehen, daß auch der Deutsche Ausschuß in seinem Gutachten keine Vorstellung von Demokratie entwickelte, dieses Wort nur einmal beiläufig verwendete, sondern das Gegenbild einer freiheitlichen politischen Ordnung entwarf. Demokratie wird also nicht ausdrücklich definiert, sondern, wie bei Litt, nur negativ.

Dieser Befund verweist auf den damals vorscherrschenden **„antikommunistischen Grundkonsens“** (Nolte 1985: 279). Er ist in dem Gutachten nur indirekt zu erschließen; in keiner Weise läßt er sich mit dem expliziten Antikommunismus vergleichen, wie er beispielsweise in der Aussage des Pädagogen Heinrich Weinstock erkennbar wird, der in der Zeit eines Höhepunktes des Kalten Krieges 1958 eine „neue katalanische Schlacht“ zwischen den „Demokratien der Freiheit und den totalen Kollektiven“ beschwor (Weinstock 1958: 93). Ich spreche daher von einem latenten, also verborgenen Antikommunismus in dem Gutachten. Doch zeigt er sich in diesen Jahren als eine tragende Grundströmung.

4.2.2 Der Antikommunismus in der Geschichte der Bundesrepublik

Der Kalte Krieg war älter als die Bundesrepublik. Er begann vor ihrer Gründung, und er hat sie beeinflußt. Ernst Nolte spricht „von einer Staatsgründung des verschämten Totalkonsensus“ (1985: 205): Das Grundgesetz sei revisionistisch gewesen, weil es nur für eine Übergangszeit gelten sollte, es war antifaschistisch in der Vermeidung von Volksbegehren und Volkswahl des Bundespräsidenten und durch die Erfindung des „konstruktiven Mißtrauensvotums“. Und es war antikommunistisch in folgenden Verfassungsbestimmungen: die Grundrechte als unmittelbar geltendes Recht, die Sozialbindung des Eigentums, die zugleich eine Enteignung ausschließt, der Sozialisierungsartikel, der eine Vollsozialisierung ausschließt, und der Art. 21 über die politischen Parteien, der ein Mehrparteiensystem vorschreibt (ebda.: 208).

Dieser Antikommunismus galt als **Konsens zwischen den Parteien**, vor allem zwischen CDU und SPD, ungeachtet der Tatsache, daß diese in Fragen der Wirtschaftspolitik weit auseinanderlagen. Diese Übereinstimmung im Grundsätzlichen war die Parteinahme im Kalten Krieg (Nolte 1985: 206); hier standen alle Parteien der Bundesrepublik auf der Seite des Westens. Die Parteien befanden sich in Übereinstimmung mit der Meinung der Bevölkerung. Nach einer Umfrage zogen 95% der Westdeutschen den Weststaat einem kommunistisch regierten Gesamtdeutschland vor (ebda.: 205f.).

Der Antikommunismus war in den Jahrzehnten nach ihrer Gründung ein bestimmender Faktor der Bundesrepublik. So wurde die **Staatsschutzgesetzgebung** von ihm beeinflußt. Der Verfassungsfeind galt als Parteigänger des Sowjetbolschewismus, wie in den Prozessen sichtbar wurde, die auf die Änderungen des Strafrechts folgten (Böhret u.a. 1988: 104). 1951 gab es das erste Strafrechtsänderungsgesetz mit seinen Strafandrohungen wegen Hochverrat, Staatsgefährdung und Landesverrat. Hier wurden Generalklauseln verwendet, welche die Gerichte später extensiv auslegten. Es gab Stimmen, die feststellten, der Schutz der Freiheit wachse sich zu einer Bedrohung der Freiheit aus (ebda.: 104f.). 1956 verbot das Bundesverfassungsgericht die KPD und ihre Ersatzorganisationen. Der Begriff „Ersatzorganisation" wurde in der Rechtsprechung so weit ausgelegt, daß praktisch jede politische Oppositionshaltung, auch eine nichtkommunistische, bedroht war (ebda.: 105). In der Bundesrepublik entstand ein **Verfolgungsklima**, das in der sog. „Spiegelaffäre" im Jahre 1962 seinen Höhepunkt erreichte. Weil der „Spiegel" einen kritischen Artikel über die Bundeswehr veröffentlicht hatte, ließ der damalige Verteidigungsminister Franz-Josef Strauß Herausgeber und Redakteure des Nachrichtenmagazins verhaften, und der Bundeskanzler Adenauer sagte im Bundestag, er blicke in einen „Abgrund von Landesverrat".

Der Antikommunismus beeinflußte das **innenpolitische Klima** der Bundesrepublik. Linke Forderungen nach Veränderung der Eigentumsverhältnisse und der Wirtschaftsordnung konnten tendenziell als kommunistisch diskreditiert werden (Kleßmann 1982: 256f.). Den Wahlkampf zur Bundestagswahl 1953 bestritt die CDU mit einem Wahlplakat: „Alle Wege des Marxismus führen nach Moskau, darum CDU". Das zielte auf die SPD, die damals noch eine sozialistische Wirtschaftspolitik vertrat. Der innenpolitische Gegner war nicht der Konkurrent, sondern der von Moskau gesteuerte Agent. Ein Soziologe nannte dies die **„Verlegung des Gesellschaftskonfliktes in den Außenraum"** (Hofmann 1970: 152). Dadurch erscheint eine linke soziale Bewegung, wie er sagt, „im Brechspiegel der Agententheorie" (ebda.: 153); der innenpolitische soziale Konflikt wird in einen weltpolitischen Konflikt umdefiniert, dadurch diffamiert und somit unterdrückt. Insofern diente der

Antikommunismus auch der „sozialen Disziplinierung" im Inneren der Gesellschaft (ebda.: 165).

Dies waren jedoch nicht die Probleme der Bundesrepublik alleine. Wenn wir einen Blick auf die DDR werfen, so erkennen wir, daß ein Wechselverhältnis vorlag. Ich will das an einem Exkurs verdeutlichen, in dem noch einmal Theodor Litt als Beispiel dienen soll.

4.2.3 Noch einmal Theodor Litt: westliche gegen östliche Philosophie

1957 erschien der Aufsatz von Theodor Litt „Das Selbstverständnis des gegenwärtigen Zeitalters" (1959). In ihm versuchte er eine **philosophische Analyse des Ost-West-Gegensatzes**.

Sichtbar wird hier das Bedrohungsgefühl, das der „Unsicherheit der westlichen Welt entspringt". Was, so fragt Litt, haben wir der östlichen Dogmatik entgegenzustellen? Bei uns herrsche ein tiefer **Kulturpessimismus**, der die Abwehrkräfte schwäche, „die wir im Kampf gegen die so siegesgewiß auftretende Verkündigung des Ostens blutnötig hätten". Es fehle das Vertrauen zur Erhaltenswürdigkeit des Bestehenden (Litt 1959: 18; im folgenden nur mit Seitenangabe).

Hier wird eine **geistige Bedrohung** beschrieben. Es gab aber auch die politische Bedrohung. Die Berlin-Blockade von 1948 und 1949, der Korea-Krieg von 1950, später das Berlin-Ultimatum Chrustschows von 1959 und schließlich die Kuba-Krise von 1962 erschienen als Zeichen sowjetischen Expansionswillens. Es war eine **Bedrohungs*wahrnehmung***: Politisch bedeutsam ist dabei nicht, ob etwas objektiv eine Bedrohung darstellt, sondern ob es subjektiv als solche wahrgenommen wird. Obwohl subjektiv, ist sie real, weil sie das Handeln beeinflußt. Entsprechend gab es die östliche Bedrohungswahrnehmung. Nur in den Augen des westlichen Beobachters erschien die kommunistische Lehre als so überaus selbstsicher, in Wirklichkeit kämpfte diese ständig gegen Abweichungen und gegen den bürgerlichen Antipoden.

Jedoch weiter mit Litt: Er sieht die gemeinsame Wurzel von westlichem und östlichem Denken in der **Aufklärung**, und er sieht die Gemeinsamkeit beider Systeme in der Entwicklung der **Technik**. Aber sie wird unterschiedlich bewertet: Im kommunistischen System gebe es eine überschwengliche Verherrlichung der Technik, weil durch sie der Fortschritt zur Verwirklichung kommt (25). Der westliche Mensch habe dagegen die „Haltung zweifelnden Mißtrauens" der Technik gegenüber (30); er benötige eine Wachsamkeit, um nicht der Gefahr der totalen Selbstentfremdung zu erliegen, die im Wesen der Technik beruht (31). Die Ursache liegt in der „Antinomik des Menschlichen", die bewirkt, daß sich die Schöpfungen des Menschen auch gegen ihn richten (31).

Diese westliche Technikkritik ist bis heute noch lebendig. In der Tat stand diese im Gegensatz zum **östlichen Technikverständnis**. Die DDR-Philosophie hat sich darüber mit den „bürgerlichen" Philosophen und namentlich mit Litt auseinandergesetzt. Daß die Technik als Gefahr erscheint, liege an der Ausweglosigkeit der bürgerlichen Produktionsweise. „All das", so schreibt der Leipziger Philosoph Robert Schulz 1958, „verdichtet sich im gegenwärtigen bürgerlichen Denken zu einer Fetischisierung und Dämonisierung der Technik. Schuld an diesen Erscheinungen ist aber nicht die Technik, sondern ihr Mißbrauch unter den Bedingungen der kapitalistischen Produktionsverhältnisse mit ihren Widersprüchen." (Kapferer 1990: 168) Eine **spiegelbildliche Argumentation** ist zu erkennen; keiner läßt sich auf die Argumente des anderen ein; die eigene Position wird definiert als Gegenposition zur anderen.

Ebenso verfährt Litt mit seiner These von der **Geschichtlichkeit des Menschen**. Er lehnt eine am Modell des Fortschritts konzipierte Geschichtsdeutung ab, bei welcher die Gegenwart nur als Durchgang von der Vergangenheit zur Zukunft verstanden wird, die einen Zustand der Vollendung verspricht (16). Fortgang der Menschheitsgeschichte vollzieht sich nach Litt nicht in Harmonie, sondern in immer neuen Spannungen. Es gibt keine Hoffnung auf ein Ende der Geschichte. Er verabschiedet den Gedanken an eine allgemeinmenschliche Vernunft oberhalb der Geschichte. „Das Wagnis der wägenden Entscheidung", schreibt Litt, „wird ihm [dem Menschen] nicht durch den Spruch einer geschichtsenthobenen Weisheit abgenommen." (36)

Jetzt wieder die andere Seite: Litt leugne, so schreibt der Leipziger Philosoph Schulz zur gleichen Zeit, sowohl die Erkennbarkeit der Geschichte wie deren **„gesetzmäßigen Fortschritt"** und gelange zu einer geschichtspessimistischen Haltung (Kapferer 1990: 168). Daß bei Litt ein ganz **anderer Denkansatz** vorliegt, wird gar nicht beachtet; in der „wägenden Entscheidung" tritt das Subjekt und nicht die Klasse als Träger der Geschichte auf, ferner wird Geschichtlichkeit zum Wesensmerkmal des Menschen, da sein Dasein sich nur in Situationen vollzieht, in welcher er handelt. Aber auch bei Litt gibt es eine blinde Stelle. Er sieht nicht, daß man auf Marx zurückgreifen kann, um etwas über die Geschichtlichkeit des Menschen zu erfahren, was möglicherweise dessen Nachfolger verschüttet haben. Der westdeutsche Philosoph Walter Schulz schreibt: „Die Leitidee von Marx, daß der Mensch selbst handelnd seine Geschichte in die Hand nehmen muß, daß er dies aber nur in dem Maße kann, wie es die geschichtliche Situation vorgibt, bleibt richtig ..." (Schulz 1972: 565). Denselben Gedanken äußert auch Litt in seinem Aufsatz, aber er würdigt ihn nicht als marxistisch.

Allgemein läßt sich sagen, daß Litt in seiner Auseinandersetzung mit dem Kommunismus nicht zu dessen theoretischen Grundlagen vorgestoßen ist, sich deshalb auch nicht mit Marx auseinandersgesetzt hat (vgl. Klafki 1982: 374, 1988: 38f.). Hier liegt seine Grenze. Litt und seine Kontrahenten waren nicht Teilnehmer eines philosophischen Diskurses, sondern Kombattanten der **politischen Systemkonkurrenz** des Westens gegen den Osten und umgekehrt. Litt, so resümiert Wolfgang Klafki, beantwortete „das ideologische Abgrenzungspostulat des Kommunismus gegenüber dem »kapitalistischen Westen« mit einer nicht minder rigiden Konfrontationsstrategie" (1982: 377).

Diese Beziehung hat der Historiograph der DDR-Philosophie, Norbert Kapferer, so beschrieben: Der Marxismus-Leninismus habe sich wie kaum eine philosophische Richtung **über seinen Antipoden**, die „bürgerliche Philosophie" definiert und legitimiert (1990: 324). Im Antikommunismus der Bundesrepublik geschah dasselbe, nur mit umgekehrten Vorzeichen. Auch Litt bestimmte das westliche Selbstverständnis über seine Vorstellung vom östlichen System und vom kommunistischen Denken. Auch er **definierte Demokratie durch das negative Gegenbild**. Es war die Zeit der siamesischen Zwillinge: Beide kamen nicht voneinander los, mußten sich aber bekämpfen. Einen Unterschied zwischen West und Ost gab es jedoch insoweit, als diese Westfixierung der DDR-Philosophie und DDR-Wissenschaft durchgängig war, während die Ostfixierung für die westliche Wissenschaft eher episodischen Charakter hatte.

4.2.4 Antikommunismus in der Schule.

Ein weit verbreitetes Schulbuch (Nebelsiek, Der Gemeinde-, Staats- und Weltbüger) kann als Beispiel für **Kontinuität und Verschärfung des Antikommunismus** in der Schule dienen.

1951 behandelte es den Kommunismus unter der Überschrift: „Der Kampf des deutschen Menschen um seine Freiheit – 2 Ideen – 2 Welten":

„In der großen Auseinandersetzung unserer Tage stehen sich zwei Ideen gegenüber: die westliche und die östliche. Diese Gegensätze sind nicht erst neueren Datums, sie sind sehr alt und tief in den beiden Welten verwurzelt. Die Idee der *westlichen Welt* ist die Freiheit. Überall in den Völkern der westlichen Welt zeigte sich und zeigt sich noch immer der Wille zur Freiheit, zur Unabhängigkeit ... Anders in den Völkern der *östlichen Welt*: Hier herrscht seit je der Kollektivismus! Statt des Selbstbewußtseins des westlichen Menschen gilt hier nur die Unterwürfigkeit nach oben, der Zwang nach unten!" (zit. nach Jacobmeyer 1986: 301; Hervorhebungen im Text)

Derselbe Autor schrieb 1962, nachdem das Schulbuch schon in 600.000 Exemplaren verbreitet war:

Der 13. August 1961, der Tag des Mauerbaus, habe dem letzten Zweifler dargetan, „daß der Kommunismus nicht gesonnen ist, in seinem Herrschaftsbereich Menschenrecht und Menschenwürde zu achten, sondern sogar nichts unversucht läßt, uns allen sein unmenschliches System aufzuzwingen. Es ist daher unbedingt erforderlich, die *ganze Verlogenheit, Skrupellosigkeit und Brutalität des kommunistischen Systems* aufzuzeigen.

Dem Buch wurde daher ein 1. Hauptteil vorangestellt, der *eindeutig für die Demokratie freiheitlicher Prägung* und damit *gegen totalitäre Systeme* gleich welcher Richtung Stellung nimmt. Er ist geeignet, dem Staatsbürger einen festen Standort zu geben. Er lehrt ihn erkennen, daß *Freiheit*, für die unsere mitteldeutschen Brüder immer wieder ihr Leben aufs Spiel setzen, *auch unser höchstes Gut* ist, das zu verteidigen sich lohnt. In dem weltweiten Ringen zwischen der kommunistischen Ideologie und der westlichen Idee der Freiheit *geht es jetzt um Sein oder Nichtsein*; denn der Ausgang dieses Ringens wird darüber entscheiden, ob Freiheit und Menschenwürde erhalten bleiben oder ob sie im Chaos des kommunistischen Terrors untergehen. *Dieses Buch will zu seinem Teil dazu beitragen, daß der Sieg auf Seiten der Freiheit ist!*" (zit. nach ebda.: 302; Hervorhebungen im Text)

Zu Beginn der 50er Jahre gab es noch eine **Kontinuität** nationalsozialistischer Denkweise; der Autor führt den ideologischen auf einen völkischen Gegensatz zurück, immer noch gelten die östlichen Völker als minderwertige Rasse. Während diese Abwertung allenfalls Verachtung erzeugt, zeigt sich in der Auflage von 1962 eine **Verschärfung** in Richtung auf Militanz: Alles steht im Dienst des epochalen Kampfes, in dem es um „Sein oder Nichtsein" geht; politische Bildung soll zur geistigen Aufrüstung im Kalten Krieg beitragen. Während es im ersten Text genügt, den Gegner abzuwerten, scheint im zweiten die Gefahr ungeheuer gewachsen zu sein; jetzt wird Angst erzeugt, Endzeit beschworen. Die Schwarz-Weiß-Malerei verleitet zur Idealisierung der eigenen Seite; eine Kritik an der Wirklichkeit der Bundesrepublik ist dann nicht mehr zulässig.

Mit dem Begriff **„Totalitarismus"** setzen in dieser Zeit Schulbücher das Herrschaftssystem des Nationalsozialismus und des Kommunismus ineins. Dies schützte vor der Auseinandersetzung mit der braunen Vergangenheit der Deutschen: Der gleiche Feind stand ja vor den Toren! So findet man in einem anderen Schulbuch, in „Sehen–Beurteilen–Handeln" von Wolfgang Hilligen aus dem Jahre 1960, die Gegenüberstellung von Demokratie und Diktatur unter den Begriffen Rechtsstaat – totalitärer Staat:

Rechtsstaat	**totalitärer Staat**
Es gelten Grundrechte für jeden Menschen	Es gelten nur Bürgerrechte, die dem einzelnen entzogen werden können
Freie Wahlen	Keine freien Wahlen
Mehrere Parteien	Nur eine Partei
Teilung der Gewalten	Keine Gewaltenteilung
Recht auf andere politische Meinung	Keine Opposition

(zit. nach Jacobmeyer 1986: 306)

Die Unterschiede werden zu Denkmodellen zusammengefaßt. Die Begriffe, ursprünglich als Instrumente der Analyse gedacht, werden zu Aussagen über die Realität umgedeutet. So entsteht das Gegenbild, das sich, wenn auch nicht in diesem Schulbuch, in emotionsgeladenen Darstellungen zum Feindbild steigern läßt.

Über die Schulbücher der damaligen Zeit wird in einer Schulbuchanalyse zusammenfassend gesagt: Die wertgeladene Sprache und die Schwarz-Weiß-Malerei korrespondierten mit einer Idealisierung der Zustände in der Bundesrepublik. Die kritische Analyse der Realität trete zurück hinter der normativen Komponente. Politische Bildung verstehe sich als **„moralische Erziehung" und Gesinnungsbildung**. Die Norm werde für die Realität ausgegeben (Jacobmeyer 1986: 308).

4.2.5 Kritische Stimmen und Alternativen

Ein Lehrer, der in den 60er Jahren über mehrere eigene Unterrichtsversuche mit dem Thema „Demokratie und Diktatur" berichtete, faßte seine Erfahrung zusammen:

> „Noch aus einem anderen Grunde scheint es uns gefährlich, im Unterricht die Demokratie als »beste« Staatsform zu preisen und die Diktatur a priori zu verdammen oder herabzusetzen. Gerade bei aufgeschlossenen jungen Menschen, die keineswegs dem Kommunismus anhängen, kann dies zu einer ablehnenden Verhärtung führen – weniger weil sie die Postulate an der Realität messen als vor allem deshalb, weil ein solches Oktroyieren von Werturteilen die Demokratie in die Nähe der Diktatur rückt. Es zeigt ihnen eine Demokratie, die gegensätzliche Meinungen schwer verträgt, eine Demokratie ohne Gelassenheit und Liberalität, kurz: eine militante Demokratie, die sich die Gebote ihres Handelns vom Gegner aufzwingen läßt." (Kniffler/Schlette 1967: 170)

Nach Auffassung des Autors ist diese Form des **militanten Antikommunismus undemokratisch**, weil illiberal, und dadurch werden sich die Gegner immer ähnlicher.

In den 60er Jahren vermehrten sich die **kritischen Stimmen gegen einen Antikommunismus** der Schwarz-Weiß-Malerei. Mit dem Ende der Ost-West-Konfrontation und dem Beginn der Phase der Koexistenz seit 1963 konnte man über das östliche politische System und die Gesellschaft der östlichen Staaten abgewogener urteilen. Wolfgang Hilligen warnte 1961 vor einem „blinden Antikommunismus" und riet dazu, nicht nur die technischen Erfolge des Ostens ernst zu nehmen, sondern auch die „sozialen Zielvorstellungen" (1961: 189).

Bei den Schulbüchern bildeten sich nun zwei Gruppen. Die eine hielt an der Methode der Entgegensetzung fest, die andere versuchte eine **offene Wahrnehmung**. In den Büchern der zweiten Gruppe wurden differenzierende Wertungen gebracht, z.B. wenn es in einem Schulbuch zur Wirtschaftsform hieß: „Das also ist die schwache Seite der Verwaltungswirtschaft, aber vielleicht wird sie durch Vorzüge anderer Art kompensiert...“, und es folgte dann eine Aufzählung (Jacobmeyer 1986: 313). Zu der Neubearbeitung des Schulbuches von Wolfgang Hilligen aus dem Jahre 1969 wird in einer Schulbuchanalyse bezüglich seiner Behandlung der DDR festgestellt: „Schon in den Überschriften kommt zum Ausdruck, daß der Autor die Existenz der DDR ernst nimmt. Wandlungstendenzen sollen behandelt und die DDR auch an ihrem eigenen Anspruch gemessen werden.“ (ebda.: 314) Der Autor folgte demnach der **„immanent-kritischen“ Methode**, die damals in der Wissenschaft, vor allem in der DDR-Forschung, angewandt wurde und auch in Schulbücher Eingang fand. Nicht daß der Antikommunismus ganz aus der Schule verschwunden wäre, aber es gab innerhalb der politischen Bildung jetzt auch eine Alternative.

Mit diesem Ausblick haben wir aber den Zeitraum dieser Lektion, die Phase der Gemeinschaftserziehung, längst verlassen. Es begann seit etwa 1960 die Zeit, in welcher die politische Bildung nicht mehr der Gesinnungsbildung diente, nicht der Vermittlung einer Ideologie, sondern den Heranwachsenden die Fähigkeit einer selbständigen Urteilsbildung vermitteln wollte.

4.2.6 Ein Rückblick von heute aus

Es ist heute nicht leicht, rückblickend diesen Antikommunismus zu beurteilen. Wir haben heute nicht mehr dieselbe innenpolitische Perspektive, sondern versuchen, den Kommunismus oder das System des realen Sozialismus mit den Augen derjenigen zu sehen, die ihn unmittelbar erlebt haben, also mit denjenigen der ehemaligen DDR-Bürger. Bleiben wir aber bei der **innenpolitischen Perspektive** Westdeutschlands: Der Kommunismus der Sowjetunion und der DDR wurde in der Bundesrepublik zum Gegenbild, mit dessen Hilfe man Demokratie definieren und Zustimmung zu ihr erzeugen konnte. Der Antikommunismus hatte eine **integrative Wirkung**: Er verstärkte die Verankerung im westlichen Bündnis und befestigte das System der parlamentarischen Demokratie im politischen Bewußtsein (Kleßmann 1982: 256). Die Zustimmung zur parlamentarischen Demokratie entsprang der Angst vor der kommunistischen Bedrohung. Auch dies war eine Westorientierung, wenngleich eine sekundäre, also abgeleitete. So entstand die Haltung eines **Verfassungskonformismus** gegenüber dem Grundgesetz; nicht die Idee der Demokratie war leitend, sondern die reale Verfassung galt als Beispiel für den idealen demokratischen Staat. Es bildete sich, wie Hans-Peter Schwarz sagt, ein „grundgesetzlicher Legalismus, dem sich Theoretiker, Politiker und Öffentlichkeit erstaunlich willig beugten“ (Schwarz 1981: 445). Später wurde der „Verfassungspatriotismus“ beschworen, um eine Identität mit dem Staat der Bundesrepublik zu beschreiben, die ja nicht aus der Idee der Nation hergeleitet werden konnte, aber auch nicht aus einem Bekenntnis zur Idee der Demokratie im Staatsgründungsakt.

Integration bedeutet das Bewußtsein der Zusammengehörigkeit in einer politischen Gemeinschaft. Sie macht den einzelnen zum Bürger eines Staates. Sie hat aber auch eine Kehrseite: Integration wurde damals durch ein Feindbild bewirkt. Die Bundesrepublik ist darin kein Sonderfall. Ulrich Beck sieht darin ein generelles soziologisches Phänomen: Nach ihm sind moderne Gesellschaften **über Feindbilder integriert** worden, oder lapidar: „Feindbilder integrieren." (Beck 1992: 65) Denken wir aber auch an die negative Seite: Integration bewirkt Ausschließung (nach außen) und Unterordnung (nach innen). Dies war auch die Kehrseite des Antikommunismus.

War die Überwindung des Antikommunismus in der folgenden Zeit ein Fortschritt? Wir, die wir uns daran beteiligt haben, sahen vor allem den **innenpolitischen Aspekt**: die Gefahr der Disziplinierung, der Reduzierung von Opposition, der Unterdrückung von Diskussion. Wir sahen den didaktischen Effekt: Antikommunismus verhinderte kritisches Denken, differenzierendes Denken, selbständige Urteilsfähigkeit, vermittelte Stereotypen und Denkschemata. Wir versuchten aus der Spirale der gegenseitig sich steigernden Bedrohungswahrnehmungen und der Angst erzeugenden Verteufelung des Gegners auszubrechen. Daher wurde die „immanente" Betrachtungsweise erprobt, also versucht, das andere System „von innen" zu verstehen.

Sicherlich gab es aber auch eine **Kehrseite** dieser „immanenten" Betrachtungsweise. Der schwedische Journalist Richard Swartz, lange Jahre als Osteuropakorrespondent in der DDR akkreditiert, hat sich kurz nach der Wende kritisch über Intellektuelle der Bundesrepublik und ihr Verhalten in den vergangenen Jahrzehnten geäußert. Er erwähnt als Beispiel die Anführungszeichen, mit denen die Springer-Presse das Kürzel DDR versehen hatte. Dagegen wurde heftig polemisiert. Swartz schreibt dazu: „Statt die Intellektuellen dazu zu bringen, sich kritisch mit der DDR auseinanderzusetzen, scheinen Springers Anführungszeichen sie gegen die politische Rechte in der Bundesrepublik mobilisiert zu haben. In einer Welt von »rechts« und »links« wurde die DDR zu einem Vorwand reduziert, sie wurde zum Schlagstock in innenpolitischen Auseinandersetzungen, was für mich sehr wenig mit dem real existierenden ostdeutschen Staat zu tun hatte." (Swartz 1990: 13) Swartz kritisiert also die **Instrumentalisierung der DDR** zum Zwecke der innenpolitischen Kontroverse. Vielleicht hatte der ausländische Journalist in der DDR tieferen Einblick in das dortige System als Westdeutsche, die das Gefühl hatten, immer nach zwei Seiten hin argumentieren zu müssen, nach außen und nach innen. Swartz meint, eine „wirkliche intellektuelle Abrechnung mit dem realsozialistischen System im Osten" sei dadurch verhindert worden (ebda.: 14).

Wer auch immer zu diesen Intellektuellen gerechnet werden mag: Ich bin nicht mehr sicher, ob wir heute eine so eindeutig negative Bewertung des Antikommunismus vornehmen sollten, wie ich es in der historischen Betrachtung getan habe. Nachdem Informationen über den „Kraken Stasi“ ans Tageslicht getreten sind, nachdem wir gelesen haben, wie der ostdeutsche Psychotherapeut Hans-Joachim Maaz (1990) die „seelische Deformation“ der DDR-Bürger beschrieben hat, wissen wir Westdeutschen mehr über die **Realität eines sozialistischen Systems**, als uns früher zugänglich war.

Deshalb muß man differenziert beurteilen. Antikommunismus hat als **Erkenntnisbehinderung** gewirkt, und dies war die negative Seite der Schwarz-Weiß-Malerei; Feindbilder integrieren zwar, aber sie vernebeln auch. Es gab ferner die Instrumentalisierung des Antikommunismus von rechts als Kampfmittel gegen linke Gegner. Heute jedoch, da die östlichen Systeme eine Art Selbstliquidation vorgenommen haben, können wir unbelasteter von diesen innenpolitischen Konflikten über die Unterschiede zwischen Ost und West nachdenken. Dabei tritt zutage, daß die Gegnerschaft zum Kommunismus, wenn sie reflektiert vollzogen wurde, auch zur Erhellung der eigenen politischen Position beitragen konnte; es läßt die Vorzüge des eigenen Systems erkennen. Heute könnte an seine Stelle in der politischen Bildung das **Verfahren des Systemvergleichs** treten: Das demokratisch-parlamentarische System und die rechtsstaatliche Grundordnung werden verstehbar durch den Vergleich mit der politischen Ordnung und Praxis der realsozialistischen Systeme. Darin liegt die Chance, durch die tagesaktuellen Oberflächenphänomene, so bitter sie auch im Augenblick empfunden werden mögen, hindurchzustoßen zu den tragenden Prinzipien, zu den Wurzeln des Selbstverständnisses westlicher Demokratie und damit zum Zeitüberdauernden.

5. Zeitdiagnose auf dem Hintergrund des Existentialismus: Wolfgang Hilligen 1955 und später

5.1 Einleitung

In seiner „Einführung in den amerikanischen Pragmatismus" schreibt Karl-Otto Apel, daß in der Welt der Gegenwart „genau drei Philosophien wirklich funktionieren, d.h. nicht vertreten werden, sondern Theorie und Praxis des Lebens faktisch vermitteln: Marxismus, Existentialismus und Pragmatismus" (Apel 1975: 11; ähnlich Pöggeler 1972: 136f., Martens 1981: 225f.). Diese Aussage hilft, die philosophischen Richtungen der jüngsten Zeit hinsichtlich ihrer Bedeutung zu sichten. Wegen ihres Bezuges auf Praxis haben diese Philosophien auch in der politischen Bildung der Bundesrepublik Spuren hinterlassen.

Oetinger hat, wie gezeigt, den **Pragmatismus** als Bezugstheorie für seine Konzeption einer politischen Pädagogik gewählt. Beispiele für eine ähnliche Funktion des **Marxismus**, vor allem in der Gestalt der Kritischen Theorie, lassen sich in der weiteren Entwicklung der politischen Didaktik finden. Aber für den **Existentialismus** liegt dieser Einfluß sicherlich nicht so auf der Hand. Deswegen mag es auch auf den ersten Blick überraschen, wenn Wolfgang Hilligen als Didaktiker der politischen Bildung in Verbindung mit dieser Philosophie gebracht wird. Dies aber soll hier geschehen, und es kann geschehen, weil seine Gedanken bis zu einem Werk aus dem Jahre 1955 zurückverfolgt werden und wir dort auf ihre Wurzeln stoßen. Man bedenke, daß dabei der 1994 noch aktuelle Didaktiker sich in der zeitlichen Nachbarschaft zum Deutschen Ausschuß mit seinem in der vorigen Lektion betrachteten Gutachten befand.

Wolfgang Hilligen hat wie kein anderer Didaktiker der politischen Bildung deren Entwicklung fast von Anfang an durch eigene Beiträge gefördert. Schon aus diesem Grunde ist es in einer thematisch und monographisch arbeitenden Darstellung der Geschichte der politischen Bildung fast unmöglich, ihn in einer bestimmten Phase schlüssig zu verorten. Man kann ihn ebensogut mit Kurt Gerhard Fischer als Initiator der „didaktischen Wende" dem Jahr 1960 zuordnen wie mit der ersten Skizzierung seiner späteren didaktischen Konzeption dem Jahr 1968. Und er bliebe auch dann noch in den späteren Jahrzehnten präsent, weil früher entwickelte Ansätze seines didaktischen Denkens erst in den 90er Jahren ihre Breitenwirkung entfalten.

Bei Hilligen setze ich mit dem Jahr 1955 ein, in welchem seine erste didaktische Schrift, „Plan und Wirklichkeit im sozialkundlichen Unterricht", erschienen ist. Eine eingehende Betrachtung kann den **Zusammenhang mit** der dritten der genannten philosophischen Strömungen aufdecken: **dem Existentialismus.** Er ist hier zwar nicht als Bezugstheorie wie der Pragmatismus bei Oetinger, aber doch im Sinne einer Hintergrundphilosophie präsent und verhilft zum Verständnis von Grundgedanken, die später zentrale Elemente von Hilligens didaktischer Konzeption geworden sind. Wenn Hilligen beispielsweise 1990 von den „Herausforderungen der »Risikogesellschaft«" spricht, die neues Legitimationsmuster für den Politikunterricht werden sollten (1990: 334), dann hat er einen Gedanken geäußert, der in seinem Buch von 1955 schon angelegt ist.

„Plan und Wirklichkeit im sozialkundlichen Unterricht. Untersuchungen, Erfahrungen und Vorschläge", Frankfurt/M. 1955; es wird mit Seitenangabe zitiert. Auszüge bei Kuhn u.a. 1993, S. 209-212.

5.2 Der Zusammenhang zwischen Zeitdiagnose und Lernaufgaben: „Plan und Wirklichkeit" 1955

„Plan und Wirklichkeit im sozialkundlichen Unterricht" besteht aus zwei Teilen. Der eine enthält eine empirische Untersuchung, in welcher durch Lehrplananalysen und Befragungen von Lehrern und Schülern die „Wirklichkeit" des Unterrichts im Fach Sozialkunde an den Realschulen des Landes Hessen ermittelt wird. Die Ergebnisse dieser Untersuchung verwertet Hilligen dann im zweiten Teil in dem Entwurf eines Lehrplanes für Realschulen. Der Zusammenhang beider Teile wird durch eine These begründet: „Nur die Diagnose der pädagogischen Wirklichkeit kann den Ansatz zur Fortentwicklung geben" (2). Dieses Verfahren ist später in der Bundesrepublik nicht wieder verwendet worden; Lehrpläne waren immer bloß „Konstruktion", niemals Produkt von „Diagnose".

Im Falle dieses Buches war diese Koppelung möglicherweise seiner Verbreitung hinderlich: Die empirische Untersuchung bezog sich auf Hessen, dem Lehrplan war jedoch von Hilligen generelle Geltung zugedacht. Zudem enthält er in nuce die **Grundelemente von Hilligens didaktischem Denken**: Der Autor entwarf nicht nur einen Plan, sondern beschrieb auch die didaktischen Prinzipien, die ihm zugrundelagen.

Sowohl Oetinger als auch der Deutsche Ausschuß gingen von einer **Lagebeschreibung** aus. Oetinger stellte die Merkmalen einer defiziten politischen Kultur der Deutschen als Ergebnis ihrer geschichtlichen Tradition dar. Der Deutsche Ausschuß umriß die zeitgeschichtliche Situation der Bundesrepublik wenige Jahre nach ihrer Gründung. Einen vergleichbaren Ausgangspunkt wählte auch Hilligen, jedoch leitete ihn ein anderes Verständnis von Lagebeschreibung, die ich **Zeitdiagnose** nennen möchte.

5.2.1 Zeitdiagnose

5.2.1.1 Deutungen

Aus der Erhebung zieht Hilligen Folgerungen für zukünftige Lehrpläne. Diesen zweiten Teil beginnt er mit einem Überblick über „einige Grundzüge der gesellschaftlichen und geistigen Situation“ (103ff.), skizziert also eine **Zeitdiagnose**. Er erwähnt die gewandelte Funktion des Staates, die Technisierung der industriellen Produktion, die Auswirkungen auf „den Menschen“ in seiner Situation der beginnenden Konsum- und Freizeitgesellschaft und stellt dabei die „Gefahren“ heraus: „Die Auflösung der gewachsenen Bindungen, der Einfluß zivilisatorischer Vermassungsmächte und die Formen des Arbeitsprozesses arbeiten an der Entpersönlichung des Menschen“ (105). Diese Merkmale konnte man damals **zeitdiagnostischen Werken** entnehmen. So war das Theorem von der Massengesellschaft weit verbreitet und wurde unter verschiedenartigen Wertakzenten entfaltet (Spengler, Ortega y Gasset, Jaspers u.a.).

Für uns ist nicht die Zeitbedingtheit dieser Analysen von Interesse, sondern das Strukturelle, daß nämlich diese Diagnose von Hilligen als **Gefahrendiagnose** aufgenommen wurde: „Die technische Entwicklung... hat... Gefahren heraufbeschworen, die den Bestand der gesamten Gesellschaft und die personale Existenz des Einzelnen bedrohen.“ (105)

Gegenüber diesem Gefahrenpotential denkt Hilligen nicht an **Untergangsszenarien** im Stile von Spengler, aber auch nicht an den **Geschichtsoptimismus** von „Ideologien und Ismen“, die auf einseitige Lösungen ausgehen. Das „Bewußtsein der Einen Welt, in der alle von allen abhängig sind“ (106) scheint für ihn einen Schutz vor **utopischen Lösungen** zu bilden. Hilligen zieht ihnen gegenüber den geschichtsphilosophischen Kern der Universalhistorie **Arnold Toynbees** heran, von dem er sagt, er habe „die Möglichkeit offengelassen, daß der Mensch die Herausforderungen des technischen Zeitalters positiv beantwortet“ (106).

Toynbee war in seinem 1950 in einer deutschen Kurzfassung erschienenem Werk dem **Geschichtsdeterminismus** eines Oswald Spengler mit einer anderen Deutung begegnet. In dem „Untergang des Abendlandes“ Oswald Spenglers von 1918 und 1922 sind die Kulturen als Ganzheiten dem organischen Gesetz des Werdens und Zerfallens unterworfen. Toynbee setzte dem die **lebensphilosophische Theorie** entgegen, daß solche Prozesse von den handelnden Menschen abhängig seien, von dem „unvorhersehbaren Faktor“ (Toynbee 1950: 116), von der „Reaktion der Handelnden auf die Prüfung, wenn diese wirklich eintritt“ (ebda.: 117f.). Daß auf „Herausforderungen“ der physischen wie sozialen Umwelt „Antworten“ der Handelnden möglich sind, ergibt sich aus psychischen Kräften im Menschen; es ist der Bergson'sche „élan vital", der dem Menschen innewohnende Lebensdrang, welcher diese Kräfte freisetzt. Aus diesem Gedanken ergibt sich für Toynbee die **Offenheit der jeweiligen Zukunft** im geschichtlichen Handeln der Menschen; sie ist eine „Möglichkeit", die Reaktion ist die „unbekannte Größe", wie Toynbee sagt (1950: 117), und kann daher so oder so ausfallen. Thema seiner Universalgeschichte ist der Aufweis, wie Menschen die Herausforderungen bewältigen oder sie nicht bestehen und somit Aufstieg und Zerfall der Kulturen selber verursachen.

Oswald Spengler (1880-1936): Kulturphilosoph, wurde durch sein Hauptwerk „Der Untergang des Abendlandes", 1918/22, bekannt, das eine Gegnerschaft gegen den Geist enthielt, durch welche S. zum Kreis der Konservativen Revolution gerechnet werden kann.
Arnold Josef Toynbee (1889-1975), engl. Historiker und Geschichtsphilosoph, durch die Lebensphilosophie Henry Bergsons beeinflußt, arbeitete seit 1921 an einer Darstellung der gesamten Kulturentwicklung der Menschheit (A study of history, 12 Bde., 1934-61).

Hier knüpft Hilligen an, wenn er später sein Kategoriensystem, das der Ermittlung des „Bedeutsam–Allgemeinen" dient, aus der „**Bedeutung für das Leben**" entwickelt: Antwort sucht der Mensch in krisenartigen Situationen, weil er leben und sinnvoll leben will. Sein Ansatz ist also keine Anthropologie, sondern eine Geschichtsphilosophie. Aber es ist eine **nichtdeterministische Geschichtsphilosophie**, und daher ist Hilligen auch weit entfernt von dem „autoritären Universalismus" (Dubiel 1990: 488) des Marxismus. Das Handeln des Menschen ist frei, was die Richtung anbelangt, und offen bezüglich der Möglichkeit des Scheiterns wie der des Gelingens.

Dessenungeachtet könnten die Merkmale der **Vermassung und der Nivellierung**, wie sie Hilligen in der Gesellschaft seiner Zeit konstatiert, auch Untergangssysmptome sein, Zeichen dafür, daß es den Menschen nicht mehr gelingt, die Herausforderungen zu bewältigen. Gegen den „Untergangsfatalismus" Spenglers zitiert Hilligen jedoch den Philosophen **Romano Guardini** mit seiner Schrift „Das Ende der Neuzeit" (106).

Das Problem der Masse liegt nach Guardini darin, „ob die Einebnung, welche mit der Vielzahl gegeben ist, nur zum Verlust der Persönlichkeit, oder auch zu dem der Person führt" (Guardini 1950: 57). Guardini konstatierte zwar mit dem Ende der Neuzeit das Ende des Persönlichkeitsideals der deutschen Klassik und damit das Ende des bürgerlichen Zeitalters als Kultur. Aber er verwendete diesen Befund nicht für eine elitäre Kulturkritik, wie es Ortega y Gasset tat (1952), verband ihn nicht mit der Hoffnung auf eine neue aristokratische Vergeistigung der Massen, wie sie Jaspers weckte (1949: 167), sondern deutete ihn als das Zukunftsträchtige, das „Kommende": Als Restbestand bleibt die **Personhaftigkeit des Menschen** in ihrer Fähigkeit, von Gott angerufen zu werden und Verantwortung zu tragen. Diese reduzierte Individualität bekommt zudem einen positiven Sinn: Das Herrschaftswerk über die Welt sei unausweichlich aufgegeben. „Die Anforderungen dieses Werkes werden so ungeheuer sein, daß sie aus den Möglichkeiten der individuellen Initiative und des Zusammenschlusses individualistisch geformter Einzelner nicht zu lösen sind." (Guardini 1950: 58)

Hilligen hat dieses Zitat seinem Buch als Motto vorangestellt. Hier ist die Wurzel der **sozialen Komponente** seiner Konzeption zu finden; in „Plan und Wirklichkeit“ vorerst an der Wahl von „Partnerschaft“ und „sozialen Spielregeln“ als obersten Lernzielen erkennbar, – was sich verband mit einer Kritik an dem Lernziel „sittliche Persönlichkeit“ (109f.). Entgegen aller Kulturkritik und allem Kulturpessimismus der damaligen Zeit eröffnete dieser Gedanke den Weg zu einer **sozialen Pädagogik im Zeitalter der Massengesellschaft**.

5.2.1.2 Zeitdiagnose und Lernaufgaben

Den Sinn derartiger Überlegungen macht Hilligen einsichtig, indem er einen **Zusammenhang zwischen Zeitdiagnose und Lernaufgaben** herstellt: Gegenüber dem pädagogischen Konzept der allgemeinen Gemeinschaftserziehung in allen Schulfächern begründet er die Notwendigkeit eines eigenständigen Unterrichtsfaches: „Die Anforderungen unserer Zeit gestatten nicht, daß die Jugendlichen in einem »Kastalien« unberührt von Fragen aufwachsen, von deren Bewältigung Gedeih und Verderb der Menschheit abhängen kann.“ (10) Die Zeitdiagnose deckt die **Gefährdung** nicht eines sozialen Teilbereichs, sondern diejenige **der Menschheit** schlechthin auf, sie ist universell. Sie definiert die Gegenwart als Entscheidungssituation: Bewältigung ist möglich, kann scheitern, hängt vom Bewußtsein der Menschen ab. Die Entscheidungssituation ist sogar zugespitzt: Wohlergehen oder Untergang, – wie auch immer im einzelnen definiert. Es ist dies die Diagnose einer tiefgreifenden **Menschheitskrise**, die nach 1945 das damalige Zeitbewußtsein prägte.

Diese Entscheidungssituation verlangt eine **Qualifizierung der Menschen**. Der politischen Erziehung ist nach Hilligen die Aufgabe gestellt, „den Zwiespalt zwischen der geistig-gesellschaftlichen Wirklichkeit und dem allgemeinen Bewußtsein ... nach Maßgabe ihrer Möglichkeiten zu überwinden“ (108). Die diagnostizierten Phänomene sind noch nicht allgemeines Bewußtsein geworden, müssen es aber werden. Der Unterricht im Fach Sozialkunde muß das Wissen über diese Phänomene, über die Konturen der Wirklichkeit vermitteln. Die Bewältigung der Krise setzt also einen Bewußtseinswandel voraus: Die Lernenden benötigen nicht nur „Wissen“, sondern **Situationsbewußtsein**, d.h. das Bewußtsein davon, daß sie jetzt oder später als Erwachsene an dieser Krise teilhaben und daß sie durch ihr Verhalten zur Bewältigung beitragen können. Dies bezeichnet Hilligen als die „Lebensfrage für den einzelnen wie für die Gesellschaft“ (108).

Hilligens Zeitdiagnose unterscheidet sich von der Lagebeschreibung Oetingers und des Deutschen Ausschusses dadurch, daß sie nicht auf die Bundesrepublik begrenzt bleibt, sie enthält eine **universelle Perspektive**. In der seinem Lehrplan vorangestellten Zielbeschreibung heißt es:

„Der sozialkundliche Unterricht will die Heranwachsenden im Rahmen der Gesamterziehung befähigen, die Herausforderungen in unserer Zeit zu erkennen und positiv zu beantworten, daß heißt: als Mitmenschen, Sozialpartner und Glieder des Staates und der menschlichen Gesellschaft so zu handeln, daß ein menschenwürdiges Dasein gesichert, die Zivilisation sittlich bewältigt und die soziale Gerechtigkeit gefördert wird." (116)

Hilligen beschreibt in seinem Buch die Grundzüge der „gesellschaftlichen und geistigen Situation" (103). Nach Karl Jaspers, dessen 1946 neu aufgelegte Schrift von 1931 „Die geistige Situation der Zeit" Hilligen offenbar zur Formulierung dieser Überschrift angeregt hat, ist die „gegenwärtige Situation des Menschen" ein „Resultat seines Werdens und Chance seiner Zukunft" (1946: 16), sie ist also ein geschichtliches Phänomen und ein epochales Phänomen, weil sich die Gestaltung der Zukunft in ihr entscheidet. Sie sich bewußt zu machen, bedeutet für Jaspers, daß darin schon der Appell zum Handeln enthalten ist (1946: 22). Dieses Verständnis ist **prinzipieller** als die Lagebeschreibungen bei Oetinger und beim Deutschen Ausschuß: Dem handelnden Subjekt geht es um sein Menschsein; und **umfassender**: Es sorgt sich nicht nur um partikulare Sozialgebilde, sondern auch um die Menschheit, die „menschliche Gesellschaft".

Hilligen wurde also durch die damaligen Zeitdiagnosen dazu angeregt, Erziehung nicht ausschließlich als Vorbereitung auf das Leben in der pluralistischen Gesellschaft zu verstehen. Den Lernenden soll das Bewußtsein vermittelt werden, daß **gesellschaftliche Faktoren** das Handeln des einzelnen beeinflussen („soziale Bedingtheit erkennen", 116), aber auch, daß sie in einer **Zeit weitreichender Gefahren** leben. Dieses Situationsbewußtsein bietet dem einzelnen die Chance, auf die erkannten Herausforderungen produktiv zu antworten, also im Sinne Jaspers: Die Situationen sind nicht „ungewußt", sondern werden „als gegenwärtige von einem seiner selbst bewußten Willen gesehen, der sie übernehmen, nutzen und wandeln kann" (Jaspers 1946: 22). Daran knüpft Hilligen an, wenn er später nur noch die zeitdiagnostischen „Herausforderungen" als epochale und universelle Phänomene aufführt, um die Lernnotwendigkeiten zu beschreiben, und das Verhältnis der Lernenden dazu wenige Jahre später den „existentiellen Bezug" nennt (1961: 60).

5.2.2 *Die Grunderfahrung: Existentialismus als Hintergrundphilosophie*

5.2.2.1 Krisenbewußtsein

„Demgegenüber können wir den Schatz an Erlebnissen, Schmerz, Not und Mißerfolgen ausmünzen, den uns unser Schicksal mitgegeben hat: es hat uns über das Mysterium Iniquitatis wie über die Dämonie der Macht belehrt." (112) Mit diesem Satz grenzt Hilligen die Erfahrungen der Deutschen von dem amerikanischen „Erziehungsoptimismus" ab, wie er ihm im Pragmatismus hervorzutreten scheint. Auch ihn haben die **Erfahrungen des Krieges und der Nachkriegszeit** geprägt, aber sie leiten ihn nicht zu dem desillusionierten „Das Leben geht weiter" wie Oetinger, sondern zu einer **philosophischen Besinnung**: Er gewinnt die Einsicht in das Geheimnis des Bösen („Mysterium Iniquitatis") und in die „Dämonie der Macht".

Hilligens **Grunderfahrung** wurde von den philosophischen Zeitdiagnosen, die um 1950 erschienen, vertieft. Als Angehöriger des reformorientierten katholischen Jugendverbandes „Qickborn" hatte Hilligen schon früher die persönliche Bekanntschaft mit Romano Guardini gemacht. Der katholische Theologe und Philosoph war für diesen Verband eine Art Leitfigur. Durch ihn war Hilligen auf die Form philosophischer Zeitdiagnose vorbereitet. Nach seiner Rückkehr aus dem Krieg griff er Guardinis Schriften und verwandte Publikationen wie diejenigen von Karl Jaspers auf, um eine **Deutung des Katastrophen- und Krisenbewußtseins** zu finden, das in den Jahren nach der Niederlage sich in Deutschland verbreitet hatte.

Romano Guardini (1885-1968): Philosoph und Theologe. Sein Hauptinteresse war auf das existentielle Problem gerichtet, wie der konkrete Mensch als Christ in der Welt gestanden hat und steht.
José Ortega y Gasset (1883-1955): span. Philosoph. Relativierte die Wahrheit; die großen Systeme der Philosophie sind nicht allgemein gültige Weltbilder, sondern bezeichnen den individuellen Horizont ihrer Schöpfer.

Krise war für diese philosophischen Deutungen zunächst der **tiefgreifende Strukturwandel der Gesellschaft** seit der Mitte des 19. Jahrhunderts, für welchen der spanische Philosoph Ortega y Gasset den provozierenden Titel „Aufstand der Massen" gefunden hatte. Das Massenphänomen war sicherlich auch für den am St. Matthias-Gymnasium in Breslau mit einer fundierten humanistischen Bildung ausgestatteten Wolfgang Hilligen ein Problem, für welches Guardini ihm die sozial akzeptable Lösung anbot. Zu bedenken ist aber, daß die Deutungen dieses Phänomens schon alt waren.

Guardinis These vom „Ende der Neuzeit“ war keine Reaktion auf die Schrecken des letzten Krieges; die wesentlichen Gedanken dieser Schrift waren bereits in einer Publikation von 1927 enthalten (Guardini 1950: 10; vgl. Bahner 1990: 74). Die Schrift von Karl Jaspers „Die geistige Situation der Zeit“, in welcher er von der „Herrschaft der Masse“ sprach, erschien zuerst 1931 und wurde nach 1945 mehrmals unverändert nachgedruckt (1946). Ortega y Gassets Buch (1952) war 1930 zum ersten Mal veröffentlicht worden. Die Literaturliste ließe sich verlängern, weil das zum Ausdruck kommende Grundgefühl sich sogar schon vor dem Ersten Weltkrieg entwickelt hatte.

Wenn Hilligen den gesellschaftlichen Strukturwandel in seine Zeitdiagnose aufnahm, so beschrieb er damit nicht Nachkriegsprobleme der bundesrepublikanischen Gesellschaft, sondern den **epochalen Wandel**, der **alle Industrienationen** erfaßt hatte. Es war eine Perspektive *über* den zeitgeschichtlichen Ereignissen, der den Blick in die Tiefenstruktur gesellschaftlichen Wandels ermöglichte, wodurch auch das Dauerhafte von dem Vorübergehenden geschieden werden konnte.

Krise war außerdem sowohl für Guardini wie auch für Jaspers die **Situation des Menschen in der Krise** mit dem Bewußtsein dieser Krise. Es ist dieses Zurückgeworfensein des Menschen auf seine Existenz, das der Erfahrung vieler der aus dem Krieg in das gesellschaftliche Nichts Zurückkehrenden entsprach. **Grundgedanken der Existenzphilosophie** lagen nahe: Die bloße Existenz bedeutet Aufruf zur Entscheidung, die Wahl, in der sich nach Kirkegaard „das Ich sich selbst“ wählt, das „Entweder–Oder“ (vgl. Hübscher 1961: 61ff.). Guardini sprach von der „äußersten Entscheidung“ und von dem „Entweder–Oder“: „Entweder gelingt es dem Menschen, das Herrschaftswerk richtig zu machen, und dann wird es gewaltig, – oder es geht alles zu Ende.“ (1950: 51) Jaspers sah mit der Entdeckung der Atomenergie eine Situation entstanden, in welcher „die Menschheit etwas von vorn“ anfängt, – „oder sie wird sich unter gewaltigen Zerstörungen ins Grab der Bewußtlosigkeit legen“ (1949: 130f.). Toynbees „Herausforderung“ ist hier in die **Unbedingtheit einer Entscheidungssituation** verschärft und gleichzeitig in den Anruf an den einzelnen, den „Appell“ (Jaspers 1946: 208) gewendet. Denn Situation ist immer die des einzelnen, Situation des Menschen als Allgemeinbegriff hingegen immer nur im Bewußtsein (Jaspers 1946: 21, 22).

Hier liegt der **Anknüpfungspunkt für die Pädagogik**: Die Bewußtseinsbildung des einzelnen erscheint aussichtsreich, denn „diese Einzelnen können unberechenbar ein wesentlicher Faktor im Gang der Dinge werden“ (Jaspers 1949: 161). Daraus leitet sich der Entscheidungscharakter der Krisenphänomene her, die Hilligen mit „Herausforderungen“ bezeichnet hat. Sie machen „Gedeih und Verderb der Menschheit“ (Hilligen 1955: 10) als Alternativen bewußt und verdeutlichen die Notwendigkeit des Bewußtseinswandels, den Hilligen als Aufgabe des Unterrichts sieht. Wenn Hilligen später immer wieder das Wort „existentiell“ verwendet, meist in Zusammenhängen wie existentieller Bezug, existentiell Bedeutsames, existentielle Ansätze und Fragestellungen, so ist dieses Adjektiv ernst zu nehmen in der Doppelbedeutung von Sorge um das Dasein wie auch als Aufforderung, sich zu entscheiden.

Krise war zum dritten **Menschheitskrise**. Für Jaspers bedeutete die gegenwärtige Situation erstmals in der Geschichte „die reale Einheit der Menschheit auf der Erde“ (1949: 162), „eine Situation der Menschheit“ (ebda.: 163). Auch Hilligen spricht ja von dem „Menschen“, der gefährdet erscheint, und von dem „Bewußtsein der Einen Welt, in der alle von allen abhängig sind“ (106). Seine Zeitdiagnose von 1955 mit ihrer Beschränkung in der Beschreibung auf Phänomene des sozialen Wandels zeigt jedoch, daß er hier noch in Kategorien einer **begrenzten** Universalität denkt; es sind die Wandlungen der europäisch-amerikanischen Zivilisation und nicht der Weltgesellschaft. Hilligen denkt hier, um Begriffe von Jaspers zu verwenden, „relativ universal“ und erst später „absolut universal“, dann nämlich, wenn er vom „Dasein als Ganzes“ (1961: 61) spricht und als Motto Jaspers zitiert: „Entweder wird die gesamte Menschheit physisch zugrunde gehen, oder der Mensch wird sich in seinem sittlich-politischen Zustand wandeln“ (1961: 53).

5.2.2.2 Der Einfluß der Existenzphilosophie

Den Existentialismus verstehe ich als Hintergrundphilosophie dieser ersten didaktischen Schrift von Hilligen in dem Sinne, daß er Gedanken aus ihm aufgegriffen, aber auch abgewandelt hat. Das sind einmal die generalisierenden **Aussagen über die Situation des Menschen** in seiner Zeit. Mit der menschlichen Existenz ist, wie Otto Friedrich Bollnow zeigt, im Verständnis des Existentialismus „gleichursprünglich schon eine Welt“ gegeben, und diese ist „die immer schon ganz bestimmte Konstellation der Umstände, die ganz bestimmte Welt“, in welche sich der Mensch gestellt sieht (Bollnow 1949: 54f.). Insofern gehört die Frage nach der „gesellschaftlichen und geistigen Situation“, die Hilligen stellt, zu der **unentbehrlichen Vergewisserung** des in ihr Handelnden, also auch dessen, der, wie der Pädagoge, praktisch tätig sein will.

Situation ist im Verständnis des Existentialismus ferner etwas, was der Mensch „erleiden“ muß, besitzt das Moment der **„Widerständigkeit“** (Bollnow 1949: 55). Auch bei Hilligen scheinen die Attribute des Verlustes zu dominieren, wenn er die „Grundzüge“ der Gegenwart skizziert. Verlust der Verantwortung, Entpersönlichung sind derartige negative Ergebnisse des Prozesses der Vermassung. Aussagen zur „Bedrohung des Menschen“ sind zentral: „Die Existenz des Menschen ist gefährdet“ (108).

Existenzphilosophie: Ausgangspunkt ist die Philosophie des Dänen **Sören Kirkegaard** (1813-1855), die den Menschen aus jeder ihn bedingenden und über ihn hinweggreifenden Ganzheit herauslöst und ihn vor einen ebenso vereinzelten Gott stellt. Die Einsamkeit des Menschen vor Gott, die Kirkegaard erkannte, wurde in der E. zur Einsamkeit des Menschen vor dem Nichts, aus der sich die Grundbefindlichkeit der Angst ergibt, die jedoch zum Offenbarwerden des Seins, zum Selbstsein und zur Freiheit des Menschen führt; sie muß daher mit Entschlossenheit ertragen werden. Die Methode ist bei **Karl Jaspers** (1883-1969) die Existenzerhellung, die begrifflich umschreibende Charakteristik des Selbstseins des Menschen, besonders in „Grenzsituationen", bei **Martin Heidegger** (1889-1976) eine von der Phänomenologie herkommende ontologische Analyse, durch welche er den Sinn von Sein erschließen will. Der französische **Existenzialismus** des **Jean Paul Sartre** (1905-1980) ging von Heidegger aus; nach Sartre hat der Mensch dem Alpdruck des Ansichseins und des Umgangs mit anderen nur das Vertrauen in seine Fähigkeit, sich selbst zu „machen", entgegenzusetzen. – Beide Begriffe werden auch sinnverwandt gebraucht.

(Nach: Philosophisches Wörterbuch, 20. Aufl., Stuttgart: Kröner 1978; Johannes Hoffmeister: Wörterbuch der philosophischen Begriffe, 2. Aufl., Hamburg: Meiner 1955)

Aber hier gibt es **aufschlußreiche Abweichungen**. Bollnow sieht einen Unterschied im Situationsbegriff der Lebensphilosophie und der Existenzphilosophie: Im lebensphilosophischen Begriff der „Lage" seien die Bezüge des Hemmens und Förderns gleich stark betont, die des Förderns hätten sogar einen gewissen Vorrang. Die Existenzphilosophie sehe aber im Begriff der „Situation" mit besonderem Nachdruck die hemmende Seite, es sind Schwierigkeiten, vor die sich der Mensch gestellt sieht und die Bewältigung verlangen (Bollnow 1949: 54). So sehr Hilligen auch die „Schwierigkeiten" berücksichtigt, am Ende findet er doch mit Toynbee die **lebensphilosophische Lösung**: daß diese Schwierigkeiten als „Herausforderungen" gedeutet werden können, weil der Mensch zu Antworten fähig ist, aus denen Neues sich entwickeln kann. Das Grundgefühl des existenzphilosophischen Pessimismus teilt Hilligen insoweit, als er den amerikanischen Erziehungsoptimismus mit einer gewissen Skepsis betrachtet, weil er an der Existenz des Bösen vorbeisehe (111). Aber dann erteilt er **dem Pessimismus doch eine Absage**, da man mit ihm überhaupt nicht erziehen könne: „Das Vertrauen in die Möglichkeit der Erziehung ist aber selber eine der wichtigsten Erziehungsmächte." (112) Man ist versucht, hier von einer gewissen existentialistischen „Entschlossenheit" zum **Erziehungsoptimismus** zu sprechen.

Mit dem Existentialismus teilt Hilligen die **negative Bewertung der Massenphänomene**, des „Man" in der Ausdrucksweise Heideggers. Diese Deutung steht im Gegensatz zu der positiven Bewertung des Phänomens durch den Soziologen Karl Mannheim, der in seinem im Exil entstandenen, damals noch nicht in Deutschland erschienenen Buch „Mensch und Gesellschaft im Zeitalter des Umbaus" von der „Fundamentaldemokratisierung" sprach (Mannheim 1958: 52), eine Aussage, die von späteren Didaktikern wie Giesecke aufgegriffen wurde. Doch sahen wir ja, wie sich Hilligen im Unterschied zu der elitären Wendung von Jaspers auf die Lösung Guardinis berief, in welcher der Kernbestand der verantwortlichen Existenz des Menschen bewahrt bleibt. Hilligen hielt sich dadurch als Pädagoge den Weg offen, über „allgemeine Schulbildung" (103), also über gleiche Bildung für alle nachzudenken. Wenn er als Lernziel postuliert, „die Herausforderungen unserer Zeit zu erkennen und positiv zu beantworten" (116), dann richtet es sich an jeden und nicht nur an einen kleinen Kreis der Auserwählten. Man könnte dies als eine Art von **Demokratisierung des Existentialismus** bezeichnen.

Gemeinsam mit ihm aber hat Hilligen wieder, daß Bildung vor allem Bildung des „Bewußtseins" ist, denn sie soll den Zwiespalt zwischen Wirklichkeit und „allgemeinem Bewußtsein" überwinden helfen (108). Wenn der Philosoph Walter Schulz feststellt, daß auch bei Jaspers die **Vorrangstellung der Subjektivität** nicht radikal aufgehoben ist (1972: 331), so läßt sich Ähnliches ebenfalls bei Hilligen feststellen: Nicht nur Bewußtseinsbildung, sondern auch der Aufruf zu politischer Verantwortung (Bestand des Staates hänge ab von der „Fähigkeit und dem Willen des einzelnen..., Verantwortung zu ergreifen und auszuüben" [103]) weisen wie auch der Personbegriff aus, daß für ihn der menschliche Kernbereich die **Individualität** und nicht die Sozialität ist, daß also auch bei ihm die Subjektivität eine Vorrangstellung hat. In diesem Punkte kann man ihn als Antipoden zu Oetinger verstehen, dessen anthropologischer Ausgangspunkt in der Sozialität des Menschen liegt.

5.2.3 Die Fortentwicklung der didaktischen Konzeption Hilligens

5.2.3.1 Vom Situationsbewußtsein zum „Existentiellen"

An den zentralen Elementen seines didaktischen Denkens hat Hilligen zeit seines Lebens festgehalten. Was zunächst als Zeitdiagnose und Situationsbewußtsein dargestellt wurde, bezeichnet er in der Folgezeit mit dem Begriff des „Existentiellen" und wandelt es in eine **didaktische Schlüsselfrage** um. Eine solche ist **„Worauf es ankommt"** – die Überschrift des nächsten wichtigen Aufsatzes, der 1961 in der von ihm mitherausgegebenen Zeitschrift „Gesellschaft – Staat – Erziehung" erschien. Diese Schlüsselfrage verwendete Hilligen auch in seinem Schulbuch „Sehen Beurteilen Handeln" am Ende eines jeden Abschnitts als Überschrift für die auf das Wichtige zielenden Vertiefungsfragen.

Die Formulierung stammt wahrscheinlich aus der Schrift von Karl Jaspers „Die geistige Situation der Zeit“ (1946: 204), wo ein Unterabschnitt mit diesem Ausdruck eingeleitet wird. Jaspers legt dort den **voluntaristischen Zukunftsbezug** dar; im Hinblick auf Prognose ist es nach ihm wichtig, „zu wissen, was ich eigentlich will“, und das heiße in bezug auf die Zukunft, „worauf es dem Menschen in ihr ankommt“ (ebda.: 204f.). Der Mensch findet sich in einer Entscheidungssituation: „Ich muß, worauf es ankommt, wollen, auch wenn das Ende von allem bevorsteht.“ (ebda.: 207) Zukunftsorientiertes Denken in diesem Sinn ruft zugleich in die Gegenwart zurück, weil nur hier die Möglichkeit besteht, zu „tun, was echt ist“ (ebda.: 208). „Worauf es ankommt“ ist also das, was zu tun ist angesichts einer ungewissen und bedrohlichen Zukunft.

Hilligen erläutert die Frage „Worauf kommt es an?“ als eine didaktische Hilfsfrage, „die aufs Existentielle zielt“ (1961: 60). Daher ist die darin enthaltene Besinnung auf das didaktisch Wesentliche nicht die Suche nach „Strukturen von Teilbereichen“, sondern sie ist „auf das **Dasein als Ganzes** gerichtet“; sie soll den Jugendlichen „in den Stand setzen, Chancen zu wahren, die er anders übersehen hätte, Gefahren zu vermeiden, denen er anders erlegen wäre.“ Bildung bedeutet für Hilligen in der Formulierung von Walter Dirks: „Daseinserhellung auf Daseinsbewältigung hin“ (1961: 61).

Gegenüber Jaspers sind aber drei **Veränderungen** erkennbar: Der bei Jaspers in der Frage enthaltene existentialistische „harte Appell“ (1946: 208) ist hier ins **Pädagogische** verwandelt: Der „existentielle Bezug“ bleibt nicht bloßer Aufruf, sondern zielt auf die **Befähigung der Lernenden**, die Entscheidungssituation wahrzunehmen. Zweitens ist das existentialistische „Entweder–Oder“ gemildert in das, wie Hilligen es nennt, didaktische Prinzip „Chancen und Gefahren“, ein Begriffspaar, das von Jaspers benutzt wurde, um die **Offenheit der Zukunft** trotz aller Abgründigkeit zu kennzeichnen (1949: 109, 159). Drittens erfolgt eine zusätzliche Umdeutung durch den Erzieher: Im Blick auf den „Osten“ setzt Hilligen der Erziehung die Aufgabe, „diese Chancen weit mehr als bisher in den Vordergrund zu rücken“ (1961: 65). Die Spaltung der Welt bewirkt damit eine Spaltung der „gegenwärtigen“ Situation; es ist nicht „meine“ Situation, auch nicht die „des Menschen“, sondern diejenige der **„Wir“-Gruppe**. Jaspers „Worauf es dem Menschen in ihr ankommt“ wird umgedeutet in das partikulare „Worauf es *uns* ankommt“ (Hilligen 1961: 64; Hervorhebung daselbst). Es ist der Versuch, der marxistisch-leninistischen Geschichtsutopie einen westlichen Geschichtsoptimismus entgegenzusetzen, um die Heranwachsenden zu ermutigen.

Damit greift Hilligen **zeitgeschichtlich-politische Denkmuster** auf, was er in „Plan und Wirklichkeit“ noch vermieden hatte. Das Thema „Ost-West-Gegensatz“ steht bei ihm jetzt ganz im Vordergrund; neben „Entwicklungsländer“ und „Umgang mit technischer Macht und den Massenkommunikationsmitteln“ gehört es zu den drei „Stoffgebieten“, auf die hin Hilligen in diesem

Aufsatz die Fülle des Stoffes reduziert. Allerdings warnt er vor einer propagandistischen Verschärfung der Unterschiede und vor einem „blinden Antikommunismus“ (1961: 73); vielmehr tritt er für eine „nüchterne Betrachtung“ ein, bei der die technischen Erfolge und die sozialen Zielvorstellungen des Ostens ernst genommen werden sollen.

5.2.3.2 Von der Zeitdiagnose über die „fundamentalen Erkenntnisse“ zu den „fundamentalen Problemen“

Hilligens Aufsatz von 1961 ist auch deshalb aufschlußreich, weil er hier die Zeitdiagnose von 1955 **auf drei Begriffe reduziert**, auf die „Kennzeichen unserer Zeit“. Für ihn sind dies die „Merkmale“, „von denen das Dasein heute in besonderem Maße bestimmt ist“. Er nennt:

„die weltweite Abhängigkeit aller von allen;
die technische Massenproduktion, die es ermöglicht, Güter für alle zu schaffen;
und die technischen Macht- und Vernichtungsmittel, die es nicht mehr erlauben, Gegensätze bis zur letzten Konsequenz auszutragen“ (1961: 62).

Ihre Bedeutung erhalten diese „Kennzeichen“ von ihrer existentiellen Qualität: „Man kann in ihnen die Herausforderungen erblicken, von deren Beantwortung das Weiterleben abhängt.“ (1961: 63)

Hilligen riskiert hier also eine **begriffliche Verdichtung** der schon 1955 versuchten Zeitdiagnose; was dort noch relativ breit dargestellt war, wird jetzt auf drei Begriffe gebracht. An dieser Form der Verdichtung, der Reduzierung auf das Wesentliche bezüglich der Merkmale unserer Situation hat Hilligen bis heute festgehalten; grundlegende Veränderungen hat nur die Vermehrung der Merkmale von drei auf vier bzw. fünf gebracht. **Das Riskante** ist darin zu sehen, daß derartige Globalaussagen intuitiv gemacht werden müssen; sie entstammen einer Gesamtschau von Einzelerkenntnissen, die aber nicht zwingend auf das Ergebnis hinführen und daher nicht beweisbar sind. Sie haben den Status von Hypothesen mit einem gewissen Plausibilitätsgrad.

Hilligen geht jedoch das Risiko ein, weil er didaktisch reduzieren, aber nicht völlig auf Gegenständliches verzichten will. Er nimmt die **Reduktion in den Gegenständen** selber vor und nicht in der Form von Denkmustern wie andere in den „Einsichten“. Denn für Hilligen ist politisches Lernen untrennbar **auf Dasein und Welt bezogen**; es soll ja ein Bewußtsein von den „Herausforderungen“ dieser Welt vermitteln, also von der Wirkung der Dinge.

Was Hilligen 1961 noch „drei Kennzeichen unserer Zeit“ nannte, heißt dann 1964 in seinem Lehrerhandbuch zu „Sehen Beurteilen Handeln“ die „drei fundamentalen Erkenntnisse“ (1964: 10). Inzwischen hatte Hilligen Wolfgang Klafki rezipiert, dessen Buch „Das pädagogische Problem des Elementaren und die Theorie der kategorialen Bildung“ 1960 erschienen war. Dort fand Hilligen den didaktischen Begriff für die vollzogene Reduktion; die Antwort auf die Schlüsselfrage „Worauf es ankommt“, welche auf das Existentielle zielt, nennt er jetzt nach Klafki das **„Fundamentale“**. Als er 1968 zum ersten Mal sein Kategoriensystem vorstellt, gebraucht er wieder den Begriff „Herausforderungen“, um diese Phänomene zu bezeichnen (Hilligen 1970: 22), und in seiner Didaktik von 1975 heißt es synonym „Herausforderungen“ und „kategoriale Probleme“ (1975: nach 336). Zuletzt spricht er von den „fundamentalen Problemen“ und betont dadurch den Aufgabencharakter: Probleme sind „konfliktbeladene Aufgaben, die bewältigt werden müssen“ (1985: nach 302, 188). Was er mit diesen Begriffen faßt, das hat Wolfgang Klafki wohl nicht ohne Einfluß von Hilligen (Gagel 1994: 48) zum ersten Mal 1985 mit dem Begriff **„Schüsselprobleme“** bezeichnet, die für ihn als Inhalte von Allgemeinbildung gelten (Klafki 1985: 20f.). Auf diesem Weg sind Hilligens Gedanken heute in der Lehrplandiskussion wieder aktuell geworden (vgl. 12.5.2, unten S. 304f.).

5.2.3.3 Betroffenheit

Besonders in den 80er Jahren ist „Betroffenheit“ zu einer **Schlüsselkategorie** der didaktischen Diskussion auf dem Gebiete der politischen Bildung geworden. Gegenüber der Gefahr, daß sie sich in eine Allerweltskategorie verflüchtigt, ist es nützlich, an ihren **Ursprung** zu erinnern. Hilligen hat sie zuerst 1968 (1970: 21) und 1969 (Hessisches Institut 1969: 48) gebraucht (Kurt Gerhard Fischer vorher „Betroffensein“ 1965, in 1972: 43). Nach dem Protokoll des Hessischen Lehrerfortbildungsinstituts fragte Hilligen dort nach dem „zeitadäquaten Bewußtsein“ und stellte fest: „Kategorien hierfür ergeben sich, wenn man die »Bedeutung für das Leben« wörtlich nimmt und fragt, von welchen Gefahren und Chancen der Mensch in Gegenwart und Zukunft betroffen ist.“ Gefahren sind Hunger, Unterdrückung und Vernichtung, denen Chancen gegenübergestellt werden: Bedürfnisbefriedigung, Autonomie, humaner Austrag von Konflikten.

Später ist „Betroffenheit“ von anderen vor allem psychologisch definiert worden („seelische Befindlichkeit“, so Gagel 1983: 86). Wenn Hilligen Wert darauf legt, daß die Frage „Worauf kommt es an?“ auf das „Existentielle“ zielt, dann ist das eben nicht psychologisch zu verstehen. Die Chancen und Gefahren ergeben sich aus der **Situation des Menschen in der Welt**, die er nach Hilligen als Bedrohung, wenngleich nicht ohne Hoffnung erlebt. Nach der Existenzphilosophie ist diese Gefährdung jedoch nichts, dem man ausweichen kann. Denn Welt ist mit der Existenz schon immer gegeben, Existenz ist „In-der-Welt-sein“ oder „Verschränkt-sein“ in die Welt (Bollnow 1949: 36). Bollnow sagt, daß die Bedrohlichkeit und Gefährlichkeit der Welt

„auf den Menschen einstürmt“ (ebda.: 38). Das ist eine Einwirkungsweise, wie sie auch im Wort Betroffenheit enthalten ist: daß sie auf den Menschen „trifft“. Dem kann der Mensch sich aber nicht entziehen, es gilt lediglich ihr „standzuhalten“.

Durch den Rückgriff auf die Existenzphilosophie wird die Bedeutung des Begriffes „Betroffenheit“ bei Hilligen verständlicher. Später ist die Unterscheidung von **objektiver und subjektiver Betroffenheit** vorgenommen worden. Pädagogisch ist es sicherlich zweckmäßig, nach dem Bewußtsein der Lernenden zu fragen: Subjektiv ist Betroffenheit, wenn es einem bewußt ist oder man es spürt, daß die Sache einen angeht. Das ist nicht immer vorauszusetzen. Trotzdem kann Betroffenheit vorliegen, sie ist dann objektiv. Wie ist aber diese **„Objektivität“** zu verstehen? Unabhängig vom Bewußtwerden ist Betroffenheit mit der Existenz des Menschen gegeben, durch sein bloßes „In-der-Welt-sein“. Hilligen nimmt gar nicht erst an, daß die Gefährdungen vielleicht vorübergehender Natur sein könnten, etwa durch zeitgeschichtliche Ereignisse bedingt, wie es die Lagebeschreibungen von Oetinger oder vom Deutschen Ausschuß nahelegen. Bei ihm ist auch Betroffenheit kein Erziehungsproblem, etwa die Fähigkeit zu haben oder nicht zu haben, sich vom Schicksal anderer anrühren zu lassen, Mitleid zu empfinden (vgl. Gagel 1983: 85). **Betroffenheit** in Hilligens Verständnis ist eine Art **„Existential“**, also eine Weise des menschlichen Existierens, und die Frage, ob sie bewußt ist, erscheint dabei als randständig und lediglich als ein didaktisches Problem. Objektive Betroffenheit ist demnach immer auch subjektiv.

Dieser Rückgriff auf die Existenzphilosophie dient hier dazu, den Begriff zu klären. Seine Einbettung in die didaktische Konzeption Hilligens kann nicht mehr ausschließlich aus dieser Philosophie hergeleitet werden. Indem Hilligen ebenso großen Wert legt auf die Gefahren wie auf die Chancen, mildert er, wie schon gezeigt, den existenzphilosophischen Pessimismus und eröffnet die Perspektive auf das politische Handeln.

5.3 Hilligens erster Entwurf im Rahmen der didaktischen Diskussion

Hilligen hat 1955 Anregungen der damaligen didaktischen Diskussion aufgenommen. Die Diskussion über Oetingers „Partnerschaft“ war im Gange. Zu den damals empfohlenen Erziehungszielen äußerte sich Hilligen kritisch. In „Plan und Wirklichkeit“ folgte er hauptsächlich **Oetinger**; „Erziehung zur Partnerschaft, zu den Gewohnheiten und Spielregeln des Miteinanderauskommens“, so schrieb er, könne als wesentlicher Bestandteil der Sozialkunde angesehen werden (1955: 111). Daher rechnete er „mitmenschliche Erziehung" zu den „übergreifenden Themen", die in einem Lehrplan wiederkehrend behandelt werden. Aber präziser als Oetinger unterschied er begrifflich „Gemeinschaft" und „Gesellschaft". Er hob die soziologische Inadäquatheit der unterschiedslosen Verwendung des Begriffes „Gemeinschaft" hervor; er entspreche den „vorherrschenden menschlichen Beziehungen nicht mehr" (1955: 108f.). Deshalb gebrauchte er den Begriff „mitmenschliche Erziehung" und lehnt „Gemeinschaftserziehung" als alleiniges Erziehungsziel ab. Sein Ziel war Sozialerziehung auf der Grundlage von „Partnerschaft" und „sozialen Spielregeln", welche er bei Oetinger, aber vor allem bei Josef Piper (1949) gefunden hatte. Dabei waren ihm vor allem die **Spielregeln der „Gesellschaft"** wichtig, durch die nach Piper „der einzelne sich selber behauptet, ohne die anderen zu verneinen" (zit. nach Hilligen 1955: 114), was dann später den Zugang zum Verständnis des sozialen Konflikts eröffnete. Hilligen traf damit die Intention von „Partnerschaft" genauer als Oetinger selber. In diesem Punkte sah Hilligen auch klarer als der Deutsche Ausschuß, der eine „Gemeinschaftserziehung" intendierte.

Aber es gibt auch **Unterschiede zu Oetinger**. Dessen Abstinenz gegenüber Werten folgte er nicht. „In Grenzfällen" führten „Werte ohne ethische Normen in einen Irrgarten der Meinungen und Lösungen", sagte Hilligen (1955: 112). Seine **Werte** waren damals „Freiheit und soziale Gerechtigkeit" (107), „Bewahrung und Anerkenntnis der personalen Würde" (108); er sprach ganz allgemein von der „Anerkenntnis der sittlichen Wertwelt" (110). Dabei handelt es sich durchaus um politische Werte, und Hilligen hat damals vor allem schon die **Notwendigkeit des Sozialstaates** gesehen. Hierin war Hilligen also viel näher an den Grundgedanken des politischen Systems der Bundesrepublik als Oetinger. Den Wertbezug von Politik verstand er dabei **pragmatisch**. Für Hilligen dürfen Werte nicht verabsolutiert werden, sondern müssen gegeneinander abgewogen werden, und das bedeutet, daß nicht nach absoluter Freiheit gesucht wird, sondern gefragt wird, „wieviel Freiheit diese oder jene politische oder soziale Lösung übrigläßt" (113). Das eröffnet den **Weg zum Kompromiß** auch für eine wertorientierte Politik.

Anders als Oetinger, dessen „Partnerschaft" sich als eine politische Pädagogik darstellt, war Wolfgang Hilligen damals schon **auf dem Wege zu einer „Didaktik" der politischen Bildung**; er erkannte das Auswahlproblem („Bedeutung für das Leben") und das Problem des Zusammenhanges von Zielen und Inhalten und machte es in den „integrierenden Prinzipien" wie „Gegenwartsfragen von grundsätzlicher Bedeutung" und „mitmenschliche Erziehung" handhabbar. Aus ihnen wurden später die „kategorialen Probleme". Daß er dies nicht nur theoretisch erörterte, sondern auch in einen Lehrplanentwurf „praktisch" umsetzte, hatte Auswirkungen auf die hessischen Bildungspläne für das Fach Sozialkunde von 1957; in ihnen findet man viele der in „Plan und Wirklichkeit" entwickelten Gedanken wieder.

Das hervorstechende Merkmal von Hilligens damaliger Konzeption war jedoch die **Zeitdiagnose**. Auch im Gutachten des Deutschen Ausschusses stehen Ausführungen zur zeitgeschichtlichen Situation am Anfang. Aber es sind die Merkmale der politischen Lage der Bundesrepublik wenige Jahre nach ihrer Gründung. Hilligens Zeitdiagnose war demgegenüber frei von jeglicher Aktualität, sie suchte die gegenwartsübergreifende **Tiefenstruktur des Wandlungsprozesses** und **die Krisensymptome** zu erfassen. Darin ist ein Abstand zur aktuellen politischen Lage erkennbar. Litt versuchte, den in der Bundesrepublik fehlenden Horizont des Vorverständnisses von Demokratie herzustellen, um ein Defizit im pragmatischen Konzept Oetingers zu füllen. Hilligen machte die **Situation der didaktisch Reflektierenden** in der Form der Zeitdiagnose bewußt, eine Situation, die umgreifend alle Menschen der Gesellschaft und damit Lehrende sowohl als auch Lernende erfaßt.

5.4 Die spätere didaktische Konzeption: Das Bedeutsam-Allgemeine

Zwanzig Jahre nach seinem ersten Buch hat Hilligen eine „Didaktik des politischen Unterrichts" (1975) geschrieben. Sie enthält seine endgültige didaktische Konzeption. Ihre Kernbestandteile sind die „Kategorien" und „Optionen".

Die erste Vorstellung der Kategorien und Optionen erfolgte 1968 auf einer Sitzung der Kommission zur Beratung der Bundesregierung in Fragen der politischen Bildung (Hilligen 1970). 1975 erschien „Zur Didaktik des politischen Unterrichts I" als Buchfassung des Fernstudienbriefs „Didaktischer Prolog" für den Fernstudienkurs Sozialkunde des Deutschen Instituts für Fernstudien an der Universität Tübingen. Hilligen hat in seinem Buch eine allgemeine Einführung in die Didaktik des politischen Unterrichts geboten und darin seine eigene Didaktik eingebettet. „Zur Didaktik des politischen Unterrichts II" erschien 1976 als kommentierte Sammlung seiner früheren Beiträge. 1985 folgte die 4. Auflage „Zur Didaktik des politischen Unterrichts" als völlige Neubearbeitung ohne den zweiten Band. Im folgenden wird aus dieser 4. Auflage mit Seitenangabe zitiert. Als erste Einführung von ihm selber: „Didaktische Zugänge in der politischen Bildung", Schwalbach/Ts. 1991. Eine Analyse der Auflage von 1975 bei Gagel 1979, S. 84-112. Eine knappe Darstellung bei Gagel 1991a, S. 17-25, die im folgenden verwendet wird.

Um das Verständnis von Hilligens Didaktik zu erleichtern, will ich von einem Unterrichtsbeispiel ausgehen (vgl. Gagel 1991a: 17ff.; andere Beispiele bei Hilligen 1991).

5.4.1 Ein Unterrichtsbeispiel

Dazu habe ich einen Abschnitt aus dem Schulbuch „Sehen Beurteilen Handeln" gewählt, das Buch, das Wolfgang Hilligen schon im Jahre 1957 begründet hat. Seitdem ist es mehrfach neu bearbeitet worden, zuletzt zusammen mit anderen Autoren (Gagel u.a. 1984). Der ausgewählte Abschnitt „Probleme mit Müll und Gift" (ebda.: 174f.) stammt aus einem von Hilligen geschriebenen Kapitel mit der Überschrift „Gefährdet: Die Lebensbedingungen im ‚Raumschiff' Erde". Ich nehme es als Grundlage, um einen Unterrichtsgang zu skizzieren.

Der Lerngegenstand ist ein **Problem**. Das Vorkommen von Müll oder Abfall ist ja kein Ereignis wie der Konflikt, sondern ein Sachverhalt. Weil er Gefährdungen bewirkt, ist er problematisch, wird er zu einem Problem, das man bewältigen muß.

Methodische Schritte für die Bearbeitung von Problemen dienen als Leitfaden für den Unterricht. In dem Schulbuch gibt es für die verschiedenen Bearbeitungsweisen die „Methodenkästen", welche die Lernenden als Hilfsmittel hinzuziehen können. Dadurch wird der Arbeitsprozeß transparent.

Probleme mit Müll und Gift

1. Worin besteht das Problem?
Durch Grafiken veranschaulichte Zahlen verdeutlichen das Anwachsen und die Menge des Hausmülls in der Bundesrepublik. Die Schwierigkeit bei der Verwendung dieser Grafiken liegt darin, die Bedeutung der Zahlen bewußt zu machen, das Problembewußtsein der Schüler zu wecken. Leichter ist es, wenn beispielsweise Schüler im Bereich einer Müllverbrennungsanlage wohnen oder von einer Maßnahme der Regierung oder der Gemeindeverwaltung gehört haben, die umstritten ist, oder in der Zeitung von einem „Müll-Notstand" im Kreis gelesen haben. Eine andere Möglichkeit ist die Abfallanalyse im eigenen Haushalt: Aufteilen des Hausmülls einer Leerung in organische Stoffe, Papier/Pappe, Kunststoff, Glas, Metall; Wiegen, Zusammenrechnen in der Klasse, Ermitteln des Durchschnitts; Hochrechnen auf die Zahl der Haushalte im Land oder im ganzen Bund.

2. Wie ist das Problem entstanden?
Befragung und Erkundung: Durch Befragung wird das Verhalten der Verbraucher, durch Erkundung die Produktionsweise und Verpackungsmethoden der Hersteller ermittelt. Vermutungen dienen als Hypothesen. Sie werden durch Erkundung in einem Supermarkt überprüft: Wieviele Waren werden außer in dem Behältnis noch in zusätzlicher Verpackung

angeboten (Umverpackung)? Welche Waren werden verpackt, ohne daß es notwendig wäre (Überverpackung)? Warum?

3. Wessen Interessen werden durch das Problem berührt?
Ergebnisse werden erklärt: Warenindustrie an schneller Veralterung interessiert, Verpackungsindustrie, Großhandelsketten an Präsentation der Waren in Selbstbedienungsläden, an „sprechender" Aufmachung. Verbraucher: Bequemlichkeiten, Reiz des Neuen, Arbeitsentlastung bei Doppelberuf. Dagegen: Interesse an unbeschädigter Umwelt, reiner Luft, kein Gift, keine Gefährdung.

4. Welche Lösungen des Problems sind denkbar/möglich?
Neuerdings werden vier Wege der Entsorgung von Abfall diskutiert:

- Vermeiden
- Verringern
- Verwerten
- Beseitigen

Diese Wege sind aber nur Möglichkeiten! Die Auseinandersetzung um die Verpackungsrücknahmeverordnung von Umweltminister Töpfer im Mai 1990 zeigt, daß Programme der Abfallbeseitigung Konflikte erzeugen. Es entstehen Zielkonflikte zwischen dem Gruppeninteresse und dem Allgemeininteresse.

5. Welche Bedeutung haben die Lösungen für ...?
Dies ist zu prüfen im Hinblick auf die Interessengruppen, zu denen auch die Verbraucher gehören. Dabei erfolgt eine Bewertung: Was ist wichtiger? Darin ist die „Entscheidungsfrage" enthalten: Mehr Wohlstand oder mehr Wohlergehen? Das damit verbundene Dilemma verweist zurück in die Lebenswelt der Schüler. An einer Frage der persönlichen Entscheidung kann das Verhältnis von privatem Verhalten und notwendigen politischen Regelungen untersucht werden, also: Politik (Umweltgesetze) oder Aufklärung (Verbraucherverhalten)?

Ist dies ein wichtiges Thema? Heute besteht darüber kein Zweifel mehr. Aber wie kommt es, daß Hilligen schon 1972 ein Unterrichtsbeispiel „Müll" veröffentlicht hat, als in der damaligen Bundesrepublik keiner über dieses Problem sprach? Die Antwort: Hilligen wählte einen eigenen Weg, eine **Methode**, um die **Bedeutung eines Themas** zu entdecken, bevor es in aller Munde war. Vorher habe ich die Genese dieser Methode dargestellt, jetzt soll ihre Wirksamkeit an dem Themenbeispiel erprobt werden.

5.4.2 Inhaltsauswahl

Für Hilligen sind **Probleme** bevorzugte Lerngegenstände, die er nach ihrer Wichtigkeit unterscheidet. Besonders wichtig sind ihm die „fundamentalen Probleme“, die er auch „existentielle Probleme“ (118) oder „Herausforderungen“ nennt. Er zählt jetzt fünf auf, nämlich die weltweite Interdependenz, die technisch-industrielle Massenproduktion, die Möglichkeit der Selbstvernichtung durch Massenvernichtungsmittel, die Umweltzerstörung und schließlich das Angewiesensein auf mediale statt primäre Erfahrung (s. Kasten S. 121). Die Fülle der Probleme in dieser Welt wird hier auf diejenigen reduziert, von denen **Überleben und gutes Leben** der Menschheit abhängt.

Diese fundamentalen Probleme sind **Kriterien der Inhaltsauswahl**, sie sind keine Themen. In dem Beispiel wurde das Thema „Müll“ und nicht das Thema „Umweltzerstörung“ behandelt. Letzteres ist das existentielle Problem; weil es dieses gibt, ist das Thema „Müll“ so wichtig. Die Begründung für die Themenwahl lautet daher: Das Thema „Müll“ ist allgemein bedeutsam, weil in ihm ein existentielles Problem enthalten ist. Die existentiellen Probleme sind ein qualitatives Kriterium für die Beurteilung von politischer Wirklichkeit, sie **erschließen** den Zugang zum Verständnis der Wirklichkeit. Durch sie kann jeder die Gefahren seiner eigenen Umwelt erkennen, auch wenn sie noch nicht ins Auge springen. Daher werden sie neuerdings auch „Schlüsselprobleme“ genannt.

Die fundamentalen Probleme („Herausforderungen“) enthalten einen **subjektiven Bezug**. Hilligen mißt die Bedeutung von Problemen an der Existenz von Menschen, nicht an der Existenz von Staaten oder Systemen, geschweige denn von Ideen oder Utopien. Menschen sind von ihnen „betroffen“, sie spüren die Probleme als Belastung oder müßten sie spüren. Wie oben erwähnt (5.2.3.3; S. 115), besagt objektive **Betroffenheit**, daß die existenzbeeinflussende Wirkung von Problemen zwar vorhanden ist, Menschen diese aber häufig nicht unmittelbar wahrnehmen und daß daher der Zugang zu ihnen erst erschlossen werden muß. Das galt für das Jahr 1972: Damals war Hilligen mit dem Thema „Müll“ seiner Zeit weit voraus. Die Betroffenheit war objektiv zwar da, aber subjektiv nicht bewußt; daher mußten damals die Schüler erst lernen, daß dieses Problem sie etwas anging.

Übersicht über Konsequenzen der Herausforderungen

Chancen und Gefahren	Antworten
Interdependenz	
Notwendigkeit (und Möglichkeit) umfassender Regelungen	Rechtfertigung und Einhaltung von Regelungen
– Gefährdung von Selbstbestimmung und Eigenständigkeit	– Widerstand gegen „totale Ordnung“ und gegen Regelungen, die nur Gruppeninteressen dienen
Massenproduktion	
Höheres Niveau der Bedürfnisbefriedigung (Industrienationen!), leichte, kürzere Arbeit	Erhaltung der Fähigkeit für zweckrationale Arbeit und für Innovation
– außengelenkte Bedürfnisse, Arbeitslosigkeit, alte und neue soziale Ungleichheiten	– gerechte Beteiligung aller an Gütern und Entscheidungen
Massenvernichtungsmittel	
Zwang zu globalen Friedensregelungen	Widerstand gegen freiheitsgefährdende Lösungen
– Möglichkeit der Selbstvernichtung der Menschheit	– Kompromiß, Verständnis (Empathie) für den Gegner
Umweltzerstörung	
Neues Verhältnis zur Natur	Berücksichtigung der ökonomischen Möglichkeiten
– Gefährdung der Lebensgrundlagen, Aufbrauch der Ressourcen	– lokales und globales ökologisches Denken und Handeln
Mediale Erfahrung	
Allgegenwart der Information	Urteilskraft für die Auswahl des Wissensnotwendigen/Schönen
– Informationsmonopole	– Kontrolle und Erhaltung der Vielfalt

(Hilligen 1985: 33)

5.4.3 Der existentielle Bezug

Die fundamentalen Probleme haben wegen ihrer Auswirkung auf Dasein und Wohlergehen der Menschen einen **existentiellen Bezug**. Der Kern der Didaktik Hilligens ist, wie er diesen existentiellen Bezug verständlich macht. Dies will ich in einem **Gedankengang** komprimiert darlegen:

Gesucht werden nach Hilligen Lerninhalte, die wegen ihrer **allgemeinen Bedeutung für das Leben** fundamental sind. Leben des Menschen bedeutet für Hilligen sowohl **Überleben**, also Sicherung der physischen Existenz, als auch **gutes Leben**, das heißt wertbestimmte Lebensgestaltung, Lebensqualität, menschenwürdiges Leben. Die Realität dieser Welt enthält für die Existenz von Einzelnen, Gruppen und der ganzen Menschheit vor allem wegen ihres Gefährdungspotentials Probleme, die Hilligen als **Herausforderungen** bezeichnet: Aufforderungen zum Handeln. Dringend wird dieses Handeln dadurch, daß diese Herausforderungen ambivalent sind, nämlich **Gefahren** darstellen, aber auch **Chancen** bieten. Chancen und Gefahren enthalten sie in erster Linie im Hinblick auf die Befriedigung der **Bedürfnisse** von Menschen, und zwar im Bezug auf die basalen Bedürfnisse des Überlebens ebenso wie auf die Bedürfnisse von Sinngebung, also im Hinblick auf „gutes Leben". **Antworten**, also Problemlösungen, werden gesucht, um die Herausforderungen zu bewältigen.

Die hervorgehobenen Wörter sind die von Hilligen verwendeten Begriffe, die innerhalb dieses didaktischen Denkens die Funktion von Schlüsselbegriffen oder Kategorien haben. Sie enthalten keine Erkenntnisse, sondern sind **Erkenntnisinstrumente**, haben also eine „heuristische" Funktion. Insgesamt bilden sie die **kognitive Struktur eines didaktischen Denkens**, das auf die Entdeckung des existentiell Bedeutsamen zielt.

5.4.4 Zusammenfassung

Hilligens Didaktik bietet sich uns als den Versuch dar, die Diagnose von Krisensymptomen, die Diagnose von existentiellen Gefährdungen für Menschen und die Menschheit in ein **Instrumentarium der didaktischen Reflexion** umzusetzen. Übertragbar ist dieses Instrumentarium, sind die genannten didaktischen Kategorien. Die Ergebnisse hingegen, beispielsweise sein Katalog von Schlüsselproblemen, sind Hypothesen und daher nur soweit übertragbar, als sie plausibel erscheinen. Es gibt ja auch andere Kataloge von Schlüsselproblemen, wie oben erwähnt wurde. Für alle gilt aber, daß Schlüsselprobleme **Fragen** und **nicht Antworten** sind, also auch nicht Lösungen. Wichtig ist ferner, ihre Funktion als **Auswahlkriterium** zu beachten. Wer Hilligen folgt, muß es als ein Mißverständnis ansehen, wenn jemand meint, man könne die Schlüsselprobleme als Themen bündeln und in ein paar Stunden abarbeiten.

Nach Hilligen sind sie Kriterien, welche die Auswahl und Bewertung von Inhalten des *ganzen* Lehrplans leiten.

5.5 Grenzen des zeitdiagnostischen Ansatzes

Gerade heute könnte der Stellenwert der Bedrohungsphänomene innerhalb der Didaktik Hilligens mißverstanden werden, da die Neigung besteht, Umweltgefahren apokalyptisch zuzuspitzen (zum Folgenden vgl. Gagel 1994). Das Problem lautet: **Wie ist angesichts derartiger Bedrohungserlebnisse eine rationale**, auf konsensuale Entscheidungsfindung vorbereitende **Kommunikation** in Bildungsprozessen möglich?

Das Verhältnis zwischen Existentialismus und Pragmatismus beschreibt Karl-Otto Apel als **„Arbeitsteilung“**: Der Abgeordnete einer parlamentarischen Demokratie müsse sich so verhalten, „als ob er in der Öffentlichkeit Pragmatist, im Privatleben dagegen Existentialist wäre“ (1975: 14). Zu unterscheiden sind „Situationen“ und „Grenzsituationen“ (vgl. ebda.: 13). Erstere sind durch sorgfältiges Abwägen der Möglichkeiten und Folgen für sich und andere zu bewältigen, letztere – nach Jaspers die Grenzsituationen von Schuld, Tod, Schicksal, Zufall u.a. – verlangen Entscheidungen, die jeder nur für sich selbst treffen kann, weil sie immer nur die „jemeinigen“ sind und das Risiko des Scheiterns enthalten. Im öffentlichen Raum können daher Weltanschauungen, in denen Muster für die Bewältigung derartiger Grenzsituationen entworfen werden, nicht als unbedingte Wahrheit verpflichtend gemacht, sondern immer nur als Angebote zur Diskussion gestellt werden.

Im Begriff der „Betroffenheit“ als didaktischer Kategorie ist aber die **Gefahr** einbeschlossen, **daß diese Arbeitsteilung aufgehoben** wird. Der Begriff definiert nämlich die Wirkung von Situationen auf Menschen ebenso wie diejenige von Grenzsituationen. Die Gefahren, die Hilligen schildert, nämlich Hunger, Unterdrückung und Vernichtung, stellen den Menschen in Grenzsituationen, in denen er dem Tod oder dem Verlust seines Selbstseins ausgesetzt ist. Derartige Grenzsituationen malen auch die Bedrohungsvorstellungen aus, mit denen heute die Umweltgefahren in die Zukunft hochgerechnet werden und die zu Untergangsszenarien werden. „Was wir gegenwärtig erleben, ist ja nichts Geringeres als ein öffentlicher Streit über Leben und Tod dieser Gesellschaft“, wurde im Zusammenhang mit der Diskussion über die Kernenergie gesagt (H.E. Bahr, zit. bei Gagel 1984: 37). Aber je intensiver diese Betroffenheit vom einzelnen erfahren wird, desto unverständlicher wird es für ihn, daß andere nicht gleichermaßen alarmiert sind und ähnlichen Schrecken und Furcht empfinden wie er selber. Der Umschlag dieser existentiellen Beunruhigung in die **Forderung nach autoritären Entscheidungen**, in das Verlangen nach Expertokratie oder Ökodiktatur liegt dann verführerisch nahe.

Angesichts der Bedrohungserlebnisse ist es schwer, auf die **Prozeduren pragmatischer Regelungen** öffentlicher Angelegenheiten zu vertrösten. Denn hier wird mühsamer Ausgleich von Interessen erprobt, es wird eine konsensuale Entscheidungsfindung versucht, es wird eine Berücksichtigung der weniger Durchsetzungsfähigen verlangt, und all dies erfordert langwierige Prozesse. Jedoch sind diese Prozeduren **Bestandteile einer demokratischen Lebensordnung**, die der Pragmatismus – wie oben erwähnt (3.2.4; S. 61) – als eine „Experimentiergemeinschaft mündiger Menschen" versteht; in ihr kann jeder plausible Hypothesen aufstellen, aber keinem wird der Besitz absoluter Wahrheit zugetraut. Dieses Verfahren entspricht einer „verständigungsorientierten Kommunikation", der Joachim Kahlert eine „gesinnungsorientierte" gegenüberstellt (12.6; unten S. 308). Nach seiner Beobachtung tendiert die Behauptung existentieller Gefährdungen in didaktischen Schriften zur Umweltproblematik auf eine gesinnungsorientierte Kommunikation, welche absolute Wahrheit als Maßstab wählt (1990a: 89).

Hilligen, so wurde gezeigt, hat schon in seiner frühen Schrift den **Wertbezug von Politik** nicht verabsolutiert, sondern **pragmatisch relativiert**. Nicht nach absoluter Freiheit solle gesucht, sondern nach dem „Wieviel" von Freiheit in dieser oder jener politischen Lösung gefragt werden (vgl. 1955: 113). Später heißt dies bei ihm – komplementär und nicht einander ausschließend verstanden – „Wieviel Spielraum – wieviel Norm und Regelung?" (1985: nach 302). Hilligens Didaktik enthält ein didaktisches Instrumentarium, durch welches die zunächst existentialistisch erfahrene Problemsituation **pragmatistisch in die politische Entscheidungssituation einer demokratischen „Experimentiergemeinschaft" kleingearbeitet** werden kann.

So drängt sich die Frage nach der Zukunft der Demokratie auf. Sie wird am Schluß des Buches gestellt (12.6; unten S. 306ff.). Schon hier aber wird deutlich: Man muß die **Grenzen des zeitdiagnostischen Ansatzes** sehen, um nicht der **Verführung einer „Katastrophendidaktik"** anheimzufallen. So wichtig und ergiebig eine existenzphilosophische Klärung der Situation des Menschen in seiner Zeit ist und wie beeindruckend ihre Ergebnisse auch sein mögen, – der **Weg zur pragmatischen Bewältigung** der Probleme mit den Instrumenten der Konfliktaustragung im demokratischen System muß **offengehalten** werden. Zeitdiagnose vollzieht sich dann im Lichte der „Arbeitsteilung" zwischen Existentialismus und Pragmatismus.

6. Die Konstituierung der Fachdidaktik 1960 – Kurt Gerhard Fischer

In dem Zeitraum zwischen 1960 und 1970 begann auf dem Gebiet der politischen Bildung in der Bundesrepublik etwas Neues. Die Jahre vorher hat Hermann Giesecke die Zeit der „politisch-pädagogischen Diskussion" genannt; Oetinger und Litt wurden als ihre Repräsentanten dargestellt. Hilligen muß bereits ausgenommen werden; er war schon 1955 gleichsam Vorbote der neuen Periode. Etwa seit dem Jahr 1960 folgte die Zeit der **„politisch-didaktischen Diskussion"**, wie sie Giesecke genannt hat. Kurt Gerhard Fischer sprach von der **„didaktischen Wende"** des Jahres 1960. Worin bestand das Neue?

In den Jahren zuvor war bei den Lehrern der politischen Bildung eine „tiefe Skepsis" beobachtet worden; ihre Bedenken bezogen sich – wie erwähnt – auf die vielen „Mängel und Widrigkeiten" im Staatswesen der Bundesrepublik, doch scheuten sie sich, diese vor den Schülern zu kritisieren (Ellwein 1955: 280). Diesen Lehrern fehlte eine verläßliche wissenschaftliche Analyse der gesellschaftlichen und politischen Realität. Es fehlten ihnen aber auch geeignete didaktische Instrumente zur Vorbereitung des Unterrichts. In den 60er Jahren wurde dann vieles nachgeholt: **Didaktisierung**, **Verwissenschaftlichung** und **Politisierung** der politischen Bildung.

Mit diesen drei Stichworten beschäftigen sich die drei folgenden Lektionen. Es hat seinen Grund, weswegen ich diesem Jahrzehnt so viel Raum gebe. In diesen Jahren wurden die **Grundlagen der Didaktik der politischen Bildung** geschaffen.

Diese Entwicklung steht im Zusammenhang mit der Geschichte der Bundesrepublik. Für sie begann 1960 ein Jahrzehnt des Wandels. Auf diesem Hintergrund sind auch die Veränderungen auf dem Gebiet der politischen Bildung zu verstehen. Ich beginne deshalb mit einem Blick auf den zeitgeschichtlichen Horizont.

6.1 Die Bundesrepublik zu Beginn der 60er Jahre

Wandel der weltpolitischen Lage. 1957 hatte die erste erfolgreiche Umkreisung der Erde durch einen sowjetischen Satelliten in Amerika den „Sputnik-Schock“ verursacht. Der feste Glaube an die technologische Überlegenheit der USA war in Frage gestellt. 1961 signalisierte der amerikanische Präsident Kennedy bei seinem Amtsantritt eine veränderte Politik, indem er der Sowjetunion wissenschaftliche und ökonomische Kooperation anbot. Nach der Cuba-Krise 1962 begann ein Wandel in den politischen Beziehungen der beiden Supermächte, welcher **vom Kalten Krieg zum „Wettkampf der Systeme“** führte. Dieser Wettkampf war als friedlicher Wettbewerb gemeint. In der Bundesrepublik nahm die Vorstellung von der Bedrohung durch den Osten ab. Der Mauerbau in Berlin 1961 und die Schließung der deutsch-deutschen Grenze durch die DDR brachten im ersten Augenblick zwar eine Verschärfung des Kalten Krieges. Auf die Dauer aber entspannte die Mauer das Verhältnis zwischen den beiden Teilen Deutschlands. Immer mehr verstanden sie sich faktisch als zwei selbständige Staaten. Eine **neue deutsch-deutsche Politik** bahnte sich an, die Politik der wirtschaftlichen Kooperation. Egon Bahr, der „Chefdenker“ der SPD, die damals noch nicht an der Regierung beteiligt war, hatte für diese neue Politik 1963 das Wort vom „Wandel durch Annäherung“ geprägt.

Innenpolitischer Wandel. In diesem gewandelten Weltrahmen konnte man in der Bundesrepublik auf einmal von wirtschaftlicher und politischer „Planung“ sprechen, ohne durch den Verweis auf die sozialistische Planwirtschaft diffamiert zu werden. In der Bundesrepublik begann in den Jahren 1964 die Zeit der **Bildungsplanung**, die zu großen Bildungsreformen führte. Innenpolitisch bahnte sich der Wandel mit dem Rückgang des Ansehens an, das der Bundeskanzler Adenauer noch 1957 genossen hatte, als die CDU/CSU zum ersten und einzigen Mal in der Geschichte der Bundesrepublik bei Bundestagswahlen die absolute Mehrheit erringen konnte. Die sog. Präsidentschaftskrise 1959 – Adenauer überlegte einen Moment laut, selber Bundespräsident zu werden, nahm diesen Gedanken aber wieder zurück – bewirkte die Einbuße seiner Autorität. Der Mauerbau in Berlin und an der Grenze zwischen DDR und Bundesrepublik 1961 demonstrierte das **Scheitern seiner Deutschlandpolitik**. Denn diese hatte zur Prämisse gehabt, Westintegration sei mit Wiedervereinigung zu vereinbaren. 1963 erfolgte der Wechsel im Amt des Bundeskanzlers. Adenauers Nachfolger, Ludwig Erhard, regierte nur drei Jahre, dann mußte er zurücktreten.

Die nächste Regierung war die **Große Koalition** zwischen CDU/CSU und SPD von 1966-1969. Sie verursachte eine **Umwälzung des Parteiensystems**: Die Sozialdemokratrische Partei, bisher „ewige“ Oppositionspartei, in den 50er Jahren noch als Agent Moskaus diffamiert, war regierungsfähig geworden. 1969 fand dann der „Machtwechsel" statt; die SPD unter Willy Brandt übernahm die Regierung zusammen mit der FDP. Man hat dies als die **zweite Demokratiegründung** in Westdeutschland bezeichnet: Jetzt erst war der sog. CDU-Staat abgelöst worden, der so hieß, weil die CDU/CSU bis dahin scheinbar unanfechtbar regieren konnte. Jetzt erst war die parlamentarische Demokratie vollständig, weil eines ihrer Hauptmerkmale, der Wechsel der Regierungen, Realität geworden war.

In der Bundesrepublik war es also das Jahrzehnt des Wandels. Vom „Ende der Nachkriegszeit" wurde gesprochen. Ein **Durchbruch zu mehr „Modernität"** wurde angestrebt (Kleßmann 1988: 472). Bildungspläne wurden entworfen, Bildungsgleichheit sollte verwirklicht werden. Forderungen nach Demokratisierung im Bereich der Gesellschaft wurden laut. Und es gab Krisen: die erste Wirtschaftskrise von 1966/67 und die innenpolitische Krise, ausgelöst durch die Studentenbewegung von 1967/68.

Wandel in der politischen Bildung. In diesem zeitgeschichtlichen Horizont vollzog sich auch ein Wandel im Bereich der politischen Bildung. Ein Auslöser ist erwähnenswert: die **Hakenkreuzschmierereien** der Jahre 1959/60. In Köln wurde im November 1959 die jüdische Synagoge wiedereröffnet. Man entdeckte mit Hakenkreuzen bemalte Grabsteine auf einem jüdischen Friedhof. Eine Welle dieser Schmierereien breitete sich über die Bundesrepublik aus. In der Bildungspolitik wurde **schnell reagiert**. Der Deutsche Ausschuß für das Erziehungs- und Bildungswesen verabschiedete schon im Januar 1960 eine Erklärung aus Anlaß antisemitischer Ausschreitungen (Borcherding 1965: 85ff.; Kuhn u.a. 1993: 228ff.). Die Kultusministerkonferenz veröffentlichte im Februar 1960 einen Beschluß über die Behandlung der jüngsten Vergangenheit im geschichts- und gemeinschaftskundlichen Unterricht in den Schulen (Borcherding 1965: 88ff.; Kuhn u.a. 1993: 230ff.).

Der Deutsche Ausschuß wies in seiner Erklärung darauf hin, daß auch die Politik schuld an diesen Erscheinungen habe (nur bei Bocherding 1965: 88). Gemeint war die **unterbliebene gerichtliche Aufarbeitung der Naziverbrechen**. Erst 1958 fand der erste Prozeß statt, der Ulmer Einsatzgruppenprozeß, erst 1958 wurde durch eine Vereinbarung der Länder die „Zentrale Stelle zur Aufklärung nationalsozialistischer Verbrechen" in Ludwigsburg errichtet. **Langsam schwand das Tabu**, mit dem die Nazivergangenheit bisher in der Bundesrepublik belegt war. 1961 fand der Prozeß gegen Eichmann in Jerusalem statt, der auch in der Bundesrepublik nachhaltigen Eindruck machte. 1963 begann in Frankfurt der Auschwitz-Prozeß. Es gab weitere Prozesse, und es folgten die Verjährungsdebatten im Bundestag; durch Änderung des Strafrechts sollte die weitere Verfolgung von NS-Straftätern möglich bleiben. All das geschah, doch war vieles nicht sehr konsequent. In einem Buch von 1967, das manches gemeinsam hat mit dem „Psychogramm der DDR" von Hans-Joachim Maaz („Der Gefühlsstau" 1990), bescheinigten die Psychoanalytiker Alexander und Margarete Mitscherlich den Deutschen ihre **„Unfähig-**

keit zu trauern" (Mitscherlich 1967). Der **Rechtsradikalismus** nahm zu; in den Jahren 1966 bis 1968 zog die NPD, die Nationaldemokratische Partei Deutschlands, in sieben Landtage ein. Erst die Bundestagswahl 1969 machte ihrem Erfolg ein Ende, doch verfehlte sie damals die 5%-Marke nur um ein weniges (4,3%).

Der Rechtsradikalismus war Auslöser für die **amtliche Förderung der politischen Bildung** (Hartwich 1990a: 38). Es gab, folgend auf die bereits erwähnten Reaktionen des Jahres 1960, einen Beschluß der KMK von 1962, nach welchem „Richtlinien für die Gemeinschaftskunde in den Klassen 12 und 13 der Gymnasien" in allen Bundesländern eingeführt werden sollten (Kuhn u.a. 1993: 190f.). Auch in Bundesländern, in denen es bis dahin noch kein Unterrichtsfach für die politische Bildung gab, beispielsweise in Nordrhein-Westfalen, mußte es nun eingerichtet werden, wenngleich vorerst nur für die Oberstufe des Gymnasiums. Es folgten Förderungsmaßnahmen für die Weiterbildung der Lehrer. Ausbildungsgänge für sie wurden Anfang der 60er Jahre an den Universitäten und Hochschulen geschaffen. Es war, wie Hartwich schrieb, ein **„politischer Impuls und die ihm folgende pädagogische Innovation"** (Hartwich 1990a: 38), die das Jahrzehnt der 60er Jahre prägte.

6.2 Bedeutung des Generationenwechsels in der Fachdidaktik

Der Übergang zu der neuen Phase der politischen Bildung war, wie erwähnt, der Wechsel von der politisch-pädagogischen zur politisch-didaktischen Diskussion. In diesem Wechsel vollzog sich auch ein **Generationenwechsel**. Die Konstituierung der Fachdidaktik trugen – mit wenigen Ausnahmen – Didaktiker, die den Jahrgängen 1926-1930 angehörten. Ich nenne sie und werde einige von ihnen später noch eingehender behandeln: Fischer, Helbig, Hornung, Mickel, Nitzschke, Roloff, Schmiederer, Schörken, Sutor, auch ich selber. Ausnahmen waren Hilligen als der Ältere (1916) und Giesecke (1932) als der Jüngere.

Bei diesen Didaktikern gibt es so etwas wie das **Generationentypische**. Die biographische Prägung haben viele von ihnen durch ihre Zugehörigkeit zu der sog. Luftwaffenhelfergeneration erhalten.

Nach Dirk van Laak war sie die am meisten im NS-Staat sozialisierte Generation, war am wenigsten gegenläufigen Einflüssen ausgesetzt gewesen. Trotzdem sei ihr politisches Bewußtsein in den letzten Kriegsjahren erwacht, hätte sie die Doppelbödigkeit zwischen Schein und Sein erkannt. Sie habe die Abwendung vom Nationalsozialismus schneller als die älteren Generationen vollzogen (van Laak 1993: 15f.). Andere hingegen betonen mehr die Bedeutung des militärischen Ersatzdienstes in den letzten Kriegsjahren, und ihnen schließe ich mich aufgrund meiner eigenen Erfahrungen an. Die Jahrgänge 1926-1928 wurden im Krieg seit 1943 als sechzehnjährige Schüler zum Dienst bei den Flugabwehreinheiten der Luftwaffe herangezogen. Rolf Schörken, ihnen selber zugehörig, hat diese Generation in seinem auf Befragungen fußenden Buch „Luftwaffenhelfer und Drittes Reich“ (1984) beschrieben.

Er erkennt bei diesen Luftwaffenhelfern der Jahrgänge 1926-1928 ihre **fehlende Identifikation mit dem Nationalsozialismus**. Die Erziehungsimpulse des Nationalsozialismus hätten sich bei den Luftwaffenhelfern „totgelaufen“. Eine aufs Minimale abgestellte Verweigerungsstrategie nach dem Muster des einfachen Soldaten („Obergefreitenmentalität“), aus der sich später ein gewisser Skeptizismus entwickelte, und ein diffuser Freiheitsdrang (ebda. S. 225f.) machten sich bei ihnen bemerkbar. Schörken beobachtete aber auch eine **„Hinterlassenschaft“ des Nationalsozialismus**: die selbstverständliche Gewöhnung an Autorität, welche später verhinderte, die durch die Demokratie gewonnene Freiheit auch im Sinne von Durchsetzung eigener Interessen zu nutzen, Demokratie also von unten nach oben aufzubauen; ferner die Folgen der politischen Isolierung, welcher die Deutschen damals unterworfen waren: „das Unwissen und eine damit verbundene Unsicherheit gegenüber dem Ausland“, wo sie sich selber nicht selten in die Rolle der Angeklagten gedrängt sahen (ebda. S. 230ff.). Schließlich gingen dieser Generation alle Voraussetzungen ab, um **Demokratie zu verstehen** und lebendig auszufüllen. „Vor allem fehlten jetzt solche Begriffe, die dem einzelnen Mut machten, sich selbst und seine Gruppe auf der unteren Ebene der politischen Teilhabe zu artikulieren. ‚Interesse‘, ‚Partizipation‘, ‚politische Willensbildung‘, ‚Legitimation und Kontrolle von Entscheidungen‘, dies alles war vom Wort wie von der Sache her unbekannt“, stellt Schörken fest (ebda. S. 232).

Er folgert daraus, daß der Weg vom passiven Hinnehmen der Politik bis zum aktiven Mitmachen für diese Jahrgänge besonders lang war, und ich füge ergänzend hinzu: Ebenso lang war für uns Didaktiker, soweit wir diesen Jahrgängen angehörten, der Weg bis zu dem endgültigen Beruf und zu der Möglichkeit, eine politikadäquate Didaktik zu entwerfen. Deswegen sind deren Publikationen relativ spät erschienen. Die Teilgruppe der Didaktiker aus der Luftwaffengeneration war vielleicht eine „vaterlose Generation“, wie Heinz Bude, der diese Generation soziologisch analysiert hat, feststellt, nicht aber eine „sprachlose“ und eine „geschichtslose Generation“, wie er meint (Bude 1987: 58ff.). Es mußte erst **vieles nachgeholt werden**: das Vertrautwerden mit der neuen politischen Wirklichkeit, die Etablierung des Berufes, und später noch kam das Nachholen der wissenschaftlichen Realitätsanalyse hinzu, und das meint: die Rezeption der Ergebnisse der Sozialwissenschaften in einer nachuniversitären Phase. Ich habe dies die **„sozialwissenschaftliche**

Orientierung der politischen Didaktik“ in den 60er Jahren genannt (Gagel 1988: 18; vgl. auch unten Lektion 7).

In einer historischen Perspektive kann man, wie es Heinz Bude vorschlägt, die Flakhelfer-Generation als eine „Negation des »deutschen Geistes« deuten (Bude 1992: 572): der Angst um die drohende Vernichtung von Kultur durch die Zivilisation begegneten sie mit der Bevorzugung der „schönen Gewöhnlichkeit zivilisatorischer Normalität“, der Suche nach dem „Sonderweg“ zwischen Osten und Westen antwortete sie mit dem Bekenntnis zum Westen, und ihre Hoffnung richtete sich nicht auf die Rettung durch einen kommenden Gott, sondern auf das „Zusammenspiel einer nach Funktionsbereichen differenzierten Gesellschaft“ (Bude 1992: 572, vgl. auch 571). Was Bude auf die Generation der Flakhelfer als ganze bezieht und dann auf die Teilgruppe der Soziologen anwendet (Bude 1992), traf auch auf die Didaktiker zu; es äußerte sich in der genannten sozialwissenschaftlichen Orientierung. Rezipiert wurden damals vor allem die Ergebnisse der in der Bundesrepublik noch jungen Politikwissenschaft: Demokratietheorien, Institutionenanalyse, Parlamentarismustheorie, Pluralismustheorie, und aus der Soziologie sowohl die empirischen als auch die theoretischen Analysen der Gesellschaft.

Wir hatten also etwa 20 Jahre Zeit, in die politische Kultur der Demokratie hineinzuwachsen, hatten Zeit zu lernen, daß die Grundformen der Verfassung nicht mit dem damals dominierenden „CDU-Staat“ identisch waren, daß Demokratie „Spielraum für Alternativen“ ermöglicht und daß eine grundsätzliche Zustimmung zum demokratischen und parlamentarischen System die Kritik an der Regierung und an ihren Maßnahmen nicht verbietet.

Infolgedessen kennzeichnet diese Generation der Didaktiker eine gewisse **Distanz zu den wissenschaftlichen Kontroversen** und die Fähigkeit, ihre Ergebnisse undogmatisch aufzugreifen. Die meisten von ihnen haben sich nicht einer Richtung verschrieben und konnten daher widersprüchliche Erkenntnisse aushalten; beispielsweise:

- im Hinblick auf die **Gesellschaftsstruktur**: daß man sie nach einem Klassenmodell *und* nach einem Schichtenmodell analysieren kann;
- bezüglich der **Gesellschaftstheorie**: daß man eine solche entwerfen kann, wie es die kritisch-dialektische Frankfurter Schule tat, und daß man ebenso die Unmöglichkeit einer geschlossenen Theorie behaupten kann;
- daß **Ziele der Politik** nicht autoritär festgelegt werden, sondern im konflikthaften politischen Prozeß erst nachträglich zustandekommen, daß in der pluralistischen Demokratie die volonté generale nicht a priori feststeht, sondern erst a posteriori hergestellt wird;
- und daß es *den* **Demokratiebegriff** nicht gibt, sondern daß wir es mit historisch bedingten Ausprägungen zu tun haben: plebiszitäre und repräsentative Demokratie, aber auch partizipative Demokratie wie auch die Wettbewerbsdemokratie.

Die **Aversion gegen einen Dogmatismus** hatte zur Folge, daß der blinde Antikommunismus bei diesen Didaktikern meist keine Gefolgschaft hatte, daß der Marxismus in der undogmatischen Version als eine Denkmöglichkeit unter anderen angesehen wurde und daß die Ausweitung von Demokratie über den engen staatlich-institutionellen Rahmen hinaus ihnen wenigstens eines Versuchs wert erschien. Alles in allem: Die vorherrschende Denkstruktur dieser Generation von Didaktikern war das **Offenhalten der Möglichkeiten**, die Bereitschaft, neue Denkansätze zu erproben und zu versuchen, sie zu kombinieren. Dies zeichnet einen Typ des **Demokraten** aus, der dies aus Überzeugung ist, aber ohne Bekenntniseifer.

Ich sehe darin einen **Unterschied zu anderen Generationendeutungen**. Während Bude in seiner Untersuchung der Generation der Jahrgänge 1925-1930 eher eine Bestätigung von Schelskys Bild der „skeptischen Generation" sieht, möchte ich für die Teilgruppe der Didaktiker lieber die Bezeichnung der **„nüchternen Demokraten"** verwenden. Man bedenke: Oetinger vom Jahrgang 1906 war 20 Jahre älter als diese neue Generation der Didaktiker. Oetinger gehörte zu der Generation, welche „die entscheidende Trägerschicht des Nationalsozialismus gewesen" war (van Laak 1993: 18) und damit später sicherlich auch zu der Generation der „Ausgebrannten, Geschundenen, Schuldigen", mit denen Bude die Älteren, also die Kriegsteilnehmer und die Mitläufer und dann Enttäuschten des NS-Staates charakterisiert (Bude 1987: 34). Im Vergleich zu ihm hatte die jüngere Generation der Didaktiker aus den Jahrgängen 1926-1930 **keine belastende Vergangenheit**. Eine positive Einstellung zur neuen Demokratie konnten sie umso leichter gewinnen, als sie keinen „Glaubenswechsel" erforderte, nachdem die Ablösung vom nationalsozialistischen Gedankengut noch in der Jugendphase erfolgt war. Man erkennt das am Themenwechsel: Friedrich Oetinger beschrieb die „Partnerschaft", Kurt Gerhard Fischers Lebenswerk wurde das „Demokratie-Lernen".

Warum aber dieser Exkurs ins Biographische, da es sich doch um Wissenschaft handelt? Daß Biographisches in der Wissenschaft eine Rolle spielen kann, weiß man spätestens seit dem Philosophen Edmund Husserl. Die von ihm begründete Phänomenologie ruht auf dem Grundgedanken, daß wissenschaftliches Wissen seine Wurzel in der Lebenswelt hat. Der **Generationenbegriff** als sozialwissenschaftliche Kategorie ist von dem Soziologen Karl Mannheim geprägt worden. Mitglieder von Generationen haben Überzeugungen, Gefühlsweisen und Handlungsnormen gemeinsam, die sie von anderen Generationen unterscheiden, weil sie von historischen Lagen, von unwiederholbaren Kollektivereignissen und gesellschaftlichen Konstellationen geprägt sind, und zwar unabhängig von ihrer Klassenlage (Bude 1987: 33). Aber es ist wohl richtig, die Generation als „Problemgemeinschaft" und nicht als „Problemlösungsgemeinschaft" zu definieren (so Hans Jaeger; van Laak 1993: 15). Daher macht es Sinn, nach den **generationenspezifischen Besonderheiten** von Personen zu fragen. Denn in der Bundesrepublik war die Entwicklung der politischen Didaktik sehr stark an Personen gebunden, also mit Namen verknüpft. Daher behandele ich hier nicht nur didaktische Probleme, sondern auch die Didaktiker, die sie durch ihre Konzeptionen repräsentieren. Und ich frage immer wieder nach einem biographischen Faktor, nach der **„Grunderfahrung“**, welche eine Konzeption geprägt hat.

6.3 Die „didaktische Wende“

6.3.1 Begriff der Didaktik

An ostdeutschen Universitäten wurden nach der „Wende“ zahlreiche Wissenschaftsbereiche „Methodik der Staatsbürgerkunde“ in „Didaktik der Gesellschaftskunde“ umbenannt. Was bedeutet es, wenn der Wissenschaftsbereich sich nicht mehr „Methodik“, sondern „Didaktik“ nennt?

> **Didaktik** heißt hier die theoretische Klärung der Ziele und Inhalte von Unterricht einschließlich ihrer Begründung: das „Was“, „Wozu“ und Warum“. **Methodik** behandelt die Probleme der Vermittlung von Wissen, also das „Wie“, nicht aber, welches Wissen wissenswert und damit lehrnotwendig sei.

Didaktik als die Frage nach den **Inhalten** wurde in der DDR von der staatlichen Lehrplankommission in der Akademie der Pädagogischen Wissenschaften entschieden und war daraufhin für die Schulen und damit auch für die Lehrerausbildung verbindlich. Der **Lehrer war Methodiker**, jedenfalls der Theorie nach; seine Kompetenz lag in der effektiven, sach- und schülergemäßen Weise der Vermittlung von Wissen.

Jetzt gibt es keine verbindlichen Lehrplandirektiven mehr. In den neuen Bundesländern gelten „Rahmenpläne“. Der Lehrplan soll nicht als Vorschrift verstanden werden, sondern als „Rahmen“, innerhalb dessen der Lehrer **Spielraum** hat. Dieser Spielraum bezieht sich nicht nur auf die Auswahl und Anwendung der geeigneten Lehrmethoden, sondern auch auf die Inhalte. Innerhalb des „Rahmens“ muß der Lehrer selber Inhalte suchen. Seine alltägliche Frage lautet jetzt nicht nur: Wie vermittle ich den Stoff meinen Schülern?, sondern auch: Was unterrichte ich morgen? Der Lehrer benötigt eine zusätzliche Kompetenz.

Mit dieser Frage nach den Inhalten beschäftigt sich die **Didaktik**. Der Begriff von Didaktik, den ich hier verwende, bedeutet **Didaktik als Theorie der Bildungsinhalte**. Was damit gemeint ist, läßt sich am besten darlegen, wenn man von dem Problem ausgeht, das Didaktik lösen muß.

Die Frage, was er unterrichten soll, macht dem Lehrer deshalb so viel Kopfzerbrechen, weil es eine Fülle von Lehrinhalten gibt, aber nur eine begrenzte Lehrzeit zur Verfügung steht. Diese Stoffülle ist jedoch nicht allein das Problem des Lehrers, sondern es ist ein **generelles Problem unserer Zeit**. Es sind strukturelle Faktoren, welche dieses Problem verursachen. Zum einen die **Wissensexplosion**: Das verfügbare Wissen ist quantitativ angestiegen und steigt weiter an, und zwar nicht linear, sondern exponentiell, also immer in einer Potenz zum Verlauf der Zeit. Angesichts dieser Zunahme ist das Bewußtsein der Menschen immer weniger in der Lage, diese Wissensmenge zu verarbeiten. Zum anderen die **Spezialisierung der Wissenschaften**: Durch die zunehmende segmentartige Begrenzung der Forschung auf ein Gebiet oder eine Fragerichtung sind die Wissenschaften selber immer weniger in der Lage, von sich aus zu definieren, was gelernt werden muß. Diese Aufgabe übernimmt die Fachdiaktik.

Die Fachdidaktik muß also den **Auswahlvorgang theoretisch erhellen**. Um diesen Vorgang zu beschreiben, bietet sich eine sozialwissenschaftliche Parallele an: „Reduktion von Komplexität", ein Begriff des Soziologen und Systemtheoretikers Niklas Luhmann. Betrachtet man speziell die Nachrichtenmedien, dann stellt man fest, daß im Prozeß der Nachrichtenvermittlung eine **Selektion** stattfindet, eine Auswahl. Somit ist das Medium, beispielsweise das Fernsehen, ein Filter. Wir erfahren nur das, was die Nachrichtenredaktion ausgewählt hat, und wir erfahren es so, wie diese Redaktion das Ausgewählte darbietet, also interpretiert.

So reduziert sich die Fülle des Weltgeschehens auf die Menge, die gerade auf die Zeitungsseite paßt. Es geschieht also **Reduktion**. Andererseits **erweitert** das Medium Zeitung oder Fernsehen den Gesichtskreis der Menschen über das hinaus, was sie unmittelbar erfahren können. Der Bauer zu Beginn des vorigen Jahrhunderts hatte einen Gesichtskreis, der bis zum nächsten Dorf reichte. In unserer Gegenwart verfolgten Bewohner ländlicher Regionen die Ereignisse des Golfkrieges fast gleichzeitig zum Geschehen. Das Medium erhöht demnach Komplexität. Somit leisten die Medien zweierlei: **Reduktion und Steigerung von Komplexität** des Wahrnehmbaren.

Das gilt auch für den Lehrer. Denn der Lehrer ist, wie die Zeitungsredaktion, ein Filter, ein **„Schleusenwärter"**. Er betätigt die Schleuse, von der es abhängt, was von der Wissensmenge durchgelassen wird. Durch die Schleusen wird das Weltverstehen der Schüler reguliert und dosiert. Der Lehrer könnte sich also den Vorwurf der Manipulation einhandeln. Umso wichtiger ist die Selbstkontrolle. Er muß dieses **Problem der Komplexitätsreduktion durchschauen** und es immer wieder in dem genannten Sinne lösen. Das aber heißt: Er muß didaktisch denken können.

Angesichts dieser Problemlage ist die bildungstheoretische Didaktik entwickelt worden, die sich mit der **Auswahl der Inhalte und deren Begründung** beschäftigt. Sie definierte das Problem der „Auswahl und Konzentration“ von Bildungsinhalten. Sie prägte den Begriff der „existentiellen Konzentration“. All dies meint, daß Inhalte zu Bildungsinhalten, also das Weltverstehen erweiternde und differenzierende Inhalten werden, je nachdem wie in ihnen den Lernenden die Wirklichkeit begegnet. Besondere Inhalte eröffnen allgemeinere Einsichten. Dem Lehrenden fällt also die Aufgabe zu, in Inhalten dieses Allgemeine zu erkennen und daraufhin zu bewerten, ob es lernenswürdig ist. Als erster hat hierfür Wolfgang Klafki das Verfahren der „Didaktischen Analyse“ entwickelt (zuerst 1958; die neue Form Klafki 1985: 194ff.).

6.3.2 Konstituierung der Fachdidaktik

Kurt Gerhard Fischer hat beschrieben, wie diese **allgemeindidaktischen Überlegungen in die Fachdidaktik** gelangten:

> „Man muß diese didaktische Wende im Zusammenhang mit der – geisteswissenschaftlich-hermeneutischen – Allgemeinen Didaktik sehen und verstehen; die von ihr bereitgestellten Begriffe – das Elementare, das Fundamentale, das Exemplarische usw. – konnten in die Reflexion eingebracht werden.“ (Fischer 1970: 27)

In der Allgemeinen Didaktik waren in den 50er Jahren u.a. die Prinzipien des exemplarischen Lernens entwickelt worden, insbesondere von dem Naturwissenschaftler Martin Wagenschein. **Einfluß auf die Fachdidaktik** hat dann besonders Wolfgang Klafki ausgeübt. Die Anwendung der von Fischer genannten allgemeindidaktischen Prinzipien auf die Fachdidaktik der politischen Bildung hat die „didaktische Wende“ ausgelöst.

Einer ihrer Träger war Kurt Gerhard Fischer. Er publizierte 1960 in seinem mit Koautoren verfaßten Buch „Der politische Unterricht“ einen Katalog von „Einsichten“ als inhaltlichen Kern der politischen Bildung. Durch diese Einsichten sollte die Fülle des Wißbaren **auf das Wesentliche reduziert** werden, und sie sollten anhand von exemplarischen „Fällen“ erarbeitet und gelernt werden. Ein Jahr später veröffentlichte Wolfgang Hilligen seinen Aufsatz mit dem didaktisch gemeinten Titel „Worauf es ankommt“ (1961). Die Frage nach dem Wesentlichen wurde hier präzisiert als das Nachdenken über das, „worauf es für die Existenz des Menschen ankommt“. Das Ergebnis war die Nennung von drei „Herausforderungen“ unserer Zeit als die grundlegenden Lerninhalte des Unterrichts, wie in der vorhergehenden Lektion dargestellt wurde (5.2.3.2; S. 113).

Diese didaktische „Wende“ bedeutet den Übergang von der **politischen Pädagogik zur Didaktik der politischen Bildung**. Die Allgemeine Didaktik lieferte der Fachdidaktik die Instrumente, die es ihr ermöglichten, sich von der jeweiligen Bezugswissenschaft zu lösen, welche die Inhalte des Unterrichts erarbeitete. Die Fachdidaktik konnte jetzt **eigene Fragestellungen** entwickeln. Dadurch verselbständigte sie sich. Sie verstand sich nicht als die Instanz, welche das in der Wissenschaft erarbeitete Wissen in den Unterricht übertrug und somit ein Abbild der Wissenschaft, eine Miniausgabe von ihr im Unterricht kindgemäß anbot. Vielmehr entwickelte sie Verfahren, durch welche die Inhalte ausgewählt und neu strukturiert wurden, mithin eine **didaktische** Struktur bekamen. Ich nenne diesen Vorgang ihre **Konstituierung als Fachdidaktik**.

6.4 Kurt Gerhard Fischer

Mit einer gewissen Willkür wird die „didaktische Wende" auf das Jahr 1960 datiert, dem Erscheinungsdatum des Buches „Der politische Unterricht" von Kurt Gerhard Fischer und Koautoren. Wenn wir jedoch nach den Wurzeln seiner Konzeption fragen, dann müssen wir, wie bei Hilligen, ein paar Jahre zurückgehen; wir folgen dabei einer späteren Selbstdarstellung Fischers (Fischer 1972: 70ff.).

Seit dem Jahre 1955 war Fischer Mitglied einer hessischen Lehrplankommission für die Berufsschulen. Dieser Lehrplan enthielt zum ersten Mal einen **Katalog von Einsichten** als den didaktischen Kern des Unterrichts. Die Autoren des Lehrplanes realisierten damit eine Forderung des Pädagogen Erich Weniger, der von dem Bürger in der Demokratie verlangte: „Jeder muß daher einen Grundbestand von Einsichten erhalten, die zur Ausübung seiner politischen Rechte und zur Erfüllung seiner politischen Pflichten notwendig sind." Weiterführend war für dieses Bemühen dann Theodor Litt, weil er den Begriff „Einsicht" inhaltlich gefüllt hatte. Fischer zitiert die für die damalige Arbeit wichtige Aussage Litts: „Nur wo die Einsicht herrschend geworden ist, daß das Widereinander der sich befehdenden politischen Ideen und Gruppen nicht ein zu beklagendes und zu beseitigendes Gebrechen" ist, kann der „politische Mensch" gedeihen. Fischer nennt das die Erkenntnis von der Konflikthaftigkeit der Politik und schränkt nur ein, daß dies bei Litt isoliert stehe, weil er nur *eine* Einsicht formuliert habe (ebd: 71).

In dem Buch „Der politische Unterricht" hat Fischer (Fischer u.a. 1960) versucht, das **Inhaltsproblem** in der Tradition der geisteswissenschaftlichen Pädagogik zu lösen. Das Buch enthält eine Begründung für die Notwendigkeit von Einsichten, eine inhaltliche Beschreibung dieser Einsichten mit Hinweisen auf Unterrichtsstoffe, dann die Behandlung der Frage der Inhaltsauswahl und die Klärung weiterer Fragen des Unterrichts wie Schüler als Ausgangspunkt und Schulorganisation. Es folgen eine Anzahl von Unterrichtsbeispielen, an denen Mitautoren mitgewirkt haben. Die Unterrichtsbeispiele sollen die Konzeption dieser Didaktik veranschaulichen.

Kurt Gerhard Fischer, Karl Herrmann, Hans Mahrenholz: „Der politische Unterricht", Bad Homburg v.d.H. 1960, 2. neubearbeitete und erweiterte Aufl. 1965. Im folgenden wird aus der ersten Auflage mit Seitenangabe zitiert, aus der zweiten mit Jahreszahl und Seitenangabe. 1975 erschien noch eine dritte Auflage, die im Vergleich zur zweiten kaum Textänderungen, aber Änderungen bei den Unterrichtsbeispielen aufweist. – Den neueren Stand seines didaktischen Denkens enthält das Buch von Kurt Gerhard Fischer: „Einführung in die Politische Bildung. Ein Studienbuch über den Diskussions- und Problemstand der Politischen Bildung in der Gegenwart", Stuttgart 1970, 2. Aufl., 1971, 3. erweiterte Aufl. 1973. Auf letzteres Buch bezieht sich die Analyse bei Gagel (1979: 33-57). Eine Zusammenfassung früherer Beiträge bietet neuerdings Kurt Gerhard Fischer: Das Exemplarische im Politikunterricht. Beiträge zu einer Theorie politischer Bildung, Schwalbach/Ts.: Wochenschau 1993.

6.4.1 Die Grunderfahrung

Kurt Gerhard Fischers **Grunderfahrung** lese ich aus folgendem Satz heraus: „Stoffbewältigung, Gewinnung und Verarbeitung von Einsichten sind beherrscht von der ständigen Unruhe, daß Freiheit und damit menschlich-menschenwürdiges Dasein im 20. Jahrhundert auf eine eigenartige, einmalige Weise bedroht sind." (32) Fischer, der bei Kriegsende etwa 17 Jahr alt war, hatte zweimal totalitäre Herrschaft erlebt: einmal in seiner Jugend den Nationalsozialismus, dann, als Student an der Universität Leipzig, den des Kommunismus in der sowjetischen Besatzungszone. Er verließ diese Universität und setzte sein Studium in Frankfurt fort.

Seine Vorstellung von der politischen Welt in der damaligen Zeit wurde wohl aufgrund dieser Erfahrungen stark vom **Ost-West-Konflikt** beherrscht. Er glaubt für die Erwachsenengeneration seiner Zeit zu sprechen, wenn er feststellt, sie begreife „diese Fragestellung, diese Unruhe, die Bedrohung unseres politischen Daseins auf Grund unserer politischen Erfahrungen". Darin sieht er die pädagogische Verpflichtung gegenüber der nachwachsenden Generation: „Unsere existentielle, oft leidvoll genug erfahrene Unruhe ist, was wir weiterreichen können und müssen." Wer von dieser Unruhe beherrscht wird und dadurch politisch wachgeworden ist, dem wird seine Situation bewußt, die Fischer so beschreibt: Wir stehen „inmitten der Alternative politischen Lebens in unserer Zeit: Demokratie oder Diktatur?" (33)

Fischer versteht diese Lage als einen Appell an jede Person, sich zu entscheiden. Er spricht von der „Einsicht der Eindeutigkeit und Unausweichbarkeit der Wahl zwischen Freiheit und Unfreiheit" (79). Fischer **subjektiviert** demnach **den Ost-West-Gegensatz** und macht ihn zu seiner eigenen Sache. Sie verlangt nach seiner Auffassung die grundsätzliche Entscheidung zwischen diesen fundamentalen Alternativen als Schritt zu der Möglichkeit, sich in einer Demokratie als Bürger betätigen zu können.

Fischers Didaktik ist eine **Demokratieerziehung**. Sie zielt auf die Übernahme eines demokratischen Wertesystems durch die heranwachsende Generation. Und sie eröffnet den Zugang zu Politik, die für ihn verantwortliche Entscheidung im Rahmen von Mehrheiten bedeutet, also die Möglichkeit der politischen Teilnahme aller, nicht nur von Eliten (5).

Mit Fischer (Jg. 1928) hat sich zum ersten Mal ein Didaktiker der Luftwaffenhelfergeneration, die oben beschrieben wurde, zu Wort gemeldet. Er äußerte sich seither mit der Entschiedenheit eines Demokraten, der seine Überzeugungen an die nachwachsende Generation weitergeben will.

6.4.2 Ein Unterrichtsbeispiel

Ihre Vorstellung von politischer Bildung haben Fischer und Koautoren in den Unterrichtsbeispielen dieses Buches veranschaulicht. Ich greife eines von ihnen heraus (122ff.):

Demokratie und Diktatur, gezeigt an der Gesetzgebung

I. Anstoß
Der Unterricht wird durch einen Zeitungsartikel angeregt: „Bessere Straßen aus höheren Steuern des Kraftverkehrs". Behandelt wird dort ein Antrag der Bundestagsfraktion der SPD auf Erhöhung des Etats für den Ausbau der Fernstraßen. Der Lehrer soll diesen Artikel provozierend zuspitzen, um das Gespräch in Gang zu bringen, etwa „Acht Milliarden für die Autofahrer" oder „Straßen oder Schulen".

II. Erarbeitung des Sachlichen (Kenntniserwerb)
Beim Bemühen, den Sachverhalt zu erfassen, stoßen die Schüler an die Grenzen ihres Wissens. Ausdrücke wie „Gesetzentwurf der Bundesregierung", „Initiativantrag der Opposition" und viele andere mehr bedürfen der Klärung. Erforderlich ist die Kenntnis des Gesetzgebungsprozesses in einer parlamentarischen Demokratie. Belebt werden soll diese Erarbeitung des Institutionellen durch den Blick auf die aktuelle politische Situation, wobei Interessenkonstellation, Machtstrukturen, die Rolle der Bürokratien, die Kompromißbereitschaft, wirtschaftspolitische Auswirkungen sichtbar gemacht werden.

III. Verarbeitung des Wesentlichen (Erkenntnisfindung)
In der nächsten Phase des Unterrichts sollen aus Kenntnissen Erkenntnisse abgeleitet werden. Empfohlen wird eine kontrastierende Darstellung, indem beispielsweise die Gesetzgebung der Bundesrepublik mit der Gesetzgebung im 3. Reich nach dem Ermächtigungsgesetz von 1933, also nach Ausschaltung der parlamentarischen Demokratie, verglichen wird.

Erkenntnisse sind Urteile, also z.B. solche, die der Autor von den Schülern jetzt erwartet: Das demokratische Verfahren ist technisch schwerfällig, umständlich, langwierig und mit dem Keim schwächlicher Kompromißlösungen behaftet, während die Gesetzgebung der Diktatur technisch elegant, schlagkräftig und „auf Knopfdruck“ funktioniert. Der Lehrer regt aber nun dazu an, die Konsequenzen zu durchdenken: Er führt als Beispiel die Nürnberger Gesetze von 1935 an, welche die Ausschaltung der Juden aus dem öffentlichen Leben zum Ziel hatten. Die Schüler kommen jetzt zu anderen Erkenntnissen: Unter Hitler gab es keine Mitwirkung der Bürger an der staatlichen Willensbildung, keine Einwirkung auf den Gang der Gesetzgebung. Und dem gegenüber: Das demokratische Gesetzgebungsverfahren zeichnet sich durch eine Vielzahl korrigierender Faktoren aus. Das sind die Erkenntnisse. – Es folgt nun die

IV. Verknüpfung und Verdichtung der Erkenntnisse zu Einsichten
Die Einsichten sind, nach Aussage des Autors, Ziel des politischen Unterrichts. In den Einsichten wird das „hinter den Dingen stehende Vernünftige“ sichtbar, leuchtet das Prinzip auf, von dem die individuelle und gesellschaftliche Existenz des Menschen nach den Erkenntnissen der Anthropologie beherrscht wird: das, was unser Dasein politisch bestimmt. „Einsichten bilden die Grundlage für politische Entscheidungen und Handlungen.“ Es wäre falsch, so meint der Autor, wenn Einsichten vom Lehrer suggeriert oder vorformuliert würden. Sie sollen vielmehr von den Schülern erarbeitet und artikuliert werden. In diesem Beispiel könnten folgende Einsichten gewonnen werden:

„Macht ist notwendig, aber auch gefährlich, weil sie mißbraucht werden kann.
Für den gerechten und gemäßigten Gebrauch der Macht besteht keine Gewähr. Wohl aber sind Sicherungen gegen den Mißbrauch der Macht möglich. Solche Sicherungen bietet allein die Demokratie, wenn ihre Bürger politisch wach und wachsam sind.“

Was ist das Besondere dieses Unterrichts? Ich will einige Aspekte nennen.

1. Der Unterricht nimmt seinen Ausgangspunkt von einem **politischen Ereignis**, hier dem Streit um die Steuererhöhung für den Straßenbau. Die Gesetzgebung wird nicht an dem verbreiteten Schema „Gang der Gesetzgebung“, also nicht institutionenkundlich gelehrt, sondern am „Fall“, an einem realen Prozeß politischer Auseinandersetzung und Entscheidungsfindung. Dieses „Fallprinzip“ wurde damals zum auffallendsten Kennzeichen einer Umgestaltung des politischen Unterrichts.

2. Das **Wissen** über die Gesetzgebung ist **nicht Selbstzweck**. „Stoffansammlung“ kann nicht Ziel des politischen Unterrichts sein, sagt Fischer (18).

Kenntnisse haben ihre Funktion im Hinblick auf Gewinnung von Erkenntnissen: hier über das Spezifische demokratischer Willensbildung.

3. Der Unterricht bleibt nicht bei Erkenntnissen stehen. Das eigentliche **Ziel sind Einsichten**, wie hier die Einsicht über die Ambivalenz der Macht: notwendig und gefährlich zugleich. Der Autor klärt dabei die Sinnfrage: Der Sinn dieser komplizierten Form demokratischer Gesetzgebung liegt in der Machtbegrenzung. Nicht Aufhebung der Macht, sondern Begrenzung ist die Folgerung aus der genannten Einsicht. Die Schüler haben ein vertieftes Verständnis von einer Institution des demokratischen Staates gewonnen.

4. Der Bedeutungsgehalt bezieht sich auf Aussagen zum **Wesen der Demokratie**. Nicht nur bei diesem Thema, wo es um Demokratie und Diktatur geht, aber besonders hier: Die Schüler sollen nicht die Gesetzgebung als einen Mechanismus kennenlernen, sondern einsehen, daß die „Mechanik“ einen **Sinn** hat, der etwas über die Existenzbedingungen der demokratischen Ordnung aussagt. Indem die Schüler diese Einsicht gewinnen, werden sie bereit, diese demokratische Ordnung anzuerkennen und zu unterstützen, – dies die Erwartung Fischers. Politische Bildung ist Demokratielehre.

Wahrscheinlich würde man heute einiges anders machen:

1. Der Unterricht verläßt das Ereignis, mit dem er begonnen hat. Es ist plötzlich nicht mehr interessant, weil er **als Einstieg** diente, damit die Schüler den Gang der Gesetzgebung kennenlernen. Fischer schreibt: „Die Stoffe sind auswechselbar. Sie sind Mittel zum Zweck.“ (84) Das erinnert an die bis 1989 in der DDR gültige „Methodik des Staatsbürgerkundeunterrichts“, wo es hieß: „Entscheidender Ausgangspunkt für die Beispielsauswahl sind stets Inhalt und Umfang (Bezugsbereich) der Erkenntnis, die die Schüler gewinnen sollen.“ (Feige u.a. 1975: 58) In diesem Punkt gibt es eine Übereinstimmung. Heute würde man das Ereignis wichtig nehmen. Die Fortsetzung könnte dann sein: Wie wurde entschieden? Wie ist das zu beurteilen? oder: Wie würden wir entscheiden? Dann wäre aber auch nicht mehr die Einsicht das Ziel.

2. Aus diesem Grunde würde der Lehrer auch **weniger steuern**. Denn in dem Beispiel gibt er die Anstöße für die „richtigen“ Wendungen auf Erkenntnisse, auf Einsichten hin. Der lehrergelenkte Unterricht ist **ergebnisorientiert**, der aus der Sache sich entwickelnde Unterricht hingegen **prozeßorientiert** bei offenem Ergebnis. Allerdings würde Fischer gegen diese Deutung seines Konzeptes als ergebnisorientierten Unterricht protestieren. Kenntnisse, Erkenntnisse, Einsichten: Für Fischer sollen sie nicht als Stufen oder Schritte des Unterrichts mißverstanden werden (17). Fischer gerät hier in das **Dilemma des lernzielorientierten Unterrichts**: Die Einsichten sind oberste Lernziele, die Unterrichtsstoffe werden auf diese zugeordnet. Das ist ergebnisorientierter, lernzielorientierter Unterricht. Fischer will aber selbsttätige Schü-

lerarbeit. Daher empfiehlt er auch Projektunterricht (16). Beides läßt sich jedoch nicht miteinander verbinden. Später wurden für dieses Problem bessere Lösungen gefunden, wenn nämlich in der politischen Entscheidungsanalyse der Lernprozeß selber zum Lernziel wird.

Fischer u.a. haben das **theoretische und das pragmatische Lernkonzept** (3.2.4; oben S. 62) miteinander vermischt. Denn der Bezug auf Einsichten ist dem theoretischen Lernkonzept zuzuordnen, das Fallprinzip hingegen dem pragmatischen. In dieser Hinsicht folgen die Autoren Litt mehr als Oetinger. Dennoch ist die Unterscheidung von Kenntnissen, Erkenntnissen und Einsichten nicht ohne Wert. Denn sie gibt dem Lehrer ein Gefühl für den **Bedeutungsgehalt** dessen, was im Unterricht gelernt wird. Besser wäre zu sagen: für den Bedeutungsgrad. Der Lehrer wird geübt darin, aufmerksam auf diesen Bedeutungsgrad von Schüleräußerungen zu achten.

6.4.3 Demokratievorstellung

Das Ziel des Unterrichts nach Fischer u.a. ist also die Gewinnung von Einsichten. Fischer hat diese Einsichten dem Lehrer nicht freigestellt; er hat sie **vorformuliert**. Zu seiner Konzeption von 1960 gehört ein Katalog von neun Einsichten, die seine Auffassung von Demokratie und demokratischer Politik beschreiben (im Kasten die Fassung von 1960, auch bei Kuhn u.a. 1993: 214f.; in der Auflage von 1965 wurde sie nur unwesentlich verändert).

„1. Ohne die Kulturschöpfung »Staat« ist menschliches Leben nicht denkbar; denn der Mensch ist nicht geschaffen, ein Einzeldasein zu führen.
2. Politik ist das Ringen um den Besitz von Macht, mittels derer ein bestimmtes Bild staatlicher Ordnung verwirklicht werden soll. Politik ist aber auch der Gebrauch der Macht zur Verwirklichung einer Ordnung.
3. Wer meint, in der Politik heilige der Zweck die Mittel, übersieht, daß der Wert einer Politik nie allein durch den Erfolg bestimmt wird, sondern ebenso durch den Preis, der dafür zu zahlen ist.
4. In der Gesellschaft von heute vermögen Einzelne und gesellschaftliche Intimgruppen nicht mehr, eine als gerecht empfundene Ordnung der Daseinsvorsorge herzustellen. Daher ist dem Staat zu seiner herkömmlichen Aufgabe der Ordnung des Daseins die der Ordnung der Daseinsvorsorge zugefallen.
5. Zur politischen Willensbildung und zur Verwirklichung des Gewollten bedarf es ständiger Integration vieler unterschiedlicher Interessen innerhalb von Verbänden, innerhalb der Parteien und im Parlament.
6. Menschliches Freiheitsstreben richtet sich auf Autonomie in der Entscheidung für Werte und bei ihrer Verwirklichung. Demokratie ist diejene Herrschaftsform, welche individuelle und Gruppeninteressen am wenig-

sten einschränkt und damit am wirksamsten den Mißbrauch staatlicher Macht hindert. Deshalb ist Demokratie das »geringere Übel«.
7. Die Erhaltung demokratischer Freiheit ist weitgehend eine Frage der politischen Bildung aller Bürger. Politischer Einsicht muß politisches Tun folgen. Denn jedermann ist vom Politischen betroffen. Auch der Unpolitische hat sich politisch entschieden.
8. In der Politik gibt es verschiedene Meinungen. Die »richtige« Meinung gibt es nicht. Darum geht es politisch immer um »besser oder schlechter«, niemals um »gut oder schlecht«.
9. Die Alternative zur schlecht funktionierenden Demokratie heißt nicht Diktatur, sondern besser funktionierende Demokratie." (1960: 28f.)

Dieser Katalog enthält Fischers und seiner Koautoren Auffassung von Demokratie aus dem Jahre 1960:

1. Indem Fischer aus der Prämisse, ohne Staat sei menschliches Leben nicht denkbar, deduziert, vermittelt er den Eindruck vom **Vorrang der Staatlichkeit**. Der gedankliche Weg geht vom Staat zu den Bürgern. Damit schließt sich Fischer der Auffassung von Theodor Litt an. Auch Litt sah Demokratie von der Ebene des Staates aus; Demokratie war für ihn eine Staatsform. Daher ist Politik auch für Fischer Machterwerb und Machtgebrauch. Von Gesellschaft spricht er erst im vierten Schritt und dort auch zunächst negativ, indem er die Grenzen ihrer Wirkungsmöglichkeit nennt. Mit diesem staatlichen Verständnis von Demokratie knüpft Fischer wie Litt an die deutsche Tradition der Staatstheorie und Staatsphilosophie an; er bezieht eine **Gegenposition zu Oetinger** und seinem gesellschaftlichen Verständnis von Demokratie, das der angelsächsischen Tradition entspricht. Er übergeht damit aber auch die grundlegende Legitimationsidee des demokratischen Staates, die Idee der Volkssouveränität.

2. Im Unterschied zu Litt wird die Aufgabe des Staates aber nicht mehr auf die Regulierung des Wettbewerbs allein beschränkt, also auf die Aufgabe der Friedenssicherung bei Erhalt und Förderung der Konkurrenz der gesellschaftlichen Gruppen. Sondern der Staat erhält von Fischer außerdem die **Aufgabe der „Daseinsvorsorge"**, also die Verantwortung für die materielle Sicherung der Existenz des einzelnen; Staat ist bei Fischer daher auch **Sozialstaat** (Nr. 4). Indem Fischer den von Ernst Forsthoff schon in der Nazizeit geprägten Begriff „Daseinsvorsorge" übernimmt, definiert er nicht Demokratie, sondern den Staat; Sozialstaat ist im Verständnis von Forsthoff eine Gewährung des Staates, nicht ein Rechtsanspruch an den Staat (vgl. van Laak 1993: 244f.). Hier geht Fischer hinter Litt zurück.

3. Anders als bei Litt ist Politik nicht nur Wettbewerb um die politischen Ordnungsmodelle, also z.B. einer mehr konservativen, einer mehr liberalen oder mehr demokratischen Ausgestaltung des Staates, sondern auch **Konkur-**

renz der gesellschaftlichen Interessen; Fischer spricht von individuellen und Gruppeninteressen (Nr. 5). Politische Entscheidungen werden demnach auf dem Wege über Auseinandersetzungen getroffen, sie werden nicht von einer staatlichen Autorität gesetzt. Sie sind Ergebnis des offenen politischen Prozesses, nicht seine Voraussetzung.

4. Zwei Einsichten enthalten das von Oetinger vermittelte **Gedankengut des Pragmatismus**: Der Zweck heiligt nicht die Mittel (Nr. 3): Dies entspricht einem Prinzip der partnerschaftlichen Ethik; die Aussage, es gebe nicht die „richtige" Meinung (Nr. 8), trifft den pragmatischen Wahrheitsbegriff, daß nämlich Wahrheit immer nur situativ gedacht werden, es daher auch keine letzten Wahrheiten geben kann.

5. Im Unterschied zu Oetinger bezieht Fischer die Demokratie auf einen **Wert: die Freiheit** (Nr. 6). „Menschliches Freiheitsstreben" wird vorausgesetzt, sie ist die normative Prämisse. Freiheit bedeutet nach Fischer die Autonomie für die Entscheidung von Werten, und von daher bekommt die Demokratie ihre Legitimation: Sie ist nach Fischer diejenige Herrschaftsform, welche die individuellen und Gruppeninteressen am wenigstens einschränkt und am wirksamsten den Mißbrauch staatlicher Macht hindert. Dies ist keine idealistische Deutung der Demokratie, sondern eine **relativistische**: Sie ist besser als andere Herrschaftsformen, d.h. sie ist nicht absolut gut, sondern nur relativ zu anderen, und zwar in Bezug auf die Sicherung von Freiheit. Auf der Ebene der Einsichten bleiben andere Werte ausgeklammert, beispielsweise die Gleichheit.

Fischer bekennt sich zum „Realismus" und „Pragmatismus" (31). Er rechnet mit Jugendlichen, die zur „skeptischen Generation" gehören (30). Daher empfiehlt er der politischen Bildung, fern von allem Pathos zu bleiben. Die „Einsichten" enthalten eine **nüchterne, illusionslose Vorstellung** und nicht eine Utopie, malen keine Zukunftsvision, die mitreißen könnte, bieten keinen Geschichtsentwurf, der erklärt, daß die unvollkommene Gegenwart nur die Vorstufe zur Vollendung in der Zukunft darstellt.

Aber sein Demokratiebild ist auch weit von dem Gedanken der Demokratie als Lebensform entfernt. **Demokratie wird instrumentalisiert** zur Sicherung von Freiheit und personaler Autonomie (Nr. 6). Sie ist ein Mittel zur Einhegung staatlicher Omnipotenz. Dieses Demokratiebild besitzt also eine antiautoritäre, antidiktatorische Stoßrichtung und wird daher nicht als ein „Gut" eingeschätzt, sondern zum „geringeren Übel" relativiert und dadurch desillusioniert. Eine **ideologiefreie Nüchternheit** durchzieht diese Einsichten („keiner Idee verpflichtet", Nr. 6); sie dienen der Absage an braune wie rote Ideologie der Vergangenheit und der damaligen Gegenwart.

Man findet hier das **Gegenbild einer politischen Erziehung**, wie sie damals und bis zu ihrem Ende **in der DDR** angestrebt wurde. Fischer spekuliert nicht auf Gläubigkeit und Begeisterung. Was aber soll junge Menschen bewegen, einem solchen nüchternen Unterricht zu folgen? Fischer umschreibt dies mit „Wahrheitssuche“. Unterricht ist für ihn „Miteinander-Denken, Wahrheitssuche und Wahrheitsfindung“ (30): ein **kooperatives Bemühen** von Lehrern und Schülern, bei denen die Erfahrungen der Schüler mit Politik, die ernüchternden Erfahrungen vom Alltag der Politik ernst genommen werden. „Viele unserer Schüler haben bereits in irgendeiner Weise politisch gehandelt; alle waren schon vom Politischen »betroffen« und haben, meist als Unterliegende, als die Schwächeren, ihre politischen Erfahrungen.“ (31) Diese Erfahrungen werden also nicht widerlegt, sondern aufgegriffen; die Einsichten ermöglichen, Verständnis für das politische Geschäft zu wecken und eine Erklärung für Sachverhalte zu geben, die zunächst negativ bewertet wurden. Sie können aber in diesem offenen Lernprozeß auch abgelehnt werden.

Der Weg, den Fischer öffnet, sich in Demokratie einzuleben, ist „Einsicht“. Die Hilfe, die Fischer bietet, sind die „Einsichten“.

6.4.4 Die Funktion der „Einsichten“

6.4.4.1 Didaktische Funktion: Ziele und Auswahlkriterien

Der Ansatz für die Definition der didaktischen Funktion der Einsichten ist das **Auswahlproblem**. Politischer Unterricht darf sich nach Fischer nicht in der Vermittlung von Kenntnissen erschöpfen, er ist keine „Kunde“, also weder eine Institutionenkunde noch eine Gesellschaftskunde. Ausdrücklich wendet er sich gegen damals aktuelle Vorschläge einer „verbindlichen, von der Sache ausgehenden Elementarlehre“, dem er die Einsicht als „alleinherrschendes Prinzip“ der Lehrgutauswahl entgegenstellt (23). Politische Bildung geschieht also nicht durch die Vermittlung von Kenntnissen. Klärung der Zweifel gelingt folglich nicht dadurch, daß man lernt, wie Demokratie funktioniert. Sondern politische Bildung geschieht dadurch, daß die **Fülle des Stoffes reduziert** wird auf das „Elementare“ oder „Fundamentale“, nämlich die „Einsichten“, durch welche die Lernenden einen Schlüssel erhalten, der ihnen das Verständnis der Wirklichkeit eröffnet.

Die „Einsichten“ besitzen demnach eine **didaktische Doppelfunktion**. Zum einen beschreiben sie die **Ziele** des politischen Unterrichts. Zum anderen stellen sie **Kriterien der Inhaltsauswahl** dar. Gewählt werden sollen Inhalte, an denen Einsichten erarbeitet werden können. An Beispielen aus der gesellschaftlichen und politischen Wirklichkeit werden Kenntnisse, Erkenntnisse und Einsichten gewonnen. Nicht die systematische Vollständigkeit der Kenntnisse ist wichtig, sondern die didaktische Ergiebigkeit im Hinblick auf den Sinngehalt.

Diese Einsichten markieren auch die **Abgrenzung didaktischen Denkens zur Fachwissenschaft**. „Elemente einer Wissenschaft sind ... keineswegs notwendig auch Elemente des auf Menschenbildung abzielenden Unterrichts", sagt Fischer (1965: 25). Die didaktische Wende bestand ja im wesentlichen darin, daß die Fachdidaktiker ein Instrumentarium zur eigenständigen Auswahl von Lerninhalten aus dem von der Fachwissenschaft Erarbeiteten erhielten. Einsichten sind demnach **keine sozialwissenschaftlichen Generalisierungen**, wie gleichzeitig in den Social Studies in den USA angestrebt wurde (vgl. 7.1; unten S. 151). Vielmehr wird durch sie das im Hinblick auf die politische Bildung von Bürgern einer demokratischen Gesellschaft Bedeutsame, also der Bildungs*gehalt,* formuliert und nicht das für die Fachwissenschaft Wichtige.

6.4.4.2 Politische Funktion: Legitimation

Nach Fischer enthalten die Einsichten „Grundüberzeugungen des politischen Lebens, die den »consensus« des demokratischen Staatswesens konstituieren" (1965: 31). Durch den Unterricht sollen diese **Grundüberzeugungen** vermittelt werden. „Ich muß bestimmte Aussagen eingesehen haben, um für eine Verfassung des Staates und die ihm adäquate gesellschaftliche Ordnung eintreten zu können." (1965: 26) Mit Max Weber könnte man von einer **wertrationalen Legitimation** sprechen: „durch Glauben an ihre absolute Geltung als Ausdruck letzter verpflichtender Werte" (Weber 1964: 24), wobei in den Einsichten Fischers der verpflichtende Wert die Freiheit ist. Die pädagogische Funktion ist demnach zugleich eine **politische**: Durch politische Bildung soll das legitimatorische Defizit der Bundesrepublik aufgearbeitet werden.

Westlich-demokratische Legitimitätsauffassung ist freilich **komplexer**, als sie in den Einsichten erscheint. Sie kann als eine Kombination von Wertüberzeugungen und Grundnormen, von konstitutiven Verfahren des politischen Prozesses einschließlich der Kontrolle und dem Prinzip der Rechtsstaatlichkeit beschrieben werden (vgl. Holtmann 1991: 321). Im Vergleich dazu enthalten die Einsichten bei Fischer **nur Wertüberzeugungen**, aber nicht Verfahren, wenn man von der Beschreibung des pluralistischen Prozesses der Willensbildung absieht; Rechtsstaatlichkeit wird nicht erwähnt. Dieses Defizit erklärt Fischers Abgrenzung zur Fachwissenschaft. Seiner Auffassung nach ist in einem auf „Menschenbildung abzielenden Unterricht" (1965: 25) die Situation der Lernenden wichtiger als der fachwissenschaftliche Standard.

Inhaltlich sind die Einsichten meist überholt. Sie müssen aber anders gelesen werden. Die Einsichten antworten auf zeitbedingte Vorstellungen von Demokratie und Politik. In dem, worin sie zu überzeugen suchen, läßt sich das **Vorverständnis der Bevölkerung** der Bundesrepublik um das Jahr 1960 herauslesen. Sie gehen auf Defizite ein und suchen Legitimitätsglauben zu erzeugen durch Korrektur dieses Vorverständnisses. Dieses Vorverständnis war die Verteufelung von politischer Macht, die Abneigung gegen die Pluralität der Gesellschaft, eine Idealisierung der Demokratie, welche von der Wirklichkeit scheinbar widerlegt wird, der unangemessene Wahrheitsanspruch von politischen Ideen, die zynische Auffassung von Politik als schmutziges Geschäft. Die Einsichten dürfen nicht als allgemeingültige Aussagen beurteilt werden, sondern als Berichtigung zeitbedingter Vorurteile.

So könnte man die Funktion der Einsichten in der **Korrektur des traditionellen deutschen Politikverständnisses** sehen. Wie Oetinger erstrebt auch Fischer eine Veränderung des deutschen Sonderweges: „Versuchen wir endlich, dem deutschen Charakter jenes Mindestmaß an Vernunft und Einsichtigkeit zuzufügen, das die ewige Wiederkehr von großartigem Aufschwung, Selbstüberschätzung und Rausch sowie schließlich Titanensturz verhindern kann." (27) Die Ratio der praktischen Vernunft wird hier dem lebensphilosophischen Intuitionismus entgegengesetzt, der im Gefühl die eigentliche Quelle der Erkenntnis sieht und einen unmittelbaren, vom Verstand unverstellten Zugang zur Wirklichkeit erstrebt. Fischer aber plädiert für in diesem Sinne **westliche Rationalität**, für das „Maß": „Wir kennen keine andere im Menschen veranlagte Kraft als die Vernunft, die als klärender Filter der mit Kopf und Herz zu treffenden politischen Entscheidung vorgeschaltet werden könnte." (27)

An diesem Punkt konnte Theodor Wilhelm (Oetinger) den Autoren des Buches von 1960 nicht folgen. In einer Rezension von „Der politische Unterricht" kritisierte er den „Primat der Vernunfterziehung" und mahnte die „Integrierung der Emotionen" an (Wilhelm 1961: 443, 444). Die unterschiedliche Generationenerfahrung zeigt sich in der Befangenheit Fischers gegenüber dem Emotionalen.

Politischer Unterricht soll **Zustimmung zur politischen Ordnung** der Bundesrepublik bewirken, indem diese als **westliche Demokratie** verstehbar und als ein Wert annehmbar gemacht wird. In den „Einsichten" wird aber die Bundesrepublik nicht erwähnt. Offenbar soll demnach keine Staatsgesinnung erzeugt werden. Die in den Einsichten enthaltenen Legitimationsideen der Demokratie sind **Normen**, an denen der konkrete Staat gemessen werden kann. Dadurch machen sie die Bundesrepublik sowohl verstehbar als auch kritisierbar.

6.4.5 Das Begründungsproblem

Als erster Didaktiker griff Fischer das Begründungsproblem auf, wenn er in der zweiten Auflage von „Der politische Unterricht" versuchte, den **wissenschaftstheoretischen Status** der „Einsichten" zu klären.

Begründung. Unter wissenschaftlichem Wissen versteht man methodisch gewonnenes Wissen, welches die Möglichkeit einer intersubjektiven Überprüfung bietet. Die hierfür zu verwendenden Überprüfungsregeln sind bei empirischen und normativen Aussagen von unterschiedlicher Geltung. Didaktische Konzeptionen enthalten in den obersten Lernzielen oder Leitideen normative Aussagen, den Wertbezug. Die Beweisbarkeit von Werturteilen ist jedoch sehr eingeschränkt, daher soll für sie die Mindestanforderung gelten, daß sie als Werturteile überhaupt erkennbar sind (Offenlegung) und daß sie wenigstens argumentativ begründet werden (Normenbegründung), da sie ja nicht bewiesen werden können; sie setzen sich dadurch der rationalen Diskussion aus.

In der ersten Auflage begnügte er sich damit, auf rund 50 Druckseiten jede der Einsichten ausführlich durch historische, philosophische und politikwissenschaftliche Argumente zu kommentieren. Dabei leitete ihn wohl vor allem die unterrichtspraktische Absicht, Hilfen für das Verständlichmachen im Unterricht zu bieten. Ohne Zweifel wird aber durch den Kommentar auch Zustimmung erzeugt. Dieser wurde in die zweite Auflage nur wenig verändert übernommen. Aber erst in dieser Auflage wurde das **Begründungsproblem** thematisiert, und zwar durch die **Offenlegung seiner Unlösbarkeit**.

Die Ergänzungen in der zweiten Auflage behandeln die **erkenntnistheoretische Frage**, inwieweit objektivierbare und intersubjektiv überzeugende Aussagen über Werte und Normen, ob also „Einsichten“ überhaupt möglich sind. Gleichzeitig veröffentlichte er einen Aufsatz dazu (Fischer 1972).

Fischer bezieht sich zur Klärung dieser Frage auf Wolfgang Stegmüller, einem Erkenntnistheoretiker, der nachgewiesen hat, daß alle Wissenschaften auf **Basisannahmen** und **Evidenzien** beruhen, daß diese aber nicht im Sinne einer gesicherten Erkenntnis als wahr oder falsch bewiesen werden können. Evidenz und synonym Einsicht stellen eine **„vorrationale Urentscheidung“** dar (Stegmüller 1954: 169). Auf die Basisfunktion für Wissenschaft und die Unentscheidbarkeit geht auch Fischer ein. Daraus leitet er die Notwendigkeit von „Einsichten“ ab, aber auch ihre Unbeweisbarkeit (Fischer 1972: 36f.).

Diese „theoretischen Unentscheidbarkeit des Evidenzproblems“ (Stegmüller 1954: 172) bringt Fischer aber in ein pädagogisches Dilemma. Es ist das **Dilemma westlich-liberaler Erziehungsauffassung**, soweit sie dem Wertrelativismus der pluralistischen Gesellschaft zustimmt. Der Pädagoge sieht sich dem Risiko ausgesetzt, daß er gegen das Ablehnen durch die Lernenden kein Mittel hat, da das Einsehen nicht erzwungen werden kann (nicht durch Autorität, nicht durch Beweis).

Im Sinne des erkenntniskritischen Wissenschaftsverständnisses akzeptiert Fischer den **Wertrelativismus**. Dieser scheint jedoch für den Pädagogen angesichts der bedrohlichen Konfrontation einander ausschließender Weltdeutungen in der Zeit des Ost-West-Konflikts schwer erträglich zu sein. Jedenfalls begnügt sich Fischer nicht mit dem Gedanken der Unentscheidbarkeit. Er verwendet in der zweiten Auflage noch eine Begründungshilfe: **die auszuschließende Alternative**. „Die Alternative erscheint uns als ein hervorragendes Mittel, um zielstrebig zur Einsicht hinzuführen." (1965: 36) Die Alternative ist die Diktatur oder die **totalitäre Herrschaft**. So ist auch der Katalog der Einsichten zu verstehen. Fischer sagt zu ihm: „Die Umkehrung der hier gemeinten evidenten Aussagen konstituiert die Diktatur, die totalitäre Herrschaft." (1965: 36) Tertium non datur! Damit sichert er die Einsichten inhaltlich gegen Korrekturen ab, er **immunisiert** sie. Außerdem verleiht diese Konfrontation mit der Alternative den Einsichten die Verbindlichkeit; anerkannt werden die Einsichten, weil das **Gegenteil einsichtig abschreckend** wirkt.

Auf dieses Legitimationsmuster des Antikommunismus verzichtete Fischer später. Er folgte dann der Wissenschaftstheorie des Kritischen Rationalismus und nannte die Einsichten „apriorische Sätze", die aller Erfahrung vorausgehen, „notwendige Denkvoraussetzungen" (1973: 107); es sind „Denkaxiome" (1975: 184). Aber in Abweichung vom Kritischen Rationalismus verwendete er sie als Ausgangspunkt für ein axiomatisches System von Sätzen, den neuen Katalog von „Einsichten". Dies war Fischers anderer Ausweg aus dem Wertrelativismus, nachdem der antikommunistische nicht mehr gangbar war.

Fischer hat das **Begründungsproblem in die didaktische Diskussion** eingeführt. Seither setzten sich die Autoren der in den 70er Jahren erschienenen didaktischen Konzeptionen der politischen Bildung mit diesem Problem auseinander und trugen dadurch zur Verwissenschaftlichung der Fachdidaktik bei.

6.5 Fischers Konzeption im zeitgeschichtlichen Horizont

Es ist nicht schwer gewesen, Fischer zu kritisieren. Einsichten wirkten statisch, verleugneten die fundamentalen gesellschaftlichen Widersprüche usw., urteilte Schmiederer (1972: 102, 103). Die Einsichten des Katalogs seien eine Zusammenstellung von präskriptiven und empirischen Aussagen, also Werturteile und Tatsachenaussagen, ohne daß Kriterien für ihre Findung und Geltung angeführt würden, meinte Herbert Kühr im Anschluß an Peter Kühn (Kühr 1980: 99). Hermann Giesecke glaubte später bei Fischer eine Unterbewertung spezifisch politischer Stoffe feststellen zu können, weil diese unter vorgegebene Einsichten subsumiert würden (Giesecke 1976: 87).

Dies alles sind Kritiken aus späterer Zeit. Wenn wir **aus der Sicht des Jahres 1960 interpretieren** wollen, müssen wir berücksichtigen: Fischer ging es um Demokratieerziehung. Sie ist im Unterschied zu Oetinger nicht Verhaltenserziehung, sondern **Bewußtseinsbildung**. Seine Einsichten enthalten Kriterien für die Inhaltswahl des politischen Unterrichts, und diese Kriterien sind ein Bündel von **Grundaussagen über den demokratischen Staat**. Sie vermitteln die Kenntnisse über die Funktionsweisen und die normative Basis der Demokratie.

In dieser Zentrierung der Inhaltlichkeit der politischen Bildung auf die Vermittlung des Verständnisses für die Demokratie ging Fischer einen großen Schritt über Oetinger hinaus. Er unterschied sich darin auch von Hilligen, dessen didaktische Konzentration 1955 auf „mitmenschliche Erziehung" und „Gegenwartsfragen" ausgerichtet war. Auch 1961 sind die Elemente des demokratischen Systems bei Hilligen noch subsumiert unter allgemeinere Kategorien, hier die der „Menschenwürde" (Hilligen 1961: 68). Fischers Didaktik stellt sich daher in besonderer Weise als eine **Demokratielehre** dar. Daß diese in der Form didaktischer „Einsichten" formuliert wurde, kennzeichnet den hohen Stellenwert, den Fischer ihr beimaß. Auf Fischer trifft das oben (6.2; S. 131) genannte Generationenmerkmal des „nüchternen Demokraten" zu; es war bei ihm verbunden mit großer Entschiedenheit. Freilich erwies sich die Ausrichtung der Didaktik auf „Einsichten" später als eine Sackgasse, und zwar nicht wegen ihrer Inhaltlichkeit, sondern wegen der damit einbeschlossenen Lernzielorientierung.

Politische Bildung erhielt bei Fischer die Aufgabe, das im damaligen jungen demokratischen Staat bei Erwachsenen und Jugendlichen vorhandene **Wissensdefizit** auszugleichen. Nicht minder gewichtig war aber das **Legitimationsdefizit** der Bundesrepublik. Denn ihre Gründung war nicht von einer allgemeinen Zustimmung zu demokratischen Grundwerten und Überzeugungen getragen gewesen. Angesichts der Barrieren für eine Transfer politischer Kultur (s. 2.6; oben S. 48, und 4.1.4, oben S. 89) erschien nur der indirekte Weg erfolgversprechend. Daß die Demokratie der Bundesrepublik einen Wert darstellt, wenn auch nur einen relativen, ergab sich damals, zehn Jahre nach ihrer Gründung auf dem Höhepunkt des Kalten Krieges, „evident" aus dem Gegenbild: der totalitären Herrschaft des Ostens. Wir haben also auch hier diese Figur der **negativen Demokratietheorie**, die wir schon bei Litt kennengelernt haben. Dies ist später heftig kritisiert worden. Es läßt sich aber wohl nicht aus der Welt schaffen, daß der **Antikommunismus die Legitimationsidee der Bundesrepublik** war, weil sie eine verspätete und in gewissem Sinne künstliche Demokratie war und daher keine genuine, d.h. aus freier Entscheidung gewählte, breit akzeptierte, durch eine Volksbewegung getragene Legitimationsidee besaß.

In der Konzeption Fischers von 1960 spiegelt sich der politische **Bewußtseinsstand der damaligen Jahre** in der Bundesrepublik. Ihm war Fischer durch sein entschiedenes Bekenntnis für eine pluralistische Demokratie voraus. Aber er stellte diesen Bewußtseinsstand in Rechnung durch die Zentrierung seiner Didaktik auf Demokratielehre. Gleichzeitig griff er das damals vorherrschende Legitimationsmuster des Antikommunismus auf. Über dieses ist die politische Didaktik in der folgenden Zeit hinausgegangen. Auch Fischer hat sich davon gelöst. Die Demokratielehre aber ist bei ihm geblieben. Diese Aufgabe nannte er später „Demokratie-Lernen“ (vgl. George/Sander 1988: IX).

7. Erschließung der Wirklichkeit: Sozialwissenschaftliche Orientierung – Hermann Giesecke 1965

7.1 Das Problem der Verwissenschaftlichung

Seit 1961 organisierte das „Studienbüro zur Soziologie der politischen Bildung“ am Institut für Sozialforschung der Universität Frankfurt Studienaufenthalte für Pädagogen und Wissenschaftler in den USA. Ihnen sollte Gelegenheit gegeben werden, das amerikanische Bildungswesen kennenzulernen. Finanziert wurden diese Reisen vom Auswärtigen Amt, von der VW-Stiftung und von der Thyssen-Stiftung.

Einer dieser Amerika-Fahrer war Kurt Sontheimer, Politikwissenschafler der zweiten Generation. Er berichtete nach seinem Studienaufenthalt über die **moderne Form der Social Studies** in den USA, die Ergebnis der amerikanischen Bildungsreform nach dem Sputnik-Schock von 1957 war. Die Wert- und Nationalerziehung der alten Social Studies sah man nicht mehr als ausreichend an. Eine enge Zusammenarbeit zwischen Sozialwissenschaft und Schule fand jetzt statt. Wissenschaftler bemühten sich, Grundeinsichten ihrer Wissenschaft zu erarbeiten, die den Schülern vermittelt werden sollten. Sie wurden „Generalisierungen“ genannt. Intensiv sollten Schüler mit Ergebnissen und Methoden der Sozialwissenschaften vertraut gemacht werden. Sontheimer stand dem zwiespältig gegenüber. Zu begrüßen sei, sagte er, die „Tendenz zur Verobjektivierung und Versachlichung des Gegenstandes“, die darin zu erkennen war. Negativ beurteilte er aber das Bemühen, „die Schüler zu Miniatur-Sozialwissenschaftlern zu erziehen“ (Sontheimer in Minssen 1966: 49-51). Vertretbar sei dies nur, wenn das eigentliche Ziel der Sozialkunde, „die Erziehung zu einem verantwortlichen, kritisch denkenden Staatsbürger“, nicht in Vergessenheit gerate (ebda.: 52).

Ein anderer dieser Amerika-Fahrer war der Soziologe Wolfgang Zapf. Er berichtete ebenfalls ausführlich von amerikanischen Curriculumprojekten, durch welche die Social Studies reformiert werden sollten. Das Positive sah Zapf darin, daß dieser Unterricht den Schüler ernst nehme. Ihm werde weniger ein gesichertes „Grundwissen“ vermittelt; vielmehr werde er „in die aktuellen wissenschaftlichen Kontroversen und Unsicherheiten“ eingeführt (Zapf in Minssen 1966: 59).

In den gegensätzlichen Meinungen dieser Sozialwissenschaftler tritt das **Grundproblem einer Verwissenschaftlichung** der politischen Bildung hervor: Soll das Unterrichtsfach sich an einer Normwissenschaft oder an einer Wirklichkeitswissenschaft orientieren? Für Zapf war die sozialwissenschaftliche Bildung wichtig.

Sozialwissenschaftliche Bildung: Meint den Erwerb zuverlässigen Wissens über die gesellschaftliche Umwelt und die Fähigkeit, über sie gesicherte Erkenntnisse zu gewinnen. Das Wissen hierfür vermitteln Wirklichkeitswissenschaften: Ökonomie, Soziologie und Politikwissenschaft. Sozialwissenschaftliche Bildung dient dem einzelnen zur kognitiven, also erkenntnisbezogenen Orientierung in seiner Umwelt.

Politische Bildung (im engeren Sinne) bezieht sich auf Verhalten; sie enthält die Absicht, Eigenschaften eines „richtigen“ Verhaltens in der politischen Öffentlichkeit zu wecken oder zu vermitteln. Sie wird dabei von Wertvorstellungen geleitet. Politikwissenschaft ist auch eine Normwissenschaft, sie arbeitet in beiden Sparten.

Auch Sontheimer sprach sich für sozialwissenschaftliche Bildung aus: „Versachlichung und Objektivierung des Gegenstandes“. Bei ihm kam aber noch etwas hinzu: „Erziehung zu einem verantwortlichen, kritisch denkenden Staatsbürger“. Was Sontheimer anzielte, war politische Bildung, die durch sozialwissenschaftliche Bildung ergänzt wird.

Unter Verwissenschaftlichung der politischen Bildung verstehen wir zweierlei: einmal, daß die **politische Bildung Wissenschaft** wird. Mit der „didaktischen Wende“ von 1960 (6.3.2; oben S. 134) wurde aus der politischen Pädagogik eine politische Didaktik. Indem sich die politische Bildung als Fachdidaktik konstituierte, bekam sie den Charakter einer Wissenschaft. Die andere Bedeutung von Verwissenschaftlichung, die wir in diesem Kapitel betrachten, hat zum Inhalt, daß sich die politische Bildung zunehmend **an den Sozialwissenschaften orientierte**, vor allem an Soziologie und Politikwissenschaft, aber auch an Ökonomie. Diese Wissenschaften werden jetzt zu den Bezugswissenschaften der politischen Bildung. Damit stellt sich aber die Frage nach dem **Verhältnis zwischen politischer Bildung und den Bezugswissenschaften**.

Der Soziologe und Philosoph Ernst Topitsch schrieb 1959 über die gesellschaftliche Funktion der wissenschaftlichen Erkenntnis. Er stellte eine **Kluft zwischen technischer Wirklichkeitsgestaltung und dem Bewußtsein davon** in Deutschland fest. Er führte sie auf die besondere geistesgeschichtliche Lage Deutschlands zurück. Der deutschen Bildungsschicht habe ein Bezug zu den Naturwissenschaften gefehlt. Angesichts dieser Voraussetzungen, so meinte Topitsch, sei es verständlich, „daß die wissenschaftlich-technische Revolution für die deutsche Bildungsschicht ein traumatisches Erlebnis bedeutet, mit dem sie bis heute innerlich nicht fertig geworden ist“. Daraus habe sich eine „gewollte Distanzierung gegenüber dem Geist und den Aufgaben exakter Wissenschaft überhaupt entwickelt". Das Ergebnis war ein Bruch zwischen der Ideologie der Bildungsschicht und der sozialen Wirklichkeit, „wie ihn kaum eine andere Nation kennt" (Topitsch 1961: 286).

Angesichts der traditionellen Dominanz der geistesgeschichtlichen Pädagogik, die bis dahin auch in der politischen Bildung bestimmend war, wird von Topitsch die Forderung erhoben, diese Kluft zwischen Bewußtsein und sozialer Wirklichkeit zu überwinden. Daraus ist ein **neuer Bildungsbegriff** entstanden. Denn seitdem gehört die Fähigkeit, Gesellschaft als solche wahrzunehmen, und der Blick und das **Verständnis für gesellschaftliche Vorgänge**, aber auch für die **gesellschaftlichen Bedingungen individuellen Handelns** zur geistigen Grundausstattung des Menschen, also zu dem, was man „Bildung" nennt. Christian Graf von Krockow definierte den damals im Verhältnis zur deutschen Tradition geradezu revolutionären Bildungsbegriff: „Gebildet ist, wer die gesellschaftliche Relevanz seines Tuns (oder Unterlassens) kritisch zu reflektieren vermag und von dieser Reflexion her sein Handeln als sozial verantwortliches bestimmt." (1969: 33) Nicht nur die Normwissenschaft, sondern auch die Wirklichkeitswissenschaft hat demnach Bildungswert.

Sontheimer und von Krockow dachten an eine Verbindung von politischer Bildung als Verhaltensprägung und sozialwissenschaftlicher Bildung als Fähigkeit von Wirklichkeitserkenntnis. In den Jahren zwischen 1960 und 1970 erfolgte die **Rezeption der Sozialwissenschaften** im Bereich der politischen Bildung. Dabei stellte sich das Problem, wie der Wertbezug mit einer objektivierenden Wirklichkeitserhellung didaktisch zu vereinbaren ist.

7.2 Die Rezeption der Sozialwissenschaften

7.2.1 Wissenschaftsgeschichtliche Bedingungen

Daß die Sozialwissenschaften im Bereich der politischen Bildung erst in den 60er Jahren aufgegriffen wurden, hatte **wissenschaftsgeschichtliche Ursachen**. Die **Soziologie** war nach dem Kriege zwar nicht neu gegründet worden. Aber sie hatte durch die von den Nationalsozialisten erzwungene Emigration große Verluste erlitten. Die in Deutschland verbliebenen Soziologen hatten weitergearbeitet und waren zum Teil auch mit dem NS-System verbunden gewesen. So gab es eine personelle Kontinuität; manche Soziologen konnten sogar ihre Forschungsarbeiten fortführen (Corbet 1988: 49f.). Jedoch erlebte die Soziologie eine tiefgreifende **wissenschaftsgeschichtliche Wandlung**. Unter Anleitung von amerikanischen Soziologen holte sie die Methoden der empirischen Sozialforschung nach und wandte sie in ersten

Projekten an (Korte 1982: 192f.). Vorrang hatten bis 1958 industriesoziologische Untersuchungen und solche zum Strukturwandel der deutschen Gesellschaft. Das große Defizit dieser Wissenschaft war aber das Fehlen einer Theorie (Dahrendorf 1967: 106-108). Belastungen der in Deutschland verbliebenen Soziologen durch ihre geistige Verbundenheit mit dem NS-Staat wurden nach 1945 nicht aufgedeckt. Eine politische Soziologie als Forschungsrichtung gab es kaum. Erst 1961 legte der Soziologe Ralf Dahrendorf mit seinem Aufsatz „Die Funktion sozialer Konflikte“ eine Theorie des sozialen Wandels vor, die politische Relevanz hatte. 1965 erschien dann sein Buch „Gesellschaft und Demokratie“ in Deutschland, eine umfassende Analyse der Entwicklung der deutschen Gesellschaft im Hinblick auf ihre Eignung, demokratische Gesellschaft werden zu können.

Die **Politikwissenschaft** hatte es als Universitätsdisziplin vor 1933 in Deutschland nicht gegeben. Einen Anfang bildete damals die außeruniversitäre Hochschule für Politik in Berlin. Doch reichte dies nicht, um eine Kontinuität zu sichern. Zu einem fachlichen Selbstverständnis kamen die zahlreichen geflüchteten Wissenschaftler erst in den USA, wo es das Fach Political Science schon längere Zeit gab (Kastendiek 1977: 147). 1950 sprach die KMK die Empfehlung aus, zur Förderung der politischen Bildung an Schule und Hochschule Lehrstühle für Politik zu errichten. Besetzt wurden die ersten Lehrstühle überwiegend mit zurückgekehrten Emigranten, weniger von im Nazireich politisch Verfolgten (Eugen Kogon). Diese Politikwissenschaftler wurden mit einem Bildungsauftrag berufen: **Demokratiewissenschaft** zu lehren. Dieser Auftrag deckte sich mit ihrem selbstgewählten Anliegen, denn als politische Emigranten waren sie alle von der Intention geleitet, daß sich 1933 nicht wiederholen möge. Die Politikwissenschaft dieser ersten Phase war eine **Norm- und Wirklichkeitswissenschaft** zugleich, ihr Merkmal war die „Verknüpfung empirischer und normativer Betrachtungsweise“ (Fraenkel 1964: 10). Aus diesem Grunde erhielt sie im Rahmen der politischen Bildung eine „Schlüsselstellung“ (Sontheimer in Sozialkunde und Sozialwissenschaften 1963: 11).

Wegen dieser wissenschaftsgeschichtlichen Voraussetzungen gewann die **Politikwissenschaft relativ spät Einfluß** auf die politische Bildung. Man kann an didaktischen Veröffentlichungen ablesen, daß soziologisches Wissen hier schon in den 50er Jahren aufgenommen wurde, jedoch vor allem strukturell-funktionales Wissen, d.h. also beschreibende Ergebnisse über die gegenwärtige Gesellschaft. Politikwissenschaft wurde erst im Verlauf der 60er Jahre rezipiert. Einen wichtigen Anstoß hierfür gaben die von der KMK beschlossenen „Richtlinien für die Gemeinschaftskunde in den Klassen 12 und 13 der Gymnasien“ vom 5. 7. 1962 (Kuhn u.a. 1993: 190f.).

Zur Diskussion um dieses neue Fach fand im Otto-Suhr-Institut der Freien Universität Berlin vom 13.-15. Juni 1963 eine Arbeitstagung statt, an welcher Vertreter der Soziologie, der Politischen Wissenschaft, der Nationalökonomie und der Rechtswissenschaft sowie Pädagogen und Beamte der Schulverwaltungen teilnahmen. Thema war das Verhältnis zwischen Sozialkunde und der ihr zuzuordnenden wissenschaftlichen Fächer, aber auch die Problematik des Gesamtfaches „Gemeinschaftskunde", das sich ja aus Geschichte, Geographie und Sozialkunde zusammensetzen sollte (Hartwich in Sozialkunde und Sozialwissenschaften 1963: 5).

Es begann jetzt eine **Kooperation der Fachwissenschaften mit dem Bildungsbereich**. Die wissenschaftlichen Verbände „Deutsche Gesellschaft für Soziologie" und „Deutsche Vereinigung für politische Wissenschaft" hatten vorher schon eine gemeinsame Kommission für die Frage der Gemeinschaftskunde gebildet. Deren Mitglieder nahmen auch an der Konferenz teil. Ein Ergebnis war später der „Vorschlag" dieser Kommission „zur Frage der Sozialkunde im Rahmen der Gemeinschaftskunde" vom August 1964, in dem Stoffbereiche aus der Sicht der Fachwissenschaften aufgeführt wurden (Gesellschaft–Staat–Erziehung 1965, H. 2: 71-85).

Auch die **Ausbildung von Sozialkundelehrern** setzte erst in den 60er Jahren ein, nachdem Sozialkunde als Studienfach eingerichtet worden war. Das geschah in Hessen 1959, in Bayern 1962, Rheinland-Pfalz 1964, Niedersachsen 1965, Baden-Württemberg 1966 und in Berlin 1967 (v. Krockow 1969: 69). In den Ausbildungsgängen für Gymnasiallehrer dominierte die Politikwissenschaft: So war sie in Baden-Württemberg, Hessen, Niedersachsen und Rheinland-Pfalz die einzige Studiendisziplin, in Hamburg bildeten den Studienschwerpunkt wahlweise Politikwissenschaft oder Soziologie (ebda.: 17f.).

Wie wichtig die jetzt **zunehmende Rezeption der Sozialwissenschaften** war, zeigt ein Blick auf die **Bildungspraxis**. Sie war in den Anfangsjahren dieses Jahrzehnts noch hochgradig **defizitär**, was das empirischen Wissens über Gesellschaft und Politik anbelangt. An dem im Vergleich mit anderen Bundesländern allerdings extremen Beispiel der Richtlinien für die Gemeinschaftskunde im 12. und 13. Schuljahr des Gymnasiums von Nordrhein-Westfalen aus dem Jahre 1963 wird dieser Rückstand erkennbar. Die einzige sozialwissenschaftliche Unterrichtseinheit von insgesamt sieben, mit dem Thema „Die Frage nach der Stellung des Menschen in Gesellschaft, Wirtschaft, Staat und nach dem Sinn der Geschichte", wurde folgendermaßen inhaltlich aufgefaltet:

„Folgende Themen bzw. Begriffe können im Unterricht erörtert werden:
Individuum, Person, Persönlichkeit – Masse, Gesellschaft und Gemeinschaft – Staat und Kirche
Moderne Arbeitswelt – pluralistische Gesellschaftsordnung – Beruf und Freiheit – Bildung und Wissen – Muße und Kult
Recht, Macht, Gewalt – Autorität und Gewissen – Naturrecht und positives Recht
Natur und Geschichte – Fortschritt und Tradition – Determinismus und Freiheit – Schöpfung und Evolution – Mythos und Heilsgeschichte – Geschichte als Lehrmeisterin
Sitte und Sittlichkeit, Gesetz und Freiheit." (LM 2-3/1964: 72)

Anthropologie, Kulturphilosophie, Rechtsphilosophie, Bildungstheorie, Geschichtsphilosphie, Ethik – all dies vermag man aus diesen Stichworten herauszulesen, aber keine Sozialwissenschaft. Der **Bruch zwischen der Ideologie der Bildungsschicht und der sozialen Wirklichkeit**, von der Topitsch sprach, war in dem von der CDU regierten Bundesland noch nicht überwunden.

7.2.2 Wichtige Inhalte der Bezugswissenschaften

Die Politikwissenschaft der Anfangsphase hat eine dringliche Aufgabe darin gesehen, den **deutschen Sonderweg sichtbar zu machen** und die Erkenntnisse zu vermitteln, welche die Rückkehr Deutschlands in den Kreis der westeuropäischen Demokratien ermöglichten. Dazu gehörte:

- Das Aufzeigen der **„historischen Vorbelastungen des deutschen Parlamentarismus“**: „Es gehört aber auch zu den Vorbelastungen des deutschen parlamentarischen Staates“, so schrieb Ernst Fraenkel 1964, „daß er sich in seinen Lehrjahren nicht an einem Parteiensystem erproben konnte“, und das war eine Vorbelastung, weil sich ein Parteiensystem „wie kein anderes dazu eignet, Kompromisse abzuschließen, provisorische Lösungen vorzunehmen und prinzipiellen Auseinandersetzungen aus dem Wege zu gehen“ (Fraenkel 1964: 24). Es mußten also Lernprozesse nachgeholt werden, in denen das Verständnis gewonnen werden konnte für die Prozeduren des parlamentarischen Regierungssystems mit Machtkontrolle, Machtwechsel und Funktion der Opposition als Regierung im Wartestand, für Politik als Aushandeln und nicht als Auseinandersetzung über Prinzipien, die immer einander ausschließend sind; Verständnis aber auch für die Rolle der politischen Parteien.
- Die Korrektur der bisher fehlenden Vorstellung von der **Bedeutung von Werten in der Politik**. Die Verfassungsdiskussion der Weimarer Zeit hatte zu einer „starken Zurückdrängung normativer Gehalte der Verfassung“ geführt. Die Normen, so stellte Kurt Sontheimer fest, verloren „zunehmend an Eindeutigkeit und Klarheit, wurden Spielball verschiedenster Positionen“ (Sontheimer 1962: 88f.). Westlich hingegen ist nach Helmut Plessner, einem der Emigranten, der wieder in Göttingen Soziologe wurde, der Staatsgedanke, „der um des Menschen willen den Menschen zum Träger der freien Ordnung macht“ (1959: 54). Dieser Staatsgedanke gründet auf dem Naturrecht als vorstaatlichem Recht; die Menschenrechte sind Voraussetzung für staatliches Handeln und normative Grundlage auch des streitigen Politikprozesses.
- Die **Korrektur des bisherigen Unverständnisses für eine pluralistische Gesellschaft**. Prägend war in Deutschland der Glaube an ein homogenes Volk. Der deutsche Antiparlamentarismus, sagte Ernst Fraenkel, sei ein Indiz für das mangelnde Vertrauen der Nation in ihre innere Geschlossenheit gewesen, Pluralismus sei in den Augen der Deutschen die Erschei-

nungsform einer politischen Selbstauflösung des Staates gewesen (Fraenkel 1964: 28). Der Kerngedanke von Fraenkels Pluralismustheorie war: Das Verfolgen von partiellen Interessen ist nicht nur legitim, sondern geradezu erwünscht, weil in diesem System sich das Gemeinwohl im Wettbewerb der Interessen nachträglich herausbilden kann und nicht, wie im totalitären Staat, im voraus festgelegt wird und dann durch Staatsmacht erzwungen werden muß.

- Der **Abbau der Konfliktfeindlichkeit** im Bewußtsein der Deutschen. In seinem Buch „Gesellschaft und Demokratie in Deutschland" hat der Soziologe Ralf Dahrendorf in eindringlicher Weise den „deutschen Hang nach Synthese" beschrieben. Alle Institutionen der deutschen Gesellschaft seien durch den Versuch gekennzeichnet, „Konflikten auszuweichen oder diese in höheren Instanzen und Institutionen aufzuheben" (1965: 241). Die Kehrseite der Pluralismustheorie ist Dahrendorfs Theorie des sozialen Konflikts. Danach sind Konflikte nicht Symptome eines pathologischen Zustandes der Gesellschaft, sondern sie haben eine positive Funktion, weil sie den sozialen Wandel bewirken und damit Staat und Gesellschaft vor Erstarrung bewahren (Dahrendorf 1961).

Diesen Gedanken war der Versuch gemeinsam, Demokratie als Abkehr von der deutschen Vergangenheit verständlich, einsehbar und beobachtbar zu machen. Sie richteten sich sowohl **gegen die deutsche Vergangenheit**, die antiparlamentaristischen Tradition des Obrigkeitsstaates, als auch **gegen den Staat im anderen Teil Deutschlands**, der auf diese Weise immer mit den Gegenbegriffen beschrieben wurde. Das Motiv war nicht der Antikommunismus; vielmehr gingen die zitierten Wissenschaftler auf das Verhalten der Deutschen in der Politik des 20. Jahrhunderts ein, um es zu korrigieren und dadurch die Deutschen der westlichen Welt anzunähern. Mit der Rezeption dieser Gedanken hat die politische Bildung und die politische Didaktik die **Westorienticrung** der Bundesrepublik in den 60er Jahren mit- und nachvollzogen.

In dieser Rezeption wurde jedoch weitgehend übersehen, daß es innerhalb der Politikwissenschaft eine Richtung gab, die ein anderes Selbstverständnis hatte. Ossip K. Flechtheim schrieb 1955: „Die Politologie beschäftigt sich ... mit den Macht- und Herrschaftsaspekten des Staates." (1955: 85) Politikwissenschaft wurde demnach von Flechtheim als **Macht- und Herrschaftsanalyse** verstanden und erhielt damit eine kritische Funktion zugewiesen. In diesem Punkt gab es eine innerfachliche Kontroverse, denn Fraenkel vertrat die Gegenposition, wenn er die Gefahr einer „Sinnentleerung des Politischen" aufzeigte und kritisierte, daß „der Machtkampf zur Norm der Politik erhoben" werde (Fraenkel 1963: 237; vgl. Kastendiek 1977: 202). Diese Kontroverse ist in der politischen Bildung zunächst kaum wahrgenommen worden, sie wurde erst über den Weg des Positivismusstreites und durch die Rezeption der Kritischen Theorie bewußt.

7.3 Hermann Giesecke

Für die Rezeption der Sozialwissenschaften in der politischen Didaktik kann Hermann Giesecke als repräsentativ gelten, zugleich aber auch für ihre spezifisch fachdidaktische Verarbeitung. Seine „Didaktik der politischen Bildung“ erschien 1965 und erregte Aufsehen. Sie war die erste Didaktik im Bereich der politischen Bildung, die in Form einer Monographie verfaßt war; ihrem Vorbild folgten Jahre später andere. Sie war elegant geschrieben, ein Lektüregenuß. Sie erlebte 12 Auflagen und blieb damit die am weitesten verbreitete Didaktik. Besonders hervorzuheben ist jedoch, daß mit diesem Buch die Behandlung didaktischer Fragen **auf eine neue Ebene gehoben** wurde. Gieseckes Didaktik enthält nicht nur die Darlegung eines konsistenten Zusammenhanges von Zielen und Inhalten für den politischen Unterricht, sondern er entwirft zugleich eine Didaktik im Zusammenhang mit einer **Reflexion über die Möglichkeit des Didaktischen** in der politischen Bildung. Worin die Beziehung zwischen Fachwissenschaft und Fachdidaktik besteht, – in diesem Buch kann man es nachlesen.

Die folgende Darstellung bezieht sich auf die erste Fassung seiner Didaktik: „Didaktik der politischen Bildung“, München 1965, aus der mit Seitenangabe zitiert wird; 3. unveränderte Aufl. 1968. Eine neue Fassung hat Giesecke 1972 vorgelegt: Didaktik der politischen Bildung. Neue Ausgabe, 7. Aufl., München 1972. Spätere Auflagen blieben unverändert. Ein völlig neues Buch, das, obwohl knapper, Didaktik und Methodik zusammenfaßt und zudem Jugendarbeit einbezieht, erschien 1993: „Politische Bildung. Didaktik und Methodik für Schule und Jugendarbeit“, Weinheim 1993. Eine Analyse der Fassung von 1972 findet man bei Gagel 1979, S. 58-83. Als erste Einführung: Gagel 1991, S. 7-16; hierauf fußt die folgende Darstellung.

7.3.1 Zur Entstehung seiner Didaktik: die Grunderfahrung

Giesecke hat in seiner „Didaktik der politischen Bildung“ den Begriff „Konflikt“ zum organisierenden Prinzip seines didaktischen Modells gemacht. Warum er gerade diesen gewählt hat, wird durch die Erhellung seiner **Grunderfahrung** verständlich.

Gieseckes „Didaktik“ ist das Ergebnis einer dreijährigen **Tätigkeit in der freien Jugendarbeit** Anfang der 60er Jahre, über die er in einer gesonderten Publikation berichtet hat (1966). Er leitete damals Lehrgänge und Tagungen zur politischen Bildung in dem Jugendhof Steinkimmen bei Delmenhorst in Niedersachsen. Es waren 10-14tägige Veranstaltungen für Schüler der gymnasialen Oberstufe, für Schulklassen und für geschlossene Lehrlingsgruppen, – Veranstaltungen auf freiwilliger Basis, die trotz Anwesenheit von Lehrern und Ausbildern von den Jugendlichen als Freizeit verstanden wurden; es gab keine Leistungsbenotung. Verständlich ist, daß Leiter und Mitarbeiter in derartigen Veranstaltungen mit einer Didaktik der Lernschule bei den Jugendlichen nichts ausrichten konnten. Im Vordergrund stand daher anderes: die Schaffung und Ausnutzung erzieherisch-produktiver **Konfliktsituationen** (Giesecke 1966: 75), ein Verständnis von politischem Lernen nicht als Belehrung, sondern als „Normalfall **politischer Meinungsbildung**", nämlich: die gemeinsame Reaktion auf eine politische Auseinandersetzung in der Öffentlichkeit, für die das Wissen erst beschafft werden muß (ebda.: 85), und drittens die Herstellung einer **„demokratischen Beziehung"** zwischen Leitung und Jugendlichen, die auch Rollenwechsel zuläßt (ebda.: 14), was bedeutet, daß auch die Leiter Kritik aushalten und sich rechtfertigen müssen. Man würde heute sagen: Es waren teilnehmerzentrierte Veranstaltungen.

Über diese Erfahrungen schrieb Giesecke seine Dissertation, aus der seine „Didaktik der politischen Bildung" entstand. In ihrem Mittelpunkt steht der **Begriff „Konflikt"** als Prinzip der Inhaltsauswahl und als Definition des Politischen; er wird in Kategorien aufgefaltet, welche als Erkenntnisinstrumente verwendet werden können, und er wird schließlich in einen Lernprozeß, in ein Modell der Konfliktanalyse, umgesetzt.

Prägend wirkte sicherlich die besondere Lernsituation dieser Lehrgänge: Sie war wie die **Alltagssituation** beschaffen, in der Politik als eine Reaktion auf eine politische Auseinandersetzung in der Öffentlichkeit erfahren wird. **Politik** galt hier nicht als ein Lerninhalt, sondern wurde **als eine Situation** erlebt, die Verwirrung stiftet, in Unruhe versetzt und die deshalb ein Bedürfnis nach Klärung erzeugt.

Giesecke begann seine Didaktik mit der Wiedergabe einer solchen Auseinandersetzung, einem „Fall", nämlich der sog. **Spiegel-Affäre** von 1962. Sie war durch den damaligen Verteidigungsminister Franz-Josef Strauß ausgelöst worden, der Redakteure des Nachrichtenmagazins Der Spiegel wegen Landesverrats verhaften ließ. Dies rief damals eine große Erregung in der Öffentlichkeit hervor. Es kam zu einer Regierungskrise, in deren Verlauf Strauß zurücktreten mußte. Man kann sich gut vorstellen, daß dieses Ereignis auf solchen Lehrgängen die Wogen der Emotionen hochgehen ließ und einen Wirrwar an Meinungen erzeugte. Wie sollte daran gearbeitet werden, um in einem derartigen Chaos Klarheit zu gewinnen? Das war die Aufgabe, die Giesecke sich für seine Didaktik gestellt hatte.

7.3.2 Konflikt als Definition von Politik

Der Begriff „Konflikt" enthält für Giesecke keine Aussage über die Theorie der Gesellschaft wie bei Dahrendorf. Er meint einen Sachverhalt der politischen Wirklichkeit, der geeignet ist, eine Vorstellung von Politik im Horizont des Alltagsbewußtseins zu vermitteln. Denn „Konflikt" versteht Giesecke als eine **Definition des Politischen**. Politik bestimmt er begrifflich „als das noch nicht Entschiedene“, als etwas „Offenes, Umstrittenes“ (1965: 21). Mit Politik meint er demnach den Prozeß der Auseinandersetzung um Streitfragen in der Gesellschaft bei offenem Ausgang. So verstanden ist Politik bei ihm der primäre Lerngegenstand.

Giesecke nimmt damit eine **Vereinseitigung** in Kauf. Denn wissenschaftlich betrachtet ist Politik mehr. Der Begriff bedeutet nicht nur die Auseinandersetzung um politische Streitfragen, also den **Prozeß**, sondern meint auch den institutionellen Rahmen, in dem sich die Prozesse abspielen, also die Verfassungsordnung oder die **Form**, und Politik enthält nicht zuletzt auch Ziele, Aufgaben, Probleme, über die entschieden werden muß, also **Inhalte**. Aber diese Vereinseitigung geschieht bei Giesecke in pädagogischer Absicht. Das eine Motiv ist: Fruchtbar wird das Lernen, wenn es bei den **Alltagserfahrungen von Politik** ansetzt. Diese werden durch die Art der Vermittlung von Politik in den Massenmedien geprägt. Politik erscheint dem einzelnen vor allem als **Nachricht über Ereignisse**, über eine Vielzahl von Auseinandersetzungen, also über Vorgänge, Prozesse, und Nachrichtenwert erhalten sie vor allem durch die Zuspitzung, also den Konfliktcharakter. Und das andere Motiv: Den Jugendlichen soll der Weg zur politischen Beteiligung dadurch eröffnet werden, daß sie Politik in ihrer **Alltagswelt** entdecken.

7.3.3 Das didaktische Modell

7.3.3.1 Ein Beispiel für Konfliktanalyse

Giesecke hat in seinen Lehrgängen mit den Jugendlichen die **Analyse von Konflikten** geübt. Dabei helfen Kategorien, die in Fragen umgewandelt werden. Ich führe dies an einem Beispiel vor, verwende dabei aber das Kategorienmodell von Karl-Christoph Lingelbach, der Gieseckes Modell weiterentwickelt hat (Lingelbach 1970: 115ff.; vgl. auch ders. 1967). Dieses Modell enthält den Dreischritt, der durch ein Schulbuch von Wolfgang Hilligen bekannt geworden ist: „Sehen – Beurteilen – Handeln“. In dem genannten Modell heißt dieser Dreischritt: Analyse, Urteilsbildung, Handeln:

Kategorien der Konfliktanalyse nach Giesecke	Zielkomplexe politischer Bildung nach Lingelbach
Konflikt	1. Kategorien der Konfliktanalyse:
Konkretheit	– Streitfrage
Macht	– Gegner
Recht	– Interessen
Interesse	– Machtverhältnisse
Solidarität	– Ordnungsvorstellungen
Mitbestimmung	– historische Herkunft
Funktionszusammenhang	2. Kategorien der Urteilsbildung:
Ideologie	– Interesse
Geschichtlichkeit	– Kritik der eigenen Wert- und Ordnungsvorstellungen
Menschenwürde	– Verantwortungsethik
	– Engagement
	3. Kategorien des politischen Handelns:
	– Solidarität
	– Kompromiß und Koalition
	– Effizienz

(nach Gagel 1981: 75)

Das folgende Beispiel läßt erkennen: Viele der Kategorien Gieseckes kehren wieder, aber sie sind wie bei Lingelbach in einen Unterrichtsverlauf eingeordnet.

Konflikt um das Tempolimit auf Autobahnen

Es wird berichtet (Frankfurter Rundschau 21. 11. 1985): „Nach der Entscheidung der Bundesregierung gegen Tempo 100 auf Autobahnen geht der Streit um ein Tempolimit weiter. Opposition und Umweltverbände sprechen von »Täuschung« und »Großbetrug«. Das Saarland will nunmehr im Alleingang Geschwindigkeitsbegrenzungen einführen. Die EG-Kommisson hält weiter an ihrem Plan fest, ein Tempolimit für alle Mitgliedsländer einzuführen. Bundesinnenminister Friedrich Zimmermann erhob dagegen bereits Einwände."

Kategorien der Konfliktanalyse: Die **Streitfrage** ist das politische Problem der zunehmenden Luftverschmutzung und die Frage, ob Geschwindigkeitsreduzierung diese vermindert. Die Bundesregierung hatte beim TÜV ein Gutachten in Auftrag gegeben, das eine geringe Verminderung des Stickstoffausstoßes errechnete. Darauf entschied sich die Regierung für den Verzicht auf ein Tempolimit. Die politischen **Gegner** sind die

Bundesregierung und die Koalitionsparteien CDU, CSU und FDP einerseits und die Oppositionsparteien SPD und DIE GRÜNEN andererseits. Die wirtschaftlichen und gesellschaftlichen **Interessen** werden vor allem an den beteiligten Verbänden sichtbar: Der ADAC setzte sich gegen das Tempolimit ein („Freie Fahrt für freie Bürger"), der „Verband der Automobilindustrie" drängte als Unternehmerverband die Bundesregierung zu ihrer Entscheidung. Im „Bund für Umwelt und Naturschutz" (BUND) wurden dagegen die Interessen an der Erhaltung der Umwelt und der Lebensqualität artikuliert. Die **Machtmittel**, welche den Gruppen zur Verfügung standen, können nur vermutet werden: das Wählerpotential des mitgliederstarken Automobilclubs, seine Meinungsmacht durch die Verbandszeitschrift, Lobbybeziehungen und „Verbandsfärbung" im Parlament durch den Unternehmerverband. Demgegenüber stehen die umweltinteressierten Gruppen in der Minderheit, sie besitzen keine „Vetopositionen", wenn man von dem Verhalten ihrer Anhänger als Verbraucher oder Verkehrsteilnehmer absieht. Als **Ordnungsvorstellungen** sind anzunehmen: Rückzug des Staates aus der Gesellschaft einerseits, aktiv gestaltende Politik des Staates in allen gesellschaftlichen Bereichen andererseits.

Die **Kategorien der Urteilsbildung** sind nach Lingelbach reflexiv, das heißt auf das denkende Subjekt bezogen. Nach der Konfliktanalyse soll der Schüler über die **eigenen Interessen** nachdenken und seine eigenen **Wert- und Ordnungsvorstellungen** überprüfen, indem er fragt, welche Partei er mit seinem Votum in der Streitfrage unterstützt. Hier wäre demnach der Ort, nach den Kriterien für die eigene Wertung zu fragen, z.B. ob er die Verallgemeinerungsfähigkeit der eigenen Position nachweisen kann. Hinter **Verantwortungsethik** verbirgt sich die Frage, wieweit die Auswirkungen der vorgeschlagenen Lösungen auf die betroffenen Gruppen zu rechtfertigen sind. Insgesamt befördert diese Urteilsbildung die Klärung des eigenen Standpunktes angesichts einer Streitfrage, bietet aber auch die Möglichkeit, die aus dem politischen Prozeß resultierende Lösung mit Hilfe von Kriterien zu bewerten (z.B. partielle oder allgemeine Interessen?).

Die dritte Phase mit den **Kategorien des politischen Handelns** kann auf zwei Wegen verfolgt werden: einmal geleitet von der Frage, was **wir selber tun können** (so die Vorstellung Lingelbachs), zum andren aber auch als das „Weiterdenken" (Hilligen 1985, S.204), nämlich über **andere Lösungsmöglichkeiten** für das Problem, beispielsweise die indirekte Steuerung durch finanzielle Anreize für die Nutzung des Katalysators, wie sie die Bundesregierung später beschlossen hat, aber auch andere Lösungsmöglichkeiten des Umweltproblems. (Nach Sander 1988: 193ff.)

Den politischen Konflikt erfahren manche Lehrer als einen **schwierigen Lerngegenstand**. Er ist nicht fest umrissen, nicht geordnet und nicht klar definierbar. Konflikte sind im Gegenteil unbestimmt und komplex. **Unbestimmt**: weil der Konflikt nur ein Ereignis ist, das bei jedem ein anderes Interesse weckt und unterschiedliche Stellungnahmen provoziert. Nicht einmal das Thema steht im vorhinein fest. **Komplex**: weil am Konflikt eine Vielzahl von Akteuren beteiligt ist; dazu kommen die verfassungs- und parteienrechtlichen Regelungen, programmatische Fragen und Konzepte der Innenpolitik. Der Konflikt ist eine Bündelung von Sachverhalten ohne Systematik, aber geprägt von Dynamik. Er ist das Gegenteil von der systematischen Darstellung eines Lerngegenstandes. Wie können Schüler das bewältigen?

7.3.3.2 Hilfen zur Bewältigung von Komplexität

An dem Beispiel sieht man, daß sich während des Unterrichts die Notwendigkeit ergibt, Informationen zu beschaffen. Hilfsmittel müßten bereitliegen, also z.B. Bücher zum Nachschlagen. Welcher Schüler würde dies auf Vorrat lernen? Jedoch in dem Moment, wo etwas zum Problem wird, ist bei den Schülern das Interesse an Details geweckt, weil sie zur Klärung des Problems beitragen. Indem Giesecke den Konflikt und nicht die Rechte von Regierung und Verbänden als den primären Lerngegenstand herausstellt, hat er aus didaktischen Gründen der Abfolge „Wissen – Urteilen" eine Phase vorgeschaltet: Erst die **Provokation** durch das Unerträgliche, die kognitive Dissonanz, welche der politische Konflikt erzeugt, also der Anlaß, zu reagieren, und dann erst der Versuch, sich durch **Information** fähig zu machen, ihn zu durchschauen und eine eigene Meinung zu gewinnen, ihn zu beurteilen.

Um diese Zusammenhänge zu verstehen, hilft Gieseckes Unterscheidung von Orientierungswissen und Aktionswissen. **Orientierungswissen** meint das, was gemeinhin unter „Kunde" verstanden wird. Giesecke ist durchaus für ein „solides Gerüst" an Wissen, nur daß er darunter „Zusammenhänge" versteht, die er in vier Systeme ordnet: System der Produktion und des Marktes, System der Verwaltung, System der politischen Herrschaft, System der internationalen Politik (88). Er erwartet also Kenntnisse über Rechte und Pflichten, über die Institutionen oder Organe des Staates, über die Parteien, Verfassung usw., aber doch in dem Sinne, daß die Funktionen dieser Institutionen und Akteure verständlich und dadurch „Funktionszusammenhänge" sichtbar werden. **Aktionswissen** hingegen ist das „auf einen politischen Konflikt hin" aktualisierte Orientierungswissen. Es besteht aus den Inhalten und Informationen, die Schüler zusammentragen müssen, um die Fragen nach Macht, Recht usw. beantworten zu können. Als Aktionswissen wird das Gewußte auf eine politische Streitfrage angewendet, wodurch eine „Politisierung des Gewußten" (99) erfolgt, eine Qualität, die es vorher, unabhängig vom Streitfall, noch nicht hatte. – Das für den jeweiligen Fall benötigte Orientierungswissen können die Schüler während der Konfliktanalyse erwerben; Giesecke denkt aber auch an eine gesonderte Vermittlung im Lehrgang.

Die Umorganisation des Orientierungswissens in Aktionswissen vermitteln die **Kategorien der Konfliktanalyse** (7.3.3.1; oben S. 161).

„Die kategoriale Durchdringung der politischen Stoffe leistet die Versöhnung zwischen der prinzipiellen Offenheit und Unstrukturiertheit des Gegenstandes, den zur Verfügung stehenden wissenschaftlichen Erkenntnissen und der subjektiven Befindlichkeit der Jugendlichen.“ (128)

Unbestimmtheit und Komplexität hatten wir als Merkmal des Lerngegenstandes Konflikt erkannt. Die Kategorien sind **Erschließungsfragen**, genauer: werden in solche umgewandelt („Leitfragen“ 116f.). Sie bilden demnach keine Theorie, sondern sie sind **Erkenntnisinstrumente**; durch sie wird die Wirklichkeit nicht gedeutet, sondern analysiert. Sie sind nicht Widerspiegelung von Wirklichkeit, sondern Schlüssel zu ihrem Verständnis. Die Kategorien „mobilisieren“ das Orientierungswissen, wie Giesecke sagt; umgewandelt in Erschließungsfragen aktivieren sie das Orientierungswissen für den Erkenntniszweck, sie richten es auf diesen Zweck. Wissenschaftliche Erkenntnisse können an den Sachverhalt herangetragen werden, aber durch die Kategorien gesteuert, auf bestimmte Aspekte hin; insgesamt verhelfen diese Aspekte dazu, den Sachverhalt als **politische** Streitfrage, d.h. auf eine Entscheidung hin zu klären. Der Lehrer lehrt mithin nicht die Lösungen, sondern er **lehrt die Instrumente**, durch welche die Schüler nach Lösungen suchen können, und den Umgang mit ihnen.

Aber auch die „**subjektive Befindlichkeit** der Jugendlichen“ wird einbezogen. Die Jugendlichen können ihre außerhalb der Schule gewonnenen Erfahrungen und Meinungen in den Unterricht einbringen, weil sie „durch die Anwendung übergreifender Kategorien objektiviert“, zu einer „zweiten Erfahrung“ werden (128). „Versöhnung“ in dem Zitat meint, daß die Jugendlichen im Prozeß dieser „Objektivierung“ ihr Selbst nicht auslöschen, sondern daß sie diese „zweite Erfahrung“ als eigene wiedererkennen können. Großen Wert legt Giesecke darauf, daß diese letzte Phase der Konfliktanalyse im Hinblick auf die Lernenden als „**Zone eigener Entscheidungen** respektiert wird“ (127). Voraussetzung hierfür ist die Ergebnisoffenheit des Unterrichts.

Gieseckes Methode der Konfliktanalyse soll Lernende dazu befähigen, die selbst erlebte **Mehrdeutigkeit und Widersprüchlichkeit des Politischen auszuhalten**, indem sie die Fähigkeit erwerben, diese gedanklich zu ordnen und dadurch produktiv zu Erkenntnissen zu verarbeiten und mit ihrer eigenen Alltagserfahrung in Beziehung zu setzen. Die Lernenden brauchen sich nicht resignierend abzuwenden, sondern sie können sich an der Politik beteiligen, wenn auch nur gedanklich.

7.3.4 Eine demokratische Vorstellung von Politik

Mit seiner Didaktik der politischen Bildung holt Giesecke Politik von der Ebene des Staates auf die Ebene des Gesellschaftlichen herunter. Das läßt sich an drei Merkmalen zeigen:

1. **Konfliktfähigkeit**. Den Lernenden wird durch diesen Unterricht nicht nur die Einsicht, sondern auch die Erfahrung vermittelt, daß die Auseinandersetzung, der Widerstreit der Interessen in einer offenen Gesellschaft die **Normalform des politischen Lebens** darstellt, nicht den Betriebsunfall. Erfahrung: weil im Verlauf der Konfliktanalyse der Widerstreit von Interessen und Meinungen innerhalb der Lerngruppe zwangsläufig reproduziert wird. Die Lerngruppe kommt ja meist keineswegs zu einem einheitlichen Ergebnis, und der Lehrer ist ebenfalls nicht in der Lage, kraft seiner Autorität eine Lösung vorzuschreiben. Er kann den Lernenden lediglich Erkenntnissicherheit vermitteln, indem er die Methode lehrt. Durch einen solchen im Unterricht erfahrenen **Umgang mit Kontroversen und Konflikten** werden psychologische Hemmnisse abgebaut, die auf das im Menschen angelegte Harmoniebedürfnis zurückzuführen sind. Denn dies kann bewirken, Politik abfällig nur als „schmutziges Geschäft" zu bewerten und der Politik auszuweichen. Die Schüler lernen, Pluralität zu ertragen: Dies meint Konfliktfähigkeit.

2. **Abbau von ideologischem Denken**. Bei Oberschülern stellte Giesecke Anfang der 60er Jahre fest: Sie verwendeten abstrakte Wertungen, gebrauchten starre Denkmodelle wie Diktatur und Demokratie und hielten „fast leidenschaftlich" an der Geschlossenheit ihres Weltbildes fest (Giesecke 1966: 46f.). Das Aufbrechen geschlossener Weltbilder ermöglicht ein **Denken in Differenzierungen**, in Alternativen, und es wird insgesamt realitätsnaher. Nicht die Partei hat recht, sondern die Parteien vertreten Teilwahrheiten, die in Konkurrenz miteinander zu Entscheidungen führen. Dies bewirkt den Abbau **dichotomischer Weltbilder**, die nur das Gute und das Böse gelten lassen, wie sie auch der Antikommunismus hervorbrachte. Insofern setzte sich Giesecke mit seinem Modell von Fischer ab, der die Begründung für Demokratie aus dem Gegenbild der Diktatur herleitete. Giesecke mußte offenbar 1965 kein Legitimationsdefizit mehr ausgleichen, sondern konnte Schüler zum gleichberechtigten und vernünftigen Sprechen über Politik anleiten, ihnen dazu verhelfen, Demokratie zu praktizieren.

3. **Entzauberung des Staates**. Wird im Unterricht Politik in der Gestalt von Institutionen und Staatsorganen dargestellt, dann erhalten die Schüler das Bild von Autoritäten, die Macht haben und dadurch mit Glanz ausgestattet sind. Das bewirkt Einschüchterung, Ohnmachtsgefühle, allgemein: Es führt zu **Gewöhnung an Autorität**. Anders wenn Politik als Konflikt erfahren wird. Wenn dieser ausgetragen wird, können staatliche Autoritäten Niederla-

gen erleiden oder müssen in Kompromissen zurückstecken. **Staatliche Institutionen** erscheinen hier als Akteure unter vielen, **ohne besonderen Glanz**, und die Ergebnisse ihres Handelns erkennt man als ungewiß, offen und kritisierbar. Bei Giesecke taucht das Wort „Staat" nur an untergeordneter Stelle auf (26ff.). Die Trennung von Staat und Gesellschaft ist für ihn aufgehoben, die „fortschreitende Politisierung der Gesellschaft" wird für ihn „zum Gegenstand der politischen Bildung" (27). Giesecke spricht daher nicht von Institutionen, sondern von „Systemen": vom „System der Verwaltung", vom „System der politischen Herrschaft" u.a. (88). Er hat sich also von der Linie Litt-Fischer gelöst, bei denen politische Bildung auf die Einsicht in das Wesen des wenn auch demokratischen Staates zielte.

7.3.5 Fachwissenschaft und politische Didaktik

Giesecke hat von seiner Didaktik der politischen Bildung später gesagt, sie sei „der erste umfassende Versuch, die sozialwissenschaftlichen Einflüsse zu einer didaktischen Theorie zu integrieren" (Giesecke 1980: 537). In der Tat ist diese Integration die spezifische Leistung Gieseckes gewesen.

Das Unterrichtsfach, meist Sozialkunde oder Gemeinschaftskunde geheißen, hatte damals drei Bezugswissenschaften: Politikwissenschaft, Soziologie und Ökonomie. Kultusverwaltungen und Wissenschaft waren um eine Lösung des **Auswahlproblems** bemüht. Die Ergebnisse in der Form von Lehrplänen oder Vorschlägen hierzu waren eine Addition aus den drei Wissenschaftsbereichen.

Als Beispiel diene der oben (7.2.1; S. 155) schon erwähnte Vorschlag der „Vereinigten Kommission der Deutschen Gesellschaft für Soziologie und der Deutschen Vereinigung für politische Wissenschaft" zu einem Stoffplan für das Fach Sozialkunde im Rahmen der damaligen Gemeinschaftskunde der gymnasialen Oberstufe von 1964. Grundkenntnisse sollen hier in folgenden Stoffbereichen vermittelt werden: 1. Grundverhältnisse und -erfahrungen gesellschaftlichen Lebens, 2. Ordnungsformen des öffentlichen Lebens und der Politik, 3. Die Struktur der Bundesrepublik Deutschland (soziale und politische Struktur), 4. Deutschland in der Weltpolitik der Gegenwart (Gesellschaft – Staat – Erziehung 1965: 73ff.).

Die Verständigung zweier verschiedener Wissenschaftsverbände auf einen gemeinsamen Plan war damals und wäre auch heute eine ungewöhnliche Leistung. Dennoch kam nichts anderes als eine Addition heraus.

Sicherlich ist es für Fachwissenschaften sehr schwer, eine Integration mit ihren Nachbarwissenschaften zu leisten, die über eine Addition hinausgeht, wenn sie von außerwissenschaftlichen Intentionen dazu angeregt wird, nämlich von **Bildungszwecken**, in denen die Interessen von Lernenden und nicht von Wissenschaftlern leitend sind. Auf diesem Hintergrund wird aber auch der große Schritt erkennbar, den Giesecke über eine bloße Reproduktion fachwissenschaftlicher Inhalte hinaus tat. Für ihn war nicht wissenschaftliche Erkenntnis das Ziel des politischen Lernens, sondern die „politische Beteiligung“ (65). Seine Überlegungen leiteten die Frage: „Was muß man heute alles lernen, um sich erfolgreich und produktiv politisch beteiligen zu können?“ (13)

Ausgangspunkt bildet für Giesecke demnach die **Situation des sich politisch Beteiligenden**. Dieser erfährt das Politische aktuell gleichsam im Rohzustand, in den Formen massenmedialer Vermittlung, aber frei von wissenschaftlicher Bearbeitung. Daher weist Politik in der Alltagserfahrung eine andere Gegenstandsstruktur auf als in der Wissenschaft. Im Konflikt als Ereignis erfährt der Jugendliche die „Unsystematik des Politischen“ (28), weil das Politische hier etwas „Offenes, Umstrittenes“ (21) ist. Darin unterscheidet es sich von der Systematik einer zusammenhängenden Lehre.

Politisch wird die Beschäftigung mit einem Konflikt, wenn diese auf eine Entscheidung abzielt. Hierin liegt der grundsätzliche Unterschied zum wissenschaftlichen Wissen, das auf theoretische Erkenntnis abgestellt ist, die nach Auffassung Gieseckes als solche noch nicht politisch ist. **Politisch ist das „Erfahren“**, das bewußte Zusammentreffen des einzelnen mit dem politischen Ereignis in der Wirklichkeit und seine Reaktion darauf. Dabei kommt es gar nicht auf äußerlich erkennbare Handlungen an; gegenüber politischer „Aktivität“ als Erziehungsziel ist Giesecke sogar sehr skeptisch (vgl. 63). Es geht ihm vor allem um den **„Aktivitätsgehalt des Denkens“**, und dieser äußert sich im „Üben des politischen Urteils an Ernstfragen des öffentlichen Lebens“ (63).

Trotz allem ist das von den genannten wissenschaftlichen Verbänden zusammengestellte systematische Wissen für Giesecke keineswegs wertlos. Später hat er die **Bedeutung wissenschaftlichen Wissens** sogar eigens hervorgehoben als Mittel gegen die Gefahr „irrationaler Blindheit“ (Giesecke 1980: 541). In der Neubearbeitung seiner Didaktik von 1972 wird die Vermittlung von Orientierungswissen zum generellen Lernziel erhoben: „Training systematischer gesamtgesellschaftlicher Vorstellungen“ (1972: 146ff.). Dennoch macht es nicht das eigentlich Politische aus. Erst in der Konfliktanalyse wird Wissenschaft auf die Ebene der Lebenspraxis der Jugendlichen heruntergeholt und für diese fruchtbar gemacht, wird sie politisch.

Damit löst sich allerdings das Problem der Integration dreier sozialwissenschaftlicher Disziplinen von selbst auf. Für die Analyse von Konflikten stellen sie ein **Reservoir** dar, aus dem – je nach erforderlichen Aspekten – Wissen abgerufen werden kann, wobei zweitrangig bleibt, in welcher Weise es vorher geordnet war. Die eigentliche **Integration der Fachwissenschaften** erfolgt im Vorgang der Bearbeitung des jeweiligen Konfliktes, also bei der Konfliktanalyse.

Gieseckes Modell verbindet ferner **Wirklichkeitserhellung und Wertbezug** und klärt dadurch die Kontroverse der Sozialwissenschaftler, über die oben berichtet wurde (7.1; S. 151f.). Nach seinem Verständnis sind in den Kategorien auch „Werteinstellungen“ enthalten, die „Konsensus der ganzen Gesellschaft“ seien. Sie haben damit eine **Doppelfunktion**: Sie dienen dazu, „die Wirklichkeit analytisch zu befragen“, aber auch, die ermittelten Sachverhalte „mit einem Wertakzent zu versehen“ (115). Die Konfliktanalyse ist also zugleich eine **bewertende Analyse** von Sachverhalten der sozialen und politischen Wirklichkeit, die der Entscheidungsfindung dient.

So läßt sich abschließend feststellen: Giesecke hat die erste didaktische Konzeption verfaßt, die zu einer **Rezeption der Sozialwissenschaften** als Bezugswissenschaften der politischen Bildung verhilft, beispielsweise dadurch, daß sie selbst die Konflikttheorie Dahrendorfs aufgreift (vgl. 102f.), aber auch in dem Sinne, daß sie sozialwissenschaftliches Wissen als „Orientierungswissen“ didaktisch verortet, es in didaktisches Denken einordnet. Die Nutzung und Integration des sozialwissenschaftlichen Wissens leitet Giesecke durch eine Theorie des politischen Lernens an, welche die **Lebenssituation des sich politisch Beteiligenden** und damit auch des Jugendlichen zum Bezugspunkt wählt. Dadurch wird aus dem politischen Unterricht nicht eine Lehre der Sozialwissenschaften, nicht eine Minisozologie. Durch seine **Theorie der Vermittlung von wissenschaftlichem Wissen in das Alltagsbewußtsein** zeigt er die Möglichkeiten auf, wie wissenschaftliches Wissen „praktisch“ werden kann. Seine Didaktik enthält damit eine politische Handlungstheorie.

7.3.6 Der Pragmatismus bei Giesecke

Giesecke war Schüler von Theodor Wilhelm, der seinerzeit unter dem Pseudonym „Oetinger“ das Buch „Partnerschaft“ geschrieben hatte (3.2; oben S. 51ff.). Er arbeitete auch eine Zeitlang bei ihm als Assistent. An seiner Beurteilung von Oetinger läßt sich ablesen, daß er sich in die Tradition einer pragmatistischen Didaktik einordnet.

Wegweisend an der pädagogischen Konzeption von Oetinger war für Giesecke vor allem die **Aufhebung der alten Trennung von Staat und Gesellschaft**. Die durchgehende Politisierung aller sozialen Bezüge habe Oetinger als erster gesehen. Er habe deutlich gemacht, daß es in der Politik um die Bewältigung konkreter Situationen und um das Agieren konkreter Menschen und Gruppen geht und nicht in erster Linie „um Feldschlachten abstrakter Begriffsgespenster“ (1972: 26f.).

Aus den vorhergehenden Ausführungen ergibt sich, daß dies auch für Giesecke zutrifft. Mit Oetinger/Wilhelm unterscheidet er sich von der Tradition der geisteswissenschaftlichen Pädagogik, der es um die Bildungswirksamkeit der Lerninhalte ging. So verbindet ihn mit Oetinger/Wilhelm auch die **Kritik an der Bildungstheorie**, die, soweit sie sich mit politischer Bildung beschäftigt, „praxis-indifferent“ sei (72); ihr Bildungsbegriff enthalte ein „harmonistisches Grundmodell vom menschlichen Leben“ (73) – von dem sich allerdings Oetinger/Wilhelm nicht lösen konnte –, und sie sei eine „individualistische Theorie vom Menschen und der Welt“ (73). Lernen vollzieht sich demgegenüber wie für Oetinger, so auch für Giesecke in „konkreten sozialen Interaktionen“ (75). Nicht die Ausstattung mit „Bildungsgütern“ ist das Ziel des Bildungsprozesses: Die „intellektuelle und moralische Schärfung der Erkenntnis-, Urteils- und Handlungs*instrumente*“ sei wichtiger „als ein Sammelsurium von Stoffen“ (75, Hervorhebung daselbst). Ganz pragmatistisch ist für Giesecke der Zweck des Lernens: „Lebensbewältigung“ (75).

Aber Giesecke setzt sich auch kritisch von Oetinger/Wilhelm ab, wenn er meint, dieser unterschätze die Bedeutung des systematischen, zusammenhängenden Wissens. Man kann die hervorragende Bedeutung Gieseckes darin sehen, daß er das systematische, das **fachwissenschaftliche Wissen in das pragmatischen Lernkonzept „integriert“** hat. Das ist eine Seite von Gieseckes Didaktik, die viel zu wenig gewürdigt, z.T. regelrecht mißverstanden worden ist, beispielsweise von Rolf Schmiederer, dem die Trennung von „Orientierungswissen“ und „Aktionswissen“ als „äußerst fragwürdig“ erschien (Schmiederer 1972: 112).

Allerdings erschließt sich das Verständnis dieser Unterscheidung erst durch einen Rückgriff auf die pragmatistische Theorie. Von John Dewey kommt der Gedanke, daß **Wissen auf Handeln bezogen** ist: „Wissen heißt wach sein; es heißt für eine erfolgreiche Behandlung einer Aufgabe, für die tiefere Erkenntnis der Bedeutung dieser Aufgabe und für das volle Verständnis der Lösung selbst das erforderliche Material an Kenntnissen zur Verfügung haben.“ (Dewey 1964: 250) Wenn Dewey darauf das Wissen als „eine Art Brücke für den Geist auf seinem Wege vom Zweifel zur Entdeckung neuer Tatsachen“ beschreibt, so trifft dies die Funktion des Orientierungswissens im Sinne von Giesecke, da es ja bei der Auseinandersetzung mit Konflikten als Hilfsmittel dient. Das Bild der „Brücke“ ist aber noch zu metaphorisch, um auch seine Umwandlung in Aktionswissen zu erklären.

Das wird erst möglich, wenn man eine spätere pragmatistische Denkpsychologie zu Hilfe nimmt (zum folgenden Gagel 1986a: 55ff.). Hans Aebli hat in seinem Werk „Denken als Ordnen des Tuns“ die Unterscheidung zwischen „kumulativem Wissen“ (1980: 127) und „Handlungswissen“ (1980: 158) gemacht, welche Gieseckes Begriffen „Orientierungswissen“ und „Aktionswissen“ entspricht. Nur wird bei Aebli jetzt der Zusammenhang verständlich. Das kumulative Wissen ist wie bei Giesecke das Reservoir, der „Steinbruch“ (Aebli), aus dem Bestandteile herausgelöst werden, damit sie „Aktionswissen“ werden, das heißt aber jetzt nach Aebli: damit sie **für eine Handlung verwendet** werden können. Das für den Handlungszweck benötigte Steinbruch- oder Orientierungswissen wird also in eine Handlungsfolge umgesetzt. Eine solche ist auch die Konfliktanalyse.

Giesecke hat intuitiv diese **Umwandlung von Orientierungswissen in Handlungswissen** erfaßt. Er hat auch die Konfliktanalyse als Situation gedeutet: als Konfrontation mit dem Konflikt im Alltag, die eine handelnde Auseinandersetzung erforderlich macht. Aber er hat diese **Handlungsstruktur nicht theoretisch geklärt**. Daher bleibt sein Verlaufsmodell des Unterrichts (1965: 126f.) beliebig und inkonsistent; beispielsweise sollen alle Kategorien angewendet werden, aber es wird nicht überlegt, ob dies nicht vielleicht in verschiedenen Phasen, also in einer handlungslogischen Reihenfolge geschehen müßte (Unterscheidung von Analyse- und Urteilskategorien). Aus diesem Grund hat Lingelbach Gieseckes Modell weiterentwickelt und die Kategorien in Phasen von Teilhandlungen übertragen: Konfliktanalyse, Urteilsbildung und Handeln (7.3.3.1; oben S. 161).

Dieser Mangel an Gieseckes Modell ist immer schon empfunden worden, ohne daß die in ihm dessenungeachtet **verborgene Handlungstheorie** erkannt worden wäre. Wie Oetinger hat auch Giesecke darauf verzichtet, auf Deweys Analyse des handlungsbezogenen Denkprozesses (so vor allem in Dewey 1951) zurückzugreifen und ihn als Leitfaden für ein Verlaufsmodell der Konfliktanalyse zu nutzen.

Zur selben Zeit gab es, unabhängig von Giesecke, andere fachdidaktische **Vorschläge für die Strukturierung des Lernprozesses**, die dem Pragmatismus nahestanden oder von ihm beeinflußt waren. Seit Anfang der 60er Jahre erschienen in der Zeitschrift „Gegenwartskunde" die „Modellanalysen politischer Probleme" zur Wirtschafts- und Sozialpolitik von Friedrich-Wilhelm Dörge und Mitarbeitern (gesammelt in Ortlieb/Dörge 1964 und 1968). Die Analyse erfolgte immer nach den Schritten Lageanalyse, Zieldiskussion und Maßnahmen. Das jeweilige wirtschafts- und sozialpolitische Thema wurde als politisches Entscheidungsproblem entfaltet und in der Form der gedanklichen Vorarbeit für einen Entscheidungsprozeß behandelt. Diesen Analysen lag ein Modell des politischen Handelns als gedanklicher Vorgang zugrunde. Mittelbar auf Dewey baute mein „Strukturschema von Modellen für den politischen Unterricht" auf (Gagel 1967: 127f.), wo ich u.a. die Weiterentwicklung Deweys durch H.W. Bernard genutzt habe, wie sie Heinrich Roth (1966: 219f.) referiert hatte. Die Stufen dieses Modells waren: 1. Einstieg, 2. Motivation, 3. Planungsgespräch, 4. Untersuchung, 5. Rückbezug auf die Ausgangsfrage, 6. Beurteilung, Zieldiskussion, 7. Handlungsmöglichkeiten. Versucht wurde hier die Kombination der Phasen eines handlungsbezogenen Lernens mit den Stufen des politischen Entscheidungsdenkens. Der Verlauf wird bei beiden Modellen durch Sach- oder Handlungslogik bestimmt und wirkt daher selbststeuernd. Näher an Giesecke und ebenfalls wie das von Lingelbach in Auseinandersetzung mit ihm entwickelt, aber weniger pragmatistisch ist das Modell von Lutz Rössner (1969), das folgende Schritte enthält: Provokante Konfrontation, Differenzierte Information, Multiforme Diskussion I, Multipolare Reflexion, Multiforme Diskussion II, Multipolare Reflexion II, Rationale Position, Engagierte Demonstration, Autonome Aktion. Hier scheint der Steuerungsanteil des Lehrers wieder erhöht zu sein; es fehlen die Teilhandlungen, die auf ein Ziel ausgerichtet sind.

Das **pragmatische Lernkonzept**, das Oetinger entworfen hatte, bekam in den 60er Jahren durch Giesecke den nachhaltigsten Impuls. Giesecke bewahrte die Kontinuität des Pragmatismus, ohne daß er diesen erwähnte. Wir müssen daher bei ihm von einer **verdeckten Rezeption des Pragmatismus** sprechen (vgl. Gagel 1995).

7.3.7 Gieseckes Beitrag zur sozialwissenschaftlichen Orientierung der politischen Bildung

Giesecke war der erste Didaktiker, welcher die Sozialwissenschaften, vor allem Politikwissenschaft und Soziologie, in dem damals faßbaren Stand bewußt aufgegriffen hat; er leitete dadurch die **sozialwissenschaftliche Orientierung** der politischen Bildung ein. Die Nutzung der Bezugswissenschaften erfolgte unter Gesichtspunkten der didaktischen Reflexion; Giesecke stellt keine Lernfelder dar, sondern er zieht Informationen aus den sozialwissenschaftlichen Disziplinen heran, um didaktische Fragen zu klären, z.B. wieweit eine Zielbestimmung realistisch sein kann oder wie die Kategorien inhaltlich gefüllt werden. Eine Ausnahme gibt es: Er konkretisiert das Orientierungswissen inhaltlich durch die Skizzierung der vier Systeme.

Dabei ist immer dieser **Primat der didaktischen Reflexion** zu beachten. Herbert Kühr kritisierte beispielsweise, daß Giesecke für seinen Politikbegriff nur einen Aspekt aus der Vielfalt der in der Wissenschaft vorhandenen Politik-Begriffe ausgewählt habe (1980: 136). Dabei hat er übersehen, daß Giesecke von einer „*didaktischen* Theorie der Politik" spricht (1968: 76; Hervorhebung W.G.), also nicht eine fachwissenschaftliche Theorie zu geben beansprucht, und daß er daher Politik nur im Rahmen seiner didaktischen Theorie unter dem Aspekt der Alltagserfahrung behandelt, in welcher sie in der Tat mit einer gewissen Einseitigkeit erlebt wird. Giesecke sieht seine Aufgabe nicht in der Bestandsaufnahme des wissenschaftlichen Wissens, sondern in der Entwicklung einer **Theorie der Vermittlung dieses wissenschaftlichen Wissens in Alltagsbewußtsein**, und hierfür ist die Einseitigkeit des Politikbegriffes, nämlich die Hervorhebung seines Konfliktcharakters, ergiebig.

Für diese Didaktik von 1965 gilt auch, daß nicht so sehr der Konflikt, sondern die **Politik** im Vordergrund steht; Aktionswissen ist wichtig, weil in ihm das Orientierungswissen politisch wird. Der Konflikt ist das politische Ereignis, das zur Stellungnahme und Urteilsbildung herausfordert, als Sonderfall des „Fallprinzips". Später hat Giesecke den Konfliktbegriff relativiert und vorgeschlagen, von „Problemen" auszugehen, weil diese langfristig seien und das Verständnis aktueller Konflikte erleichterten (1979: 10). Zentrales Merkmal seiner Didaktik ist die durch die Sozialwissenschaften vermittelte **„Hinwendung zur kontroversen politischen Realität"**, wie er seine und verwandte didaktische Konzeptionen später charakterisiert hat (Giesecke 1980: 537). Dies muß als Einwand gegen die gängige Charakterisierung seiner Konzeption als „Konfliktdidaktik" berücksichtigt werden. Konflikt ist auch in der ersten Fassung seiner Didaktik lediglich das zugespitzte aktuelle politische Ereignis, nicht aber das Symbol für den nur durch Systemveränderung aufhebbaren Antagonismus der Gesellschaft, der eine parteiergreifende Konfrontation provoziert, wie es später verstanden wurde.

Giesecke war ferner der erste, der das **kategoriale Lernen** in die politische Bildung eingeführt hat. Nicht das Lernen von Einsichten, sondern das Erlernen des kategorialen Analysierens wählte er als Ziel, und dieses ermöglicht, im Unterschied zu ersterem, die **Offenheit des Lernprozesses**, die einem politischen Lernen in der demokratischen Gesellschaft adäquat ist. Nicht die Determination der Ergebnisse, sondern der Erwerb der **Instrumente zur Ergebnisfindung**: Das ist das pädagogische Credo des Pragmatismus mit seiner Auffassung von der Gesellschaft als „Experimentiergemeinschaft mündiger Menschen".

7.4 Nachfolgende Kontroversen

Rolf Schmiederer hat gegenüber Giesecke kritisch geäußert:

„Sosehr die Hereinnahme des Konflikts in den politischen Unterricht ein Fortschritt gegenüber der Partnerschaftserziehung oder einer an der »Gemeinschaft« orientierten politischen Didaktik bedeutet, so problematisch erscheint bei Giesecke die undifferenzierte Gleichsetzung aller kontroversen Fragen und Probleme im Begriff des Konflikts.... [Es] besteht die Gefahr, daß gerade die Grundwidersprüche und Herrschaftsstrukturen einer Gesellschaft nicht ins Blickfeld geraten." (Schmiederer 1972: 113)

Mit diesen Worten kommt eine **neue Terminologie** in die didaktische Diskussion. Giesecke wird hier aus der Position eines späteren Diskussionsstandes der politischen Bildung kritisiert. Es ist die Zeit, in welcher die marxistisch fundierte Kritische Theorie auch auf die Entwicklung der politischen Bildung Einfluß gewann. Das geschah mit einer gewissen Verzögerung; 1965 war Giesecke davon noch nicht berührt. Aber schon in der Diskussion über seine Konzeption trat sie ans Licht. Wir müssen daher die wissenschaftsgeschichtliche Entwicklung der 60er Jahre ergänzen. Verspätete Auswirkung auf die politische Bildung hatte der **„Positivismusstreit"**, der zunächst innerhalb der Soziologie geführt wurde, dann aber auch auf die Politikwissenschaft übergriff. Für die politische Bildung wurde er insofern bedeutsam, als er Kontroversen innerhalb der politischen Didaktik ausgelöst hat.

7.4.1 Der Positivismusstreit

Der Positivismusstreit setzte 1961 auf der Tübinger Arbeitstagung der Deutschen Gesellschaft für Soziologie ein. Er war die grundlegende Kontroverse zwischen zwei Richtungen innerhalb der Soziologie: der **Kritischen Theorie** der sog. Frankfurter Schule mit Max Horkheimer und Theodor W. Adorno als deren Begründer einerseits und dem **Kritischen Rationalismus**, ursprünglich Positivismus genannt, mit dem nach England emigrierten Karl Raimund Popper und Hans Albert als deutschem Vertreter andererseits.

Der Gegensatz zwischen beiden Richtungen läßt sich am besten an einer einfachen Frage verdeutlichen. Wann beginnt die Erkenntnis? fragte Popper. Seine Antwort: Sie beginnt nicht mit Wahrnehmungen oder Beobachtungen, sondern sie beginnt mit Problemen. Sie beginnt mit der **Spannung zwischen Wissen und Nichtwissen**: kein Problem ohne Wissen, kein Problem ohne Nichtwissen. „Denn jedes Problem entsteht in der Entdeckung, daß etwas in unserem vermeintlichen Wissen nicht in Ordnung ist." (Adorno u.a. 1969: 104) Adorno hat dagegen eingewandt: Probleme entstünden nicht stets durch die Entdeckung, daß etwas mit unserm Wissen nicht in Ordnung sei. Es müsse sich nicht um einen „anscheinenden" Widerspruch zwischen Subjekt und Objekt handeln, also zwischen dem mangelnden Wissen des Subjekts und dem Realitätsgehalt des Objekts. Vielmehr könne der Widerspruch auch **„real in der Sache seinen Ort** haben und keineswegs durch vermehrte Kenntnis und klarere Formulierung aus der Welt sich schaffen lassen" (ebda.: 129; Hervorhebung W.G.).

Popper entwickelt eine **wissenschaftstheoretische Fragestellung**: Wie kommt sicheres Wissen zustande? Er sagt: Eine Lösung wird kritisiert, und wenn sie durch Kritik widerlegt ist, versuchen wir es mit einer anderen. Wahrheit besteht darin, daß „unsere Lösungsversuche bisher auch unserer scharfsinnigsten Kritik standzuhalten scheinen" (ebda.: 105-6). In dieser Aussage ist der Wahrheitsbegriff des Pragmatismus enthalten, den wir im Zusammenhang mit Oetinger kennengelernt haben (3.2.4; oben S. 60).

Adorno formuliert demgegenüber eine **gesellschaftskritische Fragestellung**: Widerspruch real in der Sache bedeutet, daß es sich um eine Defizit im Objekt handelt und daß das Subjekt die Fähigkeit hat, den Sachverhalt, der das Objekt bildet, als Defizit zu verstehen. Das setzt jedoch ein Vorverständnis vom nichtdefizitären Zustand voraus. Der Erkenntnisvorgang ist mithin mit dem Vorgang des Wertens verbunden. Das exakte Beweisen wird hier durch das **hermeneutische Verstehen** ergänzt. Dann aber ergibt sich folgendes: „Dieses Verstehen ist immer schon von einem bestimmten Bild der Gesellschaft geprägt, das das wissenschaftliche Verfahren leitet und übergreift." (Schulz 1972: 159) Dieses Gesellschaftsbild hat kritische Funktion; es definiert den Problemgehalt des Problems aus seinem Bezug zu den Widersprüchen, die im Ganzen der Gesellschaft festgemacht werden können, und dieses Bild vom Ganzen ist **kritisch**, weil die Realität des Ganzen mit der Denkmöglichkeit eines besseren Ganzen verglichen wird. Dieses Bessere ist die repressionsfreie Gesellschaft.

Im Verlauf dieser 60er Jahre erfolgte eine **Politisierung** der ursprünglich soziologisch verstandenen Fragestellung. Es wurde jetzt nicht mehr von Gesellschaft als Ganzem, sondern von der Alternative „Spätkapitalismus oder Industriegesellschaft“ gesprochen. Den politisch argumentierenden Soziologen erschien der Begriff „Industriegesellschaft“ als Ausflucht (Schulz 1972: 163). Ihre Argumentation wurde von der politischen Absicht geleitet, zur Überwindung des Spätkapitalismus beizutragen.

7.4.2 Diskussionen in der Fachdidaktik

Nach 1965 meldeten sich in der Fachdidaktik der politischen Bildung Autoren zu Wort, die ein sozialwissenschaftliches Studium absolviert hatten und vor allem sich der kritischen Soziologie zugehörig fühlten. Dadurch bildeten sich **zwei Gruppen von Didaktikern**. Die einen waren vorwiegend als Pädagogen zur politischen Bildung gekommen. Sie sahen sich jetzt in die Diskussion mit sozialwissenschaftlich vorgebildeteten Didaktikern verwickelt. Der bekannteste von diesen war Rolf Schmiederer.

Die Grundfrage lautete, wie die Didaktiker zum gegenwärtigen politischen System der Bundesrepublik standen. Es ist die Frage nach **Reform oder Systemveränderung**. In der Politikwissenschaft wurde die Bundesrepublik bis dahin als funktionierendes politisches System vom Typ westlicher Demokratie beschrieben. Strukturelle Defekte ließen eine Besserung erwarten. Der bald 20-jährigen Herrschaft der CDU/CSU wurde die Erwartung eines Umschwungs der politischen Orientierung in der Wählerschaft entgegengesetzt, ein Wechsel des Wählervotums. Eine Blickverengung lag insofern vor, als von der damaligen Politikwissenschaft die gesellschaftlichen Bedingungen einer solchen dauerhaften Herrschaft nicht untersucht wurden, beispielsweise der durch das „Wirtschaftswunder“ verursachte Wohlstand bei zunehmender Ungleichheit der Vermögensverteilung.

Die neue Frage lautete: Lassen sich die Defizite der Bundesrepublik durch **Regierungswechsel** beseitigen, oder erfordern sie eine **Veränderung des Gesellschaftssystems**? Es war gleichzeitig die Frage nach dem politischen Handeln: Sollen Schüler zum politischen Handeln befähigt werden und wenn ja, mit welchen Handlungsimpulsen? Aus dieser Problemkonstellation entwickelten sich innerhalb der Didaktik der politischen Bildung nach 1965 grundsätzliche Kontroversen, die um folgende Fragen kreisten:

1. **Normalbürger oder Aktivbürger**? „Gegenüber den sekundären Systemen der Gesellschaft“, so sagte Hermann Giesecke, „ist der Appell zur Aktivität nur mit äußerster Zurückhaltung zu vertreten.“ (1965: 63) Politik sei kein Geschäft, das man nebenbei erledigen könne. Das widerspreche der modernen Gesellschaft mit ihrer Arbeitsteilung (1965:64). Daher schlug er als Zielbegriff **„politische Beteiligung“** vor. Dieser erschien ihm als unumstritten, weil es sich um ein durch die Verfassung verliehenes Recht handele (1965: 66).

Der Begriff enthält nach seiner Vorstellung eine Palette von Realisierungsmöglichkeiten: von innerer Beteiligung in Form des Verstehens und Beurteilens bis hin zur Wahrnehmung der Bürgerrechte und zur Teilnahme an kollektiven Aktivitäten. Es ist dies eine Sicht des Politischen, die auf den „Normal- oder Durchschnittsbürger“ zugeschnitten ist, wie Giesecke schrieb (1965: 175).

Gerade dies aber kritisierte Rolf Schmiederer. „Mit dieser Reduktion des Bildungsziels auf den Normalbürger mit vorwiegend reaktiver Einstellung zum politischen Geschehen verzichtet Giesecke auf den fruchtbaren Konflikt zwischen dem Bestehenden und dem Wünschenswerten zugunsten der Anpassung an den status quo.“ (R. Schmiederer in Schmiederer/Schmiederer 1968: 409) Gegen Giesecke und Fischer gerichtet, bezweifelte Schmiederer, daß „Einsichten“ politisch relevant seien; werden sie um ihrer selbst willen gelernt, verliefen sie im Sande. Eine solche Pädagogik bilde Schüler zu „Informationssammlern“ aus. Seine eigene Intention war anders: „Rationale Erkenntnis schlägt um in **reflektiertes Engagement**, in politisches Handeln, wenn gesellschaftlich geschultes Bewußtsein die Ursachen gesellschaftlicher Widersprüche in den Strukturen der Gesellschaft zu suchen versteht“ (ebda.: 411; Hervorhebung daselbst).

2. **Konsens oder Antagonismus**? Die einen hielten entsprechend der von Ernst Fraenkel entwickelten Pluralismustheorie einen Minimalkonsens im Sinne der „Grundeinsichten“ für erforderlich und möglich (Fischer, Hilligen, Giesecke). Demgegenüber konstatierte die kritische Gesellschaftstheorie einen fundamentalen Widerspruch in der Gesellschaft, der einen Konsens nicht zuläßt. Nach Wilfried Gottschalch sollte politische Bildung unter anderem „die Einsicht in den antagonistischen Charakter unserer Gesellschaftsordnung, der ein vernünftiges und einigermaßen befriedigendes Zusammenleben der Menschen verhindert“, vermitteln (1970: 155). Den Didaktikern, die einen Minimalkonsens bejahten, wurde vorgehalten, daß sie einen Beitrag zur Stabilisierung der Klassenherrschaft leisteten (Schmiederer 1972: 103).

3. **Affirmation oder Kritik**? Auch Fischer und Hilligen forderten Kritikfähigkeit als Erziehungsziel. Den Anhängern der kritischen Gesellschaftstheorie erschien selbst dieses Lernziel in seiner Wirkung nur auf eine Bestätigung des status quo hinauszulaufen. Dies war für sie nicht mehr akzeptabel, weil der parlamentarische Verfassungsstaat als solcher problematisiert wurde. Weder das parlamentarische noch das Rechtsstaatsprinzip seien auf Ziele wie Emanzipation und demokratische Mündigkeit zugeschnitten, meinte Karl Hermann Tjaden. „Die verfassungsmäßige Garantie individueller Freiheitssphären, von Rechtsanwendungsgleichheit sowie von parlamentarischer Repräsentation gewährt im Prinzip ja nur Freiheit – bis zu einem gewissen Grade – von staatlich vermittelter Herrschaft, Abwesenheit von staatlicher Willkür und endlich Interessenrepräsentation nur in diesem politischen Bereich

und durch eine Vertretung der Repräsentierten, während sie einen Bereich von gesellschaftlich reguliertem Zwang gerade reserviert.“ (Tjaden 1966: 381.) Die Kritik richtete sich gegen die Unwirksamkeit staatlichen Handelns im Bereich der Gesellschaft; der repräsentativen Verfassung wurde unterstellt, sie grenze einen Bereich aus, in welchem gesellschaftliche Mächte uneingeschränkt walten können und dort Demokratie nicht zulassen, beispielsweise in der Wirtschaft.

Merkmal der nächsten Jahre didaktischer Diskussion wurde diese **Verlagerung des thematischen Schwerpunktes** der politischen Bildung: von der Erhellung der verfassungsmäßigen Ordnung des gesellschaftlichen Lebens zu der **kritischen Analyse der Gesellschaft** zwecks Aufdeckung unkontrollierter ökonomischer Herrschaft. Wer Kritik nicht auch in diese Dimension richtete, dem wurde **Affirmation** unterstellt, daß er nämlich durch Zustimmung zur Erhaltung des Bestehenden beitrage. Die kritischen Autoren folgten nicht mehr der Gesellschaftstheorie von Dahrendorf, für den die Antagonismen dauerhafte und notwendige gegebene Strukturelemente der Gesellschaft waren, was die Unaufhebbarkeit von Konflikten erklärt. Schmiederer verstand gesellschaftliche Widersprüche als Anstöße für politisches Handeln, das auf ihre Beseitigung zielt. Das führte ihn zum Gedanken der **Systemveränderung**; er plädierte für ein „Engagement“, „das in Richtung auf eine bessere, d.h. den realen Interessen der Menschen gerechter werdende, Gesellschaft hin tendiert“ (R. Schmiederer in Schmiederer/Schmiederer 1968: 411). Grundlage dieser Kritik war eine kritische Theorie der Gesellschaft und eine Theorie des Spätkapitalismus, wie sie die politische Linke in der damaligen Zeit in der Bundesrepublik diskutierte und die das bundesrepublikanische Gesellschaftssystem grundsätzlich in Frage stellte.

Hier bahnte sich die **Aufkündigung des Nachkriegskonsenses über die Westorientierung** an. Sie hat 1968 in der Studentenbewegung ihre politische Erscheinungsform erhalten und zur ersten Legitimationskrise der Bundesrepublik geführt.

8. Die Politisierung der politischen Bildung 1968

„Der Saal war außer Rand und Band, als das Wort – der Reihe nach – an mich erging. Ich zögerte und sagte dann ins Mikrophon und in den vor Neugier zurückebbenden Lärm: »Ich habe Angst...« Auf dieses Wort, nein, auf die sich selbst mitteilende Angst hin trat vollkommene Stille ein, und ich konnte, ich mußte mich weiter erklären: »... nicht davor, daß Sie mir etwas tun (es waren mehrere Eier geflogen und hatten auch Podiumsmitglieder getroffen), aber davor, daß ich dieser Lage nicht gewachsen bin. Ich bin überzeugt, daß Sie das Falsche tun, aber ich muß fürchten, daß Sie meine Überzeugung und ihre Begründung nicht hören werden, weil ich sie nicht frech und schneidig und unbekümmert genug vortrage.« Man hat mich zu Ende reden lassen, acht bis zehn Minuten lang. Dann fiel man wieder über die anderen her, und die Versammlung wurde abgebrochen." (v. Hentig 1983: 51)

In einem überfüllten Hörsaal der Frankfurter Universität stand der Pädagoge Hartmut von Hentig im Jahre 1968 vor den Studenten im Rahmen einer Podiumsdiskussion am Mikrophon. Es war die Zeit der Studentenbewegung und des Studentenprotestes. Ihr war von Hentig durchaus wohlwollend gesonnen. Um so deutlicher offenbart das Erlebnis die **Brisanz** und die **Ambivalenz** der Ereignisse, die sich damals an den Universitäten abspielten. In einer vorher nicht vorstellbaren Weise wurde eine hergebrachte Ordnung gestört, wurden bisher unantastbare Autoritäten vom Sockel gestoßen, wurde in die „alma mater" der Geist des Aufruhrs hineingetragen.

Das Jahr 1968 markiert einen **Wendepunkt** in der kulturellen Entwicklung der Bundesrepublik, über deren Deutung freilich heute noch keine Einigkeit besteht. War das Jahr 1968 „ein Laboratorium der nachindustriellen Gesellschaft", wie der Achtungsechziger Claus Leggewie fragte (1988), oder handelte es sich vielmehr um den „Mythos der »kritischen Generation«", wie der 24 Jahre ältere Philosoph Hermann Lübbe behauptete (1988)?

Diese Fragen sind kaum zu beantworten, weil die Sichtweise von Generation zu Generation, von Position zu Position wechselt. Aber über die Wirkung läßt sich einiges sagen und hier insbesondere über die Wirkung dieses Studentenprotestes auf die politische Bildung. Ich fasse diese Wirkung in einem Wort zusammen: **Politisierung**.

Diese tritt in den Jahren vor und nach 1968 ein. In dieser Zeit bündeln sich drei verschiedene Bedeutungen von Politisierung:

- Zunächst bedeutete Politisierung als didaktischer Begriff, daß Lernende im Unterricht zu **politischen Streitfragen** Stellung nehmen, wie wir es bei

Giesecke gesehen haben. Lerngegenstand werden „Konflikte", also Streitfragen des öffentlichen Lebens, und die Lernenden sollen die Fähigkeit erwerben, Kritik zu üben und Entscheidungen zu treffen.
- Zweitens meinte Politisierung als historischer Begriff, daß Didaktiker selber **politische Positionen** bezogen. Es entstand, wie gezeigt (7.4.2; oben S. 174), die innerdidaktische Kontroverse über das Stabilitäts- oder Veränderungspotential der Gesellschaft, je nachdem, ob die Autoren eine Erhaltung, eine Reform der Gesellschaft oder eine Systemveränderung anstreben.
- Drittens besagte Politisierung als politischer Begriff: **politische Instrumentalisierung**. Politische Bildung erhielt eine politische Funktion, nämlich Bewußtseinsbildung zum Zwecke der Systemstabilisierung oder zum Zwecke der Systemveränderung zu bewirken.

In diesem Kapitel wird Politisierung in der dritten Bedeutung dargestellt. Angesichts der innenpolitischen Krise, die durch die Studentenunruhen ausgelöst wurde, erhielt die politische Bildung von der Bundesregierung die Aufgabe der **Krisentherapie**.

8.1 Die Protestbewegungen 1967/68

8.1.1 Außerparlamentarische Opposition

Die Jahre von 1966 bis 1969 umgrenzen in der Geschichte der Bundesrepublik eine Zeit einschneidender Veränderungen. Es war die Zeit der **Großen Koalition**: 1966 wurde die Regierung unter Ludwig Erhard, dem Vater der sozialen Marktwirtschaft, abgelöst, und es bildete sich eine Koalition von CDU/CSU und SPD unter Kurt Georg Kiesinger als Kanzler und Willy Brandt als Vizekanzler und Außenminister. Die parlamentarische Opposition schmolz auf eine kleine Minorität von 49 Abgeordneten der FDP zusammen.

Die positive Wirkung dieser Großen Koalition bestand darin, daß die **SPD regierungsfähig** wurde. Ihr hatte bis dahin das Odium der ewigen Opposition angehangen. In den Augen der Wähler war sie zur Neinsager-Partei geworden, denn die Vorstellung, daß die Opposition die Regierung im Wartestand sei, hatte sich in der Bundesrepublik der Nachkriegszeit noch nicht durchgesetzt. Tatsächlich bedeutete diese Große Koalition für die SPD den entscheidenden Schritt auf dem Wege zur Übernahme der Regierung im Jahre 1969. Später hat man diesen Regierungswechsel die **„zweite Demokratiegründung"** genannt (Kleßmann 1988: 473). Denn das parlamentarische Regierungssystem ist ja erst dann funktionsfähig, wenn die Ablösung einer

Regierung durch die Opposition nicht nur theoretisch, sondern auch real möglich ist und geschieht.

Die negative Seite der Großen Koalition lag darin, daß im Bundestag mit der FDP im damaligen Dreiparteiensystem nur noch ein zahlenmäßig kleiner Rest von Opposition zurückblieb. Viele Kritiker der Regierungspolitik sahen sich nicht mehr im Parlament vertreten. Eine **außerparlamentarische Opposition** entstand, kurz „APO" genannt. Sie war eine Protestbewegung, die sich an zwei Anlässen formierte: der Notstandsgesetzgebung und den Studentenunruhen.

Die **Notstandsgesetze** sollten die Vorbehaltsrechte der westlichen Alliierten ablösen. Sie dienten der Stärkung staatlicher Souveränität, sollten also der Bundesrepublik größere politische Selbständigkeit bringen. Jedoch fürchteten viele die Vermehrung einer unkontrollierten Macht der Exekutive. In der Protestbewegung gegen die Notstandsgesetze fanden sich die Gewerkschaften zusammen mit einer kleinen, aber öffentlichkeitswirksamen außerparlamentarischen Opposition von Hochschullehrern, Schriftstellern, Pastoren und Studenten, die sich im „Kuratorium Notstand Demokratie" organisierten (Kleßmann 1988: 248). Die Aktionen dauerten bis zur Verabschiedung der Notstandsgesetze im Bundestag im Mai 1968. Danach geriet das Problem weitgehend in Vergessenheit.

Die **Studentenunruhen** nahmen von der Freien Universität in Westberlin ihren Ausgang. Sie erfuhren im Juni 1967 eine erste Zuspitzung, als bei einer Demonstration gegen den Besuch des Schahs von Persien in Westberlin ein Student von einem Polizisten erschossen wurde. Im April 1968 kam es in der Bundesrepublik verbreitet zu den sog. Osterunruhen im Zusammenhang mit der Ostermarschbewegung; die Unruhen wurden durch ein Attentat auf das führende Mitglied der Studentenbewegung Rudi Dutschke verschärft. Es fanden an vielen Orten Straßenschlachten statt, besonders gewalttätig waren sie in Berlin und Frankfurt/M. Innerhalb der Universitäten äußerte sich Protest gegen Autoritäten und schlechte Studienbedingungen durch Aktionen, wie sie in amerikanischen Universitäten vorgelebt worden waren. Studentenbewegungen gab es dort schon 1964 in Berkeley; sie richteten sich gegen die Universität, aber auch gegen die amerikanische Außenpolitik, wie später erneut im April 1968 in der Columbia-Universität zu New York. Äußere Einflüsse kamen auch von Frankreich, wo Paris im Mai 1968 einen Aufstand der Studenten erlebte.

Man kann diesen Studentenprotest sehr verschiedenartig deuten und trifft dann immer nur einen Teil der Wahrheit. Zum einen entsprang er einer tiefgreifenden Erfahrung der **Nachkriegsgeneration**, derjenigen Generation also, die ihre bewußte Jugend nach dem Krieg erlebt und somit nur die Friedenszeit kennengelernt hatte. Sie trug einen **Generationenkonflikt** aus, da sie die „Abrechnung mit dem kollektiven Ausweichen vor der deutschen Verantwortung, der historischen Haftung für den Nationalsozialismus und dessen Greuel“ unternahm (Habermas 1990: 23). Es gab daher die „Empörungsmotive“ (Leggewie 1988: 10), nur daß zu „Auschwitz“ als Symbol für die nicht bewältigte Vergangenheit jetzt auch Vietnam kam. Hier erhielt auch der Marxismus eine Funktion. Er ermöglichte, wie Norbert Elias meinte, „eine entschiedene Distanzierung von den Untaten der Väter und versprach den Eintritt in eine neue, gerechte Welt“, er befriedigte ein „Sinngebungsverlangen“ und brachte eine „Reinigung von dem belastenden Fluch der nationalen Vergangenheit“ (1992: 301). Der Protest wurde zu einer **Studentenbewegung**, weil eine allgemeine Protestbereitschaft sich im Hochschulmilieu besonders gut ausbilden konnte. Dies hatte auch psychosoziale Gründe. Denn Studentendasein ist eine Art verlängerter Adoleszenz; das Bildungssystem verweist „die Studenten pauschal in die Vorhöfe der gesellschaftlichen Verantwortung und Mündigkeit“ (v. Hentig 1968b: 386) und erzeugt so Spannungen mit ihrem Erwachsenensein. Die Studentenbewegung wurde zu einem **Krisenphänomen**; sie machte eine gesellschaftliche und politische Krise sichtbar und trug dazu bei, die Selbstreformkräfte des Systems zu aktivieren, wie später die Strukturreformen der 70er Jahre zeigten.

8.1.2 Wirkungen

In der Bundesrepublik hatte die Studentenbewegung eine nachhaltige Wirkung. Eine Generation ist von ihr geprägt worden. Viele ihrer Gedanken haben sich später im Sinne von Anstößen ausgewirkt.

Solche Nachwirkung hatte beispielsweise die **Globalisierung des politischen Denkens**. Ein wichtiger Ansatzpunkt für die politische Bewußtseinsbildung dieser aktiven Studenten war der Krieg der USA in Vietnam. Seitdem gibt es im linken Spektrum der Bundesrepublik dieses Denken in Verantwortung zur Dritten Welt. Damals hat die studentische APO „die politische Debatte aus den Frontstellungen des Kalten Krieges“ (Leggewie 1988: 12) befreit. Zugleich wurde dieses Programm aber innenpolitisch gewendet: Kritik an den kriegführenden USA war zugleich Kritik am Kapitalismus. Man konnte also die USA auch im eigenen Land durch Aktionen gegen den Kapitalismus bekämpfen.

Wirkung hatte zweitens die **Ökonomisierung** des politischen Denkens. Karl Marx wurde innerhalb der Studentenbewegung neu rezipiert. Kapitalismuskritik erhielt eine zentrale Funktion; sie deckte den Zusammenhang zwischen Wirtschaft und politischem System, aber auch denjenigen zwischen Wirtschaftssystem und den individuellen Bewußtseinsstrukturen auf. „Die Entwicklung der warenproduzierenden Gesellschaft ist identisch mit immer unpersönlicheren menschlichen Verhältnissen“, schrieb Dutschke (Bergmann u.a. 1968: 34). Das wurde später auf die These zugespitzt, der Staat betreibe die Fortsetzung der Politik des Kapitals mit anderen Mitteln (Ernest Mandel, nach Habermas 1973: 67). Die Frage nach den ökonomischen Bedingungen von Politik und psychischer Entwicklung blieb in der wissenschaftlichen Diskussion bis heute lebendig.

Der dritte Gedanke war die **antiautoritäre Zielsetzung**. Sie diente als Rechtfertigung für die Militanz, mit welcher der Protest als Kampf gegen die Polizei geführt und gerechtfertigt wurde. Rudi Dutschke stellte fest, „daß wir durch die aktiv-militanten Auseinandersetzungen auf der Straße diese uns und alle Menschen in der Gesellschaft des Kapitalismus auszeichnende bürgerliche Charakterstruktur durch den Kampf modifiziert haben“ (Bergmann u.a. 1968: 75). Der politische Kampf wurde als Lernprozeß bezeichnet, und damit war gemeint, daß jeder bei sich durch Ermutigung die „autoritäre Persönlichkeit“ abbauen wollte; Protest diente als eine Form der Selbsttherapie. Sicherlich waren dies Probleme speziell dieser Generation. Aber dessenungeachtet hat in den Folgejahren die antiautoritäre Bewegung in der Pädagogik breiten Raum eingenommen.

Und schließlich gab es die Forderung nach **Demokratisierung**. Demokratie sollte nicht auf den Bereich des Staates beschränkt bleiben, sondern alle gesellschaftlichen Bereiche durchdringen. Von hier kamen auch die Impulse für die schon längst fällige Hochschulreform. Es wurden Elemente der **Mitbestimmung** in die Universitäten eingeführt; die Professorenuniversität sollte durch die Gruppenuniversität abgelöst werden: „Unter den Talaren der Muff von 1000 Jahren“, lautete ein von den Studenten verbreiteter Slogan. Die reine Gruppenuniversität mit paritätischer Vertretung von Professoren, Mittelbau und Studenten in den Gremien (Drittelparität) hat sich aber nicht durchsetzen können. Doch ging die Wirkung der Protestbewegung über die Hochschulen hinaus. Jürgen Habermas hat von einem durch die Studentenbewegung ausgelösten „Prozeß der **Fundamentalliberalisierung**“ gesprochen (1990: 26): Vermehrung von Demokratie, Liberalität der politischen Kultur, Bürgerbeteiligung an Planungsentscheidungen waren ihre Forderungen, die in der darauf folgenden Zeit der sozialliberalen Koalition nach 1969 eingelöst wurden.

8.1.3 Schülerbewegungen

Die Protestbewegung breitete sich auch in den Schulen aus. Mit Unterstützung des Berliner SDS, des Sozialistischen Deutschen Studentenbundes, bildete sich 1967 in Berlin eine Unabhängige Schülergemeinschaft. Später entstand als Zusammenschluß verschiedener Gruppen ein Aktionszentrum Unabhängiger und Sozialistischer Schüler (AUSS). Die Schüler erfuhren selber den **Widerspruch** zwischen dem Gedanken einer SMV, die Befähigung zur Beteiligung innerhalb der Schule vermitteln sollte, und den obrigkeitsstaatlichen Formen der Schule.

Beispielsweise hatte noch 1965 die Schulordnung von Bayern vorgeschrieben, daß die Schüler dem Direktor und den Lehrern Gehorsam und Achtung schuldig seien und daß der Direktor berechtigt sei, Schüler „aus gewichtigen Gründen“ als Klassensprecher abzulehnen; trotzdem sollte die SMV für „Leben und Ordnung ihrer Schule mitverantwortlich“ sein (Kniffler/Schlette 1967: 36f.). Auf einer überregionalen Tagung stellten Verbindungslehrer der SMV in Westfalen 1967 fest: Die Schule könne ein antagonistisches Verhältnis von Schülern und Schule nicht ausschließen, müsse jeder Seite die Möglichkeiten bieten, „ihren Interessen Ausdruck zu geben und mit demokratischen Mitteln durchzusetzen“ (LM 1967, H. 3/4: 209).

Eine **Protestbewegung von Schülern** organisierte sich seit 1967 in Schülergruppen zum Kampf gegen die obrigkeitsstaatliche Schule; unterstützt wurde sie von Gruppierungen progressiver Lehrer wie die „Aktionsgemeinschaft demokratischer Lehrer“ in Bremen (Auernheimer/Doehlemann 1971: 96-102), aber auch von der Gewerkschaft Erziehung und Wissenschaft, der GEW, die 1968 dieselbe Kritik an der Schule äußerte (ebda.: 103).

Im Mittelpunkt stand die SMV, teils „Schülermitverantwortung“, teils „Schülermitverwaltung“ genannt, doch wurde auch von „Schülervertretung“ gesprochen (Auernheimer/Doehlemann 1971: 195ff.). Das **Konfliktmodell** wurde Leitbild: Schülern sollte die Vertretung eigener Interessen innerhalb der Schule gestattet werden.

Als Beispiel sei eine Diagnose zur Lage der SMV aus der Sicht der AUSS aus dem Jahre 1967 wiedergegeben: In der Schule werden, so hieß es dort, Interessenkonflikte negiert oder verschleiert. Dem Schulleben liege ein harmonisierendes, der Familie entlehntes Modell zugrunde. Die vorhandene SMV habe lediglich die Funktion eines Feigenblattes für Demokratie. Die Autoren forderten daher eine Umformung der SMV in eine Einrichtung ähnlich den AStAs an den Hochschulen, dabei beanspruchten sie Mitspracherecht gegenüber der Schulverwaltung in allen die Schüler betreffenden Fragen (in: Wilhelm 1970: 199). In einer Befragung zu den Aufgaben der SMV sprachen sich mehr Schüler für „Interessenvertretung“ als für irgendeine andere Aufgabe aus (Schneider [Reinhardt] 1967: 52).

Die Forderung nach Anerkennung von Konflikten in der Gesellschaft wurde also auch auf die bis dahin von der Gesellschaft isolierte **Welt der Schule** übertragen; daß Schüler Interessen haben und diese selber definieren könnten, dieser Gedanke war eine Erschütterung der noch weitgehend ungebrochenen pädagogischen Autorität. Der „Abschied von der Partnerschaft“ wurde festgestellt (1967; nach Schneider 1975, 2: 462).

8.1.4 Interessenvertretung in der Schule?

In welchem Grade diese Forderungen das Leben einer Schule aufwühlen konnten, zeigt ein **Schulkonflikt** aus dem Jahre 1968 (Otto 1970: 79ff.).

An einem Gymnasium in Kiel hatte sich 1967 eine Basisgruppe der AUSS gebildet, die im Januar 1968 ein Flugblatt verbreitete. Darin wurde Kritik an der autoritären Pädagogik dieser Schule geübt und eine Reformierung des Unterrichts in der Oberstufe und eine Demokratisierung gefordert. Zuerst ging es der Gruppe um Aufklärung der Schüler, die sich aber offenbar in ihrer Mehrheit wenig aufnahmebereit erwiesen. Einzelne Regelverletzungen wurden von Lehrern und Schulleitung nicht geahndet, Lehrer zeigten sich zunächst in den Klassen gesprächsbereit, obwohl sie den Forderungen meist ablehnend gegenüberstanden. Es fand auch eine Aula-Diskussion statt. Eine große Zahl der Lehrer warf den Schülern kompromißlose und dogmatische Haltung vor. Es war die Phase einer Polarisierung zwischen Schule und der aufbegehrenden Schülerminderheit. Die Personalisierung des Konflikts durch Angriffe auf einen bestimmten Lehrer bewirkten dann eine Eskalation, die nach den Sommerferien zu einem Konflikthöhepunkt führte: Den Schülern wurde eine Diskussion verweigert, in einem Flugblatt erhoben sie Vorwürfe gegen den Direktor, und nun folgten innerhalb von zwei Wochen weitere Flugblätter, die sich auch an die Öffentlichkeit richteten. Die in der Studentenbewegung erprobten Aktionsformen (Wandzeitungen, teach-in) wurden eingesetzt. Ein Streikaufruf an die Mitschüler blieb ohne Resonanz. Durch eine Konferenz wurden zwei Schüler von der Schule verwiesen. Ein Hungerstreik und ein Demonstrationszug zum Kultusministerium hatten keinen Erfolg. Mit der Verweisung der beiden Schüler und Versetzung an andere Schulen löste sich die AUSS-Gruppe auf. Insgesamt dauerte dieser Konflikt von Januar bis Oktober 1968.

Hier findet man eine **Widerspiegelung** der durch die Studentenbewegung hervorgerufenen Ereignisse **in der Schule**. Die Schüler wurden zur Nachahmung angeregt; die politisch engagierten Gruppen der AUSS beteiligten sich an politischen Aktionen in der Öffentlichkeit (gegen Preiserhöhungen der öffentlichen Verkehrsmittel, gegen die Notstandsgesetze). Die politisierte Gesellschaft brach in den bisher umhegten, unpolitischen Raum der Schule ein. Der Verlauf der Konflikte zeigte, wie wenig die damalige Schule auf die Austragung von Konflikten vorbereitet war.

Das Ziel war ja, den **obrigkeitsstaatlichen Charakter der Schule**, den schon die Amerikaner und der Deutsche Ausschuß kritisiert hatten, zu verändern. Ihren obrigkeitsstaatlichen Vorstellungen war es zuzuschreiben, daß Schule sich im Bild der „Schulfamilie" sah. In den Schulgesetzen der Bundesländer gab es durchweg die Formel, die SMV diene „der Pflege des Gemeinschaftslebens in der Schule und der Erziehung der Schüler zur Selbstverantwortung", wobei Gemeinschaftsleben groß und die Selbstverantwortung klein geschrieben wurden (Perschel 1970: 201f.). Jetzt aber wurde gefordert, den Schülern das Recht auf Interessenvertretung zuzugestehen. Ja, es gab auch Stimmen, die den Schülern das „politische Mandat" zubilligen wollten, also das Recht, zu politischen Fragen Stellung zu nehmen (ebda.: 203).

Dies stand durchaus **im Einklang** mit den in den vergangenen Jahren eingetretenen **Wandlungen innerhalb der Didaktik der politischen Bildung**, wo jetzt Konflikt, Kritik und die Auseinandersetzung mit politischen Streitfragen in den Vordergrund der Bildungsarbeit rückten. Aber es zeigte sich, daß diese Gedanken auch Wandlungen im Selbstverständnis der Lehrer und der Schulverwaltungen erforderten. Die erste soziologische Analyse der SMV von Sibylle Schneider [Reinhard] ergab, daß die Berechtigung von „Interessenvertretung“ der Schüler durch den Funktionswandel der Schule bedingt war. „In einer Gesellschaft, die in zunehmendem Maße Positionen nach dem Kriterium geprüfter und verbriefter Leistung vergibt, ist die Schule in stärkerem Maße als früher eine »soziale Dirigierstelle für Rang, Stellung und Lebenschancen des einzelnen«“ (Schneider [Reinhardt] 1967: 52). Das widersprach dem traditionellen Selbstverständnis von Schule und Pädagogik.

Wenigstens wurden derartige Veränderungen jetzt auf den Weg gebracht. Eines der Initiativzentren für derartige Wandlungsprozesse war erstaunlicherweise die Bundesregierung.

8.2 Die „Antwort“ der Bundesregierung vom 23. 9. 1968

Die staatlichen Institutionen mußten auf die Herausforderung durch die Protestbewegungen antworten. An einem Schlüsseldokument kann sichtbar gemacht werden, wie die Reaktion erfolgte. Dieses Dokument ist die „Antwort“ der Bundesregierung vom 23. 9. 1968.

„Antwort auf Große Anfragen der Fraktionen des Deutschen Bundestages zur politischen Bildung“ vom 23. September 1968, abgedruckt LM 1968: 24-36; zitiert wird mit Seitenangabe. Auszüge bei Kuhn u.a. 1993: 239-243. Eine ähnliche Verlautbarung der Bundesregierung mit anschließender Bundestagsdebatte zur politischen Bildung hätte es 21 Jahre später gegeben, wenn nicht im Herbst 1989 die „Wende“ in der DDR eingetreten wäre; vgl. Kuhn u.a. 1993: 315-329 zur vorbereitenden Anhörung im Bundestag vom 8. 5. 1989. Ihre Äußerung holte die Bundesregierung später nach: „Bericht der Bundesregierung zu Stand und Perspektiven der politischen Bildung in der Bundesrepublik Deutschland“ vom 10. Dezember 1991; Sonderdruck in: APuZ, Beilage zu Das Parlament vom 10.4.1992.

Aus dem früheren Dokument geht hervor, daß der Staat damals nicht repressiv, sondern **reformbereit** antwortete. Zugleich wies er der politischen Bildung eine **innenpolitische Funktion** zu: Sie sollte zur Überwindung des Protestes beitragen.

8.2.1 Ursachen

Ganz anders als in dem „Gutachten des Deutschen Ausschusses für das Erziehungs- und Bildungswesen“ geht die Bundesregierung auf die aktuellen politischen Ereignisse ein, behandelt sie unter dem Stichwort „**Ursachen** des Unbehagens an Politik und Staat“. Mit diesem, wie sie zugibt, ungenauen Begriff wird einerseits „die Unruhe einer aktiven Minderheit“, zum anderen aber auch ein „Entfremdungsprozeß breiter Schichten“ gekennzeichnet.

Als Ursachen führt die Bundesregierung an (24f.):

- Resignation und Ungeduld wegen nicht erfolgter Wiedervereinigung.
- Keine Auseinandersetzungen mehr über Grundfragen der politischen Orientierung wie in der Anfangsphase der Bundesrepublik, Schwinden der Anteilnahme breiter Schichten an der politischen Alltagsarbeit.
- Undurchsichtigkeit politischer und wirtschaftlicher Prozesse, dies erschwert rationale Einsichten.
- Unübersichtlichkeit des demokratischen Weges von unten nach oben, geringer Einfluß der Bürger auf Politik, Einengung des Handlungsbereichs.
- Die von Kriegserfahrungen freie Generation der Jugend mißt die heutigen Erscheinungsformen der Demokratie vielfach an Idealen und ist deshalb enttäuscht, was durch pädagogische Einflüsse verstärkt wurde.
- Kritik ist notwendig, daher soll politische Bildung zu einer kritischen Haltung aufrufen, Kritik ist aber nicht Selbstzweck.

Die Bundesregierung sieht eine Situation entstanden, in der alle gesellschaftlichen Kräfte und auch der Staat dem verbreiteten Unbehagen entgegenwirken müßten.

Sicherlich war diese **Diagnose unvollständig**. Die Bundesregierung nannte nicht die Inhalte ihrer Politik, welche den außerparlamentarischen Protest angeregt oder verstärkt hatten: Notstandsgesetzgebung, Parteienfinanzierung, Erhöhung der Abgeordnetendiäten, Verschleppung der Hochschulreform trotz Bildungsreformeuphorie, aber vor allem die Verbannung einer wirksamen Opposition aus dem Parlament durch die Bildung der Großen Koalition, deren Wirkung nur verschleiert mit „Konformität der Auffassung" beschrieben wurde. Zutreffend war die **zunehmende Komplexität des politischen Systems**; sie verringerte die Beteiligungschancen, erhöhte die Undurchschaubarkeit, aber auch den staatlichen Regelungsbedarf und damit für den einzelnen die „Angewiesenheit auf eine Politik, die Lebenschancen zu vergeben und Lebensbedingungen zu verteilen hat" (Tenbruck 1974: 301).

Anzeichen für „Resignation und Ungeduld", so die Antwort, lassen auch **Umfragen** erkennen. 1967 erklärten 80% der Befragten, daß eine irgendwie geartete politische Beteiligung „nichts für sie wäre" (LM 1968: 56). Der Anteil derjenigen, die sich für eine Diktatur aussprachen, erhöhte sich von 17% im Oktober 1965 auf 20% der Befragten im Februar 1968 (LM 1968: 66). Allerdings unterschied sich die Meinung der Jugendlichen von diesen Befunden ganz erheblich. Oberschüler, Abiturienten und Studenten, das eigentliche Protestpotential, bezeichneten im Januar 1969 ihre Beschäftigung mit Politik in einem Anteil von 52% als „oft und interessiert", eine Befragung der Gesamtbevölkerung ergab nur 21% (LM 1970: 36). Dies ist der demoskopische Hintergrund für die von der Bundesregierung festgestellte „Unruhe aktiver Minderheiten" und den „Entfremdungsprozeß breiter Schichten".

Das Erstaunliche an diesen Ausführungen sind weniger die Lücken; es ist vielmehr die Tatsache, **daß überhaupt nach Ursachen gefragt wurde**. Denn es gab auch ganz andere Stimmen. Aus der CSU kamen zum Einlenken politischer Akteure wie die Rücknahme der Fahrpreiserhöhungen bei öffentlichen Verkehrsmitteln durch den Bremer Senat nach Schülerprotesten im Januar 1968 Kommentare wie: „erschreckende Erschütterung der Staatsautorität“, „Ohnmacht des Staates als Ideal propagiert“ und die Forderung „Landgraf, werde hart“ (Jaeger [CSU] am 9. 2. 1968 im BT; Winkler 1968: 13f.). Offenbar setzte sich aber mit den Osterunruhen im April 1968 bei der Bundesregierung ein **Meinungswandel** durch.

Bundeskanzler Kiesinger (CDU) sagte noch unmittelbar nach dem Attentat auf Rudi Dutschke am 13. 4. 1968 über Rundfunk und Fernsehen: „Gewalt produziert Gegengewalt.“ (Baring 1982: 75) Der Justizminister Heinemann (SPD) hingegen fragte in seiner Rundfunk- und Fernsehrede am nächsten Tag selbstkritisch: „Heißt das nicht, daß wir Kritik ernst nehmen müssen, auch wenn sie aus der jungen Generation laut wird“? (ebda.: 70) Am 30.4.1968 zeigte Kiesinger im Bundestag auf einmal Verständnis für die junge Generation, regte „Überlegungen zu institutionellen Änderungen“ an und suchte die Ursache bei einer „sterilen und trockenen Institutionenkunde“ (Winkler 1968: 97); Innenminister Benda (CDU) meinte, die außerparlamentarische Diskussion könne dem Parlamentarismus nützlich sein, er spüre, „daß sich ein Wandel zu Neuem ankündigt“ (ebda.: 99). Wahrscheinlich hatte sich in der Regierung die Auffassung von Heinemann und auch des Außenministers Brandt durchgesetzt, der bereits am 18. 3. 1968 in einer Rede auf dem SPD-Parteitag gesagt hatte: Bisher hätten sie sich um die Indifferenz vieler junger Menschen Sorgen gemacht. „Jetzt fällt einigen nichts anderes ein als nach der Autorität des Staates zu rufen.“ (ebda.: 95)

8.2.2 Ziele der politischen Bildung

Intention der Bundesregierung war politische Bewußtseinsbildung, die nicht allein Aufgabe der politischen Bildung sei, aber diese vermöge „zur Klärung des politischen Bewußtseins Wesentliches beizutragen“. Und dann nannte die Bundesregierung die **Ziele politischer Bildungsarbeit**: möglichst objektive Information, die Ausbildung eines politischen Problembewußtseins, die Förderung der Erkenntnis des eigenen Standortes, die Bejahung der Grundwerte, die Entwicklung der Fähigkeit zu politischem Handeln, das Bewußtmachen des Wesens demokratischer Spielregeln. Es folgen dann Ausführungen zu den „Elementen der künftigen politischen Bildungsarbeit“.

Bei diesen Ausführungen zu den „Elementen“ findet man Aussagen, die sich unmittelbarer auf den diagnostischen Teil beziehen als die genannten Ziele. Denn in den „Elementen“ wird ein wirklichkeitsnahen Demokratiebild gefordert und die Ausklammerung von Begriffen wie Interesse, Konflikt und Macht abgelehnt. Die Teile „Ziele“ und „Elemente“ sind offenbar nicht aufeinander abgestimmt. Dies ist so zu erklären, daß **zwei heterogene Texte** kombiniert wurden.

Der Zielkatalog stammt aus einer anderen Quelle, nämlich aus den „Empfehlungen der Kommission zur Beratung der Bundesregierung in Fragen der politischen Bildung vom 25. 5. 1968“, welche der schriftlichen Antwort auf die Große Anfrage beigefügt wurden

(LM 1968: 36f.). Offensichtlich gab es einen Dissens zwischen der Kommission und der Regierung. Deswegen wurde der Zielkatalog der Kommission auch in einem Punkt von der Bundesregierung sogar abgeschwächt („bewußte Identifizierung“ in „Bejahung“, vgl. Lengemann 1974: 67). Der Politikwissenschaftler Wilhelm Hennis, eines der Mitglieder, wandte sich wenige Monate später in einem Aufsatz ausdrücklich gegen die Verwendung der Worte „Unruhe“ und „Unbehagen“; sarkastisch sagte er zu dem Bemühen, Ursachen zu erforschen: „Sollte die Ursache der deutschen Unruhe vielleicht in der Unruhe der Deutschen liegen?“ und versuchte dies im weiten Ausholen in der deutschen Geistesgeschichte seit Luther nachzuweisen. Er erinnerte dabei an das Wort Max Webers von der „sterilen Aufgeregtheit“ (Hennis 1969: 112, 106). Wie das Protokoll des von der Kommission vier Wochen nach der Antwort der Bundesregierung veranstalteten Kolloquiums über „Die deutsche Unruhe“ ausweist, ging der Dissens auch durch die Kommission hindurch, da der Politikwissenschaftler Karl Dietrich Bracher und der Soziologe Max Horkheimer dort andere, mehr um Verständnis bemühte Auffassungen vertraten (Die deutsche Unruhe 1970).

Hier zeichnen sich die **Gegensätze innerhalb der Wissenschaft bezüglich der Bewertung der Studentenbewegung** und damit auch über die Aufgaben der politischen Bildung ab, die erst später sichtbar wurden.

Anders in der Antwort der Bundesregierung. Unter dem Dach der Großen Koalition hatte sich ein breiter Konsens über Aufgabe und Inhalt der politischen Bildung gebildet.

8.2.3 Rezeption der politischen Didaktik

Erstaunlich an diesem Dokument ist ferner, daß darin eine **Rezeption der politischen Didaktik** auf dem damals aktuellen Stand zu erkennen ist: eine realistische Demokratietheorie, die Akzeptierung des Konfliktbegriffs, die Ablösung der Gemeinschaftserziehung als Ziel und anstelle dessen das Ziel der Urteilsfähigkeit. Die Bundesregierung war mit dieser Rezeption der politischen Didaktik den meisten Bundesländern weit voraus, aber auch der gängigen Praxis in den Schulen. Dies soll an einigen Punkten verdeutlicht werden. Dabei können wir gleichzeitig einen Blick auf die damalige **Praxis der politischen Bildung** werfen.

8.2.3.1 Demokratievorstellung

Kritisiert wurde in der „Antwort“ die bisher häufige „harmonisierende, verklärende Darstellung der Demokratie“. „Die überbetonte Wertschätzung von Gemeinschaft, Verständigung und Partnerschaft führt leicht zur Verkennung des Wesens der Politik.“ (27) Dies traf weniger die Theorie als die **Praxis des politischen Unterrichts** der damaligen Zeit. Eine quantitative Untersuchung der pädagogischen Literatur weist aus, daß Gemeinschaftserziehung längst ausgedient hatte; 1966 dominierte Erziehung zu Kritik und zu Konflikt

(Wallraven 1976: 353, 355). Die Lehrer hingegen orientierten sich immer noch an der **Gemeinschaft**, sahen das Ziel im Abbau der Gegensätze in der Gesellschaft und waren sich meist nicht der harmonisierenden Auffassung von Gemeinschaft bewußt (Becker u.a. 1967: 174, 135, 136).

Bei hessischen Gymnasiallehrern entsprach der Demokratiebegriff 1967 in der Mehrzahl dem Harmoniemodell; 68,2% bejahten die Aussage, politische Entscheidungen müßten vom Interesse des ganzen Staatsvolkes getragen sein und dürften nicht von den einzelnen Interessengruppen bestimmt werden. Dabei war die Zustimmung bei den jüngeren (bis 35 J.) deutlich geringer als bei den älteren (55-65 J.) Lehrern, nämlich 55,8% zu 84,5% (Schefer 1969: 80). 65% der befragten Lehrer vertraten das dichotomische Gesellschaftsmodell der Unterscheidung von Elite und Masse, nur 15% ein dynamisch-demokratisches (ebda.: 182). In der Vermittlung von Kenntnissen über staatliche Institutionen erwies sich der Unterricht im Gymnasium erfolgreich (Teschner 1968: 50), – das entspricht der damals bereits kritisierten Institutionenkunde.

Offenbar unterrichtete nur eine Minderheit der Lehrer im Einklang mit der aktuellen politischen Didaktik. Beobachtungen des amerikanischen Politikwissenschaftlers Henry W. Ehrmann, der in der Bundesrepublik 1964 den Sozialkundeunterricht in 37 Schulen besucht hatte, bestätigen diesen Befund. Er sprach von den „aktiv an der politischen Bildung interessierten Erziehern", die er angetroffen habe. Sie hätten den Zusammenbruch des Dritten Reiches als junge Erwachsene erlebt und spürten eine innere Verpflichtung, „etwas zu tun". Sie seien zwar eine zahlenmäßige Minderheit, aber von großer „Durchschlagskraft". Die älteren Kollegen hingegen wiesen ein erschüttertes politisches Selbstbewußtsein auf (Ehrmann 1966: 6).

8.2.3.2 Entdeckung des Konfliktes

Derselbe amerikanische Politikwissenschaftler stellte nach seinen Schulbesuchen fest: „Das zentrale Problem, bei dem man in Deutschland wegen vergangener und gegenwärtiger Entwicklungen offenbar auf besondere Schwierigkeiten stößt, ist, den Zusammenhang zwischen unvermeidlichem politischen Konflikt und gesellschaftlicher Fortentwicklung klar zu machen." (Ehrmann 1966: 32) Ehrmann sprach im Sinne von Dahrendorfs Konflikttheorie, die 1961 veröffentlicht war. Aber Gieseckes Didaktik, die auf Dahrendorf fußte, war noch nicht erschienen, als Ehrmann die Schulen besuchte. Die Erkenntnis setzte sich nur langsam durch, daß Konflikte nicht einen Betriebsunfall darstellen, sondern eine „Funktion" haben, ja sogar Freiheit garantieren. Ein Berufsschullehrer äußerte: „Es ist meiner Meinung nach gut, wenn man den Schülern nicht alles, z.B. von Interessenkonflikten in der Politik, erzählt. Sonst werden sie schockiert." (Becker u.a. 1967: 139)

Konflikt: Sozialer und politischer K. meint den in allen Gesellschaften vorfindbaren Prozeß der Auseinandersetzung zwischen unterschiedlichen Interessen, hinter denen soziale Gruppierungen stehen. Während die einen dies als dauerhaftes Strukturmerkmal von Gesellschaften verstehen (Dahrendorf), nennen ihn die anderen einen durch die Macht- und Klassenverhältnisse bedingten, überwindbaren Zustand (Marx). In der politischen Didaktik war der K. zunächst das Merkmal einer realistischen, auf die Alltagserfahrung von Politik bezogenen politischen Bildung (Giesecke). Sie wandte sich gegen ein harmonisierendes Gesellschaftsbild mit „Gemeinschaft" als zentralem pädagogischem Begriff. Später kam das Verständnis als antagonistischer K. hinzu, der durch Systemveränderung überwunden werden sollte (Schmiederer). Dagegen richtete sich wiederum die Betonung von **Konsens** im Zusammenhang mit Konflikt (Sutor).

In der Antwort der Bundesregierung heißt es dazu: „Die Ausklammerung von Begriffen wie Interesse, Konflikt und Macht ist im Hinblick auf die politische Bewußtseinsbildung außerordentlich gefährlich. Sie führt dazu, daß der Bürger vielfach keine Einsicht in das Wesen und die Situationsgebundenheit politischer Entscheidungen erhält und daher auch kein Verständnis für sie aufbringt." (27) Sicherlich war dies ein verkürzter Dahrendorf, weil der Wandel fehlte. Die Betonung lag auf dem Verständnis von Macht als Herrschaft auf Zeit, doch zielten die Aussagen auf **ein wirklichkeitsnahes, nicht harmonistisches Bild von Demokratie**, in der Interessengegensätze in „menschenwürdiger Form" ausgetragen werden können (27). Allerdings wurde Kritik an der Herrschaftsausübung nicht erwähnt, die zum amerikanischen Verständnis von Demokratie gehört (2.2.2; s. oben S. 35f.).

Einen ähnlichen **Verzicht auf Harmonisierung** findet man in einem fast gleichzeitigen neuen Beschluß der Konferenz der Kultusminister zur „Schülermitverantwortung". Dort wird zwar von den übereinstimmenden Interessen von Schülern, Eltern und Lehrern gesprochen, aber dann doch festgestellt: „Konflikte sind Begleiterscheinungen auch des schulischen Lebens. Sie sollen weder harmonisiert noch unterdrückt, sondern fair und rational ausgetragen werden." (LM 1968: 149) In dem SMV-Beschluß der KMK von 1963 war noch vom „Leben in einer gut gefügten Gemeinschaft" gesprochen worden (Borcherding 1965: 101). Im Hinblick auf spätere Auseinandersetzungen in der Bildungspolitik verdient es hervorgehoben zu werden, daß die Regierung der Großen Koalition einen **konfliktbezogenen Ansatz** in der politischen Bildung gleichsam staatlich legitimierte und die Länder sich ihm zumindest näherten.

8.2.3.3 Abklingen des Antikommunismus

Über die Auseinandersetzung mit dem Nationalsozialismus und Kommunismus in der politischen Bildungsarbeit steht in der Antwort: „Jedoch erzeugt die immerwährende Betonung einer abwehrenden Haltung Überdruß und lenkt von dem Verständnis der in Gegenwart und Zukunft gestellten Aufgaben ab. Mit diesen soll sich die politische Bildungsarbeit vorrangig beschäftigen..." (27) Ein völliger Verzicht auf derartige Themen war damit nicht gemeint, Totalitarismus müsse weiterhin Gegenstand politischer Bildungsarbeit sein, heißt es danach. Es galten ja auch immer noch die „Richtlinien für die Behandlung des Totalitarismus" der KMK von 1962 (Borcherding 1965: 99ff.). Aber eine Abwertung ist doch deutlich herauszulesen.

Der **Verzicht auf einen betonten Antikommunismus** ist mit den Schritten einer **neuen Ostpolitik** zu erklären, die in der Zeit der Großen Koalition eingeleitet wurden. In seiner Regierungserklärung hatte Bundeskanzler Kiesinger am 13. Dezember 1966 über das Verhältnis zur DDR gesagt: Wir wollen „Gräben überwinden und nicht vertiefen" (Borowsky 1983: 69). Es gab die Aufnahme diplomatischer Beziehungen mit Rumänien 1967, den Briefwechsel zwischen Kiesinger und dem DDR-Ministerpräsidenten Stoph im gleichen Jahr und die Versuche, zu einem Austausch von Gewaltverzichtserklärungen mit den östlichen Staaten zu kommen. Allerdings war kurz vor Herausgabe der „Antwort" durch den Einmarsch der Truppen des Warschauer Paktes am 21. 8. 1968 in die CSSR der Prager Frühling gewaltsam beendet worden. Dieses Ereignis gab den Teilen in der CDU/CSU, welche die Entspannungspolitik von vorneherein für verfehlt ansahen, Argumente gegen die neue Ostpolitik in die Hand, während die SPD ihr treu blieb (Borowsky 1983: 117). Aber die Hardliner setzten sich nicht durch. Ein verstärkter Antikommunismus im Bildungsbereich wäre also außenpolitisch kontraproduktiv gewesen, weil er die Optionen der neuen Ostpolitik verbaut hätte.

Das Argument des Überdrusses ist daher weniger psychologisch als politisch zu verstehen. Trotzdem war der **Verzicht auf antikommunistische Beeinflussung nicht selbstverständlich**. Denn die Studentenbewegung war in ihren führenden Köpfen vom Marxismus inspiriert (vgl. Bergmann u.a. 1968). Die „Welt am Sonntag" schrieb am 19. 5. 1968, „daß es sich bei den Unruhen schlicht und einfach um eine kommunistische Revolution handelt" (Winkler 1968: 65). Im Bundestag sagte der CSU-Abgeordnete Dr. Becher während der Aussprache über die „Antwort" am 15. 11. 1968: „Eine Minderheit der Schüler ... kommt oftmals von ganz links, sie ist nicht nur leninistisch, sondern maoistisch indoktriniert." (Sten Ber. V/10582 D) In seinem Bericht über den Linksradikalismus im Jahre 1967 hatte der Innenminister kurz zuvor aufgezeigt, wie die illegale KPD die Aktionen gegen die Notstandsgesetze unterwandert habe (LM 1968: 9). Deshalb hätte es durchaus nahegelegen, unter den Ursachen der „Unruhe" auch den Kommunismus oder den Marxismus aufzuzählen.

Nach den Beobachtungen des amerikanischen Politikwissenschaftlers Ehrmann nahm der **Antikommunismus im Unterricht** 1964 noch einen breiten Raum ein. Neben ausgezeichnetem Unterricht habe er weit häufiger solchen angetroffen, der auf „bloße Schwarz-Weiß-Malerei" hinauslief und daher von Schülern oft abgelehnt wurde (Ehrmann 1966: 27).

Die Bundesregierung stand in dieser Hinsicht im Einklang mit der politischen Didaktik der damaligen Zeit, die den **Antikommunismus weitgehend ablehnte**. In der politischen Bildung nahm das Interesse an auf Kommunismus bezogenen Unterrichtsinhalten seit 1963 ab, wie eine Zeitreihenanalyse bis 1967 zeigt (Wallraven 1976: 344). 1960 sagte der Deutsche Ausschuß für das Erziehungs- und Bildungswesen zu der Auseinandersetzung mit dem Kommunismus, man vergrößere dessen Chance, wenn man meine, „die Jugend und Erwachsene in einer antikommunistischen Ideologie schulen zu müssen" (Borcherding 1965: 85). Hans Tietgens kritisierte im selben Jahr, daß bei der Gegenüberstellung des Demokratischen und Totalitären sich „der Wirklichkeitssinn und die Differenzierungsfähigkeit" nicht entwickeln könnten (Tietgens 1960: 153f.) Wolfgang Hilligen warnte 1961 davor, die Unterschiede zwischen Ost und West im Unterricht „propagandistisch zu verschärfen" oder sie „in einen blinden Antikommunismus ausmünden" zu lassen" (Hilligen 1961: 188f.). Seit den Studenten- und Schülerbewegungen gab es in Gymnasialklassen häufig Schüler, die in der marxistischen Theorie bewandert waren; dies verlangte auch vom Lehrer einen Unterricht auf einer theoretisch adäquaten Ebene (Beispiel in Kniffler/Schlette 1967: 105ff.). Die seit 1962 beginnende weltpolitische Entspannungsphase bewirkte eine **Enttabuisierung** dieses Themenbereichs auch in der Schule. Doch könnte das Ende des Prager Frühlings im August 1968 eine Umkehrung dieser Tendenz gebracht haben, die sich dann später in den 70er Jahren auswirkte.

8.2.3.4 Veränderung und Demokratisierung

Mit einem Satz ging die Bundesregierung auf den Gedanken der Veränderung ein: „Politische Bildung muß dabei auch den Sinn für die stets notwendige Verbesserung des Bestehenden schärfen." (27) Das ist wenig im Vergleich zu der scheinbaren Einmütigkeit, in der Politiker aller Parteien im Frühjahr 1968 ihre Reformbereitschaft geäußert hatten: „Die Winde des Wandels regen sich" (Benda CDU), „Wille zur Reform" (Martin CDU), nicht nur Reformwille, auch „Reformfähigkeit" bekunden (Raffert SPD), es sei „heute eher ein Wagnis, über Reformen" zu diskutieren, aber der Politiker „sollte dieses Wagnis auf sich nehmen" (Scheel FDP), „evolutionäre Fortentwicklung zu Reformen" (Huber CSU), „unser Land braucht Reformen" (Barzel CDU) (zit. nach Winkler 1968: 99, 118, 106, 119, 127, 129). Unverkennbar nahm auch die Bundesregierung den Reformgedanken auf und antwortete damit auf die Kritik an dem „verkrusteten“ System und an einer den status quo erhaltenden Politik, die in der Protestbewegung geäußert wurde.

Die Bundesregierung sprach von „Verbesserungen“, nicht von Demokratisierung. Die Reformwünsche in Hochschule und Schule waren aber in ihrem Kern die Forderung nach Demokratisierung als Einführung von Mitbestimmung. Darauf wollte die Bundesregierung sich nicht festlegen. Weiter ging in der Debatte nur der SPD-Abgeordnete Matthöfer. Er forderte „Formen der direkten Demokratie“, um die repräsentative parlamentarische Demokratie lebensfähig zu erhalten (Sten. Ber. V/10574 D). Wenn auch die Bundesregierung ihm nicht so weit folgte, so öffnete sie wenigstens den Weg zu mehr Mitbestimmung für die Bundesländer, die ihn gehen wollten. Dies wirkte sich in den jetzt folgenden Reformen der SMV in den Ländern aus.

8.2.4 Die „Feuerwehrfunktion“ der politischen Bildung

Die „Antwort“ der Bundesregierung zur politischen Bildung war erkennbar ein Produkt der Großen Koalition. Die beiden großen Parteien CDU/CSU und SPD hatten sich hier zu einem Konsens zusammengefunden. Er war das Ergebnis eines **langwierigen Prozesses** innerhalb der Bundesregierung. Innenminister Benda berichtete in der Bundestagsdebatte über diese Antwort am 15. 11. 1968, daß eine Vielzahl von Ressorts sich an der Abfassung beteiligt hatten, auch solche, die von der Sache her nicht zuständig waren; sogar die Minister hätten sich persönlich damit befaßt. Auf diese Weise seien eine Fülle von Anregungen zusammengekommen (Sten. Ber. V/10567 A).

Verständlich ist, daß unter diesen Umständen von beiden Seiten **Abstriche** gemacht werden mußten. Einerseits wurde die Forderung nach Demokratisierung, die der Abgeordnete Matthöfer (SPD) erhob, nicht erwähnt. Andererseits vermied es die Bundesregierung – und der Innenminister sagte es ausdrücklich –, politische Bildung zum Zwecke von „public relations“ und „politischer Werbung“ für die Bundesregierung zu nutzen (Sten. Ber. V/10566 D), wie es eineinhalb Jahre früher von einem Beamten des Innenministerium vorgeschlagen worden war, der politische Bildung für eine „Propaganda“ nutzen wollte (LM 1/2-1967; S. 24f.).

Sicherlich ist der Kompromiß auch in der **Kompilation heterogener Elemente** wiederzuerkennen. Neben den erwähnten aktuellen Prinzipien der politischen Didaktik finden sich traditionelle Bestände in diesem Text, so die Aufgabe, ein „Staatsbewußtsein“ zu vermitteln, oder die Forderung, ein unvoreingenommenes Verhältnis zur eigenen Geschichte und zum eigenen Volk herzustellen, ohne daß eine Auseinandersetzung mit der NS-Zeit erwähnt wurde. Vielmehr lehnte man diese Auseinandersetzung ausdrücklich ab, weil sie Überdruß erzeuge. Die **Tabuisierung des Nationalsozialismus** dauerte also fort, und das war nach der damals kurz zuvor erfolgten Diskussion um die NS-Vergangenheit des Bundespräsidenten Lübke und des Bundeskanzlers Kiesinger in einem amtlichen Dokument nicht anders zu erwarten.

In der „Antwort“ erhielt die **politische Bildung eine politische Funktion**, die folgender Satz beschreibt: „Es ist eine Situation entstanden, die es allen gesellschaftlichen Kräften und auch dem Staat dringend gebietet, dem verbreiteten Unbehagen entgegenzuwirken und das Bewußtsein vom Wert unserer freiheitlichen Staatsordnung und den Möglichkeiten ihrer zeitgerechten Fortentwicklung zu stärken.“ (26) Im Unterschied zum Deutschen Ausschuß reagierte die Bundesregierung auf aktuelle politische Ereignisse; diese wurden als krisenhaft empfunden, ihre Analyse war die Diagnose eines pathologischen Befundes, der nach Therapie verlangte. Die mit „Unbehagen“ nur verharmlosend bezeichnete Protestbewegung wurde als eine Delegitimierung der gerade erst errichteten politischen Ordnung angesehen. Politische Bildung sollte als **Instrument der Behebung einer aktuellen Legitimationskrise** dienen. Sie wurde zum Mittel der Politik, erhielt so etwas wie eine „Feuerwehrfunktion“.

Dies zeigt die **Ambivalenz** dieses Dokumentes. Einerseits bot es der politischen Bildung und der politischen Didaktik das **legitimatorische Dach**, unter dem sich fortschrittliche Konzeptionen entfalten konnten, die später mit dem Schlagwort „Konfliktdidaktik“ von seiten der Unionsparteien verteufelt wurden. Politische Bildung geriet in den Folgejahren zunächst in ein **Konjunkturhoch**. Sie erlebte eine breite Förderung, die vor allem in der Errichtung zahlreicher didaktischer Lehrstühle an Hochschulen und Universitäten, d.h. als breite Förderung der Lehrerausbildung sichtbar wurde.

Die Kehrseite war das nur **kurzfristige**, im Grunde **zweckbezogene Interesse** der politischen Akteure an der politischen Bildung. Es schwand in dem Augenblick, da sichtbar wurde, daß durch Förderung der politischen Bildung nicht beliebig Bewußtseinsprozesse der Adressaten politischer Herrschaft gesteuert werden können, daß sie nicht das Wasser liefert, mit dem legitimatorische „Brände“ schnell gelöscht werden können. Im Gegenteil: In den nächsten Jahren erschien politische Bildung vielen Politikern sogar als Öl für das Feuer. Da stellte sich denn auch heraus, daß der in der Antwort gefundene Kompromiß der Großen Koalition über die Prinzipien der politischen Bildung nur einen **zerbrechlichen Konsens** geschaffen hatte, der endete, als diese Koalition sich auflöste.

8.3 Bildungspolitische Reformen

8.3.1 Mitbestimmung

Zunächst aber gab es diese auch in der „Antwort“ erkennbare **Reformbereitschaft**, und ihre Auswirkungen lassen sich jetzt in der Schule beobachten. Die Konferenz der Kultusminister faßte am 3.10.1968 den bereits erwähnten **Beschluß zur „Schülermitverantwortung“** (LM 1968: 149f.).

In diesem Text wird die Schule als gesellschaftliche Institution definiert, sie sei „weder eine konfliktlose Gemeinschaft noch ein Betrieb mit spezifischen Konflikten des Arbeitslebens“. Das ist gegen das konservative Bild von Schule gerichtet, aber auch gegen die progressiven Schülerverbände; die KMK suchte also einen Weg in der Mitte. Es heißt in dem Text wie erwähnt, daß Konflikte „Begleiterscheinungen auch des schulischen Lebens seien“, die fair und rational ausgetragen werden müßten. Es wird von partnerschaftlichem Verhalten zwischen Lehrern und Schülern gesprochen. Die Schüler sollen Fähigkeit zu Kritik und Kooperation erwerben, und das geschehe dadurch, daß sie sich selber Aufgaben stellen können und die Möglichkeit erhalten, ihre Interessen zu vertreten. Realisiert werden soll dies beispielsweise durch Teilnahme von Schülervertretern an Konferenzen der Lehrer.

Diese Aussagen erinnern an die Konzeption politischer Bildung von Oetinger. Denn dessen „Partnerschaft“ war ja sehr stark an angelsächsischen **Vorstellungen der Selbstregierung** orientiert, „die Selbststeuerung der Gemeinschaft durch ihre eigenen Konflikte hindurch“, wie Oetinger schrieb (1951: 168). In diesem Sinne sagte auch die KMK: „Schülermitverantwortung ist als Bestandteil der Demokratie in der Schule ein Mittel jugendlicher Selbsterziehung und bereitet auf das Leben in der Demokratie vor.“ Inkonsequent war nur, daß die KMK immer noch von Schülermitverantwortung sprach und nicht von Schülermitverwaltung, – dies war sicherlich eine Konzession an die mehr konservativen, unions-regierten Bundesländer.

Ein Jahr nach der KMK, also 1969, äußerte die Landesregierung von Baden-Württemberg in ihrem Bericht über Maßnahmen zur Förderung der politischen Bildung und Erziehung an den Schulen des Landes im Schuljahr 1967/68, daß die Schüler „allgemein eine stärkere Beteiligung am Schulleben und an dessen zentralen Bereichen“ forderten. Die im Entwurf zur Diskussion stehenden Richtlinien zur SMV würden „diesem Wunsch nach einer Ausgestaltung der Schule im Geiste einer demokratischen Gesellschaft Rechnung tragen müssen“ (LM 1970: 11). In den folgenden Jahren kam es in vielen Bundesländern zu einer **Novellierung der SMV-Erlasse** und der Schulgesetze, die eine stärkere Beteiligung der Eltern und Schüler am Schulleben ermöglichte (eine Auflistung bei Auernheimer/Doehlemann 1971: 193f.).

Die Palette der Novellierungen war breit, wie Auernheimer/Doehlemann feststellten. Den einen Pol bildete die Auffassung: Die SMV ist ein **Erzie-**

hungsinstrument der Schule, den anderen: die SV ist eine **politische Institution** der Schülerschaft.

Diese Pole wurden einerseits durch eine bayerische Entschließung, andererseits durch eine hessische Verordnung repräsentiert (Auernheimer/Doehlemann 1971: 197). Bayern grenzte in seiner SMV-Entschließung für Gymnasien vom 6. 9. 1968 „Mitwirkung“ gegen „Mitbestimmung“ ab und erklärte letztere als der Schule wesensfremd. Die Aufgabe der Schülervertretung beschränkte sich hier auf das Recht, „Wünsche und Anregungen der Schüler an Lehrer, Direktor und Elternbeirat zu übermitteln“ (ebda.: 199). Die hessische SV-Verordnung vom 3. 8. 1970 besagte hingegen: „Die Schülervertretung ist in allen Angelegenheiten, die das Interesse der Schüler berühren, zu beteiligen.“ Die Stufenvertretung der Oberstufe erhielt sogar regelrechte Mitbestimmungsbefugnisse (ebda.: 200).

8.3.2 Gesamtschule

Eine andere Wirkung dieser Reformbereitschaft ist auf dem Gebiet der Bildungspolitik zu beobachten. 1969 schlug der Deutsche Bildungsrat, der als zweites föderalistisches Beratungsgremium den Deutschen Ausschuß abgelöst hatte, ein Experimentalprogramm zur Einrichtung von **Schulversuchen mit Gesamtschulen** vor. Noch im selben Jahr beschloß die KMK eine Vereinbarung über die Durchführung eines Versuchsprogramms mit zwei Varianten, der integrierten und der kooperativen Gesamtschule. In der integrierten Gesamtschule werden die drei traditionellen Schulformen aufgehoben und durch eine flexible Unterrichtsorganisation ersetzt. Die kooperative Gesamtschule stellt nur das organisatorisches Dach dar bei Fortbestehen der drei Schulformen in entsprechenden Schulklassen. Im Anschluß an diese Vereinbarung wurden in allen Bundesländern Modellversuche mit der Gesamtschule durchgeführt (Arbeitsgruppe am Max-Planck-Institut 1979: 73).

Ein prominenter Vertreter der Gesamtschulidee, Hartmut von Hentig, hielt diese Schulform für notwendig, weil die **Schule politischer werden** müsse. Das bedeutete für ihn, daß sie sich „nicht von den Konflikten, Zuständen und Lösungsverfahren der Gesellschaft ausschließen“ dürfe (v. Hentig 1968a: 69). Es sollte der Status- und Standeskonflikt zwischen den Lehrergruppen nicht durch organisatorische Trennung von der Schule ferngehalten werden. Kinder sollten lernen, sich „gegen Systemzwänge und Sachzwänge zu behaupten“, sollten Erfahrungen mit Minoritäten und Majoritäten und ihrer Zugehörigkeit machen, sollten eigene Erfahrungen mit Macht und Konflikt und mit Niederlagen machen und in Handlungsmöglichkeiten umsetzen (ebda.: 70, 71). Die eigene Institution müsse den Schülern eine Vorstellung davon vermitteln, was Chancengleichheit bedeutet (ebda.: 90f.).

Die Gesamtschule war der Versuch, die in der Besatzungszeit versäumte **Reform des traditionellen Schulsystems** in der Bundesrepublik **nachzuholen**. Aber sie blieb in allen Bundesländern, in denen sie eingeführt wurde, nur die vierte neben den drei traditionellen Schulformen und hatte überdies häufig nur Versuchscharakter. Unterschiedlich war auch die Zahl der Gesamtschulen, abhängig von der parteipolitischen Orientierung der Länderregierungen. So besaß das CSU-regierte Bayern lange Zeit nur eine Gesamtschule, das SPD-regierte Nordrhein-Westfalen dagegen 64. Die Barrieren für die Reformimpulse blieben also immer noch hoch. Nicht viel anders stellte sich die Lage nach der Einheit dar. Von den neuen Bundesländern wurde in Ostberlin, Mecklenburg-Vorpommern und Thüringen das dreigliedrige Schulsystem teils mit, teils ohne Gesamtschule eingeführt; in anderen gibt es verschiedene Formen von differenzierten Stufenschulen, aber ohne Gesamtschulen, während die Stufenschule in dem zuerst von einer „Ampelkoalition" regierten Brandenburg nur aus Gymnasium und Gesamtschule bestehen sollte, doch wurde dann nachträglich noch die Realschule konzediert (Schmidt 1991).

Es ist sicherlich bemerkenswert, daß die in den Anfangsjahren der Bundesrepublik erfolgte Restauration des Bildungssystems sich auch heute wiederholt hat, wenngleich mit beachtlichen Abwandlungen.

8.4 Die „zweite Demokratiegründung"

Noch heute wird das Protestjahr 1968 sehr **unterschiedlich beurteilt**. Die eingangs zitierten Autoren mögen hierfür als Beispiele stehen. Leggewie sah im 68er Antifaschismus durchaus problematische Seiten, meinte aber: „Der Gewinn dieser neuerlichen Thematisierung der nationalsozialistischen Vergangenheit ... kann nicht bestritten werden" (1988: 11). Lübbe hingegen bezeichnete das Verdienst der Studentenbewegung für die Aufarbeitung der Vergangenheit als „Mythos", der aber Folgen habe: „Er vollzieht auf seine Weise die Delegitimierung der Gründungs- und Frühgeschichte der Bundesrepublik Deutschland durch Unterstellung unzureichender Ernsthaftigkeit im Willen zur Abkehr vom nationalsozialistischen Unrechtssystem mit." (1988: 19)

In den kontroversen Stellungnahmen wirken auch noch die persönlichen Erfahrungen nach. Es gibt Hochschullehrer, die nicht vergessen haben, wie sie unter der Militanz der Studenten zu leiden hatten, wie antiautoritärer Protest mit den Mitteln des Terrors, wenngleich keines blutigen, praktiziert wurde. Dies hatte Jürgen Habermas 1968 bewogen, studentische Aktionen als „linksfaschistisch" zu kritisieren, was er später aber zurücknahm (Habermas 1990: 25). Wenn man den Satz „Der Zweck heiligt die Mittel" für falsch hält, dann muß man in diesen **Formen** des Studentenprotestes sehr viel Fragwürdiges, ja Ablehnenswertes sehen. Für viele wurden durch diese Formen auch die **Ziele** suspekt. In der Rückschau aus der Distanz von mehr als zwei Jahrzehnten halte ich es jedoch für gerechtfertigt, eine Trennung zwischen Form und Ziel oder besser: zwischen Form und Wirkung vorzunehmen.

Sicherlich fand in der Studentenbewegung eine **Aufkündigung des Nachkriegskonsenses** statt, vor allem soweit er darin bestand, die parlamentarische Demokratie unter der Vorstellung von der Bedrohung durch den Kommunismus zu akzeptieren. Mit der antikapitalistischen Kritik ging eine Kritik an den Institutionen Hand in Hand. Für diese „Neue Linke" war in der Bundesrepublik die „Demokratie zum Regelsystem degeneriert", und dem stellte sie den radikale Anspruch entgegen, „Demokratie inhaltlich als herrschaftsfreie Ordnung zu verwirklichen" (Negt 1968: 188, 185). Die „subjektive, aktivistische und voluntaristische Revolutionstheorie", die „bewußte Tat", von der Rudi Dutschke schrieb (Bergmann u.a. 1968: 44), lief dem in der Bundesrepublik mühsam eingelebten **Politikverständnis des regelgebundenen und institutionenbezogenen Aushandlungs- und Entscheidungsprozesses** fundamental zuwider. Aber das politische System konnte den revolutionären Intentionen der Studentenbewegung standhalten und erhielt eine neue Stabilität dadurch, daß es sich durch Reformen neue Legitimierungsressourcen erschloß und neuen Konsens erzeugte.

Denn auf Dauer blieb von der Protestbewegung der 68er ein Impuls in Richtung auf **zunehmende Demokratisierung der bundesrepublikanischen Gesellschaft**. Die Bedeutung der sozialliberalen Koalition, die von 1969 bis 1982 die Bundesrepublik regierte, kann man darin sehen, daß sie wegen dieser Wandlungen großen Teilen der Protestbewegung ein Auffangbecken und damit eine neue Möglichkeit der Identifikation mit der Bundesrepublik bot. Für diesen Teil der 68er war es der „Marsch durch die Institutionen", der jetzt begann; ein anderer zog sich in alternative Lebensformen zurück, während eine Minderheit den Schritt zum Terrorismus tat. Der Publizist Michael Rutschky schrieb: Die Bundesrepublik war damals „aus *ihrem* [der CDU] in *meinen* Besitz übergegangen" (Rutschky 1990: 273; Hervorhebung daselbst).

Zehn Jahre vorher wurde Demokratie definiert und legitimiert durch das Gegenbild: durch Diktatur, durch Kommunismus. Jetzt war **eine negative Definition von Demokratie nicht mehr notwendig**, weil sie einen neuen Inhalt bekam: Reform und Demokratisierung als Vermehrung der Chancen politischer Beteiligung. Von der „zweiten Demokratiegründung" (Kleßmann 1988: 473), die jetzt stattfand, habe ich schon gesprochen (6.1, 8.1.1). Sie war verbunden mit einem **inhaltlich gefüllten Demokratieverständnis** und bewirkte eine tiefere Verankerung des politischen Systems in der Bevölkerung. Demokratie wurde jetzt als Mittel *und* Ziel verstanden, als Weg zu mehr Partizipation und Selbstbestimmung. Es begann die Zeit der **Bürgerinitiativen**, in denen Formen demokratischer Mitwirkung außerhalb der verfassungsmäßig institutionalisierten Formen erprobt wurden. Jetzt konnte man sich über Demokratisierung streiten, – aber es war ein Streit auf der Ebene der politischen Entscheidungsprozesse, und daher trennte dieser Streit nicht mehr, sondern – wie jeder Streit – er verband auch. Die Spannweite der Demokratievorstellungen bot auch den Gegnern des vormaligen „CDU-Staates“ eine politische Heimat.

9. Differenzierung didaktischer Konzeptionen und Polarisierung in der Zeit der sozialliberalen Koalition 1970-1980

9.1 Problemaufriß

In der alten Bundesrepublik machte man den Unterschied zwischen den A- und den B-Ländern. Die A-Länder waren mehrheitlich von der SPD regiert, die B-Länder von der CDU oder CSU. Die parteipolitische Orientierung der jeweiligen Landesregierung hatte Auswirkungen auf den Bildungsbereich. In den A-Ländern gab es Gesamtschulen, in den B-Ländern dagegen so gut wie keine. Schulbücher, die in A-Ländern zugelassen waren, hatten in B-Ländern fast keine Chance. Ähnliche Unterschiede findet man heute auch in den östlichen Bundesländern, wenn man beispielsweise das Schulsystem Brandenburgs mit dem der anderen Länder vergleicht.

Seit den 70er Jahren gab es in der alten Bundesrepublik **keine übereinstimmende politische Bildung** in der Schule mehr. Es entstand eine **Polarisierung**; A- und B-Länder bildeten hinsichtlich der Konzeption von politischer Bildung gegensätzliche Pole. Die Faktoren und Ursachen dieser Polarisierung sollen im folgenden dargestellt werden.

Einer der Faktoren ist der **Föderalismus**. Die Bundesländer haben die Alleinzuständigkeit für die Bildungspolitik. Daher entwickelt jedes Land eigene Richtlinien und Lehrpläne für den Unterricht in den Schulen. Jedoch: Der Föderalismus ist eine Bedingung, keine Ursache. In den 50er und 60er Jahren herrschten dieselben verfassungsrechtlichen Bedingungen, trotzdem unterschieden sich die Länder nicht so tiefgehend, daß man von einer Zweiteilung sprechen konnte wie später.

Das trifft auch auf die **Didaktik der politischen Bildung** zu. Wie wir gesehen haben, war ihre Entwicklung in den 60er Jahren von wissenschaftsimmanenten Faktoren bestimmt: von den Einflüssen ihrer Bezugswissenschaften, nämlich der Allgemeinen Didaktik und der Fachwissenschaft, den Sozialwissenschaften. Es gab unterschiedliche Konzeptionen, die als Weiterentwicklung angesehen werden können. Es gab eine innerdidaktische Diskussion, beispielsweise wenn Giesecke sich in seiner Didaktik mit seinen Vorgängern auseinandersetzte. Und es gab die sog. Hessischen Didaktiker, zu denen Fischer und Hilligen gehörten, die unterschiedliche Vorstellungen über didaktische Probleme entwickelten, aber auf Diskussionsforen gemeinsam auftraten. Bei aller Verschiedenheit wiesen sie weitgehende Übereinstimmungen auf:

Fallprinzip, Konflikt und Kritik als didaktische Prinzipien. Mithin gab es Unterschiede, aber keine Polarisierung.

Die **Ursache** für die Polarisierung war etwas Neues: **der direkte Einfluß der Politik auf die politische Bildung**. Politische Institutionen in Bund und Ländern hatten auf die Protestbewegungen reagiert, indem sie die politische Bildung förderten. Das wirkte wie ein neuerlicher Impuls, ähnlich wie aus Anlaß der antisemitischen Hakenkreuzschmierereien des Jahres 1959. Auch auf diese folgte eine Verstärkung der politischen Bildung. In den 70er Jahren änderte sich aber die **Fragestellung**. Es war nicht mehr allein die Frage nach dem „Daß", sondern dem „Was": nämlich *welche* politische Bildung gefördert werden sollte. Der Streit um die politische Bildung wurde zum **Streit über die Inhalte**.

Der Studentenprotest von 1968 hatte eine **doppelte Wirkung**. Einmal veranlaßte er die staatlichen Institutionen zum Reagieren. Sie bewiesen ihre Reformfähigkeit. Zum andren verursachte er eine Veränderung innerhalb der politischen Didaktik. Ich habe diese in Lektion 8 (S. 178) **Politisierung** genannt. Der Studentenprotest nötigte die politische Didaktik zum ersten Mal, sich mit einem innenpolitischen Ereignis auseinanderzusetzen. Felix Messerschmid, einer der einflußreichen politischen Pädagogen, nannte die Studentenbewegung „die stärkste Herausforderung für die politische Bildung" in dieser Zeit (1971: 35). Sie veranlaßte nicht nur Politiker, sondern auch die **Fachdidaktiker, zu ihr Stellung zu nehmen** und damit politisch zu werden. Dadurch kam es zu einer Ausdifferenzierung didaktischer Positionen in einem breiten Spektrum.

Dies geschah auf der Ebene der Didaktik. Aber in den 70er Jahren kam als zusätzlicher Faktor die Einwirkung von einer **innenpolitischen Konfliktebene** hinzu. 1969 war die CDU/CSU in die Rolle der Opposition geraten. Daraufhin verschärfte sie die parteipolitische Auseinandersetzung, um die Macht zurückzuerobern. Als ein Instrument dieses Kampfes benutzte sie die politische Bildung.

Meine These ist, daß die in den 70er Jahren innerhalb der politischen Didaktik eingetretene **Polarisierung nicht als wissenschaftsimmanenter Prozeß** zu deuten ist, wie von anderen versucht wird (Sutor 1988), sondern als **Wirkung der parteipolitischen Polarisierung** in der Zeit der sozialliberalen Koalition; sie war demnach politisch induziert.

In den 70er Jahren entwickelte sich die politische Didaktik in **drei Phasen**, die im folgenden dargestellt werden: 1. Die Ausdifferenzierung unterschiedlicher didaktischer Konzeptionen (9.2), 2. die Polarisierung entsprechend der politischen Lager Regierung und Opposition (9.3), 3. die Wiederherstellung des wissenschaftlichen Diskurses (9.4).

9.2 Die Ausdifferenzierung didaktischer Konzeptionen

Die Studentenbewegung provozierte innerhalb der politischen Didaktik eine Stellungnahme für oder wider. Es lassen sich zwei Reaktionsweisen unterscheiden: „Verständnis“ und „Ablehnung“. Entlang dieser Reaktionsweisen fand jetzt eine **Ausdifferenzierung der politischen Didaktik** in Positionen statt, je nachdem, ob ihre Vertreter die Motive und Ideen der Studentenbewegung anerkannten, und zwar nach Graden unterschiedlich, oder gering schätzten.

9.2.1 „Verständnis“

Die Reaktionsweise „Verständnis“ ist nachzuweisen, indem man die Schriften von Didaktikern vor und in bzw. nach dem Jahr 1968 vergleicht.

Die Aussagen von **Wolfgang Hilligen** können am besten an einem Datum festgemacht werden. Die Kommission zur Beratung der Bundesregierung in Fragen der politischen Bildung, ein Gremium von Fachwissenschaftlern und Pädagogen, hatte ihn eingeladen, auf ihrem Kolloquium am 17. und 18. Oktober 1968 zum Thema „Die deutsche Unruhe“ als Didaktiker Stellung zu nehmen. Hilligen hat damals zum ersten Mal sein **Kategoriensystem** dargestellt, das später der Kern seiner Didaktik (1975) geworden ist. Im Mittelpunkt stehen die Optionen als normative Grundentscheidungen: (1) Unantastbarkeit der Menschenwürde wahren, (2) Voraussetzungen für die Entwicklung von Emanzipation und Chancengleichheit aller herstellen, (3) Spielraum und Institutionen für Alternativen schaffen und erhalten (Hilligen 1970: 22). Der Vergleich dieser Optionen mit den Erziehungszielen „Mitverantwortung, Wahrung der Person, Einhaltung von Spielregeln“ von 1961 (Hilligen 1961: 73) ergibt, daß die zweite neu hinzugekommen ist, die anderen ähnlich wiederkehren, mit Ausnahme des Erziehungsziels „Mitverantwortung“, das ganz entfallen ist.

Die zweite Option umschrieb Hilligen 1968 so: „Schaffung von Bedingungen für die Entwicklung menschenwürdiger Daseinsverhältnisse“, wozu die Überwindung der Ungleichheiten und die Möglichkeit, das „gesellschaftliche und staatliche Leben mitzubestimmen“ gehören. An dieser Stelle bezog er sich ausdrücklich auf die Protestbewegung. „Daß sich in der Bundesrepublik die Teilungen [gemeint sind die sozialen Ungleichheiten] in den letzten zwanzig Jahren auf vielen Gebieten verstärkt haben, wird als weitere Ursache für den Protest nicht nur der Jugendlichen diagnostiziert“, und er fuhr dann fort: „Daß es des Protestes bedurfte, die Teilungen ins Bewußtsein zu heben, hat das Vertrauen in die parlamentarische Demokratie als Instrument geregelter Veränderung geschmälert“ (Hilligen 1970: 22). Hilligen interpretierte also die Protestbewegung sozialkritisch und nutzte sie, um die Option für die Überwindung von Ungleichheiten zu begründen. Bei der 3. Option bezog er sich auf die soziologische Konflikttheorie, ging aber weiter als Dahrendorf: Es soll nicht nur die Austragung von Konflikten geregelt werden, vielmehr spricht er sich auch für die Aufhebung der Ursachen von Konflikten aus. Im Unterschied zu Giesecke forderte er daher die Aufdeckung der „latenten“, also der verborgenen Konflikte (ebda:

23), während Giesecke 1965 nur die „manifesten“, also die sichtbaren Konflikte als Lerngegenstand empfahl. Kritisch gegen die Protestbewegung hob Hilligen hervor, daß die Option „Menschenwürde“ von Teilen der Jugend nicht anerkannt werde (ebda.: 22).

Hilligen nahm also die **Gesellschaftskritik der Protestbewegung** auf; neu innerhalb der Didaktik war, daß er Demokratie nicht als ein System pluralistischer Entscheidungsfindung deutete, sondern sie jetzt sozialstaatlich interpretierte als „Verwirklichung der im Verfassungsauftrag enthaltenen Ziele“ (ebda.: 20). Später sprach er von der „Überwindung sozialer Ungleichheiten“ (Hilligen 1975: 30). **Demokratie** wurde also **inhaltlich gefüllt**; Hilligen verwendete einen materialen Demokratiebegriff, bei dem Demokratie als Mittel *und* Ziel verstanden wird. Er war aber nicht auf Herrschaftskritik aus und erhob auch nicht die Forderung nach Abbau von Herrschaft wie die Studentenbewegung, was andere Didaktiker wie Rolf Schmiederer taten (vgl. Lektion 10). Hilligen hingegen erkannte die **Bedeutung der politischen Institutionen** für die regelhafte Austragung von Konflikten.

Hermann Giesecke ergänzte 1968 seine Didaktik von 1965 in der dritten Auflage durch einen Anhang, in dem er sich mit seinen Kritikern auseinandersetzte. Dabei legte er die „politische Prämisse“ seiner Didaktik offen: **Demokratisierung** sei das „fundamentale Generalthema der neueren Geschichte überhaupt“, diese „Fundamentaldemokratisierung“ bestehe im „Abbau überflüssiger Herrschaft von Menschen über Menschen“ und in der „Kontrolle der notwendigen Herrschaft“ (Giesecke 1968: 212). Giesecke gebrauchte hier einen Begriff des in der Nazizeit emigrierten Soziologen Karl Mannheim, der „Fundamentaldemokratisierung“ so definiert hatte: „Immer mehr soziale Schichten streben heute nach einem Anteil an der gesellschaftlichen und politischen Führung und nach einer eigenen Interessenvertretung“ (Mannheim 1958: 52). Mannheim sah aber diesen Vorgang nicht als reibungslosen Prozeß an, vor allem schätzte er die Fähigkeit der Demokratisierten zu rationalem Verhalten und zur Verhinderung von Machtmißbrauch nicht übermäßig hoch ein (ebda.: 52f., 84). Wenn Giesecke Folgerungen aus diesem Prozeß zog, dann zitierte er nicht mehr Mannheim, sondern ließ sich offenbar von der beim Schreiben dieses Anhangs unmittelbar erlebten **Herrschaftskritik der Protestbewegung** anregen, wie die zitierten Worte Gieseckes erkennen lassen. In der Neuausgabe seiner Didaktik von 1972 wechselte Giesecke dann das oberste Lernziel; es ist jetzt nicht mehr „politische Beteiligung“ wie noch 1965, sondern **„Mitbestimmung“** als Bestandteil der Demokratisierungsforderung, die aus der Protestbewegung kam. Er zog jetzt auch die Kritische Theorie der Frankfurter Schule heran, um die schon 1968 verwendete Geschichtsdeutung theoretisch zu begründen und die Unumkehrbarkeit dieses Prozesses einleuchtend zu machen (Giesecke 1972: 120).

Kurt Gerhard Fischer hatte 1960 zusammen mit Koautoren einen Katalog von Einsichten veröffentlicht (6.4.3; oben S. 140f.). Eine neue Fassung dieses Katalogs erschien in seiner „Einführung in die Politische Bildung“ von

1970 (Fischer 1970: 111-113). Dort benutzte er jetzt das Wort „demokratische Politik", die er so erläuterte: Sie strebe nach „maximaler Mitwirkung aller Bürger", Maßstab sei „Gleichheit und Selbstbestimmung". 1960 hatte Demokratie die Aufgabe, den Mißbrauch von Macht zu verhindern. Im Unterschied dazu hieß es jetzt: „Demokratie zielt auf die Überflüssigkeit der gesellschaftlichen Institution »Staat« ab"; und daraus folgt für ihn der „Abbau von Fremdbestimmung und Herrschaft in ihrer Wechselseitigkeit zugunsten von Selbstbestimmung" (ebda.: 124). Auch Fischer übernahm also die Formel der Protestbewegung von der „überflüssigen Herrschaft". Jedoch grenzte er sich von dogmatischen Didaktikern ab, die aus einer Theorie der Gesellschaft Aussagen über „richtiges" und „falsches" Bewußtsein ableiten und verbindlich vorschreiben wollten; dies und nicht die Kritik am Bestehenden unterscheide ihn von jenen, schrieb er (1973: 89).

Die Beispiele zeigen: **Nicht mehr die Einsichten in die Funktionsbedingungen des demokratischen System**s galten als oberste Lernziele und Aufgaben der politischen Bildung, sondern das **Erkennen gesellschaftlicher Konflikte und die Kritik als individuelle Fähigkeit** wurden angestrebt. Die neuen Themen waren in Übereinstimmung mit dem Studentenprotest „Demokratisierung", „Gesellschaftskritik" und „Herrschaftskritik". Wie oben dargestellt (8.4, S. 197), war die Zeit, in welcher Demokratie vorwiegend negativ als nichttotalitäres System definiert wurde, vorbei. Demokratie wurde jetzt positiv als Ziel definiert; das Wort bekam einen Beiklang von Verheißung, wirkte wie eine Zukunftsvision.

9.2.2 Exkurs: Rezeption der Kritischen Theorie

9.2.2.1 Partielle Übernahmen

Die Kritische Theorie, die schon oben im Zusammenhang mit dem Positivismusstreit erwähnt wurde (7.4.1; oben S. 172f.), gewann in diesen Jahren Einfluß auf die Didaktik der politischen Bildung. Die Soziologen und Philosophen Max Horkheimer und Theodor W. Adorno hatten nach dem Krieg das ins Exil nach den USA verlegte Institut für Sozialforschung in Frankfurt neu gegründet. Diese sog. Frankfurter Schule entwickelte eine **spätmarxistische Gesellschaftstheorie**, die von der DDR-Philosophie als „bürgerliche Krisenphilosophie imperialistischen Typs" erbittert bekämpft wurde (Kapferer 1990: 202).

Ihr bedeutendster Vertreter der zweiten Generation, Jürgen Habermas, veröffentlichte mit anderen zusammen 1961 die Ergebnisse einer empirischen Untersuchung „Student und Politik" (Habermas u.a. 1961). Im einleitenden Aufsatz schrieb Habermas „Über den Begriff der politischen Beteiligung" und entwickelte hier eine **normative Demokratietheorie**. Ein zentraler Satz war hier: „Demokratie arbeitet an der Selbstbestimmung der Menschheit, und erst wenn diese wirklich ist, ist jene wahr.“ (ebda.: 15) Die Idee der Selbstbestimmung wurde jetzt zum Kriterium für die Beurteilung von Gesellschaft und politischem System; die Forderung nach vermehrter politischer Beteiligung, nach Partizipation, war eine Folge der historischen Analyse der gesellschaftlichen Entwicklung, die eine zunehmende Demokratisierung wahrscheinlich machte. Dies hat, wie wir sahen, Giesecke aufgenommen. Selbstbestimmung wurde aber auch zu einem zentralen Gedanken der neuen Konzeption von Fischer 1970. Die **Stellungnahme für oder gegen eine Demokratisierung** der Gesellschaft wurde zu einem Faktor für die Ausdifferenzierung der politischen Didaktik.

Der andere Faktor dieser Ausdifferenzierung war die **Sozialkritik** der Frankfurter Schule. Hier ziehe ich Hilligen als Beispiel heran. Das Inhaltliche seiner „Optionen“, der grundlegenden Wertentscheidungen, läßt eine Rezeption der Kritischen Theorie, vor allem durch Horkheimer vermittelt, erkennen, daneben aber auch den Bezug zu dissidierenden marxistischen Philosophen wie Leszlek Kolakowski. Die frühere individuelle Verhaltensnorm „Mitverantwortung“ wandelte Hilligen in die sozialkritische Deutung der Gesellschaft um. Sie zielte jetzt auf die **Überwindung von „grundlegenden Teilungen“**, ein Begriff, den Hilligen von Leszek Kolakowski (1967: 20) übernommen hat, dem polnischen Philosophen, der 1968 nach Nordamerika emigrieren mußte.

Mit diesem Gedanken von den „grundlegenden Teilungen“ hat Hilligen einen Wechsel seiner Bezugstheorien vorgenommen. Es war eine tiefgehende Wandlung, weil er damit eine **neue Sichtweise** eröffnete. Es genügte jetzt nicht mehr, daß dem einzelnen die Gefährdungen durch die gesellschaftlichen Mächte bewußt sind, um ihnen zu entgehen, wie Hilligen noch unter dem Einfluß von Jaspers annahm. Kritik der instrumentellen Vernunft bedeutete für Horkheimer, die **Bedrohtheit der Vernünftigkeit** selber darzustellen, die im modernen Vernunftbegriff liegende Gefährdung zu identifizieren (Horkheimer 1967: 13ff.). Daher müssen Bedingungen geschaffen werden, durch welche die Vernünftigkeit im einzelnen wieder zum Zuge kommen kann. Hilligen sah dies vor allem in der Überwindung der „Teilungen“ zwischen „Oben“ und „Unten“, also der Aufhebung von sozialer Ungleichheit, wenngleich als „Tendenz“ (Hilligen 1970: 23) verstanden, d.h. als regulative Idee, nicht so sehr als zu vollendendes Ergebnis. Über die Rolle der Kritischen Theorie sagte er später: „Die Frage nach den Voraussetzungen für die Überwindung sozialer Ungleichheiten ... aber ist ausdrücklich Gegenstand der Kritischen Gesellschaftstheorie“ (Hilligen 1975: 82). Bei ihr fand er auch einen Ansatz zur Gesellschaftskritik. Diese hat Hilligen später ausdrücklich zur Aufgabe der politischen Bildung gemacht; politischer Unterricht sei „immer zugleich Systemkritik“ (1985: 168).

Giesecke hat, wie erwähnt, in der Neubearbeitung seiner Didaktik von 1972 die Kritische Theorie herangezogen, um „die Rolle und Aufgabe der politischen Bildung in einem **inhaltlich verstandenen Demokratisierungsprozeß** näher zu bestimmen" (1972: 120). Er sah jetzt in der Geschichte eine Aufeinanderfolge von Emanzipationskämpfen, bei denen es darum ging, Abhängigkeiten zugunsten von Selbstbestimmung und Mitbestimmung zu beenden. Dabei spielten „die ökonomischen Formen und Dimensionen solcher Abhängigkeiten eine überragende Rolle", daher sei „eine maximale ökonomische Unabhängigkeit ein Hauptziel aller Emanzipationsbestrebungen" (Giesecke 1972: 125). Die Kritische Theorie diente ihm also zur **Normenbegründung**, aber er schränkte dies insofern ein, als er zumindest die „marxistische Theorie" nicht vorbehaltlos als Ausgangspunkt der didaktischen Reflexion wählte (ebda.: 125). Ohne daß er eine begriffliche Abgrenzung vornahm, läßt sich sagen, daß er aus dem Marxismus den **Vorrang der Ökonomie** bei der Bestimmung gesellschaftlicher Faktoren des Wandels übernahm und daher Ungleichheit als ökonomische Ungleichheit und Abhängigkeit interpretierte. Auch findet man bei ihm jetzt den Gedanken von der Geschichtlichkeit der Gesellschaft und die Auffassung von Gesellschaft als Totalität, was Giesecke eine „historisch verstandene gesellschaftliche Theorie" nannte (1972: 123). Giesecke band sich weder an Kritische Theorie noch an andere Marxismen; er hielt die Hinzunahme weiterer wissenschaftstheoretischer Richtungen für wünschenswert und gab der jeweils gewählten eine **partielle Funktion**, der Kritischen Theorie also diejenige der Wertbegründung.

9.2.2.2 Bedeutung der Kritischen Theorie

Hilligen und Giesecke sind repräsentativ für den **Modus der Rezeption Kritischer Theorie** und deren Marxismusversion. Es wurde nicht genuiner Marxismus rezipiert, sondern jene spätmarxistische Variante. Sie wurde auch nicht dogmatisch übernommen, sondern nur in einzelnen Aspekten, die bisher nicht berücksichtigte Sichtweisen eröffneten, hier vor allem die gesamtgesellschaftliche Bedingtheit der individuellen Existenz und die Wirksamkeit ökonomischer Faktoren. Der Marxismus erhielt bei diesen Didaktikern eine **Bereicherungs- und Ergänzungsfunktion**. Darin unterscheiden sich die beiden Didaktiker von anderen wie Wolfgang Christian, der streng nach den Klassikern die, wie er schrieb, von Marx und Engels entwickelte „Methode des Aufsteigens vom Abstrakten zum Konkreten" entfaltete und zur Grundlage des Lernprozesses machte (Christian 1974: 60). Bei Christian liegt also eine dogmatische Bindung an den Marxismus vor. Sie unterscheiden sich aber auch von dem späteren Bernhard Claußen, für den die Kritische Theorie als einzige Bezugstheorie gilt (11.4; unten S. 268ff.).

Dabei muß man bedenken, daß die Kritische Theorie sich in ihrer Spätphase ja bereits **weit vom marxistischen Ausgangspunkt entfernt** hatte. In ihrer 1947 erschienenen „Dialektik der Aufklärung" scheren Horkheimer und

Adorno, wie Helmut Dubiel darlegt, „so behutsam wie entschieden aus der theoretischen Tradition des historischen Materialismus aus“. Nicht mehr durch Produktionsweisen bestimmte Gesellschaftsformationen bilden jetzt den Gegenstand der Kritischen Theorie, sondern „der als Gesamtheit genommene Prozeß der Auseinandersetzung der Menschengattung mit der Natur“ (Dubiel 1988: 87f.).

Wenn dabei der gesellschaftliche Fortschritt problematisiert wurde, dann mußte dies verständlicherweise den **Widerstand der DDR-Philosophie** hervorrufen, da ja die zukünftige kommunistische Gesellschaft auf der nicht eingestandenen Ausbeutung der Natur mit Hilfe unbegrenzter Technik beruhte. Die Kritische Theorie wurde daher von DDR-Philosophen in die Nähe des Neothomismus gerückt und dadurch als Theologie diskreditiert (Kapferer 1990: 169). Aber sie war auch weit von der **Revolutionstheorie und -praxis der Studentenbewegung** entfernt, in welcher der Marx des 19. Jahrhunderts, Marxismus-Leninismus überspringend, im 20. Jahrhundert in die Realität umgesetzt werden sollte.

Jürgen Habermas hat dann die radikale Kritik an der abendländischen Vernunfttradition, wie man sie in der „Dialektik der Aufklärung“ findet, in eine **neue Grundlegung der Vernunft** positiv gewendet, nämlich in einem „kommunikativen Begriff der Vernunft“ (Dubiel 1988: 91), was er in seiner „Theorie des kommunikativen Handelns“ (1981) leistete. In unserem Zusammenhang ist bedeutsam, daß Habermas sich hier dem amerikanischen Pragmatismus öffnete, dem die Kritische Theorie bis dahin abwehrend gegenüberstand (Joas 1992: 111).

Habermas gewann schon seit den 70er Jahren zunehmend Einfluß im Bereich der politischen Didaktik. Über ihn wurde der **Marxismus Bezugstheorie der politischen Didaktik** wie vorher schon Pragmatismus und Existentialismus. Man kann seine Bedeutung knapp so umreißen, daß durch den Marxismus die „»dialektische« Integration alles einzelnen in ein geschichtliches Ganzes“ (Pöggeler 1972: 137) geleistet werden konnte, also das Denken in historisch geprägten Gesamtzusammenhängen (vgl. 11.4.1, S. 270 und 11.5, S. 279). Diese Wirkung entfaltete der Marxismus aber auch in den Sozialwissenschaften. „Von nun an war es nicht mehr möglich, über gesellschaftliche Verhältnisse zu diskutieren, ohne sowohl nach den ökonomischen Bedingungen als auch den psychischen Potentialen der beteiligten Menschen zu fragen“, urteilt ein Soziologe (Korte 1992: 209).

Mit diesem Bezug auf marxistisch inspirierte Gesellschaftstheorie und Gesellschaftskritik wurde in der politischen Didaktik ein bisher geltendes **Tabu durchbrochen**, mit welchem der Marximus in der Zeit des Antikommunismus belegt war.

9.2.3 „Ablehnung“

In einem Aufsatz aus dem Jahre 1968 stellte **Bernhard Sutor** fest, im politischen Urteil vieler Schüler und Studenten gebe es „unpolitisches Moralisieren“ und „moralfreien Zynismus“. Sutor war damals noch Lehrer und konnte aus unmittelbarer Anschauung sprechen. Schuld an diesem „unpolitischen Moralisieren“ trage z.T. eine Art von politischer Bildung, die über „die rauhe Wirklichkeit des politischen Lebens“ mit idealisierenden Betrachtungsweisen hinweggleite. Er kritisierte, daß das Wort „Demokratie“ häufig mit „Volksherrschaft“ übersetzt werde. Das sei ein plebiszitäres Demokratieverständnis, das keinen Blick habe für die Gefährdungen der Demokratie und daher in Krisenzeiten in totalitäres Denken umschlage. Dagegen stellte er das **repräsentative Demokratieverständnis**: Regierung im Auftrag des Volkes, verbunden mit der gleichen Chance für jeden, am Prozeß der politischen Willensbildung teilzunehmen (Sutor 1968: 16). Der Realismus, für den Sutor sich hier einsetzte, meint die nüchterne Betrachtung der Funktionsweisen, ähnlich wie wir es bei Fischer u.a. von 1960 gesehen haben, ohne explizite Zielvorgabe für den Politikprozeß. Deutlich wird hier der Unterschied zu den gleichzeitigen Ausführungen Hilligens, der nichts gegen das Repräsentationsprinzip einzuwenden hatte, der aber den Begriff „Demokratie“ mit Inhalt füllte: Abbau gesellschaftlicher Ungleichheit. Anders als Giesecke und Fischer hielt Sutor an dem institutionellen Verständnis von Demokratie als Mittel fest, während die anderen jetzt eine Zieltheorie von Demokratie entwikkelten, welche die Befreiung von Zwängen und einengender Herrschaft enthielt.

Hans-Günther Assel sah die Ursache der Protestwelle unter der Jugend in der versäumten Reform; die Erfolglosigkeit habe die Frustration gesteigert und die aggressiven Tendenzen verschärft. Er kritisierte den „Aktivitätskult“ der protestierenden Jugend; die Bildungsreform habe nur als „Aufhänger“ für **radikale politische und soziale Zielsetzungen** gedient (Assel 1969: 4). Er zog die Folgerung: Politische Bildung müsse sich „Gedanken über das Strukturmodell menschenwürdiger Ordnung“ machen (ebda.: 6). In einer ausführlichen Auseinandersetzung mit der Konfliktdidaktik entwickelte er eine Kritik der „Konflikttheorie“, der er eine „Verherrlichung des Konflikts“ vorwarf und zudem, daß sie ihr „Heil in der Revolution und im Umsturz sucht“ (ebda.: 20). Er trat dafür ein, daß politische Bildung ein Verständnis für die Gleichgewichtigkeit von „Ordnung und Konflikt“ vermitteln müsse (ebda.: 21). Assel verabsolutierte den Begriff „Ordnung“ keineswegs, er folgte darin nicht Manfred Hättich, der politische Ordnung als „zentralen Gegenstand“ der politischen Bildung herausstellte (1969: 20). Dennoch verlagerte sich das Gewicht auch bei ihm auf die „Ordnung“, weil seine Auseinandersetzung mit der Konflikttheorie von der Furcht vor der Auflösung geleitet wurde: „Denn Konflikte können Ordnungen zerstören und Chaos und die Anarchie hervorrufen“ (Assel 1969: 17). Dieser Gefahr wird „Ordnung“ wie ein Schutzwall entgegengestellt; der Begriff erhält auf diese Weise eine Wertfärbung, die ihn über einen nüchternen analytischen Terminus hinaushebt.

Ähnlich wie Sutor gab auch **Klaus Hornung**, der 1966 den „Umriß einer politischen Elementarbildung“ vorgelegt hatte (1966), den bisherigen bundesrepublikanischen Konsens wieder, mit dem er es für vereinbar hielt, daß politische Bildung nicht nur „der Deutung und Rechtfertigung des Bestehenden zu dienen, sondern das kritische Salz der Politik zu sein“ habe (1970: 13). Aber dann wird die Ablehnung daran erkennbar, daß er die „Rebellion in der Jugend“ als Verwöhnungssyndrom interpretierte. Die Losung der Demokratisierung könne nur „als bedenkliches Ergebnis einer entarteten Wohlstandsgesellschaft begriffen werden“, die Rebellion erwachse „aus Langeweile und geistiger Leere“, und der Vorwurf wird lediglich dadurch gemildert, daß den Eltern die Schuld zugewiesen wird: „Sie suchen den Ablaß für ihr geistig-pädagogisches Versagen in der materiellen Verwöhnung ihrer Kinder“ (ebda.: 15). Zum **Verwöhnungssyndrom** kommt demnach das **Verwahrlosungssyndrom**. Daraus folgt dann für ihn ein „messianisches Demokratie-Verständnis“ (ebda.: 21), mit dem sich der Autor ausführlich kritisch beschäftigt.

9.2.4 Differenzierung, nicht Polarisierung

Die Auseinandersetzung mit der Studenten- und Schülerbewegung innerhalb der politischen Didaktik läßt sich mit einer **Gratwanderung** vergleichen. Die Verständnis zeigenden Didaktiker lehnten ja keineswegs den bisher errungenen Grundkonsens ab, und sie waren ja auch nicht als Mitläufer revolutionärer Aktionen aufgetreten. Sie folgten nicht den Postulaten der „Systemüberwindung“ oder der „Transformation der Demokratie“, welche die „Neue Linke“ damals auf ihre Fahnen geschrieben hatte. Daher gab es viel Gemeinsames zwischen den Vertretern der beiden Reaktionsweisen. Aber es war doch etwas anderes, ob man die politischen Forderungen der Protestbewegung mit Argumenten aus einer Theorie der repräsentativen Demokratie zurückwies oder ob man die Frage nach den Motiven und den Anlässen stellte, welche hinter diesen Forderungen erkennbar werden konnten. Das Unterscheidungskriterium war die **Anerkennung eines kritischen Potentials** in den Irrtümern und Übersteigerungen der Protestierenden, und diesem wurden die Verständnis zeigenden Didaktiker, nicht aber die ablehnenden gerecht. Hingewiesen werden muß aber darauf, daß in den zitierten „ablehnenden“ Schriften der Marxismus damals noch keineswegs ein Stein des Anstoßes war.

Noch viele Jahre später hat Sutor eine Mehrzahl von Didaktikern unter dem Stichwort „emanzipatorische Konzepte“ gebündelt und diesen ein „Mitschwimmen in der neo-marxistischen Welle" vorgeworfen (Sutor 1988: 16). Demgegenüber läßt sich feststellen, daß es zwischen den Didaktikern damals noch **keinen Fundamentaldissens** gab. Sutor selber ist hierfür ein Beispiel. 1971 erschien seine „Didaktik des politischen Unterrichts". Im Nachwort zur zweiten Auflage von 1973 setzte sich Sutor mit den „emanzipatorischen" Konzepten politischer Bildung auseinander. Überraschend ist, daß er zunächst eine Gemeinsamkeit mit seinem – wie er es nennt – personalen Ansatz feststellte:

„Emanzipation meint Mündigkeit, Fähigkeit zur Selbstbestimmung. Entfaltung der Personalität meint das nicht minder, und das Denken in personalen Kategorien unterwirft alles Gesellschaftliche der Frage, ob es personale Entfaltung ermöglicht oder erschwert oder gar verhindert. Daß dieses Denken Bestehendes in Frage stellen, sich wehren muß gegen verfestigte Strukturen, gegen ungerechtfertigte Herrschaft, daß sich im Extremfall daraus revolutionäre Zielsetzung rechtfertigen läßt, scheinen diejenigen meiner Kritiker zu übersehen, denen sich das Stichwort ‚konservativ' allzu rasch zur Kennzeichnung meiner Position einstellt." (1973: 333)

Sutor wehrte sich hier gegen das Etikett „konservativ", mit dem seine Didaktik belegt wurde. Das Bemühen ist erkennbar, eine Nähe zu den Didaktikern herzustellen, die gegenüber der Protestbewegung mit Verständnis reagierten und aus ihr Gedanken aufnahmen. „Bestehendes in Frage stellen", sich wehren gegen „verfestigte Strukturen", „gegen ungerechtfertigte Herrschaft", – diese Worte hätten auch von jenen stammen können. Sutor war hier einer **Rezeption der Kritischen Theorie nahe** bzw. näherte sich denjenigen, welche die Gesellschaftskritik der Kritischen Theorie rezipiert hatten oder sich auf sie beriefen. Die Abgrenzung, die er anschloß, besteht aus einer Kritik an dem „Ausblenden des Institutionellen", was auf neue Richtlinien zielte, und aus einer Kritik an dem Verzicht auf die „Frage nach den existenznotwendigen Traditionsbeständen", schließlich auch in der Kritik am „Absolutheitsanspruch der marxistischen Theorie" (ebda.: 334f.). Zustimmend sprach er wiederum von der „politischen Veränderung der Gesellschaft in Richtung auf mehr soziale Gleichheit oder Gerechtigkeit", nur daß er die Dialektik dieses Prozesses betonte: Sie vermehre zugleich Bindungen, stärke den Staat u.ä. (ebda.: 336). Sicherlich ist dies alles in seiner Didaktik nicht so herausgestellt worden, als daß es zum strukturierenden Prinzip seiner Gedanken hätte werden können. Ich sehe hier wie bei Giesecke die nachträgliche Akzentuierung eines in der Konzeption angelegten Elementes, welche durch die damals aktuelle Theoriediskussion in der Didaktik angeregt wurde. Diese war ja ihrerseits von gesellschaftskritischen Ansätzen befruchtet worden; somit wirkten diese jetzt indirekt auch auf Sutor.

Demnach gab es noch im Jahre 1973 **Voraussetzungen für einen wissenschaftlichen Diskurs** in der politischen Didaktik.

Daran änderte nichts, daß die Ausdifferenzierung didaktischer Positionen damals auch als eine **politische Auffächerung** gedeutet wurde. Seit 1970 begannen Didaktiker damit, didaktische Konzeptionen unter politischen Richtungsbegriffen zu klassifizieren (Übersicht bei Hilligen 1975: nach 64). Als Beispiel soll hier der Klassifizierungsvorschlag am Leitfaden der Stellungnahmen zur Demokratisierung der Gesellschaft dienen, den Rolf Schörken in folgende Übersicht umgesetzt hat (1978: 12f.):

anti-revisionistisch	*orthod.-marxistisch*	*radikaldemokr.-sozialistisch*	*linksliberal-fundamentaldemokr.*	*pluralistisch-integrativ*	*altliberal*	*national-konservativ*
Demokratie durch Revolution als Überwindung der Klassengesellschaft		Demokratie als Mittel und Ziel der Befreiung von politisch-ökonomischer Herrschaft. Tatsächl. Herstellung von Freiheit und Gleichheit	Demokratie als Mittel und Ziel der Befreiung von überflüssigen Zwängen	Demokratie als plurale Konkurrenz von Gruppen zum Zweck dynamischer Stabilität und Leistungsfähigkeit.	Demokratie als Form der Entscheidungsbildung auf staatlich-politischem Gebiet. Trennung v. politischem Staat und bürgerlicher Gesellschaft	Primat des Staates. Sein Hauptmerkmal: Souveränität und Rechtsstaatlichkeit

In ähnlichen Klassifikationen wurden außerdem die Didaktiker den Sparten zugeordnet. Darauf hat Schörken verzichtet, und es soll hier auch nicht geschehen. Ich will nur deutlich machen, daß es sich um politische Richtungsbegriffe handelt, um eine Auffächerung nach dem Rechts-Links-Schema. Man hat dies auch „politische Geographie" genannt (Grammes 1986: 27). Es gab also damals ein Selbstverständnis innerhalb der Fachdidaktik, das besagte: Didaktische Konzeptionen der politischen Bildung enthalten politische Positionen, welche nach politisch-ideologischen Kategorien „sortiert" (Giesecke) werden können. Aber diese versammelten sich nicht an Rechts-Links-Polen, sondern konnten auf dem **Kontinuum einer Rechts-Links-Skala** angeordnet werden, wie die Abb. zeigt.

Ernst-August Roloff äußerte schon 1971 im Zusammenhang mit der Kontroverse um die sog. Konfliktdiaktik Gieseckes, in welcher Kritik von links und rechts kam: „Es bleibt jedenfalls die erstaunliche Tatsache festzustellen, daß ein und dieselbe didaktische Konzeption einmal als Stabilisierungsideologie im Dienste bestehender Herrschaftsverhältnisse erscheint, zum andren als Ideologie des Umsturzes und des Anarchismus..." (Roloff 1971: 10) Hilligen hat 1972 aus unmittelbarer Erfahrung die Vielfältigkeit der Beziehungen innerhalb dieses Spektrums beschrieben: „Heute verdeckt nicht so sehr die derzeitige Polarisierung zwischen den großen Parteien wie die zwischen den zersplitterten Linksradikalen (die sich selbst fortschrittlich und alle diejenigen, die Ziele mit Reformen erreichen wollen, reaktionär nennen) und den sich selbst als konservativ bezeichnenden Reaktionären (die es schon kommunistisch nennen, wenn jemand sachlich über die DDR zu berichten versucht) den Blick auf die breite und differenzierte Gruppe liberalkonservativer und linksliberaler Didaktiker, die ... auf der Suche nach einem Minimalkonsens sind." (zit. nach Lengemann 1974: 76)

Es gab also **mehrere Trennungslinien**, und Hilligen rechnete Sutor als liberalkonservativ durchaus zu der konsenssuchenden Mitte, was eine Kontroverse über den Minimalkonsens mit ihm nicht ausschloß.

Es waren daher zu einem wesentlichen Teil externe Ursachen, die bewirkten, daß der innerwissenschaftliche Diskurs in eine Polarisierung umschlug. Die **Polarisierung innerhalb der Fachdidaktik wurde induziert von der parteipolitischen Polarisierung**, die sich in der Bundesrepublik seit 1972 entwickelte und die über die „Schulbuchschelte" und die Richtlinienkonflikte auch in den Bereich der politischen Didaktik hineingetragen wurde.

9.3 Konflikte um politische Bildung und Polarisierung

9.3.1 Regierungswechsel 1969 und innenpolitische Polarisierung

Nach den Bundestagswahlen von 1969 bildeten SPD und FDP unter Willy Brandt die Regierung einer **sozialliberalen Koalition**. Es war die erste Bundesregierung unter Führung der SPD seit Gründung der Bundesrepublik. CDU und CSU wurden von diesem Regierungswechsel überrascht. Denn aus den Wahlen waren sie wieder als stärkste Parteigruppierung herausgekommen (46,1% gegen 42,7 der SPD). Sie betrachteten diesen Regierungswechsel daher als „Betriebsunfall", als „gestohlenen Sieg" und als „Verrat am Wähler" (Jäger 1986: 55). Nach 20 Jahren Regierungsverantwortung im Bund waren sie in der Opposition unerfahren und hatten daher Mühe, sich in der neuen Rolle zurechtzufinden, auch sie zu akzeptieren. Die knappe Mehrheit der Regierungsfraktionen von 254 Stimmen – Brandt hatte bei seiner Wahl zum Bundeskanzler am 21. 10. 1969 sogar nur 251, also die Mindestzahl, erhalten – ließ einen Regierungswechsel während der Legislaturperiode ohne Wahlen als möglich erscheinen. Die neue Ostpolitik der Regierung Brandt/Scheel bewirkte einen Abbröckelungsprozeß der Koalition mit dem Wechsel einzelner Abgeordneten zur CDU/CSU. Im Bundestag wurde von beiden Seiten die Konfrontation gesucht, – von der Seite der Regierungsparteien, um die knappe Mehrheit zu disziplinieren, von seiten der Opposition, um sich gegen die „legitimatorische Überhöhung des Regierungswechsels" zu wehren (Jäger 1986: 24, 62, 67). Dann aber scheiterte das konstruktive Mißtrauensvotum am 27. 4. 1972. Da eine Pattsituation zwischen Regierung und Opposition entstanden war, wurden Neuwahlen ausgeschrieben, die im November 1972 stattfanden.

In den Jahren vor 1972 war der **Terrorismus zum Faktor der Innenpolitik** geworden. Anfang 1970 begann der Aufbau der Roten Armee Fraktion (RAF). 1970 wurden 21 terroristische Gewalttaten in der Bundesrepublik verübt, 1971 sogar 29 (Baring 1982: 381f.). Aus der Sicht der Union gehörten die Terroristen zu einer breiten Front neuer linker Gruppierungen, die seit einiger Zeit gegen den Staat vorrückte (ebda.: 384). Trotz einer stark aufgeheizten Terrorismus-Debatte in der Öffentlichkeit kam es zu einem gemeinsamen Beschluß des Bundeskanzlers und der Ministerpräsidenten der Länder über die Grundsätze zur Frage der Beschäftigung von verfassungsfeindlichen Personen im öffentlichen Dienst, dem sog. „Extremisten-Beschluß" vom 28.1. 1972, fälschlich auch „Radikalen-Erlaß" genannt.

Den Wahlkampf führten beide Seiten stark emotional und polarisierend. Schon vorher hatten sich vor allem durch die **Bildungspolitik** die Gegensätze verschärft. Der Plan der Regierung, ein umfassendes integriertes und differenziertes Gesamtschul- und Gesamthochschulsystem zu entwickeln, bedeutete im Vergleich zur Bildungspolitik der 60er Jahre die **Aufkündigung des** durch die Große Koalition bis 1969 gefestigten **bildungspolitischen Konsenses**. Denn jetzt ging es nicht mehr nur um die quantitative Vermehrung des Bildungsangebotes zum Zwecke der Leistungssteigerung, sondern um qualitative Strukturveränderungen, um „Bildung als Bürgerrecht". Zwei bildungspolitische Lager entstanden, die sich erbittert bekämpften (vgl. Massing 1984: 206). Denn **Bildungspolitik** eignet sich besonders für eine Ideologisierung politischer Konflikte, weil Bildung sowohl Sozialchancen als auch Sinnorientierungen vermittelt. Überdies vollzieht sich Bildungspolitik im föderativen System der Bundesrepublik auf verschiedenen Politikebenen, also auf Bundes- und Länderebene, daher bot sich eine Fortsetzung von Auseinandersetzungen in den Ländern und eine Instrumentalisierung zwecks Änderung der Mehrheitsverhältnisse im Bundesrat an (ebda.: 208).

Im November 1972 erlitt die CDU/CSU eine empfindliche **Wahlniederlage**. Zum ersten Mal in der Geschichte der Bundesrepublik wurde die SPD die stärkste Partei bei Bundestagswahlen; sie erhielt 45,8% der Stimmen gegenüber 44,9 für die CDU/CSU. Innerhalb der Union gab es jetzt eine von dem bayerischen Ministerpräsidenten Franz-Josef Strauß angeführte Richtung, welche die **Strategie der totalen Konfrontation** befürwortete: der Gegner als ideologischer und machtpolitischer Feind, politische Auseinandersetzung auf allen Ebenen, Kampf gegen Marxismus, sozialistische Gleichschaltung und gegen den „totalen Machtanspruch" der SPD (Kaack 1977: 213).

9.3.2 Bildungspolitische Aktionen der CDU

Diese innenpolitischen Auseinandersetzungen trug die CDU auch in den Bereich der politischen Bildung hinein. Kurz vor der hessischen Kommunalwahl im Oktober und vor der Bundestagswahl im November 1972 begann in Hessen der **Konflikt um Schulbücher und Richtlinien** zum politischen Unterricht.

Die „Welt am Sonntag“ veröffentlichte am 2. 7. 1972 einen Artikel, der gegen die eben erschienene Neubearbeitung des Schulbuches „Sehen Beurteilen Handeln“ Kl. 5/6 von Siegfried George und Wolfgang Hilligen gerichtet war. In dem Artikel wurde Walter Wallmann, damals stellvertretender Landesvorsitzender der CDU in Hessen, ausführlich zitiert. Einige Tage später folgten andere Presseveröffentlichungen, darunter zwei von Wallmann selber verfaßte. Der Tenor des Urteils über das Buch: „Es wird offen zum Klassenkampf aufgerufen und Propaganda für den Sozialismus östlicher Prägung gemacht“, „propagandistisches Machwerk“, „Verfälschungen und Verzerrungen“, „Manipulation“, „mit Hilfe des Schulwesens ein revolutionäres Potential für die Zukunft schaffen“, „Anleitung zur Zerstörung unserer Gesellschaft“ (Friemond 1973: 43; vgl. auch Hilligen 1979: 52ff.; Hilligen 1988: 95).

Angeregt durch die hessische Kampagne initiierte die hamburgische CDU im September 1972 eine große Schulbuchdebatte in der dortigen Bürgerschaft gegen den SPD/FDP-Senat. Auch hier war das Schulbuch „Sehen Beurteilen Handeln“ Kl. 5/6 Ziel der Angriffe. In der Folgezeit gab es bis 1980 insgesamt 18 Parlamentsinitiativen der CDU zu Schulbüchern in SPD-regierten Ländern (Witsch-Rothmund 1986: 162), meist im Vorfeld von Wahlen. Dabei wurden auch Politikbücher anderer Autoren, von Fischer und Mickel, einbezogen. Hinzu kamen Kampagnen in der Öffentlichkeit, so eine Anzeigenserie in Niedersachen vor den Landtagswahlen 1974, vor allem gegen das Deutschbuch „drucksachen“ (ebda.: 189f.), und eine ähnliche in Nordrhein-Westfalen vor den Landtagswahlen von 1975 (ebda.: 192ff.).

Parallel zur Schulbuchkritik, die wohl zutreffender „Schulbuchschelte“ genannt werden muß, verliefen **Aktionen der CDU gegen Richtlinien** in Hessen und Nordrhein-Westfalen. Am 14. 9. 1972 wurde auf Initiative einer Gruppe von hessischen Kommunalpolitikern der CDU der „Hessische Elternverein“ gegründet (Köhler 1974: 245). Er entwickelte sich zur „zentralen Vorfeldorganisation der Union“, die von der hessischen Parteiorganisation mit Hilfe einer „Kaderpolitik“ gesteuert wurde (Schmid 1988: 78). Der Elternverein wurde in Hessen Hauptträger des Kampfes gegen die eben erschienenen **hessischen Rahmenrichtlinien Gesellschaftslehre**. 1973 übernahm die CDU in Nordrhein-Westfalen das Thema „Schulpolitik“ und begann die Auseinandersetzung über die **Richtlinien für den Politikunterricht** in Nordrhein-Westfalen (vgl. Gagel/Schörken 1975: 109ff.). Durch die Revision der Richtlinien entfiel das Thema für den Landtagswahlkampf 1975; daher trat die CDU jetzt mit Anzeigen und Werbematerial zum Schulbuchthema auf: „Unglaublich! So etwas sollen unsere Kinder lernen!“ (Stein 1979: 120 und passim)

Schulbuch- und Richtlinienstreit wurden von der CDU nach dem Muster der **grundsatzpolitischen Kontroverse** der politischen Parteien in den damaligen Jahren geführt, wie sie Ulrich Sarcinelli analysiert hat. In ihr erschien die SPD aus CDU/CSU-Sicht als ideologisch gespaltene Partei mit Nähe zum Kommunismus, als Partei der vergesellschafteten Freiheit, der Gleichmacherei und der Klassensolidarität, als Partei der zentralen Planung, des Kollektivismus und der Unfreiheit (Sarcinelli 1980: 191). Dieses Grundmuster kehrte in der „Schulbuchschelte" wieder. Wallmann behauptete in einem eigenen Artikel im „Deutschland-Magazin" vom Aug./Sept. 1972 (abgedr. bei Stein 1979: 102f.) über das Buch von George/Hilligen, Arbeiter würden als Galeerensklaven hingestellt; in der Hauptsache kritisierte er die nach seiner Auffassung prokommunistische Darstellung der DDR. Die Schlagzeile des Artikels lautete: „Hessischer Kultusminister vergiftet die Schuljugend mit prokommunistischen Pamphleten". Im folgenden Jahr nannte der Didaktiker Bernhard Sutor in einem Artikel im „Rheinischen Merkur" vom 9. 3. 1973 das Buch „gefährlich einseitig" und „zum Teil klassenkämpferisch" und schloß daran die Befürchtung an, daß über die Lehrerbildung die „Neue Linke" bei ihrem „Marsch durch die Institutionen" auf die Lehrerbildung als Schlüsselstellung abziele (abgedr. bei Stein 1979: 52f.). Das erweckte den Eindruck, als seien diese Autoren die Kollaborateure des Umsturzes.

9.3.3 Parteipolitische Instrumentalisierung der politischen Bildung

Die politische Bildung wurde in den 70er Jahren von der CDU zum **Feld einer wohlüberlegten Oppositionsstrategie** gewählt, auf dem sie einen fundamentalen Wertekonflikt gegen die SPD führen konnte. Vorreiter war der CDU-Landesverband Hessen, der unter Alfred Dregger schon in den Jahren zuvor zum „Kampfverband", zu einer „hochintegrierten, relativ stark zentralisierten Organisation" umgewandelt worden war (Schmid 1988: 112).

Franz Josef Witsch-Rothmund hat durch eine Analyse der parlamentarischen Schulbuchdebatten in den Bundesländern, in denen die CDU in Opposition stand, gezeigt, daß es in ihnen nicht um die Schulbücher ging. Die zeitliche Plazierung im Vorfeld von Wahlen verweist auf die **wahltaktische Komponente**, ebenso die Ausblendung der didaktisch-methodischen Dimension von Schulbüchern in den Debattenbeiträgen der CDU-Abgeordneten. Ihre Prämisse war die Sozialisationswirkung von Schulbüchern, die jedoch wissenschaftlich nicht nachweisbar ist. Mit ihrer Hilfe wurde dann ein „eindeutig kausaler Zusammenhang zwischen der Sozialisationswirkung der kritisierten, inkriminierten Schulbücher und der öffentlichen Rechtfertigung radikaler Gewalt" (Witsch-Rothmund 1986: 169; vgl. auch ebda.: 162-181) durch die Jugendlichen hergestellt, was in den Jahren der RAF-Attentate und des Radikalen-Erlasses besonders wirksam erschien. Angelastet wurde dies der für Schulbuchzulassungen zuständigen Behörde, also der jeweiligen Landesregierung und der sie tragenden SPD.

Nach Witsch-Rothmund hatten die Schulbuchkontroversen der 70er Jahre eine **„Stellvertreterfunktion"**, sie dienten „der Inszenierung politischer Grundsatzkontroversen und Fundamentalkonflikte" (ebda.: 159f.), waren Teil einer „Polarisierungsstrategie" (Schmid 1988: 79). Diese Deutung läßt sich auch auf die Richtlinienkonflikte in Hessen und Nordrhein-Westfalen übertragen. Die politische Bildung wurde zum **parteipolitischen Instrument für die Rückgewinnung politischer Macht**. Aus zeitgenössischer Beobachtung hat Helmut Hartwig damals festgestellt: „Erstmals in der Geschichte der Bundesrepublik werden Probleme der politischen Bildung ... unmittelbar mit dem Kampf der Parteien und der hinter ihnen stehenden gesellschaftlichen Kräfte ... verknüpft" (Hartwig 1974: 31).

Die **Didaktik der politischen Bildung** wurde in diese **parteipolitische Polarisierung hineingezogen**. Didaktiker waren zugleich Autoren von Richtlinien, so Sutor für Rheinland-Pfalz und Rolf Schörken und ich selber für Nordrhein-Westfalen; sie wurden daher den jeweils die Regierung bildenden politischen Richtungen zugerechnet. Sutor war Mitautor der sog. „Gelben Bibel" (Grosser u.a. 1976), welche Aussagen zur politischen Bildung im Sinne der CDU-regierten Länder enthielt. Didaktiker waren als Schulbuchautoren von politischen Angriffen auf didaktische Konzepte betroffen, so Hilligen, Fischer, Mickel. Sutor erlebte Kritik von der anderen Seite: an den Richtlinien, an denen er mitgearbeitet hatte, und an seinen Schriften mit der Etikettierung „konservativ", – wie umgekehrt die anderen der Nähe zum Marxismus geziehen wurden. Fachwissenschaftler und nicht unmittelbar beteiligte Didaktiker sprangen der einen oder anderen Seite helfend bei, so in Publikationen zum Streit um die hessischen Rahmenrichtlinien oder in öffentlichen (Hessenforum) bzw. parlamentsinternen (Ausschußsitzungen in Nordrhein-Westfalen) Veranstaltungen.

Die Polarisierung innerhalb der Didaktik entstand nicht durch wissenschaftliche Diskussion zwischen ihren Vertretern; wäre es bei ihr geblieben, dann hätte sich eine solche Konfrontation nicht eingestellt, weil die Positionen ja, wie gezeigt, zwar ausdifferenziert, aber nicht polarisiert waren. Die Polarisierung hatte demnach nicht ihre Ursache darin, wie Sutor meint, daß „die Anhänger der Kritischen Theorie" eine Zweiteilung in „traditionell" und „kritisch" vorgenommen hätten (1988: 18). Polarisierung entstand, weil **Didaktiker auf zwei Ebenen agieren mußten**: auf der Ebene der wissenschaftlichen didaktischen Theorie und auf derjenigen der Politik, zu der ja auch die Richtlinienpolitik gehört, und weil diese Ebenen sich vermischten. Darauf waren sie jedoch meist nicht vorbereitet. Daher gelang ihnen auch die säuberliche Trennung nicht. Die Polarisierung ist demnach durch einen **massiven Eingriff politischer Akteure in das Feld der politischen Bildung** entstanden, durch Übertragung des Grundmusters politischer Auseinandersetzung zwischen den Parteien auf den Bildungsbereich.

9.3.4 Kritische Theorie als Feindbild

Nach 1975 war der Streit um die Richtlinien im wesentlichen abgeklungen. Aber die Polarisierung innerhalb der Didaktik dauerte fort. Eine Art **Gegen-**

bewegung wurde organisiert, die Hans-Helmuth Knütter als Beteiligter die „Tendenzwende" nannte und in militärischen Kategorien beschrieb: Es sei „die verfassungskonforme Gegenposition aus der Defensive zum Angriff übergegangen" (Gutjahr-Löser/Knütter 1979: 152, 151).

Deren zentrale Veröffentlichung war zunächst der von ihm mitherausgegebene Band „Der Streit um die politische Bildung" (Gutjahr-Löser/Knütter 1975). Darin wurden die wichtigsten Richtlinien und darunter vor allem die umstrittenen von Hessen und Nordrhein-Westfalen kritisiert. Das Buch durchzieht die Auseinandersetzung mit der Kritischen Theorie und den ihr zugerechneten didaktischen Autoren und Richtlinien; eine Autorin leitete beispielsweise die Absicht aufzuzeigen, „in welchem Maße die Kritische Theorie von Destruktivpädagogen für ihre Intentionen in Anspruch genommen wird" (Godiva Kroner, ebda.: 75). 1976 erschien die bereits erwähnte „Gelbe Bibel", die Schrift „Politische Bildung" (Grosser u.a. 1976), die von den Kultusministern der B-Länder herausgegeben und als „Alternative zu jenen Ansätzen, die der kritischen Theorie verhaftet bleiben", bezeichnet wurde (ebda.: 3). Im gleichen Jahr veröffentlichte eine „Arbeitsgruppe Freie Gesellschaft" Unterrichtsmaterialien zusammen mit einem Theorieband (vgl. Gutjahr-Löser/ Knütter 1979: 152). An diesen Publikationen entzündete sich Gegenkritik von der anderen Seite: Mit der von den Kultusministern herausgegebenen Schrift habe „eine wissenschaftliche Schule (die Freiburger) einen politischen Sieg errungen, wie ihn bisher keine im demokratischen Deutschland aufzuweisen hat" (Roloff 1977: 72); hinter den Publikationen der Arbeitsgruppe Freie Gesellschaft verberge sich „ein Omnikompetenzanspruch, der die elementare Grundnorm unseres Verfassungsrechts, nämlich die Legalität von Pluralität, schlicht negiert" (Fischer 1978: 249).

Das damalige **Klima in der Bundesrepublik** war einem Glätten der Wogen nicht förderlich. Der Terrorismus der RAF und verwandter Gruppen steigerte sich in den Jahren 1974-1977. Hungerstreiks und die Aktionen des Jahres 1975: Entführung des CDU-Politikers Peter Lorenz, Anschlag auf die Deutsche Botschaft in Stockholm, Anschlag auf die OPEC-Konferenz in Wien, hielten die Öffentlichkeit in Atem. Nach dem Selbstmord der RAF-Terroristin der ersten Stunde Ulrike Meinhof 1976 gab es „Racheakte". 1977 erreichte der Terrorismus seinen schrecklichen Höhepunkt: Anschläge der „Revolutionären Zellen", dann die Ermordung des Generalbundesanwaltes Siegfried Buback, später die des Vorstandsvorsitzenden der Dresdner Bank Jürgen Ponto und schließlich die Entführung des Präsidenten des Deutschen Arbeitgeberverbandes Hanns Martin Schleyer im September waren die Ereignisse, die zusammen den **„Deutschen Herbst"** bildeten. In ihm wurde der Staat auf eine ernsthafte Probe gestellt, vor allem, nachdem durch die Entführung einer Lufthansamaschine der Forderung nach Freilassung der verurteilten RAF-Terroristen Nachdruck verliehen worden war. In der Bundesrepublik herrschte ein Klima der Angst. „Bonn wurde zu einem Heerlager", schrieb ein ausländischer Beobachter (zit. nach Jäger 1987: 76). Dies endete dann mit der Befreiung der Lufthansamaschine am 18. 10. in der Hauptstadt Somalias, Mogadischu, mit dem Selbstmord prominenter Terroristen im Gefängnis Stuttgart-Stammheim und mit der Ermordung der Geisel Schleyer am folgenden Tag. Unmittelbar danach erklärten der baden-württembergische

Ministerpräsident Filbinger (CDU) und der hessische CDU-Vorsitzende Dregger in öffentlichen Reden, die Frankfurter Schule sei Ursache des Terrors (Wiggershaus 1988: 727).

Am 9./10 Januar 1978, kaum drei Monate nach der Geiseltragödie, fand in Bonn ein Kongreß „Mut zur Erziehung" statt, der „Neun Thesen" verabschiedete, die gegen die sog. „emanzipatorische" Erziehung gerichtet waren. Eine dieser Thesen lautete:

„Wir wenden uns gegen den Irrtum, die Schule könne Kinder »kritikfähig« machen, indem sie sie dazu erzieht, keine Vorgegebenheiten unbefragt gelten zu lassen. – In Wahrheit treibt die Schule damit die Kinder in die Arme derer, die als ideologische Besserwisser absolute Ansprüche erheben. Denn zum kritischen Widerstand und zur Skepsis gegenüber solchen Verführern ist nur fähig, wer sich durch seine Erziehung mit Vorgegebenheiten in Übereinstimmung befindet." (Kuhn u.a. 1993: 303)

Hier wurde ein **Feindbild** beschworen; der Gegner war „Besserwisser" und „Verführer", und dieser Feind wurde mit autoritativem Gestus in die Schranken gewiesen: „Wahrheit" wurde verkündet, „Irrtümer" wurden verurteilt. Der Tübinger Kongreß der Deutschen Gesellschaft für Erziehungswissenschaft kritisierte in einer Erklärung vom 10. 3. 1978 das „dogmatische Behaupten von wahr und falsch" in diesen Thesen und sagte zu der zitierten These: „Wir wenden uns jedoch gegen den Versuch, Erziehung zur Kritikfähigkeit generell zu diskreditieren mit dem Hinweis darauf, daß es immer auch Vorgegebenheiten gibt, die man unbefragt gelten läßt." (Kuhn u.a. 1993: 303)

Die „Thesen" wurden zum Muster für die Förderer der **„Tendenzwende" im Bereich der politischen Bildung**.

Das Institut für Gesellschaftswissenschaften Walberberg beschwor in einer Veröffentlichung mit dem Titel „Die Gewalt der Verneinung. Die Kritische Theorie und ihre Folgen" (Günther u.a. 1978) ebenfalls ein Feindbild. Dort hieß es: „Das Denkklima der feindseligen Denunziation und der totale Machtanspruch dieser Theorie, die ein Wahrheitsmonopol für sich reklamiert, sind bei Max Horkheimer deutlich ausgeprägt" (ebda.: 33). Nicht nur Schulbücher, sondern sogar „Das Rollenspiel als Konzept der Neuen Linken" (ebda.: 130) erscheinen hier als von dem verderblichen Geist dieser Theorie infiziert. Am Schluß wird die „Notwendigkeit einer bejahenden Erziehung" (ebda.: 167) der „Verneinung" entgegengestellt, – Zeichen eines manichäischen Weltbildes mit dem Kampf der Guten gegen die Bösen. Vom selben Institut kam 1980 eine Schulbuchuntersuchung „Die Familie im Schulbuch" heraus, gefördert von der Katholischen Elternschaft Deutschlands und dem Familienbund der Deutschen Katholiken (Streithofen 1980). Auch hier wurde eine eindeutige Kausalbeziehung hergestellt: „Die emanzipatorische Kritik der Familie, die sich auch in den Schulbüchern findet, ist größtenteils zurückzuführen auf die Kritische Theorie." (ebda.: 49)

Norbert Elias beobachtete damals in der Bundesrepublik eine sich gegenseitig steigernde Furcht und den „Ausbruch von Hexenjagd" (Elias 1992: 541; geschrieben 1977/78). Die Fixierung auf das Feindbild macht erst das **Ausmaß der Unsicherheit und der Existenzangst** einschätzbar, die durch die Gesellschaftskritik mobilisiert wurden. In der mit Mündigkeit angestrebten

Selbständigkeit des Individuums, auch des heranwachsenden, sahen die Mitstreiter der Tendenzwende die Bedrohung kollektiver Normen, malten das Auseinanderbrechen der Gesellschaft an die Wand. Das Entweder-Oder ihres Freund-Feind-Denkens ließ an die Möglichkeit eines behutsamen Ausgleichs zwischen den Belangen des Individuums und der Gesellschaft gar nicht erst denken. Eine derartige Immunisierung gegen Zweifel fiel damals in der Zeit innenpolitischer Krise leicht; indem Gesellschaftskritik in die Nähe des Terrorismus gerückt wird, so sagte der kritische Philosoph Albrecht Wellmer 1978, sind „die gesellschaftlichen Zustände wieder einmal freigesprochen, während alles Schlimme den Kritikern dieser Zustände angekreidet werden kann“ (Wellmer 1979: 266).

Die Verleihung des Theodor W. Adorno-Preises an Habermas durch den Frankfurter Oberbürgermeister Walter Wallmann (CDU) im Jahre 1980 wurde dann offenbar wie ein Korrektiv der innerstaatlichen Feinderklärung verstanden (Wiggershaus 1988: 728).

9.4 Die Wiederherstellung des wissenschaftlichen Diskurses in der politischen Didaktik

In diesen Jahren hatte der Versuch, das **Gespräch zwischen den zerstrittenen Richtungen** in der politischen Didaktik wieder in Gang zu bringen, so etwas wie eine therapeutische Funktion. Es war die Initiative des Leiters der Landeszentrale für politische Bildung von Baden-Württemberg Siegfried Schiele; er lud 1976 Didaktiker unterschiedlicher Positionen zu einem Gespräch über einen Minimalkonsens in der politischen Bildung nach Beutelsbach ein. Die größten Gegensätze vertraten hier Rolf Schmiederer und Bernhard Sutor.

Schmiederer wies in seinem Beitrag zunächst auf die Unvereinbarkeiten hin. In der wissenschaftlich/politischen Begründung der Konzeptionen sei ein Konsens nicht zu erwarten. Möglich erschien ihm hingegen „eine Übereinstimmung im Bereich der auf Unterricht gerichteten Vorschläge und Überlegungen“ (Schiele/Schneider 1977: 136). Er definierte Didaktik als eine „anwendungsbezogene Wissenschaft“, forderte eine Hinwendung zu mehr „Praxisnähe und mehr Bescheidenheit“ und erklärte einen „pragmatischen“ Konsens für möglich (ebda.: 136f.).

Sutor schlug einen anderen Weg ein. Er suchte nach Inhalten eines verfassungsbezogenen Minimalkonsenses im Kernbestand des Grundgesetzes, das er mit Hilfe von Urteilen des Bundesverfassungsgerichtes auslegte (ebda.: 159ff.). Er schlug eine allgemeingültige Lernzielbeschreibung für die politische Bildung vor: „Jeder, der politische Bildung meint, kann folgender Zielformulierung zustimmen: Politische Bildung soll die Fähigkeit und Bereitschaft vermitteln zu politischer Beteiligung durch möglichst unvoreingenommene Information, gewissenhafte Urteilsbildung und verantwortliche Entscheidung, die sich kritisch orientiert an den Grundnormen der Verfassung." (ebda.: 170)

Es wird nicht berichtet, welchen Grad von Zustimmung Sutor für diese Lernzielbeschreibung und den damit verbundenen Anspruch auf Allgemeingültigkeit erhielt. Das Verfahren, sich die Verbindlichkeit von Lernzielen gleichsam durch Entscheidungen des Bundesverfassungsgerichtes bescheinigen zu lassen, wurde später problematisiert (Gagel 1979: 120ff.). Wichtiger aber erscheint, daß ein solches **Gespräch** wie in Beutelsbach möglich und ergiebig war, weil es nach Aussage eines Teilnehmers Präzisierungen und Differenzierungen erbrachte (Wehling 1977: 182). Der von Hans-Georg Wehling unter dem Eindruck dieser Konferenz nachträglich formulierte und mit Fragezeichen versehene „Konsens à la Beutelsbach?" ist zwar damals nicht beschlossen worden, aber im Grundsatz unbestritten geblieben. Er wurde später als **Beutelsbacher Konsens** bekannt. Wehling sah Übereinstimmung in folgenden Punkten:

„1. *Überwältigungsverbot.* Es ist nicht erlaubt, den Schüler – mit welchen Mitteln auch immer – im Sinne erwünschter Meinungen zu überrumpeln und damit an der ‚Gewinnung eines selbständigen Urteils' zu hindern. Hier genau nämlich verläuft die Grenze zwischen Politischer Bildung und *Indoktrination*. Indoktrination aber ist unvereinbar mit der Rolle des Lehrers in einer demokratischen Gesellschaft und der – rundum akzeptierten – Zielvorstellung von der Mündigkeit des Schülers.

2. Was in Wissenschaft und Politik *kontrovers* ist, muß auch im Unterricht kontrovers erscheinen. Diese Forderung ist mit der vorgenannten aufs engste verknüpft, denn wenn unterschiedliche Standpunkte unter den Tisch fallen, Optionen unterschlagen werden, Alternativen unerörtert bleiben, ist der Weg zur Indoktrination beschritten. Zu fragen ist, ob der Lehrer nicht sogar eine *Korrekturfunktion* haben sollte, d.h. ob er nicht solche Standpunkte und Alternativen besonders herausarbeiten muß, die den Schülern (und anderen Teilnehmern politischer Bildungsveranstaltungen) von ihrer jeweiligen politischen und sozialen Herkunft her fremd sind. [...]

3. Der Schüler muß in die Lage versetzt werden, eine *politische Situation* und seine *eigene Interessenlage zu analysieren*, sowie nach Mitteln und Wegen zu suchen, die vorgefundene Lage im Sinne seiner Interessen *zu beeinflussen*. Eine solche Zielsetzung schließt in sehr starkem Maße die Betonung *operationaler Fähigkeiten* ein, was aber eine logische Konsequenz aus den beiden vorgenannten Prinzipien ist. [...]" (Wehling 1977: 179f., Hervorhebungen daselbst; Kuhn u.a. 1993: 300f.)

Es wäre falsch anzunehmen, daß damit alle Gräben überbrückt waren. Knütter, der für sich selber eine „pragmatische Wende im schulischen Politikunterricht“ reklamierte, erklärte siegesgewiß: Es hätten „eine Reihe von Wortführern der progressiven Richtung scheinbar die weiße Flagge gehißt“. Im Blick auf Beutelsbach stellte er apodiktisch fest, „daß eine Übereinstimmung zwischen der systemkritischen und der bejahenden Position nicht möglich ist“ (Gutjahr-Löser/Knütter 1979: 152). Sutor bestritt später, daß Wehlings Formulierungen als Konsens ausreichten, und bezeichnete daher die Konsensdiskussion als „verkrampft“ (1988: 20f.). Vielleicht sollte man sie besser als das **Gespräch der kleinen Schritte** bezeichnen. Und vielleicht sollte man entgegen der Erwartung von Sutor, der einen inhaltlichen Konsens über das Ziel der politischen Bildung anstrebte, diesen Beutelsbacher Konsens besser als Sammlung von Regeln eines vernunftbestimmten Diskurses verstehen, als Konsens über die Art und Weise, wie über didaktische Probleme wissenschaftlich und wie im Unterricht über politische Probleme pädagogisch diskutiert werden sollte.

Schmiederer hat selber in seinem Weg von einer gesellschaftskritischen Didaktik (1971) zu einem pädagogischen Ansatz der politischen Bildung (1977) diese Wendung zu einer pragmatischen, an Praxisproblemen orientierten Denkweise vollzogen; darauf wird in Lektion 10 noch einzugehen sein. Ich selber habe etwas später im Jahre 1979 versucht, didaktische Konzeptionen aus dem Ordnungssystem der „politischen Geographie“ (Grammes) herauszulösen, um eine „Versachlichung der Diskussion“ zu bewirken. Dies könne geschehen, so habe ich damals geschrieben, indem nicht die didaktischen Antworten nebeneinander gestellt werden, sondern zunächst **nach den didaktischen Problemen gefragt** wird, die von allen gleichermaßen diskutiert werden können (Gagel 1979: 222f.). Daraus ergab sich eine andersartige Klassifizierung, durch die wechselnde Gruppen von Didaktikern gebildet werden können (ebda.: 223):

Vorschlag für die Klassifizierung von didaktischen Konzeptionen

Kategoriales Lernen	Einsichten-didaktik	Wissen-schafts-orientierung	Situationsori entierung	Konflikt-didaktik
Hilligen Sutor Giesecke	Fischer Sutor	Sutor	Roloff Schmiederer	Giesecke Roloff

Dies mag man als einen Beitrag zur Wiederherstellung des „gemeinsamen Problemzusammenhanges“ verstehen, dessen Verlust Giesecke damals beklagte (Giesecke 1980: 509).

9.5 Auswirkungen

Als Ergebnis blieb eine langandauernde **Kontinuität der Polarisierung** im Bereich der politischen Bildung in den Schulen der Bundesländer, beispielsweise bei den **Schulbüchern**. Das 1972 so heftig angegriffene Buch von George/Hilligen war vorher mit Ausnahme von Bayern und Berlin in allen Bundesländern zugelassen (Friemond 1973: 44). Ab 1973/74 wurden in den sog. B-Ländern, also den unionsregierten Ländern, viele Bücher für den politischen Unterricht aus den amtlichen Listen der genehmigten Schulbücher entfernt (Hilligen 1979: 57). Seitdem müssen die Schulbuchverlage von den Politikbüchern vielfach länderspezifische Ausgaben herstellen. Überdies lassen sich aufgrund der Zulassungspraxis in den A- und B-Ländern zwei Typen von Schulbüchern für das Fach Politik empirisch nachweisen, die sich inhaltlich und methodisch grundlegend unterscheiden (Witsch-Rothmund 1987: 19).

Eine Polarisierung nach A- und B-Ländern findet man auch in den **Richtlinien**. Eine Untersuchung aller 1988 gültigen Richtlinien für Sozialkunde/Politik der Sekundarstufe I der alten Bundesrepublik im Hinblick auf das Thema Sozialstaat (Gagel 1989a, b) ergab, daß auch später noch deckungsgleich mit der parteipolitischen Richtung der jeweiligen Landesregierung in den SPD-regierten A-Ländern das progressive Sozialstaatsmodell, in den CDU/CSU-regierten B-Ländern das konservative Sozialstaatsmodell dargestellt und somit dem Unterricht einseitig vorgeschrieben wurde; nur Nordrhein-Westfalen bildete in dieser Hinsicht eine Ausnahme und berücksichtigte beide Modelle. Bekanntlich konnte sich 1983 auch die KMK nicht auf eine gemeinsame Empfehlung zur Friedenserziehung einigen, weswegen zwei kontroverse Fassungen verabschiedet wurden (vgl. Ackermann/Glashagen 1982).

So entwickelten sich seit Ende der 70er Jahre gegenläufige Prozesse: Rückbildung der Polarisierung in der politischen Didaktik, Fortdauer der Polarisierung der politischen Bildung in den Schulen auf Länderebene.

10. Die „pragmatische Wende“: Rolf Schmiederer 1971 und 1977

Die Rückbildung der Polarisierung ermöglichte die **Wiedergewinnung des wissenschaftlichen Diskurses** innerhalb der politischen Didaktik. Über die Fronten hinweg vollzog sich eine Annäherung; deren Ausdruck war der „Beutelsbacher Konsens“. Rolf Schmiederer war an ihm beteiligt. Er bahnte den Weg zu dieser Überbrückung vordem polarisierter Gegensätze durch die Empfehlung an die Didaktiker und durch seine eigene Bereitschaft, sich mehr **den praktischen Problemen des Unterrichts** zuzuwenden und die Auseinandersetzungen über normative Fragen hintanzustellen.

Der „Beutelsbacher Konsens“ ist nach der „Wende“ des Jahres 1989 von Lehrerinnen und Lehrern in der DDR sehr schnell aufgegriffen worden. Er ist ja auch einleuchtend. Trotzdem: In meinen Augen wurde diese Rezeption zu schnell, ohne Kenntnis seiner Genese, vollzogen. Ich will daher versuchen, verständlich zu machen, inwiefern dieser Konsens wissenschaftsgeschichtlich die „pragmatische Wende“ bedeutet. Es ist fast wie ein Glücksfall, daß dies an einer Person dargestellt werden kann, nämlich an Rolf Schmiederer. Man braucht nur zwei seiner Bücher zu betrachten: seine zwei sehr verschiedenen Didaktiken von 1971 und von 1977. Der Übergang von dem einen zum anderen Buch repräsentiert diese „pragmatische Wende“.

Im folgenden wird von Rolf Schmiederer zunächst behandelt: „Zur Kritik der Politischen Bildung. Ein Beitrag zur Soziologie und Didaktik des Politischen Unterrichts“, Frankfurt/M. 1971 (zit. mit Seitenzahl).

10.1 Didaktik als Programm der Gesellschaftsveränderung

Die frühere Didaktik von Rolf Schmiederer aus dem Jahre 1971 enthält das Programm einer **Gesellschaftsveränderung**. Schmiederer gehörte zu der Neuen Linken, welche durch die Studentenbewegung so große Resonanz bekommen hatte. Was aber soll man sich unter einer „linken“ Didaktik vorstellen?

10.1.1 Zielvorstellungen

Seine Zielvorstellung umreißt Schmiederer so: „Demokratisierung und Emanzipation". Politische Bildung müsse als Ziel haben, „zur Demokratisierung der Gesellschaft und zur Emanzipation der Schule beizutragen" (38).

Unter **Demokratisierung** versteht er „den Abbau von überflüssiger und daher irrationaler Herrschaft von Menschen über Menschen" und sie bedeutet damit „Erweiterung der gesellschaftlichen Freiheit des Menschen" (38). Auch bei Schmiederer findet man keine negative Definition von Demokratie mehr wie noch bei dem frühen Fischer, der die Bedeutung von Freiheit am Gegenbild des diktatorischen Systems aufzeigte. Freiheit ist bei Schmiederer jetzt auf den einzelnen Menschen bezogen, daher verbindet er sie mit der **Frage nach der Freiheits*erfahrung*.** Dadurch wird Freiheit problematisiert: Ihr Gegenbild ist „Herrschaft", und zwar nicht nur die durch staatliche Institutionen ausgeübte, sondern auch die „Herrschaft von Menschen über Menschen". **Herrschaft** gilt demnach nicht als politisches, sondern als **gesellschaftliches Phänomen**; sie geschieht in gesellschaftlichen Organisationen und in den Arbeitsbeziehungen ebenso wie in der Familie. Und Demokratie ist jetzt keine Staatsform mehr, sie ist auch nicht mehr der Begriff einer Herrschaftsform. Vielmehr verbindet Schmiederer mit ihr die Vorstellung von einer **Ordnung des befreiten Lebens**, in welcher optimale materielle, geistige und seelische Bedürfnisbefriedigung aller gewährleistet ist (39). Wie bei Hilligen ist dieser Demokratiebegriff inhaltlich gefüllt, wird also nicht formal, sondern Material verstanden. Aber Schmiederer geht über Hilligen hinaus: Nicht nur Abbau der Barrieren ist Schmiederers Ziel, sondern auch die Sicherung der Erfüllung, also „Bedürfnisbefriedigung".

Emanzipation meint die subjektive Seite der Demokratisierung: „die Befreiung von überflüssig gewordener Herrschaft und Unmündigkeit, von entfremdeter Arbeit und Lustverweigerung". Sie hat als Kehrseite, daß anderen etwas genommen wird, denn sie bedeutet den „Verlust von Herrschaftspositionen und Privilegien für die herrschenden und privilegierten Minderheiten in der Gesellschaft" (33).

Die Beschreibung dieser Lernziele ist bei Schmiederer in eine **Herrschaftskritik** eingebettet. Er diagnostiziert den Zustand der entwickelten Industriegesellschaften als „Gesellschaften im Überfluß" und folgert daraus, daß **Herrschaft nicht mehr erforderlich** sei, weil sie geschichtlich in der Notwendigkeit der Verteilung des Mangels begründet war. Herrschaft ist demnach „obsolet", veraltet; sie wird nur noch künstlich aufrechterhalten: durch Erhaltung eines Mangelzustandes auf dem Wege über Rüstung und Krieg, durch eine „Produktion mit eingeplantem Verschleiß" und durch die künstliche Erzeugung eines gesellschaftlich wie individuell überflüssigen Konsums (34). Das alles gelingt durch eine „allumfassende Manipulation des Menschen" (35).

Eine **Lösungsperspektive** eröffnet sich durch die politische Bildung. Ihre Aufgabe lautet: „Aufklärung über die gesellschaftlichen Abhängigkeiten des Menschen, über jene Mächte, die sein Schicksal bestimmen, und jene Strukturen, die seine Autonomie behindern“ (41). Sie soll damit die Voraussetzungen für die „Selbstbestimmung und Selbstverwirklichung der Menschen in der Gesellschaft“ schaffen, und in dieser Zielvorstellung ist für Schmiederer auch der Inhalt von Demokratie beschlossen. Demokratie versteht er demnach als eine Ordnung des Zusammenlebens in einer Gesellschaft, die dem einzelnen Menschen Selbstbestimmung und Selbstverwirklichung gewährt.

10.1.2 Politische Bildung und politische Praxis

Schmiederer entwirft eine Zukunftsvision, die an den Marxismus-Leninismus erinnert. Ein gewichtiger Unterschied liegt jedoch darin, daß es bei Schmiederer **kein kollektives revolutionäres Subjekt** mit seiner Avantgarde, der Partei, gibt. Die angestrebte Gesellschaftsveränderung setzt einen Bewußtseinswandel der Individuen voraus, der erst durch „Aufklärung“ bewirkt werden muß. Damit bleibt Gesellschaftswandel vom Bewußtseinswandel der Individuen abhängig, von ihrer **Einsichtsfähigkeit und -bereitschaft**. Denn Aufklärung ist zu verstehen als ein klares Sehen des Einzelnen, sie ist ein freier Akt, der sich der manipulierenden Beeinflussung entziehen soll.

Es fällt auf, daß Schmiederer **keine Lernziele im engeren Sinne** beschreibt. Denn Lernen bedeutet Verhaltensänderung und Lernziel mithin die Beschreibung eines erwünschten Verhaltens. Die Begriffe „Emanzipation“ und „Demokratisierung“ nennen Bedingungen des gesellschaftlichen Umfeldes, welche ein befreites Leben ermöglichen. Verändert werden sollen demnach sowohl die Verhaltensweisen als auch die gesellschaftlichen und politischen Verhältnisse. Darin sieht Schmiederer die Aufgabe der politischen Bildung: „Sie intendiert also eine **Veränderung der Gesellschaft**, indem sie von der Kritik am Bestehenden und von der Reflexion der in der Gegenwart angelegten, zukunftsweisenden Möglichkeiten ausgeht.“ (28)

Gewiß sieht er auch die **Grenzen**: „Die Gestaltung des gesellschaftlichen Lebens wird nicht durch die Politische Bildung entschieden, sondern durch die politische Praxis“, aber: „An dieser kann Politische Bildung teilhaben, wenn es ihr gelingt, die rigide Trennung von Theorie und Praxis, von Bildung und Aktion tendenziell aufzuheben oder wenigstens zu relativieren“ (43). Dazu kommt die **Funktion der Vorbereitung**:

„Jedenfalls kann sie die Praxis vorbereiten, indem sie gesellschaftliche Institutionen und Zusammenhänge transparent macht, Ideologien und Verschleierungen auflöst und indem sie gesellschaftliche Organisation und politisches Handelns als Ausdruck von Interessenstrukturen aufzeigt und die Gesellschaft als vom Menschen gestaltete und gestaltbare, also als veränderbare erklärt.“ (43)

Das Gewicht dieser Vorbereitung bestimmt die dahinter stehende **Geschichtsphilosophie**, nach welcher Geschichte vom Menschen zielgerichtet gemacht werden kann und daher auch wird. Diese Auffassung steht im Gegensatz zu der Erfahrung der Kontingenz, der Zufälligkeit als Merkmal der Geschichte, die allenfalls erst im Nachhinein zu deuten („nachträgliche Sinngebung“, Lessing 1919: 56) ist, demnach aber gerade nicht zu zielsicherem Handeln ermutigt, sondern eher zum pragmatischen „Durchwursteln“.

In diesem Rahmen bekommen die Lernziele eine **Stoßrichtung auf die politische Praxis**; sie enthalten zwar eine Beschreibung der Bildungsaufgabe, aber diese ist zugleich eine politische Aufgabe; die Lernziele umschließen ein politisches Programm. Politische Bildung wird im Interesse der Gesellschaftsveränderung gefördert. Die Lernenden leisten dadurch Hilfsdienste am gesellschaftlichen Prozeß, der über eine Transformation des Bestehenden in eine bessere Zukunft führt.

10.1.3 Leistung des Unterrichts

An einem Unterrichtsbeispiel will ich aufzeigen, wie diese Ziele im Unterricht realisiert werden können. Rolf Schmiederer hat zusammen mit seiner Frau Ingrid Schmiederer eine Reihe von Unterrichtsmodellen herausgegeben; daraus ihr wähle ich das Heft mit dem Thema „Wirtschaftliche Mitbestimmung“ von Ingrid Schmiederer aus. Die Lernziele aus dem Unterrichtsabschnitt „Die politische Realität der Mitbestimmung“ lauten:

„Der Schüler soll erkennen:

1. Das Bestehen offener und versteckter Herrschaftsausübung im wirtschaftlichen Bereich;
2. die Unterschiede zwischen demokratischen und autoritären Strukturen in Betrieb und Wirtschaft;
3. den Zusammenhang von wirtschaftlicher Macht und politischer Herrschaft;
4. das Bestehen unterschiedlicher Interessen in der Gesellschaft;
5. den Zusammenhang von ökonomischen Interessen, gesellschaftlichen Positionen und politischem Bewußtsein bei den Betroffenen;
6. daß divergierende Meinungen nicht in unterschiedlichem moralischen Standard oder in verschiedener Qualität des Denkens begründet sind, sondern in der unterschiedlichen gesellschaftlichen Position der Beteiligten, d.h. er soll die Interessengebundenheit politischen Denkens und Handelns erkennen;

7. die Funktion von Manipulation und Ideologie in gesellschaftlichen Bereichen, in denen die Legitimation von Herrschaftspositionen fragwürdig geworden ist;
8. daß rechtliche Normierungen (Regelungen) wenig mit »richtig« oder »falsch« zu tun haben, sondern das Ergebnis gesellschaftlicher Machtkämpfe sind (»Verfassungsfragen sind Machtfragen«);
9. daß aber andererseits häufig in der Auseinandersetzung um ökonomische, gesellschaftliche und politische Interessen rechtliche und moralische Argumente gebraucht werden, wo es um Macht und um materielle Privilegien geht." (I. Schmiederer 1970: 41)

Der Unterricht behandelt nach selbstaktivierenden Phasen drei Themenkomplexe: Die historischen Voraussetzungen des gegenwärtigen Mitbestimmungsrechts – Ausmaß und Inhalt augenblicklich bestehender Mitbestimmungsrechte – Die politische Realität der Mitbestimmung.

Aus den **Lernzielen** ergibt sich: Die Schüler sollen nicht lernen, wie die Mitbestimmung im Betrieb funktioniert, sondern es sollen ihnen die Augen geöffnet werden über die autoritären Strukturen im Betrieb, indem sie den Unterschied zwischen demokratischen und autoritären Beziehungen kennenlernen. Sie begreifen, daß es einen Zusammenhang zwischen wirtschaftlicher Macht und politischer Herrschaft gibt und einen Zusammenhang zwischen ökonomischen Interessen, gesellschaftlichen Positionen und politischem Bewußtsein. Und sie verstehen, daß das Recht Ergebnis gesellschaftlicher Machtkämpfe ist, daß also die Rechtsordnung die Machtverhältnisse in einer Gesellschaft widerspiegelt.

Lernen bewirkt demnach eine Art von Aufdecken dessen, was dem Alltagsbewußtsein der Menschen verborgen bleibt. Rolf Schmiederer nennt dies **„Reflexion"**, und er erwartet, daß aus ihr **Handlungsbereitschaft** erwächst. Das Erlebnis der Entlarvung drängt zur Empörung, – so etwa ist dieser Zusammenhang zu verstehen. Im Unterricht soll dies systematisch durch folgende **kognitive Prozesse** angestrebt werden:

„1. Eine gründliche soziologische Analyse der bestehenden gesellschaftlichen Verhältnisse und Strukturen unter Einschluß der historischen Dimension, also des Aufzeigens, daß alles Gesellschaftliche historisch entstanden ist, daß es sich ändert und daß es verändert werden kann: »Die Analyse, sofern sie Verhältnisse kritisch befragt, analysiert ja im Hinblick auf Änderbarkeit der Verhältnisse. Das bedeutet, daß in der logischen Konsequenz der Analyse der Wille zur Änderung liegt: das Motiv zum Handeln.« [K. Mollenhauer]
2. Die Einbeziehung der gesellschaftlichen Interessen in den Unterricht, d.h. das Bewußtwerden eigener wie fremder, subjektiver wie objektiver Interessen.
3. Zu begreifen, daß das eigene, individuelle Schicksal gesellschaftlich bedingt ist, also die Einsicht in die Zusammenhänge zwischen individuellem Schicksal, gesellschaftlichen Strukturen und Machtverhältnissen.
4. Das Verstehen konkreter und aktueller gesellschaftlicher Konflikte und Kontroversen, deren Analyse zugleich die Mittel und Möglichkeiten des aktiven Eingreifens in die po-

litischen Auseinandersetzungen deutlich werden läßt, d.h. das Aufzeigen jener »strategisch entscheidenden Faktoren«, »die als Objekt politischen Handelns den Menschen die Mittel für eine vernünftige Gestaltung des Daseins in die Hand geben« [C.W. Mills]." (51; in [ ] Nachweise aus Fußnoten)

Hervorzuheben ist hier:

- Soziologische Analyse hat den Zweck, die **Änderbarkeit der Verhältnisse** durch Wissenschaft einleuchtend zu machen.
- Interessen werden im Unterricht berücksichtigt, aber sie werden jetzt nicht mehr im Sinne des Pluralismus als legitime Vielfalt verstanden, in der sie gleichberechtigt miteinander konkurrieren. Sondern **Interessen werden bewertet**, je nachdem ob sie als subjektive oder als objektive Interessen auftreten; dahinter steht die Vorstellung, daß die subjektiven Interessen falsch sein können, weil das Subjekt seine „objektiven", von höherer theoretischer Warte aus als „richtig" definierten Interessen nicht kennt und somit falsches Bewußtsein besitzt.
- Es gibt **Zusammenhänge**, hier den Zusammenhang zwischen individuellem Schicksal und gesellschaftlichen Machtverhältnissen. Der einzelne lernt also, sich nicht isoliert zu betrachten, sondern als Teil einer Gesellschaft zu sehen, die ihn beeinflußt, sein Lebensschicksal vorbestimmt, der man sich aber auch widersetzen kann.
- Konfliktanalyse ist eine **Aufforderung zu politischer Aktivität**.

In den genannten vier Punkten werden also Unterrichtsinhalte beschrieben. Zugleich gibt Schmiederer damit auch an, nach welcher **Methode** sie bearbeitet werden sollen und zu welchem **Ergebnis** dies führt. Schmiederer wendet hier die **Erkenntnismethode der Kritischen Theorie** an (s. Kasten S. 229).

Schüler lernen demnach **am Leitfaden einer Wissenschaft**, die Kritik und Änderung der Gesellschaft anstrebt. Sie gewinnen nicht bloß „Erkenntnisse", also etwa in dem Sinne, daß sie etwas über Familienstrukturen erfahren oder über gesellschaftliche Schichten. Sondern ihnen werden Erkenntnisse unter einem bestimmten Vorzeichen vermittelt: Sie sollen die **Negativität** der Gesellschaft erkennen.

Kritische Theorie ist erstens **Gesellschaftskritik**: Nicht die Beschreibung der Institutionen des politischen Systems und der Strukturen der Gesellschaft ist das Ziel wissenschaftlicher Analyse, sondern ihre Relativierung von einem Standort aus, d.h. Relativierung unter dem Aspekt des historischen Wandels und Relativierung von einem normativen Bezugspunkt aus. Es erfolgt eine Bewertung der gesellschaftlichen Wirklichkeit je nachdem, ob sie individuelle Freiheit in den sozialen Beziehungen zuläßt oder einschränkt. Kritische Theorie ist zweitens **dialektische Analyse** der Gesellschaft: Sozialwissenschaft hat es mit dem gesellschaftlichen Lebenszusammenhang, mit der „Totalität" zu tun. Der Begriff besagt, daß die Einzelerscheinungen von der Ganzheit abhängig sind. Daher wird in den oben zitierten Lernzielen von den „Zusammenhängen" gesprochen oder bei Rolf Schmiederer von der „Einsicht in die Zusammenhänge": Gemeint ist die Bedingtheit des Einzelschicksals durch die Gesellschaft als umfassendes Ganzes. Kritische Theorie definiert drittens den **Zusammenhang zwischen Theorie und Praxis**: Wegen der „Totalität" sind Änderungen des Einzelschicksals, Änderung der sozialen Lage des einzelnen nur über Änderung dieser Ganzheit zu erreichen, Änderung dieser Ganzheit ist aber auch möglich durch Aktivität der einzelnen. Das Erkennen der Bedingtheit ist also ein Schritt zur Aufhebung der darin enthaltenen Negativität.

10.1.4 Die erkenntnistheoretischen Voraussetzungen

Wenn das zutrifft, dann liegt der Einwand nahe, daß eine solche Pädagogik **gegen das Überwältigungsverbot verstößt**. Denn der Lehrer steuert die Schüler ja offenbar in eine bestimmte Blickrichtung.

Um dies zu klären, müssen wir den darin enthaltenen **Rollenkonflikt** herausarbeiten. Betrachten wir zunächst die wissenschaftliche Seite. Wir haben es mit einem **erkenntnistheoretischen Problem** zu tun, welches die Kritische Theorie definiert hat. Jürgen Habermas stellte im Hinblick auf sozialwissenschaftliche Erkenntnis fest, „daß der von Subjekten veranstaltete Forschungsprozeß dem objektiven Zusammenhang, der erkannt werden soll, durch die Akte des Erkennens selber zugehört" (in Adorno u.a. 1970: 156). Habermas machte auf den einleuchtenden Sachverhalt aufmerksam, daß man bei einer Betrachtung der Gesellschaft zugleich sich selber betrachtet, da man ja dieser Gesellschaft angehört. Das trifft auch auf Lehrende zu. Wenn sie im Unterricht die Familie als soziologisches Thema behandeln, können sie nur mit Mühe davon abstrahieren, daß sie selber einer Familie entstammen und meist auch zu einer Familie gehören, beispielsweise als Vater oder Mutter. Dies gilt ebenfalls für die Schüler. Spricht der Lehrer über die Vaterrolle, dann spricht er von sich selbst.

Demnach wäre eine unvoreingenommene, also „objektive“ Erkenntnis über die Gesellschaft nicht möglich; die eigene soziale Rolle macht einen jeden schon zur Partei, auch wenn man objektiv, also unparteiisch sein möchte. Habermas bietet als **Ausweg aus diesem Dilemma** so etwas wie die Flucht nach vorne an: Wenn sich in die Erkenntnis subjektive Interessen einmischen, dann ist es weniger gut, dies zu verschweigen, sondern richtiger, sie in die Reflexion einzubeziehen, indem man sie bewußt macht. Indem die Interessen aus dem gesellschaftlichen Zusammenhang, also der Totalität erklärt werden, dienen sie zugleich dazu, diesen gesellschaftlichen Zusammenhang zu erhellen. Objektiv, d.h. mitteilbar, wird die Erkenntnis dadurch, daß ich das „Erkenntnisinteresse“ definiere und damit auch anderen verständlich mache.

In diesem Sinne definiert Schmiederer sein **Erkenntnisinteresse**. Seine Didaktik leitet das Interesse an Demokratisierung und Emanzipation. Unter dieser Prämisse werden Institutionen negativ bewertet, die aus seiner Sicht ein befreites Leben unmöglich machen. Wegen der gesellschaftlichen Totalität muß das **Ganze der Gesellschaft geändert** werden, wenn es dem einzelnen besser gehen soll. Es reicht nicht aus, die Schüler zu ändern, d.h. zu bilden. Wenn der Lehrer Interesse am Wohlergehen seiner Schüler hat, muß er sich für die Veränderung der Gesellschaft einsetzen. Politische Bildung, das Zitat sei wiederholt, intendiert demnach für Schmiederer „eine Veränderung der Gesellschaft, indem sie von der Kritik am Bestehenden und von der Reflexion der in der Gegenwart angelegten, zukunftsweisenden Möglichkeiten ausgeht“ (28).

Man könnte jetzt sagen: Das ist von einer wissenschaftlichen Position aus konsequent gedacht, und es ist legitim, von einer wissenschaftlichen Position aus zu denken. Schmiederers didaktische Konzeption wäre also **wissenschaftlich legitimiert**. Aber auch pädagogisch? Denn es bleibt der Einwand, daß es der Lehrer ist, der so denkt, und daß er damit die **Schüler zum Instrument für die Veränderung** der Gesellschaft macht.

Da liegt ein Widerspruch, der sich offenbar auch nicht mit Hilfe von Habermas auflösen läßt. Er ist auch nicht auflösbar, weil hier eine unzulässige Rollenvermischung vorliegt, ein unaufgedeckter Rollenkonflikt. Schmiederer schrieb eine Didaktik in der **Rolle des Sozialwissenschaftlers**. Er definiert sein Erkenntnisinteresse und kann und muß dann auch für die Absichten einstehen. Er tritt als Wissenschaftler in den wissenschaftlichen Diskurs ein. In der Wissenschaft relativiert sich seine Position durch die Pluralität der kontroversen wissenschaftlichen Ansätze, wie sie beispielsweise im Positivismusstreit exemplarisch sichtbar wurde.

Ganz anders ist dies aber in der Pädagogik. In der **Rolle des Pädagogen** hat es Schmiederer nicht mit der Dialektik Subjekt – Objekt zu tun, sondern mit einer Trialektik: Lehrer – Gegenstand – Schüler, das bekannte didaktische Dreieck. Also kommt der **pädagogische Bezug** hinzu: die Beziehung Lehrer – Schüler. Und hier ist der Schüler nicht gleichberechtigter Konkurrent, der die wissenschaftliche Position des Lehrers relativiert. Der Lehrer besitzt das Wissensmonopol. Was in der Wissenschaft legitim ist, hat im pädagogischen Feld eine ganz andere Bedeutung. Schmiederer definiert sein Erkenntnisinteresse am Gegenstand, aber indem er dieses Interesse auf die Schüler überträgt, nimmt er die **Rolle des Vormundes** ein, der weiß, was für die Lernenden gut ist. Auf diese Weise manipuliert er die Schüler.

Diese Entgegensetzung ist jedoch unbefriedigend. Warum soll man den Wissenschaftler und den Pädagogen gegeneinander ausspielen, als seien beide Rollen nicht miteinander nicht vereinbar? Gibt es nicht doch die Möglichkeit, sich auch als Wissenschaftler den pädagogischen Aufgaben zuzuwenden? Gewiß, aber es muß dann gleichsam die „richtige" Wissenschaft sein. Schmiederers Dilemma resultiert daraus, daß er einen **makrotheoretischen Ansatz** der Soziologie seiner Gesellschaftsanalyse zugrundegelegt hat. Sein Thema ist der gesellschaftliche und ökonomische Zustand der **Gesamtgesellschaft**, sein Interesse die Möglichkeit ihres Wandels oder die von gesellschaftlichen Subjekten bewirkte Veränderung der Gesamtgesellschaft. Dieser Makroansatz ist die Ursache dafür, daß im gesellschaftsanalytischen Teil der Didaktik Schmiederers der Lernende, also das eigentliche pädagogische Zentrum, gleichsam im gesellschaftlichen Ganzen untergeht und für dessen Entwicklung oder Veränderung instrumentalisiert wird.

Die **Wahl eines Makroansatzes** zwingt also dazu, die Rolle des Wissenschaftlers und des Didaktikers/Pädagogen zu trennen. Das hat Schmiederer nicht beachtet. So geriet er in den **Rollenkonflikt** zwischen dem gesellschaftspolitisch engagierten Wissenschaftler und dem an Aufklärung interessierten Pädagogen. Aus ihm befreite er sich mit seiner späteren Didaktik von 1977, in welchem er **von dem Makroansatz zu einem Mikroansatz** wechselte (zur Unterscheidung dieser Ansätze soziologischer Theorie vgl. Treibel 1993: 13f.).

10.1.5 Einordnung in die Diskussion

Mit diesem negativ erscheinenden Ergebnis ist die Bedeutung dieser Didaktik Schmiederers allerdings nicht erschöpft. Die Fruchtbarkeit der Kritischen Theorie erweist sich dort, wo es darum geht, die **Lernsituation der politischen Bildung aufzuhellen**. Fischer war in seinen Einsichten ganz auf die Gegenständlichkeit der Wirklichkeit bezogen, weil sie die Existenzweise des pluralistischen demokratischen Systems betrafen. Schmiederer denkt **situationsbezogen**: Für ihn ist der Lerngegenstand nicht zu trennen von den Bedingungen, unter denen in einer Schule Unterricht gemacht wird. Daher spricht er in seiner Didaktik auch von der gesellschaftlichen Funktion der politischen Bildung, also davon, daß politische Bildung instrumentalisiert werden kann, wie wir es in Beispielen ja kennengelernt haben. Und er nennt Bildungssystem und Bildungspolitik als Faktoren, welche die Entwicklung von Jugendlichen in der Gesellschaft beeinflussen. In seiner Didaktik zielt er – wie der Untertitel ausweist – zugleich auf eine „Soziologie der politischen Bildung". Mit Schmiederer und durch die Kritische Theorie ist in die didaktische Diskussion das Denken in gesellschaftlichen Zusammenhängen eingeführt worden.

Durch die Kritische Theorie ist es auch möglich, an vorwissenschaftliche Erfahrung anzuknüpfen. Erkenntnisinteresse ist von der gesellschaftlichen Erfahrung nicht zu lösen, es benennt ausdrücklich die Anteile an **vorwissenschaftlicher Erfahrung**, die in den Erkenntnisprozeß einströmen. Habermas sprach von dem „Resonanzboden einer lebensgeschichtlich zentrierten sozialen Umwelt" (in Adorno u.a. 1970: 159). Später wird sich dies in der Didaktik der politischen Bildung in lebensweltlichen Ansätzen niederschlagen, dort, wo die Lebenswelt der Schüler der Ausgangs- und Bezugspunkt des Lernprozesses wird.

Einwände lassen sich gegen das **Fortschrittsmodell** erheben, das hinter der Vision eines befreiten Lebens steht. Widerstand leisten bestehende Machtstrukturen und mächtige Interessen, die überwunden werden müssen. Schmiederers **Gesellschaftsbild** ist das **der Konfrontation** und entspricht der Position der Studentenbewegung, die gegen das „Establishment" angetreten war.

Im Vergleich dazu stellt sich Hilligen offener dar. Seine Option „Überwindung sozialer Ungleichheiten" führt zwar nach seinen Worten auch „zur Kritik am kapitalistischen System". Aber er sagt dann: „Formen, Mittel, Wege, Programme zur Herstellung von mehr sozialer Gleichheit ... bleiben der politischen Auseinandersetzung überlassen" (Hilligen 1975: 178). Er hält also am pluralistischen Politikprozeß fest. Hilligen fragt dabei auch nach dem Möglichen in doppelter Bedeutung: als Einschränkung (machbar) und als noch nicht wirklich (ebda.: 179). Er nimmt die Funktion von Institutionen zur Austragung von Konflikten wichtig und stellt deren dialektische Bedeutung heraus: Sie können Freiheit behindern, aber auch sichern.

Bei Schmiederer fällt die Abstinenz gegenüber dem Institutionellen auf; die politischen Institutionen des gegenwärtigen Staates fallen allesamt unter das Verdikt der Ausübung von Herrschaft, und die Forderung nach Abbau „überflüssiger" Herrschaft bleibt so unbestimmt, daß der Eindruck einer generellen Institutionenfeindlichkeit entsteht.

Schmiederers Didaktik von 1971 enthält eine didaktische Konzeption, die durch eine **Politisierung der Schule und der Schüler** politisch wirken will. Sie erscheint wie ein gemäßigter Nachhall des revolutionären Elans, der die Studentenbewegung von 1968 antrieb.

10.2 Die Wirtschaftskrise 1973-1977 und ihre innenpolitischen Auswirkungen

10.2.1 Ölkrise, Fortschrittskrise

Willy Brandt hatte in seiner Regierungserklärung vom 28. Oktober 1969 die Erwartungen auf weitgehende Reformen geweckt. Vor allem sein Wort „Mehr Demokratie wagen" wurde wie eine Verheißung verstanden. In seiner Regierungszeit wurden zahlreiche **Reformvorhaben** angestoßen. Aber viele von ihnen scheiterten, weil die Mittel fehlten oder weil die Opposition von CDU und CSU mit ihrer Mehrheit im Bundesrat diese Vorhaben blockierte. Erfolg hatte die **Reformpolitik** jedoch beim Ausbau der sozialen Sicherheit, bei der Ausweitung des Bildungswesens und bei der Ausdehnung von Beteiligungsformen: Herabsetzung des Wahlalters auf 18 Jahre, Betriebsverfassungsgesetz und Mitbestimmungsgesetz (Borowsky 1987: 99).

Der Rücktritt Willy Brandts von seinem Amt als Bundeskanzler im Jahre 1974 und die Nachfolge Helmut Schmidts war die Auswirkung eines Spionageskandals: Der DDR war es gelungen, im engen Mitarbeiterstab des Bundeskanzlers einen Spion zu plazieren. Wenn Brandt hierfür die Verantwortung übernahm und zurücktrat, so signalisierte dies auch das Ende einer Reformära. Die **weitgesteckten Ziele mußten korrigiert werden**, weil die äußeren Bedingungen ihnen entgegenstanden.

Die **Ölkrise von 1973** leitete eine wirtschaftliche Rezession ein: die „schärfste Nachkriegsrezession", wie ein Autor 1987 schrieb (Jäger 1987: 15). Seit dem Oktober 1973 stieg der Ölpreis sprunghaft an. Anlaß war der vierte Nahostkrieg zwischen Israel und den arabischen Staaten vom 6. bis 11. Oktober 1973. Am 17. Oktober 1973 beschloß die Organisation der Arabischen ölexportierenden Staaten, die Produktion und den Export von Erdöl so lange zu drosseln, bis Israel die besetzten Gebiete räumte. Mit ihrem Ölboykott wollten die arabischen Staaten Druck auf die USA und die europäischen Staaten ausüben (Borowsky 1987: 106). Die Folge war die **Erhöhung der Ölpreise**. Dadurch gelangte vermehrt Kaufkraft in die ölexportierenden Länder, während die auf das Öl angewiesenen Industrieländer einen Ausfall an Nachfrage zu spüren bekamen. Eine wirtschaftliche Rezession setzte ein.

In der **Bundesrepublik** war ein Rückgang des Bruttosozialprodukts die Folge. Die Arbeitslosigkeit stieg seit 1974 an und erreichte schon 1975 die Millionengrenze; sie ging auch in den Jahren der erholten Konjunktur nicht wesentlich mehr von diesem Sockel zurück und blieb seitdem ein zentrales Thema der Innenpolitik. Es gab Auswirkungen auf die staatliche Sozialpolitik: Die Rentenversicherung mußte die Rücklagen angreifen, die Rentenanpassung wurde verschoben.

Der Ölschock vermittelte die prinzipielle Einsicht in die **weltwirtschaftliche Verflochtenheit** der Staaten. Ein anderes Ereignis wies noch darüber hinaus. Im Jahre 1972 erschien der erste **Bericht an den Club of Rome**, eine in Rom gegründete unabhängige Gruppe von etwa 100 Wissenschaftlern, Wirtschaftlern und Politikern aus vielen Ländern. Der Titel dieses Berichtes enthielt die fundamentale Botschaft: **„Grenzen des Wachstums“**. Es sollte mitgeteilt werden, daß „in einer endlichen Welt kein unendliches Wachstum möglich ist“ (zit. nach Drechsler u.a. 1992: 321). In den Folgejahren erschienen viele Berichte und Gutachten von Mitgliedern des Club of Rome, die immer wieder bewußt machen sollten, daß die „Menschheit am Wendepunkt“ – der Titel des zweiten Berichts an den Club of Rome (Mesarovic/Pestel 1974) – angelangt sei. Langsam verbreitete sich das Bewußtsein, daß hinter der Wirtschaftskrise eine **Menschheitskrise** sichtbar wurde.

10.2.2 Neue Wege zu politischer Beteiligung

Der überlegte Umgang mit den lebensnotwendigen Ressourcen, vor allem mit den Energieträgern, und die Sorge um die Erhaltung einer lebensfördernden Umwelt beschäftigten immer mehr Menschen. Schon 1972 hatten sich zahlreiche **Bürgerinitiativen** zum „Bundesverband Bürgerinitiativen Umweltschutz“ zusammengeschlossen. 1980 waren etwa 5 Millionen Bürger in ca. 11000 Umweltinitiativen organisiert (Borowsky 1987: 142). Von ihnen stellten die Kernkraftgegner den „aktiven Kern“ dar (ebda.: 143). Die Proteste gegen das geplante Kernkraftwerk in Wyhl bei Freiburg mit der gewaltfreien Besetzung des Baugeländes 1975 und die gewaltsame Auseinandersetzung um das Baugelände des Kernkraftwerkes Brokdorf bei Hamburg 1976 prägten sich als Symbole für die gegen drohende Umweltgefahren gerichteten Initiativen im Bewußtsein der bundesrepublikanischen Bevölkerung ein. Nicht weniger blieben im Gedächtnis die unterschiedlichen Methoden haften, die dabei verwandt wurden, sowohl auf seiten gewaltfreier oder militanter Kernkraftgegner als auch auf seiten der Polizei.

Wenn Wyhl erfolgreich abgewehrt wurde, Brokdorf hingegen nicht verhindert werden konnte, so zeigte sich doch insgesamt, daß die Bundesrepublik in den 70er Jahren **Chancen der Partizipation**, des Bürgereinflusses, der Initiativen von unten, bot oder solche erschlossen werden konnten, an die vorher kaum jemand gedacht hatte. Diese Erfahrung wandelte bei vielen, die aus den linken Bewegungen der 60er Jahre kamen, deren Einstellung zu der Nachkriegsrepublik. Rudi Schmidt, ein Soziologe, der sich zu einer mittleren, von der Studentenbewegung noch beeinflußten Generation zählt, hat dies so dargestellt: „In dem Maße, wie sich die Illusionen über die Möglichkeit einer alternativen Gesellschaft verloren und sich damit auch die Distanz zum konkreten Staat Bundesrepublik verminderte, setzte sich eine wichtige, lange

Zeit verdrängte Erfahrung wieder durch: Daß es durchaus möglich ist, durch entschlossenes Handeln basisorientierter Gruppen politischen Einfluß zu nehmen und etwas konkret zu verändern." (Schmidt 1992: 198) Das Ergebnis war ein „intellektueller Prozeß hin zu mehr realitätsbezogenem, pragmatischem Denken" (ebda.: 199).

Es gab auch andere Wege. Die **SPD bot ein Auffangbecken** für Anhänger der „Neuen Linken". Sie hatte allerdings in den 70er Jahren ihre **Flügelkämpfe** zu bewältigen, bei denen es darum ging, ob die SPD den pragmatischen „Godesberger" Weg weitergehen oder Partei der „Neuen Linken" werden sollte. Zentrale Streitfrage war die Forderung der Linken nach Investitionslenkung. Viele linke Ideen fanden Eingang in die Arbeit am „Orientierungsrahmen '85", einem Programm, welches das Godesberger von 1959 ablösen sollte. Später stellte sich dann heraus, daß diese Arbeit doch eher eine Art „Spielwiese" gewesen war, welche den linken Flügel an die Parteiarbeit band; der Orientierungsrahmen wurde, nachdem er im November 1975 beschlossen worden war, bald ad acta gelegt (vgl. Jäger 1987: 22-24).

Die SPD beförderte die **Integration eines Teils der systemoppositionellen Linken in den parlamentarischen Staat**. Für die Partei selber führte dies freilich auf die Dauer zu Zerreißproben. Helmut Schmidt hatte noch kurz vor dem Rücktritt Brandts im Parteivorstand den Genossen klarzumachen versucht, daß die SPD keine „futurologische Seminareinrichtung" sei: „Wir haben zunächst einmal wie jedwede Regierung in jedem Lande die klassischen Staatsfunktionen befriedigend für die Bürger zu erfüllen. Und das ist wirtschaftliche und soziale Sicherheit; die ist gar kein sozialdemokratisches Extra." (Jäger 1987: 15) Schmidt bekam dann, als er 1974 Brandt als Bundeskanzler abgelöst hatte, zunehmend innerparteiliche Schwierigkeiten.

So gab es Wege, die zu einem „realitätsbezogenem, pragmatischem Denken" führten und einen Friedensschluß mit dem vordem bekämpften westdeutschen Staat ermöglichten. Ich sehe darin den **zeitgeschichtlichen Hintergrund für die „pragmatische Wende"** in der politischen Didaktik, für die Rolf Schmiederer repräsentativ ist.

Das Wort „pragmatische Wende" wurde zuerst von mir gebraucht, um den Wechsel Schmiederers von seiner ersten zur zweiten Didaktik zu kennzeichnen (Gagel 1979: 179). Im selben Jahr verwendete es Hans-Hellmuth Knütter für die von ihm geförderte „Tendenzwende" gegen scheinbar linke politische Bildung (Gutjahr-Löser/Knütter 1979: 147; vgl. 9.3.4, oben S. 216). Das Wort benutzte auch Herbert Kühr in seinem Abschnitt über Schmiederers „Schülerzentrierten Unterricht", doch zögerte er, es auf ihn anzuwenden (1980: 247). Ich folge dieser Einengung nicht, sondern bezeichne mit diesem Ausdruck eine übergreifende Tendenz, für die ich hier Schmiederer exemplarisch darstelle.

10.3 Die neue Didaktik Schmiederers: Schülerorientierung

10.3.1 „Pragmatische Wende"

„Die schnelle technisch-wissenschaftliche und ökonomische Entwicklung der hochindustrialisierten Gesellschaften führt erstmals in der Geschichte der Menschheit zu einem Stand der materiellen und geistigen Produktivkräfte, die es theoretisch ermöglicht, die Menschen von Not, Hunger und Elend zu befreien. Die intellektuellen und materiellen Ressourcen reichen vermutlich schon heute, mit Sicherheit aber in einigen Jahrzehnten für eine weltweite, alle Menschen umfassende ‚Gesellschaft im Überfluß', d.h. für einen Zustand, in dem bei steigendem Lebensstandard und sinkender Arbeitszeit alle materiellen und geistigen Bedürfnisse der Menschen befriedigt werden könnten." (Schmiederer 1971: 32)

Diese Sätze stehen in Schmiederers ersten Didaktik von 1971. Die Gesellschaft im Überfluß war dort, wie erwähnt, die ökonomische Voraussetzung für das Ziel, durch Bildung Demokratisierung und Emanzipation zu erreichen. Ein Hindernis bildet lediglich das Streben der kapitalistischen Gesellschaft, ihre Herrschaft aufrecht zu erhalten. Als Mittel hierzu dient ihr „die künstliche Erhaltung eines ökonomischen Mangelzustandes, von Not, Elend und Hunger auch innerhalb einer ‚Gesellschaft im Überfluß'" (Schmiederer 1971: 34). Abbau von Herrschaft ist demnach Voraussetzung, um Bedürfnisbefriedigung aller in der Überflußgesellschaft zu erreichen.

Dies hatte Schmiederer ein Jahr, bevor das Buch über die „Grenzen des Wachstums" erschien, geschrieben. Mit dem Ölschock entpuppte sich die Aussage vom Überfluß als Irrtum. Da konnte man diese Form der Herrschaftskritik nicht mehr aufrechterhalten. Die neue Problemstellung war nicht mehr die Verteilungsgerechtigkeit, sondern die **philosophische und politische Verarbeitung der Endlichkeit der Welt**. Die Wirtschaftskrise holte die utopische Phantasie auf den Boden der Realität zurück. So könnte man den Übergang Schmiederers von seiner ersten zu seiner zweiten Didaktik deuten, um seine „pragmatische Wende" verstehbar zu machen. Der biographische Prozeß stellt sich jedoch etwas komplizierter dar. Aber unabhängig davon: Dem vorhergehenden Abschnitt ist zu entnehmen, daß die Entwicklung Schmiederers im Einklang mit Wandlungen in der Neuen Linken der Bundesrepublik stand.

In der ersten Didaktik erhielt politische Bildung die politische Funktion der Gesellschaftsveränderung. Seine neue Didaktik hatte er ursprünglich als Fortführung konzipiert; die Grundtendenz ist aus Schmiederers Beitrag zu dem Sammelband „Zum aktuellen Stand der Theorie und Didaktik der Politischen Bildung" von 1975 zu entnehmen. Aus den Anmerkungen geht hervor, daß eine zweibändige „Einführung in die Didaktik der politischen Bildung" damals der Niedersächsischen Landeszentrale für Politische Bildung im Manuskript vorlag. Auf zwei Kapitel im ersten Band wird verwiesen, und daraus ist zu schließen, daß der Autor mit einer Veröffentlichung in kürze rechnete. In dieser Fassung war wohl u.a. eine Frage zentral, die Schmiederer in dem genannten Aufsatz von 1975 stellte: „Auf welche Situation trifft der Lehrer in der Schule, wenn er versucht, einen halbwegs kritischen (emanzipatorischen/aufklärerischen) Unterricht zu machen?“ (1975: 141) Daraus ergab sich für ihn die „Forderung nach einer Strategie emanzipatorischen Arbeitens und Lernens in der Schule“ (ebda.: 142). Offenbar wollte Schmiederer die Lehrer ermutigen, offensiv und kämpferisch ihre emanzipatorische Pädagogik gegen Widerstände in der Schulbürokratie zu vertreten. 1976 übernahm jedoch die CDU die Regierung in Niedersachsen. Die Niedersächsische Landeszentrale für politische Bildung veröffentlichte jetzt zuerst eine Schrift von Bernhard Sutor: „Grundgesetz und politische Bildung“ (1976), um so ein Gegengewicht gegen das Buch von Schmiederer zu schaffen, das 1977 erschien. In der Zwischenzeit nahm Schmiederer inhaltlich Abschied von seinem ursprünglichen Vorhaben. Das Manuskript wurde in eine einbändige Fassung verkürzt. Und die zitierte Fragerichtung mit der Ermutigung zur Durchsetzung eines emanzipatorischen Konzeptes entfiel.

In diesen Jahren näherte sich Schmiederer schrittweise dem **Konsensgedanken** an. In seinem Aufsatz von 1975 stellte er didaktische Fragen noch „parteilich“; er sprach von einem „erkenntnisleitenden Interesse“, das er als nicht „konsensfähig“ bezeichnete (1975: 142f.). Dazu gehörte auch der schülerorientierte Unterricht. 1976 bemühte er sich in einem Aufsatz für die Hilligen-Festschrift zwar um eine „pragmatische Konsensfindung“. Diese hielt er allerdings nicht für möglich zwischen den grundsätzlich verschiedenen Richtungen innerhalb der Didaktik: also zwischen kritischen und bejahenden, um Worte Schmiederers zu gebrauchen (1976: 145). Doch innerhalb der kritischen Richtung sah er eine mögliche partielle bzw. weitergehende Zusammenarbeit (ebda.: 146f.). Diesen „Partialkonsens“ erweiterte Schmiederer kurze Zeit darauf in seinem Beitrag zu dem von der Landeszentrale von Baden-Württemberg im Herbst 1976 veranstalteten Gespräch in Beutelsbach (9.4; oben S. 218). In diesem suchte er nämlich nach einem **„allgemeinen Konsens“** (1977 a: 130), und das meinte jetzt: auch zwischen „anderen politischen und wissenschaftstheoretischen Positionen“. Er begründete dies damit, daß er „entgegen den eigenen Erwartungen ein ernsthaftes Bemühen um eine gemeinsame Gesprächsbasis“ festgestellt habe (ebda.: 130) und nannte auch die Namen seiner Gesprächspartner: Grosser, Hättich und Sutor (ebda.: 147), also Autoren der sog. „Gelben Bibel“ (Grosser u.a. 1976; s.o. S. 215).

Offenbar bezog sich Schmiederer hier auf Gespräche, die kurz vor Beutelsbach am 28. bis 30. September 1976 in der Akademie für politische Bildung in Tutzing während einer Tagung „Zur Lage der Politischen Bildung“ stattgefunden hatten und wo „Kommunikationshygiene“ zum geflügelten Wort wurde, weil es das Ziel dieser Veranstaltung anzeigte, das Gespräch wieder in Gang zu bringen. Über die Gräben hinweg entdeckte Schmiederer jetzt **Gemeinsamkeiten**, beispielsweise das gemeinsame Interesse an der Erhaltung von politischer Bildung an den Schulen, aber vor allem „im Bereich der auf Unterricht gerichteten Vorschläge und Überlegungen“ (Schmiederer 1977 a: 131, 136).

Von der ersten Didaktik Schmiederers erschienen zwar noch mehrere Auflagen, 1977 die sechste. Aber in diesem Jahr kam auch die neue Didaktik heraus: „Politische Bildung im Interesse der Schüler“. Dieses Buch wurde textidentisch in einer Ausgabe der Niedersächsischen Landeszentrale für politische Bildung in Hannover und in der Europäischen Verlagsanstalt in Köln publiziert, beide 1977 (zit. mit Seitenangabe). Eine ausführliche Analyse dieser Konzeption bei Gagel 1979: 179- 211. Als erste Einführung: Gagel 1991a, S. 26-30; hierauf fußt die folgende Darstellung.

Das Neue an der zweiten Didaktik von Rolf Schmiederer kündigte sich schon durch den Titel an: „Interesse der Schüler“. Jetzt ist es nicht mehr die Gesellschaft, die der Autor in den Blick nimmt, sondern der Schüler. Pragmatisch ist daran, daß Schmiederer nicht mit einer Gesellschaftskritik ansetzt, die eine Gesellschaftstheorie voraussetzt, sondern mit einer Kritik der Unterrichts- und Lehrplanpraxis in der Schule. Die für Schmiederer konsensfähigen, auf Unterricht gerichteten Vorschläge und Überlegungen sind das Thema dieser zweiten Didaktik. Trotzdem enthält sie mehr als eine Sammlung von Ratschlägen für die Praxis. Sie ist die **Konzeption einer schülerzentrierten politischen Bildung**.

10.3.2 Kritik und Gegenentwurf

Schmiederer kritisiert an der **bisherigen Unterrichtspraxis**, wie er sie sieht, den „gegenstandsorientierten“ Unterricht: die Aneinanderreihung von Inhalten und Stoffen nach Zufälligkeiten, nach Stoffplänen oder irgendeiner Systematik ohne einen Bezug auf den Schüler (51); er kritisiert den „lehrerzentrierten“ Unterricht, in welchem der Lehrer allein über Inhalte und Methoden bestimmt und die zentrale Funktion als Wissensvermittler und Zensor übernimmt (55); er kritisiert die zentralisierte Richtlinienpraxis: sie habe zu einer „technologischen Wende in der Didaktik“ geführt und wirke sich so aus, daß Lehrpläne mit ihren inhaltlichen Festlegungen den Schulklassen „aufgezwungen“ würden, ohne deren spezifischen Lernvoraussetzungen zu berücksichtigen; und er kritisiert schließlich in einem eigenen Kapitel die „Lernzielorientierung“, die er als „moderne technokratische Form der Planung eines entfremdeten Unterrichts“ beurteilt (77). Schmiederer faßt diese Punkte unter dem Begriff einer **Kritik am „entfremdeten Lernen“** (49) zusammen.

Schmiederers **Gegenentwurf** ist der **schülerorientierte Unterricht**: Die Schüler sollen die Möglichkeit eigener Aktivität erhalten, sollen nicht als Objekte didaktischer Steuerung gelten, sie sollen Lernprozesse mit- und selbstbestimmen. Unterricht soll individualisierend sein, Bedürfnisse und Interessen der Schüler aufgreifen, der Lehrer soll die Rolle des Beraters übernehmen. Schmiederer faßt diese Postulate in die Grundprinzipien eines „kritischen und offenen Unterrichts im Interesse der Schüler“ zusammen:

„– Mitbestimmung der Schüler im Unterricht,
– Bedürfnisse und Interessen berücksichtigen,

- Ausgang von der Sozialerfahrung und der Lebensrealität der Schüler,
- Lernergebnisse müssen reale Bedeutung für das Leben der Schüler haben,
- der Unterricht muß problem- und projektorientiert sein,
- der Unterricht muß wissenschaftsorientiert in seiner Arbeitsweise und in der Analyse der gewählten Inhalte sein." (131)

Wie könnte diese Konzeption Schmiederers in der Realität aussehen? Ich gebe den Bericht über einen Unterricht wieder, der in diesem Sinne gestaltet wurde, – allerdings schon vor dem Erscheinen von Schmiederers Didaktik. Eine Lehrerin berichtete über Unterricht in einer 8. Hauptschulklasse:

„Diskutiert und gearbeitet wurde zunächst nur über Themen, die die Schüler unmittelbar betrafen und deshalb auf allgemeines Interesse stießen (Lehrerautorität, Vorgänge in der Schule und der Klasse, Elternprobleme, Freundschaft, Liebe). Bei der Behandlung dieser Themen übte die Klasse Gruppenarbeit, wobei zugleich die dabei auftauchenden organisatorischen, technischen und sozialen Probleme der Arbeitsweise thematisiert und zum gleichrangigen Unterrichtsstoff erhoben wurden. In dem Maße, in dem die eigenen disziplinären, organisatorischen und sozialen Probleme von der Klasse gelöst wurden, weitete sich auch der Interessenhorizont der Schüler allmählich aus: »Wir können ja nicht immer nur über uns selbst reden; – wir müssen uns ja auch mal um die Probleme anderer kümmern!« – Der Einwand wurde nach etwa zwei Monaten erhoben. Es wurden daraufhin Themen gesammelt, die behandelt werden sollten. Der Vorschlag eines sonst sehr zurückhaltenden Jungen, über die Lage der Gastarbeiter zu arbeiten, wurde aufgegriffen. Der Schüler war durch eine Fernsehsendung auf das Problem aufmerksam geworden und erzählte zunächst von dieser Sendung. Daraufhin schrieb die Klasse an den WDR und forderte das Manuskript an, das wir ... auch erhielten. Nachdem das Thema in Gruppenarbeit und Referaten behandelt worden war, besuchte und interviewte eine Arbeitsgruppe einige im Ort arbeitende und untergebrachte Türkinnen. Die große Hilflosigkeit dieser Frauen, die sich u.a. in Sprachschwierigkeiten äußerte, veranlaßte die beteiligten Schüler, nach Möglichkeiten zu suchen, ihnen wenigstens in dieser Beziehung zu helfen. Die Klasse nahm Kontakt mit einer kirchlichen Frauengruppe auf, die sich bereiterklärte, sich um die Türkinnen zu kümmern und ihnen Sprachunterricht geben zu lassen." (Schaeffer/Lambrou 1973: 123f.)

Mit den Worten Schmiederers läßt sich dieser Unterricht durch Negationen beschreiben: Er ist nicht „lehrerzentriert", er ist nicht „gegenstandszentriert", wo es vor allem um die Durchnahme von „Stoff" geht, der Unterricht wird nicht von Richtlinien gesteuert, und er ist nicht lernzielorientiert. Sondern: In der Konzeption Schmiederers ist in einer sehr entschiedenen Weise das didaktisch entfaltet, was ich in einer DDR-Fachzeitschrift nach der Wende gelesen habe: „die **Subjektposition** des Schülers voll zur Wirkung zu bringen" (Geschichtsunterricht und Staatsbürgerkunde 1/90, S. 17).

10.3.3 Ziele und Inhalte

So einleuchtend der Gegenentwurf ist, – Schmiederers Kritik enthält die Gefahr, durch Schwarz-Weiß-Malerei die unvermeidlich differenziert ausfallenden Lösungen zu erschweren. Daher bleiben offene Fragen, beispielsweise:

- Lassen sich Forderungen eines offenen Unterrichts auch in Lehrplänen berücksichtigen?
- Gibt es auch eine nichttechnokratische Zielorientierung?
- Muß man bei der Inhaltswahl nicht auch die Zukunft der Schüler berücksichtigen, damit sie sich nicht in ihre Gegenwart einigeln?
- Ist nicht vielleicht auch die Lehrerrolle vereinfacht dargestellt und ihre Konfliktstruktur verschleiert: als Vermittler der Interessen der Gesellschaft *und* derjenigen der Schüler?

Auf die Lehrplanfrage und die Frage nach der Lehrerrolle gibt Schmiederer keine Antwort. Erwägenswert ist seine Lösung des **Zielproblems**: Aufgabe der politischen Bildung ist „Selbsterkenntnis und Umwelterkenntnis" (110). Er wählt also ein **rein kognitives Ziel** und verzichtet damit auf den Entwurf von Verhaltenserwartungen und Persönlichkeitsmerkmalen: weder Selbstbestimmung, noch Mitbestimmung oder Mündigkeit, die ja mit einem kritischen Unterricht durchaus kompatibel wären. Schmiederer optiert hier in radikaler Weise für **Bildung statt Erziehung**.

> **Bildung** wird hier verstanden als das Anregen und Zur-Tätigkeit-Bringen der im Lernenden angelegten Fähigkeiten. Dies steht im Gegensatz zu **Erziehung** als die planmäßige Einwirkung auf Heranwachsende mit dem Ziel, ihnen erwünschte Verhaltensweisen zu vermitteln.

Mit dem Lernziel „Selbsterkenntnis und Umwelterkenntnis" hat er aber auch **Abschied von den politischen Zielen** wie „Demokratisierung und Emanzipation" genommen; politische Bildung hat jetzt nicht mehr die Aufgabe, zur Veränderung der Gesellschaft beizutragen, und die Schüler werden hierbei nicht mehr zu Mitstreitern ernannt. Schmiederer wechselt von der Instrumentalisierung der Schüler hinüber zu der **Anerkennung ihrer gegenwärtigen Subjektivität**.

Und zum **Inhaltsproblem**: Trotz aller Kritik an der Lehrplanpraxis bietet Schmiederer am Schluß seiner Didaktik eine Art Lehrplanentwurf. Strukturierungsprinzip sind hier die „Erfahrungsbereiche" (174f.); zu ihnen gehören: Familie und Sozialisation, Wohnen und Freizeit, Schule und Erziehung, erstaunlicherweise aber auch politische Institutionen und Partizipation, Internationale Probleme und Konflikte.

So stellt sich sofort die Frage nach dem **Erfahrungsbegriff**. Erfahrungsbereiche sind nach Schmiederer die „Lebensbereiche des Schülers" (169), aber das gilt für politische Institutionen ja eigentlich nicht. Dennoch können sie nicht einfach unter den Tisch fallen. Sicherlich hätte Schmiederer auf diese Frage eine Antwort gefunden, vielleicht über das „Fallprinzip“ oder die Problemorientierung, für die er eintritt; so aber bleibt ein ungelöster Rest.

Auch im schülerorientierten Unterricht ist für Schmiederer die Vermittlung von **wissenschaftlichem Wissen** unentbehrlich: Politische Bildung lasse es zu, „eine wissenschaftsorientierte Behandlung von Inhalten mit dem Eingehen auf die Bedürfnisse und Probleme des Schülers [zu] verbinden“ (119). Nach Meinung Schmiederers können die Sozialwissenschaften zur Lösung individueller Probleme beitragen. Er plädiert also für eine Verbindung von **sozialwissenschaftlicher Bildung mit politischer Bildung**. Doch versteht er unter Wissenschaft hier wie auch vorher den **kritisch-dialektischen Ansatz** der Sozialwissenschaften, durch welchen der Schüler lernen könne, Gesellschaft als Funktionszusammenhang, als historisch bedingt und als politisch veränderbar zu begreifen (99). Hier läßt sich ein Rest an Dogmatik aufspüren, weil Schmiederer nach wie vor nur *einen* Erklärungsansatz zuläßt (vgl. 10.1.4; oben S. 230), was sich mit Schülerorientierung eigentlich nicht vereinbaren läßt.

10.3.4 Voraussetzungen und Probleme

Für die praxisnahe Realisierung dieser Konzeption ist das Kapitel am ergiebigsten, das die **Probleme des schülerorientierten Unterrichts** behandelt. Hier bewährt sich die Methode des an der Kritischen Theorie geschulten Sozialwissenschaftlers, der das Denken in sozialen Zusammenhängen praktiziert. Nicht zufällig ist es das längste Kapitel dieses Buches.

Schmiederer nennt als **Voraussetzungen** für schülerorientierten Unterricht beim Lehrer: die Lebenssituation der Schüler kennen, ihr Verhalten in der Schule verstehen und ihre Beziehung zum Lerngegenstand kennen. Vergleichbares konnte man auch in einer in der DDR erschienenen Methodik lesen (vgl. Autorenkollektiv 1975: 156). Dort hatte das Berücksichtigen der Lernvoraussetzungen jedoch den Zweck, die Lernenden um so wirksamer zu beeinflussen: Politische Bildung als Propaganda. Bei Schmiederer soll der Lehrer diese Kenntnisse benutzen, um den Schülern in ihrer Individualität gerecht zu werden, auch um ihre Alltagserfahrungen ernst zu nehmen.

Ausführlich beschreibt Schmiederer dann die **„Blockierungen“** eines derartigen Unterrichts. Sie können entstehen durch Widersprüche zwischen den einzelnen Forderungen wie derjenigen von Mitbestimmung und Erfahrungsnähe: wenn Schüler ihre Lebenswelt gegen die Schule abschirmen oder wenn der Wechsel von lehrerzentriertem zu schülerzentriertem Unterricht zu plötzlich eintritt. Hier rät Schmiederer zu einer **schrittweisen Veränderung**. Er erwähnt ferner die Verunsicherung und Belastung bei den Schülern, die vor allem bei Versuchen entstehen können, mit ihnen ihre eigene Sozialisation aufzuarbeiten. Er erwartet auch Belastungen für den Lehrer, wenn er versucht, die „althergebrachte formale Distanz zwischen Lehrer und Schüler abzubauen“ (143).

Schmiederers Didaktik eines schülerorientierten politischen Unterrichts läßt sich als der **Appell an Lehrer** verstehen, eine andere als die gewohnte Perspektive einzunehmen. Normalerweise hat der Lehrer die Lehrerperspektive: „Wir haben für unsere Schüler gedacht“, sagte ein Lehrer aus der DDR nach der Wende. Aber dazu neigen Lehrer auch in den alten Bundesländern. Schmiederer regt dazu an, wenigstens zeitweise die Perspektive zu wechseln: weg von der Lehrerperspektive, hin zur **Schülerperspektive**. Er regt dazu an, sich in die Schüler hineinzudenken, ihre Interessen und Bedürfnisse überhaupt wahrzunehmen und zu überlegen, wie *sie* die Schule sehen. Insofern ist Schmiederers Konzeption ein Modell, er vermittelt dem Lehrer ein Bild, eine gedankliche Vorstellung von Unterricht. Dies kann als Regulativ wirken, als Aufforderung, den realen Unterricht diesem Bild anzunähern. Schülerorientierung ist eine **„regulative Idee“**.

Regulative Idee. Regulativ heißt: zur Regel dienend, Richtung gebend. Ziele werden in keinem denkbaren Handlungszusammenhang endgültig erreicht, aber als regulative Ideen beeinflussen sie die Richtung des Handelns.

10.4 Die Repädagogisierung der politischen Bildung

Rolf Schmiederer kann als exemplarisch für Wandlungstendenzen der politischen Bildung im Verlauf der 70er Jahre gelten, die ich die „pragmatische Wende“ genannt habe. Da jedoch diese von ein und derselben Person vollzogen wurde, bleibt die Frage, wie dieses Verhalten Schmiederers zu verstehen ist. In der Tat ist der **Wechsel von Gesellschaftskritik zur Schülerorientierung** eine radikale Wende, – verliert man dabei als Autor nicht seine Identität?

Ich müßte hier wieder nach der **Grunderfahrung** Schmiederers fragen. Doch fehlen mir hierfür die Quellen. Daher kann ich nur Vermutungen äußern. Schmiederer hat auf die ursprünglich in der Neufassung enthaltene politische Stoßrichtung verzichtet und die Endfassung seiner Didaktik auf die Schüler konzentriert. Ich verstehe dies so: Schmiederer hat die Erfahrung gemacht, daß eine sozialistische, systemverändernde Pädagogik in einer pluralistischen Gesellschaft angesichts der gesellschaftlichen, ökonomischen und politischen Rahmenbedingungen keinen Erfolg verspricht, in einem politischen System beispielsweise, in dem die politischen Entscheidungen im Wettbewerb um die Wählerstimmen getroffen werden. Schmiederer ging den Weg, den ein großer Teil der Linken seit dem Ausklingen der Protestbewegung von 1968 in der Bundesrepublik genommen hat: den „Marsch durch die Institutionen“, der in Wirklichkeit ein Marsch *in* die Institutionen wurde. Beruflich war er inzwischen (1974) Professor für politische Bildung an der Universität Oldenburg geworden und war damit verantwortlich für die einphasige Lehrerausbildung im Fach Sozialkunde. Obwohl er zu der älteren Generation der Didaktiker gehörte (1928), verband ihn vieles mit der „Neuen Linken“ und der Studentenbewegung, und mit den Achtundsechzigern vollzog er dann die Wende zu dem oben erwähnten „mehr realitätsbezogenen, pragmatischen Denken“ (10.2.2; oben S. 235).

Man kann diese Änderung als den Wechsel von einer politischen zu einer **pädagogischen Definition von Bildung und Erziehung** deuten: Nicht der neue Mensch und die neue Gesellschaft galt mehr als das Ziel, sondern die Entfaltung der Individualität von Jugendlichen. Schmiederer entschied sich für den **reformpädagogischen Ansatz** einer Pädagogik „vom Kinde aus“. Nicht die Lehrer bestimmen die Zukunft der Gesellschaft und der Schüler, indem sie die Schüler beeinflussen, sondern die Lernenden erhalten die Chance, ihre Zukunft selbst zu definieren.

Ich hatte den **Rollenkonflikt** in der ersten Didaktik dargelegt (10.1.4; oben S. 230f.). In der neuen spricht nicht mehr der Sozialwissenschaftler, der die Gesellschaft kritisch analysiert, sondern der **Pädagoge**, der für die Lernbiographie der Schüler verantwortlich ist. Schmiederer vollzog daher keinen Gesinnungswechsel, sondern einen Rollenwechsel. Er nannte ihn „Pädagogisierung“ der politischen Bildung (5); ich nenne diesen Vorgang ihre **Repädagogisierung**.

Dieser Rollenwechsel ist jedoch eine strikte Rollen*trennung*, denn Schmiederer gibt seinen Makroansatz der Gesellschaftsanalyse nicht auf, sondern verbannt ihn lediglich in den Bereich seiner subjektiven, nur ihn persönlich angehenden Wertpräferenz: „Für mich“ sagt er, wird der Schüler gesehen „im Ganzen der Gesellschaft und ihrer historischen Entwicklung“ (88). Für die praktische pädagogische Arbeit in seiner schülerorientierten Didaktik hingegen wählt er einen mikrotheoretischen Ansatz der Sozialwissenschaften, der sich auf das Verhalten der einzelnen richtet und bei dem das Soziale sich „aus einzelnen, an Individuen bestimmbaren Bedürfnissen, Motiven und Handlungen“ ergibt (Treibel 1993: 88) und von dem aus er politische Bildung „im Interesse der Schüler“ beschreiben kann. Obwohl weiterhin gesellschaftskritischer Sozialwissenschaftler, hat Schmiederer in seiner neuen Didaktik darauf verzichtet, diese in einen gesellschaftstheoretischen Rahmen einzubetten, didaktische Postulate im Horizont einer Gesellschaftstheorie aufzustellen, und er folgt damit seinen Vorgängern unter den Didaktikern: Fischer, Hilligen und dem Giesecke der ersten Fassung seiner Didaktik von 1965. Voraussetzung war, den Ausschließlichkeitsanspruch von Makrotheorien und damit den „Dualismus von Mikro- und Makrotheorien" (Treibel 1993: 14) zu überwinden, die mit einer didaktischen Konzeption des politischen Lernens im Interesse der Schüler unvereinbar sind. Erst sozialwissenschaftliche Ansätze einer Verbindung von Mikro- und Makrotheorie wie die „Theorie des kommunikativen Handelns" von Jürgen Habermas (1981) versprechen, das Dilemma aufzuheben; erste Ansätze einer didaktischen Umsetzung der Beziehung zwischen Lebenswelt und System werden unten (12.3.2; S. 294) beschrieben.

Mit seiner Repädagogisierung knüpfte Schmiederer an die pädagogische **Tradition des Pragmatismus** an. Ich erinnere an den amerikanischen Philosophen und Pädagogen John Dewey, der kurz vor 1900 schrieb, das Kind solle die „Sonne" sein, um die sich die Erziehungsgrundsätze drehen (3.2.4; oben S. 60). Schmiederer hat bei sich selber diese pädagogische Revolution wiederholt. Er stellte damit eine Beziehung zu den Anfängen der politischen Bildung in der Bundesrepublik her, zu Friedrich Oetinger und seiner pragmatischen Konzeption der politischen Erziehung. Die Lernaufgabe Oetingers kehrte wieder: von lebensnahen Erfahrungsbereichen zu Erkenntnissen über die Wirklichkeit zu gelangen. Es ist wie eine Rückkehr, aber auf höherer Ebene: Dem Konzept Oetingers fügte Schmiederer, wie auch Giesecke, die durch Wissenschaft angeleitete „Umwelterkenntnis" hinzu, die **Verbindung von politischer Bildung mit sozialwissenschaftlicher Bildung**.

Seiner politischen Überzeugung hatte Schmiederer damit nicht abgeschworen, aber er verlagerte sie in den Bereich der **subjektiven Wertentscheidung**. Er spricht in seiner Didaktik zwar von seiner normativen Legitimationsbasis, aber bezeichnet sie als „meine eigene", die nicht zur Diskussion stehe, er nennt sie nicht konsensfähig, und er will sie daher aus seiner Konzeption heraushalten (88). An Schmiederer läßt sich die erwähnte „Arbeitsteilung" (5.5; oben S. 123) beobachten: daß jemand persönlich ein Sozialist bzw. Marxist sein kann, in seiner beruflichen Praxis aber ein Pragmatist. Die Didaktik Schmiederers zeigt mithin einen Weg, wie man eine **Trennung zwischen politischer und pädagogischer Normentscheidung** vollziehen kann. Um allerdings Mißverständnisse zu vermeiden: Schülerorientierung enthält selber politische Implikationen; sie ist nur mit einem **politischen System** vereinbar, in welchem die **individuellen Rechte auch gegen demokratische Mehrheiten** geschützt sind. Deswegen schrieb Schmiederer, daß sein subjektiver Legitimationsversuch „an den Kerngehalt unserer Verfassung, der Menschenrechte und der Freiheitsgarantien der modernen Verfassungsgeschichte" anknüpfe (89).

Die Didaktik des 1979 verstorbenen Rolf Schmiederer ist aktuell geblieben. Das Prinzip „Schülerorientierung" wurde zum Generalthema der politischen Didaktik der 80er Jahre, und es ist auch heute noch lebendig. Lehrerinnen und Lehrer der DDR griffen es nach der „Wende“ als eine Art Schlüssel zu einer neuen, nichtdogmatischen Pädagogik auf. Schmiederers didaktische Konzeption erscheint weiterhin hilfreich als Impuls zu einem Unterricht, in dem versucht wird, die Lehrerzentriertheit so weit wie möglich abzubauen.

11. Drei Stile politischer Didaktik: Ernst-August Roloff, Bernhard Sutor, Bernhard Claußen

11.1 Das Phänomen der Vielfalt

Die außerparlamentarischen Bewegungen des Jahres 1968 riefen Reaktionen der staatlichen Institutionen hervor und wirkten als **Impuls auf die politische Bildung**. Sie gelangte in eine Phase der Konjunktur, weil man ihre Funktion als Loyalitätsbeschaffer bei der jungen Generation nutzen wollte. Die Lehrerausbildung für das Unterrichtsfach der politischen Bildung wurde intensiviert, die Stellen der hierfür benötigten Hochschullehrer wurden vermehrt. Durch die institutionelle Trennung zwischen staatlicher Aufsicht über die Schule einerseits und Lehrfreiheit an den Universitäten andererseits kam es aber zu einem **spannungsreichen Verhältnis zwischen Schulpolitik und Fachdidaktik**: Lehrpläne und die Ergebnisse universitärer Forschung waren nicht identisch. Wenn in den 50er Jahren Wolfgang Hilligen und Kurt Gerhard Fischer an der Richtlinienarbeit in Hessen beteiligt waren, wenn Bernhard Sutor in Rheinland Pfalz eine Richtlinien-Kommission leitete, wenn Rolf Schörken und ich an der Richtlinienarbeit in Nordrhein-Westfalen beteiligt waren, dann geschah dies, bevor sie Hochschullehrer wurden. Jetzt aber traten diese Funktionen auseinander.

Damit waren die institutionellen Voraussetzungen für eine **Verwissenschaftlichung der Fachdidaktik** geschaffen. Denn sie setzt eine Befreiung von dem Praxisdruck voraus, dem der Lehrer im Schulalltag ausgesetzt ist. Die jetzt beginnende **konzeptionelle Phase der Fachdidaktik** hatte aber noch andere Ursachen. Hochschullehre erfordert eine Systematisierung des Aufgabenfeldes, mit denen sich Fachdidaktik beschäftigt. Durch die institutionelle Trennung von Fachdidaktik und Schulpolitik wurde erstere zur kritischen Instanz der Lehrplanpolitik. Aus dieser Spannung zwischen Wissenschaftsfreiheit und staatlicher Schulaufsicht ergab sich für die universitäre Fachdidaktik ein zunehmender **Zwang zur Begründung** und Absicherung ihrer eigenen Konzepte. Beides kam also zusammen, Lehrnotwendigkeit und Legitimationsdruck, und dies wurde zum Motiv für das Bemühen um Systematisierung didaktischer Positionen, die mit „didaktische Konzeptionen“ bezeichnet werden (s. Kasten S. 248).

Seit 1970 erschienen zahlreiche derartige Didaktiken (s. Kasten S. 249). Es begann ein neuer Abschnitt in der Geschichte der politischen Bildung, den ich die **„konzeptionelle Phase“** nennen möchte: die Systematisierung didaktischer Ansätze in den Jahren 1970 bis 1985.

Didaktische Konzeption soll ein System von Begriffen und Aussagen heißen, das dazu dient, politischen Unterricht als Praxisfeld zu erhellen und in ihm Handlungen zu ermöglichen (Gagel 1988: 15). Konzeption in diesem Sinne ist eine Art didaktischer Gesamtentwurf mit einer gewissen Geschlossenheit.

Die Vielfalt dieser didaktischen Konzeptionen ist im wahrsten Sinne des Wortes überwältigend und wirkt sicherlich häufig entmutigend. Die Klagen über die Kopflastigkeit und Praxisferne didaktischer Theorie (vgl. Bundeszentrale 1990) mögen hierin ihren Ursprung haben. Aber es bringt nicht weiter, **Theorie und Praxis** gegeneinander auszuspielen. Jedes Handeln im Unterricht ist theoriegeleitet, und sei es von einer „Alltagstheorie" des Lehrers. Das Ziel ist daher nicht Theorielosigkeit, sondern Verbesserung der Alltagstheorie. Um dies zu erreichen, ist das Augenmerk auf die zweckmäßige **Vermittlung von Theorie** zu richten, und zwar sowohl in der Ausbildung als auch im weiteren Verlauf der Berufspraxis. Dies ist der Grund, weswegen ich auch in dieser Publikation versuche, in den Konzeptionen, die ich dargestellt habe und noch darstellen werde, die Realisierung in der Praxis sichtbar zu machen.

Ungeachtet dessen sind dies aber auch die Schwierigkeiten des Lehrers in einer offenen Gesellschaft. Sie verlangen vom Lehrer Kompetenz, und zwar **didaktische Kompetenz** im Hinblick auf **Auswahl, Übernahme und Anwendung didaktischer Theorie** oder Theorieelemente. Im Vergleich dazu benötigte er früher in der DDR nur methodische Kompetenz.

Wie bisher kann ich nur exemplarisch vorgehen, um das Spektrum der didaktischen Konzeptionen zu veranschaulichen. Drei von ihnen sollen in dieser Lektion behandelt werden: Roloff, Sutor und Claußen. Sie sind ausgewählt, weil sie mit den schon oben (5.1; S. 101) erwähnten drei Philosophien erhellt werden können, die nach Karl-Otto Apel Theorie und Praxis vermitteln: Existentialismus, Pragmatismus und Marxismus. Damit sei jedoch nicht behauptet, daß diese Philosophien von den drei Autoren als Bezugstheorien genutzt worden seien. Vielmehr sollen sie hier zunächst nur als Interpretationshilfen dienen, um Verständnismöglichkeiten zu erschließen.

Didaktische Konzeptionen der politischen Bildung seit 1970

Kurt Gerhard Fischer: Einführung in die Politische Bildung, Stuttgart: Metzler 1970, 3. Aufl. 1973

Bernhard Sutor: Didaktik des politischen Unterrichts. Eine Theorie der politischen Bildung, Paderborn: Schöningh 1971, 2. Aufl. 1973

Rolf Schmiederer: Zur Kritik der Politischen Bildung. Ein Beitrag zur Soziologie und Didaktik des Politischen Unterrichts, Frankfurt/M.: Europäische Verlagsanstalt 1971, 6. Aufl. 1977

Ernst-August Roloff: Erziehung zur Politik. Eine Einführung in die politische Didaktik, Bd. 1: Sozialwissenschaftliche Grundlagen, Göttingen: Schwartz 1972, 3. Aufl. 1974; Bd. 2: Didaktische Beispielanalysen für die Sekundarstufe I, Göttingen: Schwartz 1974; Bd. 3: Didaktische Beispielanalysen für die Sekundarstufe II und die Erwachsenenbildung, Göttingen: Schwartz 1979

Hermann Giesecke: Didaktik der politischen Bildung, Neue Ausgabe, 7. völlig neubearbeitete Auflage, München: Juventa 1972, 12. Aufl. 1982

Wolfgang Christian: Probleme des Erkenntnisprozesses im politischen Unterricht, Köln: Pahl-Rugenstein 1974, 2. Aufl. unter dem Titel „Die dialektische Methode im politischen Unterricht" überarbeitet und erweitert 1978

Wolfgang Hilligen: Zur Didaktik des politischen Unterrichts I. Wissenschaftliche Voraussetzungen, Didaktische Konzeptionen, Praxisbezug. Ein Studienbuch, Opladen: Leske + Budrich 1975, 3. Aufl. 1978. Zur Didaktik des politischen Unterrichts II. Schriften 1950-1975, Opladen: Leske + Budrich 1976

Jürgen Belgrad: Didaktik des integrierten Politischen Unterrichts. Grundlegung und Modelle für eine emanzipatorische Politische Bildung in der Schule, Weinheim: Beltz 1977

Dieter Grosser: Politische Bildung. Kompendium Didaktik, München: Ehrenwirth 1977

Rolf Schmiederer: Politische Bildung im Interesse der Schüler, Köln: Europäische Verlagsanstalt 1977

Bernhard Claußen: Kritische Politikdidaktik. Zu einer pädagogischen Theorie der Politik für die schulische und außerschulische Bildungsarbeit, Opladen: Westdeutscher Verlag 1981

Klaus Rothe: Didaktik der Politischen Bildung, Berlin: Gercke 1981

Bernhard Sutor: Neue Grundlegung politischer Bildung, Bd. I: Politikbegriff und politische Anthropologie, Bd. II: Ziele und Aufgabenfelder des Politikunterrichts, Paderborn: Schöningh 1984

Wolfgang Hilligen: Zur Didaktik des politischen Unterrichts. Wissenschaftliche Voraussetzungen, Didaktische Konzeptionen, Unterrichtspraktische Vorschläge, 4. völlig neubearbeitete Aufl., Opladen: Leske + Budrich 1985

Hermann Giesecke: Politische Bildung. Didaktik und Methodik für Schule und Jugendarbeit, Weinheim: Juventa 1993

11.2 Ernst-August Roloff

Roloffs didaktische Konzeption ist in einem mehrbändigen Werk zugänglich. Der Umfang ist damit zu erklären, daß er seine Konzeption in „didaktischen Beispielanalysen" entfaltet hat.

„Erziehung zur Politik. Eine Einführung in die politische Didaktik" (aus der mit Bandzahl zitiert wird), Bd. 1: „Sozialwissenschaftliche Grundlagen", Göttingen 1972, 3. erweiterte Aufl. 1974; Bd. 2: „Didaktische Beispielanalysen für die Sekundarstufe I", Göttingen 1974; Bd. 3: „Didaktische Beispielanalysen für die Sekundarstufe II und die Erwachsenenbildung", Göttingen 1979. Unentbehrlich ist ferner von ihm: „Politische Didaktik – Didaktik der Politik", in: Kurt Gerhard Fischer (Hg.), Zum aktuellen Stand der Theorie und Didaktik der Politischen Bildung, Stuttgart 1975, S. 125 – 136 (in späteren Aufl. unverändert, aber an unterschiedlichen Stellen dieses Bandes). Zur Interpretation von Roloffs Konzeption ausführlicher Gagel 1979: 148-178.

11.2.1 Das Gesamtcurriculum

Ernst August Roloff hat in seiner Didaktik ein **Gesamtcurriculum** für die politische Bildung in der Schule skizziert (1^3, 149ff.). Unter Curriculum versteht man einen umfassenden Lehrplan. Die Grundidee dieses von Roloff entworfenen Curriculums ist die „Würde des Menschen", also Art. 1 GG, genauer Art. 1, 1 mit der Verpflichtung des Staates, diese Würde zu achten und zu schützen. Roloff definiert „Würde" als Recht auf Bestimmung über sich selbst. Schule ist demzufolge der Raum, in dem sich Würde des Menschen realisieren soll. Daraus ergibt sich die Aufgabe der Schule und der Umriß des Curriculums; Roloff beschreibt dieses folgendermaßen:

„Wo und wie anders kann die Schule zur Selbstbestimmung befähigen, als den Schüler selbst zunehmend vom Objekt zum Subjekt von Entscheidungen zu machen? Die didaktische Konzeption eines Gesamtcurriculums für den politischen Unterricht in der Schule muß sich folglich an den für die Schüler relevanten Entscheidungsbereichen orientieren, in denen er durch das Grundgesetz selbst zur freien Entscheidung (Selbstbestimmung) aufgefordert ist.

Vom ersten bis zum dreizehnten Schuljahr durchläuft der Schüler eine Folge von Entscheidungsbereichen, in denen er zunehmend Fremdbestimmung durch Selbstbestimmung ersetzen kann:

In der Orientierungsstufe soll er lernen, über seinen weiteren Bildungsweg mitzuentscheiden, seine eigene Zielsetzung und seine Fähigkeiten einzuschätzen;

mit 14 Jahren erlaubt ihm das Grundrecht der Gewissens- und Religionsfreiheit die Entscheidung über die Teilnahme am Religionsunterricht;

spätestens im 9. bzw. 10. Schuljahr wird er vom Art. 12 des Grundgesetzes betroffen, das ihm die freie Wahl des Berufes garantiert;

mit 18 Jahren schließlich erhält er das Wahlrecht, in einem Alter, in dem auch der Bereich „Ehe und Familie“ zu einem Problem persönlicher Entscheidungszwänge wird;

der männliche Staatsbürger unterliegt schließlich der Wehrpflicht, doch garantiert das Grundgesetz ihm das Recht, aus Gewissensgründen diesen Dienst zu verweigern.

Das Gesamtcurriculum für den politischen Unterricht setzt sich aus dieser Stufenfolge von relevanten Entscheidungsbereichen zusammen, von denen der Schüler durch das Grundgesetz unmittelbar betroffen ist.“ (1^3, 152f.)

Demnach wird das Leben der Schüler zum Unterrichtsinhalt. Roloff wählt jedoch nur diejenigen Situationen aus, in denen die Jugendlichen „Entscheidungen“ zu treffen haben. Im Curriculum ‚durchlaufen‘ die Lernenden den Lauf ihres Lebens als eine Kette von **Entscheidungssituationen**; Lerngegenstand ist der eigene Lebenslauf. Diese Entscheidungssituationen gewähren die Möglichkeit der „Selbstbestimmung“; der Jugendliche in der Schule ist mindestens auf dem Wege von Fremdbestimmung zur Selbstbestimmung. Diese Selbstbestimmung ist die **Wahrnehmung eines Grundrechts**. Es liegt nicht im Belieben des Pädagogen, dem Lernenden Freiheit zu gewähren; vielmehr hat er einen Anspruch darauf, sein Grundrecht wahrzunehmen. Das Grundrecht fordert ihn aber zugleich dazu auf.

Diese Gegenstandswahl erklärt Roloff mit einer These, die auf den ersten Blick sicherlich überrascht: „Der primäre Lerngegenstand der politischen Bildung in der Schule ist die Schule.“ (1^1, 53; 1^3, 58) Roloff meint, daß die Schüler während der gesamten Schulzeit einschließlich der Sekundarstufe II in einer „Folge von **Entscheidungszwängen**“ stehen und daß diese zum Gegenstand des Unterrichts gemacht werden müßten. Die Schüler beschäftigen sich demnach mit sich selber, oder besser, mit sich selber in ihrer Situation in der Schule oder in der Schulzeit.

Beim Vergleich mit den didaktischen Konzeptionen, die bisher vorgestellt wurden, wird deutlich, wie ungewöhnlich Roloffs Ansatz ist. Dabei drängt sich die Frage auf: Wird hier Politik auf Schule reduziert? Welche Schwierigkeiten bringt es mit sich, die Schule zum Lerngegenstand zu machen? Ich will die Fragen an einem Unterrichtsbeispiel behandeln.

11.2.2 Ein Unterrichtsbeispiel: Religionsmündigkeit

Das Unterrichtsbeispiel von Roloff, das ich hier ausgewählt habe, gehört zum Religionsunterricht (RU) und ist dem Entscheidungsbereich „Teilnahme am Religionsunterricht“ entnommen. Wer würde dies mit politischer Bildung verbinden? Für Roloff gelten aber die Fächergrenzen nicht so streng. Das von ihm formulierte Thema ist als Beitrag zur politischen Bildung im RU gedacht: „Religionsunterricht als Thema des Religionsunterrichts". Als Zielvorstellung nennt er: „Die Schüler sollen befähigt werden, über ihre Teilnahme am Religionsunterricht selbst zu entscheiden, die Entscheidung rational zu begründen und zu benennen." (2, 109)

Dies gilt für Schüler, die ab dem 14. Lebensjahr religionsmündig werden und daher über die Teilnahme am Religionsunterricht allein bestimmen können. **Selbstbestimmung** wird den Schülern dadurch ermöglicht, daß ihnen ihre vorgegebene Zugehörigkeit zu einer Religionsgemeinschaft (oder die Nichtzugehörigkeit) bewußt gemacht und auf diesem Wege zu einer persönlichen Entscheidung wird. Denn sie werden in die Konfessionalität hineingeboren, daher ist es zunächst die Entscheidung der Eltern, nicht die eigene. Roloff möchte die Religionszugehörigkeit in die eigene Entscheidung des Jugendlichen überführen.

Wie kann dies im Unterricht geschehen? Roloff hat in seiner Didaktik kein Unterrichtsmodell entwickelt, sondern eine didaktische Analyse der Themenstellung vorgenommen (2, 104-119), aus der ich die unterrichtsrelevanten Elemente zusammenstelle.

Religionsunterricht als Thema des Religionsunterrichts

Der Unterricht soll nach Roloff „von der Wirklichkeit der Schüler ausgehen" (2, 107). Diese gewinnt der Lehrer aus einer **Befragung** und aus seinen allgemeinen Kenntnissen über die Klasse. Die Befragung ergibt Kriterien für die Beurteilung des RU durch die Schüler, beispielsweise: Einstellung zum unterrichtenden Lehrer, Bewertung des Unterrichts, Einstellung der Eltern zur Religion, Erwartung der Schule, das persönliche Verhältnis des Schülers zur Religion, Bedeutung des RU für die eigene Schullaufbahn, Bedeutung von Religionszugehörigkeit für die spätere Berufswahl und Lebensplanung (2, 114).
Durch diese Befragung erkennen die Schüler ihre eigenen **Motive** und **Erwartungen**. Die Ergebnisse werden im Unterricht ausgewertet, wobei der Lehrer bereit sein muß, Kritik auszuhalten. An diese Auswertung schließt sich dann eine Arbeit an geltenden Richtlinien für den RU und den Lehrbüchern an, die zu der Frage führen soll, was die „Grundsätze der Religionsgemeinschaften", also die zentralen Glaubensinhalte der jeweiligen Konfession sind.
Die Behandlung eines Paragraphen über den Religionsunterricht aus dem geltenden Schulgesetz soll als Überleitung dienen, um das Verhältnis zwischen **Staat und Kirche** in den Blick zu rücken. Kennzeichnend ist die Ablösung der geistlichen Schulaufsicht durch den Staat, daher ist RU ein ordentliches Unterrichtsfach, dessen Benotung Bedeutung hat für den

Schulerfolg. Aber die Inhalte des RU werden nach wie vor von den Kirchen selber bestimmt. Dabei wird deutlich, daß sich eine vollständige Säkularisierung oder Laizisierung der Erziehung, also Trennung von Staat und Kirche, gegen die Kirchen politisch nicht durchsetzen läßt. Roloff geht dann auf das **Konfliktpotential** ein, das sich im alternativen Unterrichtsangebot verbirgt, welches für die Schüler gedacht ist, die sich vom RU abgemeldet haben: Religions*kunde* oder Ethik, und zwar entweder als Angebot oder als Verpflichtung. Das sind damalige Besonderheiten des Niedersächsischen Schulgesetzes, die aber neuerdings auch anderswo diskutiert oder praktiziert werden. Es wird nach den Interessen gefragt, die hinter der einen oder der anderen Regelung stehen könnten.
Schließlich soll dieser Unterricht auch die Einsicht vermitteln, daß der RU eine **politische Funktion** hat, als ein Auftrag des Grundgesetzes: Nach Roloff sieht das GG das Gewissen als letzte Entscheidungsinstanz der sittlich autonomen Persönlichkeit und als Kennzeichen seiner Würde an. Der RU dient also der Schärfung des Gewissens, und politisch betrachtet: Der RU erschließt daher gerade in politischen Konfliktsituationen die eigentlich ethische Dimension (2, 117).

Es wird deutlich: Dieses Thema hat etwas mit **Politik** zu tun. Es behandelt die Funktion der Kirchen in der Gesellschaft, die Religion innerhalb der Rechts- und Verfassungsordnung, die Funktion bei der politischen Urteilsbildung. Wo aber bleibt die **Entscheidung**? Der Unterricht zielt nicht darauf ab, eine Entscheidung herbeizuführen oder zu korrigieren, sondern eine Handlung, also die Teilnahme am Unterricht oder die Abmeldung von ihm, als Entscheidung bewußt zu machen. Es wird demnach kein Entscheidungsdruck erzeugt, sondern es wird ein **Nachdenken** in Gang gesetzt über die Frage: Welche eigenen Motive und welche Erwartungen der anderen haben meine Entscheidung bestimmt – können meine Entscheidung bestimmen? Selbstbcstimmung wird hier also bewirkt durch Aufklärung über das eigene Selbst.

Der Lerngegenstand ist mithin nicht die getroffene Entscheidung, sondern die **Entscheidungssituation**, in welcher der Schüler sich befindet. Zu dieser Situation gehören nicht allein die Schüler, sondern auch die anderen Beteiligten: Mitschüler, Eltern, Lehrer; der Handlungsrahmen wird gebildet durch das institutionelle Gefüge: Schule, Schulrecht, Religionsrecht, Verfassungsrecht; nicht zu vergessen ist aber auch die Deutung des Schülers selber: seine Lebensperspektive im Hinblick auf die Schule (Schullaufbahn), aber auch im Hinblick auf das spätere Leben, die Berufs- und Lebensplanung mit der Perspektive auf die Gesellschaft als Ganzes.

Das Unterrichtsbeispiel enthält Roloffs **allgemeine Lernziele** (2, 28): „Grundrechtsmündigkeit" – die Fähigkeit, die Grundrechte in Anspruch zu nehmen, hier die Gewissensfreiheit; „Entscheidungsfähigkeit" – das Recht auf Teilhabe im politischen Entscheidungsprozeß wahrnehmen zu können, hier realisiert in der Entscheidung über die Teilnahme am Religionsunterricht; „Konfliktfähigkeit“ – weil durch die Verfassung legitimierte Ansprüche sich „nur mit dem Risiko des Konfliktes mit Inhabern der tatsächlichen Macht“ durchsetzen lassen, hier wären es mögliche Konflikte mit Schule und Eltern, aber auch mit der Kirche.

11.2.3 Betroffenheit und Entscheidung als Auswahlkriterien

Die zentralen Begriffe für die Auswahl der Lerninhalte sind bei Roloff „Betroffenheit“ und „Entscheidung“.

Betroffenheit: Nach Roloff ist objektive Betroffenheit dann gegeben, wenn ein Individuum oder eine Gruppe „Objekt einer politischen Entscheidung“ ist, subjektive Betroffenheit, wenn sich jemand „in seinen Rechten, in seiner Würde und seinen persönlichen Entfaltungsmöglichkeiten, in seiner Freiheit getroffen fühlt“ (1975, 130). Im ersten Fall ist also ganz allgemein der Adressat von Politik gemeint, im zweiten individuell das Empfinden des Berührtseins oder der Störung. In dem dargestellten Gesamtcurriculum ist der Schüler in beiden Bedeutungen „betroffen“: objektiv von dem staatlich organisierten und geleiteten Bildungsprozeß, durch den er zum „Objekt“ wird, subjektiv, wenn er die Einschränkung seiner „Entfaltungsmöglichkeiten“ spürt. Im Schüler soll also das Bewußtsein geweckt werden, daß Politik ihn etwas angeht. Dies erfährt er in seiner Lebenssituation sicherlich am eindringlichsten.

Betroffenheit wird von Roloff aber noch in einer dritten Bedeutung gebraucht. Aus dem Leitwert „Menschenwürde“ ergibt sich für Roloff die Verpflichtung, für die unter der Verletzung der Menschenwürde leidenden Menschen anderer Gesellschaften einzutreten. In diesem Sinne sind die Bürger auch von internationalen Konflikten betroffen, und er hat die „Verpflichtung, in ihrem Namen für diejenigen Partei zu ergreifen, deren Menschenwürde von Staatsgewalten mißachtet wird“ (2, 9). Daher sind nach Roloff internationale Konflikte für den politischen Unterricht zentral (ebda.). Betroffenheit bedeutet für Roloff demnach auch so viel wie eine moralische Verpflichtung; er spricht von „normativer“ Betroffenheit. Der im Gesamtcurriculum enthaltene Themenplan ist daher für Roloff nicht abgeschlossen; in seinem Werk findet man auch didaktische Beispielanalysen zur Entstehung des Grundgesetzes (2, 148 ff.) und zum Kommunismus (3, 171 ff.); als Thema schlägt er aber u.a. auch Entwicklungspolitik vor (3, 231).

Entscheidung: Am Beispiel der Schule zeigt Roloff, daß hier „permanent Entscheidungen *über* den Schüler“ gefällt werden; politische Entscheidungen machen die Betroffenen zu „Objekten“ und unterwerfen sie der „Fremdbestimmung“ (1, 57). Entscheidung bedeutet soviel wie „über Menschen verfügen“, und dies geschieht durch „Maßnahmen der staatlichen Gewalt“ (2, 29).

Politische Entscheidungen werden hier nicht als Resultat eines komplexen und konflikthaften Entscheidungs*prozesses* beschrieben. Roloff vermittelt die Vorstellung einer Konfrontation zwischen Inhabern staatlicher Gewalt und deren Unterworfenen. Daher zielt politische Bildung auf die **Stärkung der subjektiven Entscheidungsfähigkeit**, auf den „Erwerb der Fähigkeit, die Entscheidungen, die die eigene Existenz betreffen, selbst zu fällen" (1, 57). Roloff folgt hier nach seiner eigenen Aussage der Lehre des Philosophen Nicolai Hartmann, der in seiner „Ethik" die Willensfreiheit als Entscheidung des personalen Subjekts für (oder gegen) Werte und deren Umsetzung in Realität definiert (Hartmann 1962: 351). Beispielsweise gewährt nicht das In-der-Religion-Sein Freiheit, sondern das sich für (oder gegen) Religionszugehörigkeit Entscheidenkönnen.

Nun meint Roloff sicherlich nicht, daß alle politische Entscheidungen eliminiert werden müßten, sondern daß sie **legitimiert**, also gerechtfertigt und ggf. korrigiert werden sollten. Daß politische Entscheidungen auch unter Systembedingungen stehen, wird bei Roloff aber dadurch überdeckt, daß er den Aspekt „individuelle Entscheidung" ungleich stärker betont als die „politische" in seinem Sinne (vgl. Gagel 1979: 164). Politik sieht Roloff vor allem in ihrem **freiheitsbegrenzenden Charakter**, weniger in der Möglichkeit, Bedingungen für die Freiheit zu schaffen. Das Individuum wird gleichsam in den Ausnahmezustand gestellt, in dem es ermächtigt ist, subjektive Rechte gegen den Staat durchzusetzen. Auch die Entscheidungssituationen in Roloffs Curriculum sind Ausnahmen, nicht Alltag: Sie sind an die Biographie der Lernenden gebunden und daher meist unwiederholbar, sie beeinflussen ihre Identität und ihr Lebensschicksal und markieren deshalb eine Art von **psychosozialen Krisen**. Die Frage erhebt sich daher: Baut eine didaktische Konzeption der politischen Bildung auf dem Normalfall oder auf dem Ausnahmefall auf?

11.2.4 Existentialismus versus Pragmatismus

11.2.4.1 Kontroverse zwischen Roloff und Sutor

Die Antwort auf diese Frage wird nicht einheitlich ausfallen. Die Unterschiede heben sich am besten auf dem Hintergrund einer Kontroverse Roloffs mit Bernhard Sutor ab. Sutor (1976: 21) hat folgende Stelle bei Roloff kritisiert:

„Die Menschenwürde begründet nicht nur Rechte des Bürgers gegenüber dem Staat, sondern auch eine Verpflichtung, in ihrem Namen für diejenigen Partei zu ergreifen, deren Menschenwürde von Staatsgewalten mißachtet wird. In diese Verpflichtung sind alle staatlichen Gewalten der Bundesrepublik ausdrücklich und allererst eingeschlossen. Die Regierung unseres Staates ist in jedem Falle an internationalen Konflikten ‚beteiligt' und durch Bindung an die Verfassung nicht nur moralisch, sondern auch rechtlich verpflichtet, gegenüber Verletzungen der Menschenwürde und Gefährdungen des Friedens in der Welt nicht neutral zu bleiben oder etwa anderen Interessen, z.B. wirtschaftlichen oder militärischen, Vorrang vor den Menschenrechten einzuräumen. Wenn unsere Regierung durch duldendes Schweigen oder gar durch militärische oder wirtschaftliche Unterstützung an gewaltsamer Unterdrückung mitschuldig wird, ist aktive Kritik, notfalls Widerstand gegen die Staatsgewalt durch die Verfassung legitimiert..." (2, 9)

Sutor schreibt dazu:

„Hier ... ist nicht der Ansatz des Versuches sichtbar, auf den politische Bildung nicht verzichten dürfte, das moralisch Wünschenswerte in die Bedingungen des Politischen zu übersetzen, zu denen nun einmal unumgänglich Machtkalkül und das Gesetz von Zug und Gegenzug gehören. Max Weber hat unter dem Stichwort der Verantwortungsethik dargelegt, daß gerade um der moralischen Werte willen diese Übersetzung geleistet werden muß." Sutor bewertet Roloffs Gedanken daher als eine „unpolitische, moralisierende Inanspruchnahme des Grundgesetzes" (Sutor 1976: 21).

In dieser Kontroverse stoßen zwei unterschiedliche Denkweisen zusammen. Man wird kaum sagen können, daß der eine recht, der andere unrecht hat. Das Eintreten für die Menschenrechte bleibt z.B. während des Konfliktes in Jugoslawien die ständige Herausforderung an die Bundesregierung. Das Plädoyer für unbedingtes Einschreiten gegen Verletzung der Menschenrechte, wie es Roloff fordert, war auch Thema der „Jungfernrede" des CDU-Abgeordneten Stefan Schwarz. „Was muß nach allem, was wir hier hören, eigentlich noch passieren, bis wir uns dazu entschließen, nicht mehr nur zuzuschauen?" fragte er im Bundestag (Die Zeit vom 15. 1. 93: 2). Immerhin ist die Verpflichtung auf die Menschenrechte eine Maxime internationaler Politik der Bundesrepublik und anderer westlicher Staaten. Eine Rede wie die von Stefan Schwarz wirkt also wie ein Appell der Normen an die Macher. Er repräsentiert in dieser Rede wie Roloff die **Gesinnungsethik**. Sutor hingegen argumentiert pragmatisch und beruft sich auf die **Verantwortungsethik**, die gebietet, auch die Folgen des Handelns zu bedenken.

Gesinnungsethik, Verantwortungsethik: Gesinnung ist das subjektive Wissen und Wollen des Individuums, das sich dem Anspruch des Guten ausgesetzt weiß, unabhängig davon, ob es in der gesellschaftlichen Wirklichkeit zum Erfolg führt. V. steht nach Max Weber im Gegensatz zu G.; sie fordert, nicht einfach hohen Geboten zu folgen, vielmehr in erster Linie auf die voraussehbaren Folgen der Handlungen zu achten und für sie einzustehen. Heute werden diese Positionen nicht mehr als einander ausschließend betrachtet.

11.2.4.2 Grunderfahrungen

Diese gesinnungsethische Komponente in Roloffs Didaktik läßt sich auf biographische **Grunderfahrungen** zurückführen. Sie sind den zwei stark autobiographisch beeinflußten Schriften „100 Jahre Bürgertum in Braunschweig" (1985/1987) zu entnehmen.

Roloff ist in einem bildungsbürgerlichen Elternhaus in Braunschweig aufgewachsen. Seinen Vater, den Hochschulprofessor und Abgeordneten der Deutschnationalen Volkspartei im braunschweigischen Landtag bis 1933, hat er als „allmächtige Autorität" (1987: 179) in Erinnerung, sich selbst deutet er im Anschluß an das bekannte Werk Adornos als „lupenreinen Prototyp des Autoritären Charakters" (1987: 177). Die genannte lokalhistorische Untersuchung betrachtet er als Gelegenheit, den Wurzeln der eigenen Existenz nachzugehen, „radikale Selbsterforschung zu betreiben" (1985: 9). Beim Vater hat er einen „militanten Antisemitismus" (1987: 103) beobachtet, bei anderen Deutschnationalen die starken „nationalistischen Emotionen" (1987: 35). Kritik und Scham erweckt in ihm die eigene Einstufung als „Mitläufer" des Nationalsozialismus; Achtung empfindet er vor aktiven Gegnern des Regimes, die mit dem Leben bezahlten, Absolventen des eigenen Gymnasiums: Heinrich Jasper, der sozialdemokratische Ministerpräsident des Landes Braunschweig, und Friedrich Werner Graf von der Schulenburg, der Botschafter in Moskau, der als Mitglied des aktiven Widerstandes gegen Hitler hingerichtet worden ist, – beide in seinen Augen „Außenseiter der bürgerlichen Gesellschaft" (1987: 71ff.).

Die **Unbedingtheit**, mit der Roloff den Widerstand gegen die Staatsgewalt in Betracht zieht, hat also eine autobiographische Wurzel: die als Versagen erfahrene eigene politische Indifferenz. Das von Roloff erlebte, erforschte und kritisierte Verhalten des Bürgertums in den letzten Jahren der Weimarer Republik in Braunschweig, wo die Nationalsozialisten seit 1930 an der Regierung beteiligt waren (vgl. Roloff 1961, 1985, 1987), erscheint ihm als Modellsituation, die zur **Entscheidung** auffordert: für oder gegen, die aber keine Unentschiedenheit duldet, weil sie Mitläufertum bedeuten würde.

Darin ist ein „Entweder-Oder" enthalten, das an den **Existentialismus** erinnert. In seiner Didaktik sucht Roloff die Situationen, in welchen die „Widerständigkeit", die Merkmal des existentialistischen Situationsbegriffs ist, geradezu herausgefordert wird, hier die Widerständigkeit von staatlicher Macht und gesellschaftlichen Mächten gegen subjektive Strebungen. Oder man denke an den existentialistischen „Appell", wie wir ihn bei Karl Jaspers kennengelernt haben (5.2.2.1; oben S. 108), nur daß bei Roloff der Ruf nicht von der Situation, sondern von der Norm ausgeht. Auch die Verpflichtung auf die allgemeinen Normen der Menschenrechte wird hier nur insoweit realisiert, als sie vom Individuum aufgenommen wird; es ist die als Entscheidung vollzogene Gesinnung des einzelnen. Die Entscheidung als Selbstwert, unabhängig von ihrem Inhalt, wäre existentialistisch. Wie bei Nicolai Hartmann (11.2.3; oben S. 255) bleibt aber für Roloff die Norm wichtig. Doch ist sie – wie bei dem Philosophen – nichts ohne die Entscheidung für (oder gegen) sie. Das ist die Bedingung für selbsterrungene Freiheit, und darin liegt mithin eine existentialistische *Komponente* im Denken Roloffs.

Andere biographische Erfahrungen haben Roloff in der Haltung der Unbedingtheit bestärkt. Er berichtet von dem Eindruck, den ein Germanistikdozent während seines Studiums kurz nach dem Kriegsende auf ihn gemacht hat. Dieser Dozent setzte sich über das von der Besatzungsmacht erlassene Lektüreverbot des Nibelungenliedes hinweg und wählte es zum Gegenstand seiner Lehre. Roloff entdeckt darin eine befolgenswerte Konsequenz: „Wer aufgrund seiner wissenschaftlichen Erkenntnis zu der Überzeugung gelangt, daß Dichtungen von hohem künstlerischen Wert wie das Nibelungenlied zur Bildungstradition gehören, möge auch den Mut beweisen, unsinnigen Lehrverboten und obrigkeitlichen Zensuren entgegenzutreten.“ (Roloff 1988: 4) Wahrheitserkenntnis verlangt das **persönliche Bekenntnis und die Tat**. Roloff zieht daraus die Folgerung. „Wissenschaftliche versus politische Legitimation – erste Ansätze zu einer politischen Didaktik: Was als Bildungsgut in die Schule Eingang findet, darüber wird zwar politisch, d.h. unter Anwendung von Macht entschieden; aber es ist der Kern des Selbstverständnisses von Wissenschaftlern, ob und in welcher Weise sie mit ihrer Kompetenz in diese Entscheidungsprozesse eingreifen wollen oder glauben eingreifen zu müssen.“ (ebda.: 4f.)

11.2.4.3 Didaktische Funktion der „Arbeitsteilung“

Das klingt so, als werde der Wahrheit eine eigene Seinsweise zugesprochen. Wahrheit ist nicht wie im pragmatistischen Verständnis Ergebnis kollektiver Wahrheitssuche. Der Wissenschaftler tritt als Vollbringer der Wahrheit auf, – hier wird Wissenschaft nicht nur in ihrer Kritikfunktion angesprochen, sondern als politisches Machtpotential, indem sie „eingreift“. Jedoch sind dabei die institutionellen Bedingungen des politischen Handelns in einer parlamentarischen Demokratie nicht im Blick. Roloff verwischt die **strukturellen Unterschiede von Wissenschaft und Gesellschaft**: Wissenschaft arbeitet politisch „entlastet“, bei ihr geht es um die Regelung von „Meinungskonflikten“, die „entspannt“ diskutiert werden können, weil die „vitalen Interessen vorab befriedigt sind“; in der Gesellschaft hingegen werden „Interessenkonflikte“ ausgetragen (Spinner 1978: 553), daher steht Politik unter Entscheidungsdruck, Entscheidungsrisiko und Erfolgsorientierung. In der gesellschaftlichen Wirklichkeit gilt Wahrheit nicht als alleinige Handlungsnorm, Erfolg und Folgen kommen hinzu. Im Unterschied zu dieser Trennung der Systeme nimmt Roloff als Maßstab für das Handeln **Grenzsituationen**, in denen Wissenschaftler das Bekenntnis zur Wahrheit gegen Bedrohung druchhalten und dadurch politisch „eingreifen“.

Anders als Roloff beachtet Sutor die **„Arbeitsteilung“** zwischen Pragmatismus und Existentialismus, die nach Apel ein Prinzip für Politik in einer parlamentarischen Demokratie darstellt (5.5; oben S. 123). Durch Roloff wird jedoch deutlich, daß diese Arbeitsteilung in der **Lernsituation** schwerlich immer durchzuhalten ist, weil in ihr der Handlungsdruck fehlt. Das beharrliche Insistieren auf der Norm erzeugt daher nur ein geringes Risiko. Die

Lernsituation ist wie die Wissenschaft „entlastet". Das ermöglicht „Meinungskonflikte" und gesinnungsethische Diskussion. Eine solche Lernsituation enthält Chancen und Gefahren. Die Lernenden haben die Chance, die **ethische Dimension** eines Problems auszuloten; sie können ihre Empörung über die Verletzung von Werten aussprechen. Das bewirkt eine Schärfung des Gewissens. Die Gefahr beruht in der **Praxisferne** solcher Diskussionen, die Illusionen erzeugen kann.

Die politische Didaktik muß diese **Ambivalenz** sichtbar machen. Im Unterricht kann und soll die gesinnungsethische Diskussion nicht unterbunden werden. Aber es müssen Wege gefunden werden, sie durch verantwortungsethische Überlegungen zu korrigieren; die **„Arbeitsteilung" muß selber zum Thema** werden, damit die Lernenden nicht Politik verfehlen. So scheint es, daß erst eine Kombination von Roloff und Sutor der Bildungsaufgabe des politischen Unterrichts gerecht wird.

11.3 Bernhard Sutor

In Lektion 9 haben wir Bernhard Sutor als Vertreter der konservativen Seite politischer Bildung und als Beteiligten an der pädagogischen „Tendenzwende" kennengelernt, soweit sie die politische Bildung betraf. In der damaligen Auseinandersetzung waren Roloff und Sutor Gegner, die polemisch gegeneinander antraten. In diesem Kapitel soll der Streit der 70er Jahre nicht wieder aufgerollt und allenfalls nur soweit berührt werden, als es erkenntnisfördernd ist. Denn ich versuche, jede didaktische Konzeption **als in ihrer Art legitim** zu begreifen. Mir liegt aber daran, bei Sutor auch die Schwierigkeiten sichtbar zu machen, die einer vorbehaltlosen Aufnahme seiner Gedanken in den 70er Jahren entgegenstanden und die es auch gegeben hätte, wenn die politische Polarisierung nicht eingetreten wäre.

Um nicht mit diesen Schwierigkeiten beginnen zu müssen, gehe ich zunächst auf Sutors spätere Didaktik ein: „Neue Grundlegung politischer Bildung", Bd. I und II, Paderborn 1984, im folgenden mit Band- und Seitenzahl zitiert. Sie ist eine Neubearbeitung von: „Didaktik des politischen Unterrichts. Eine Theorie der politischen Bildung", Paderborn 1971, in 2. Aufl. um ein Nachwort erweitert 1973 (zit. wird mit Jahreszahl und Seitenangabe). Hinzugezogen wird außerdem noch: „Grundgesetz und politische Bildung. Ein Beitrag zur Wiedergewinnung eines Minimalkonsenses im Streit um den Politikunterricht", hg. von der Niedersächsischen Landeszentrale für Politische Bildung, Hannover 1976. Als erster Zugang eignet sich Sutors kleine Schrift: „Politische Bildung als Praxis. Grundzüge eines didaktischen Konzepts", Schwalbach/Ts. 1992. Eine Analyse von Sutor 1971 findet man bei Gagel 1979, S. 113-147.

11.2.1 Die Aufgabenfelder

Wie bei Roloff beginne ich auch hier mit der Skizzierung des **Gesamtcurriculums**, das Sutor in „Aufgabenfelder“ gliedert. Sie stellen eine „gewisse Systematisierung der Themenbereiche“ dar, die im Unterricht behandelt werden sollen. Schon die Wortwahl macht darauf aufmerksam, daß Sutor anders vorgeht und andere Absichten verfolgt als Roloff mit seinen Entscheidungssituationen. Sutors Themenkatalog strebt nach einer gewissen Geschlossenheit. Zur Auswahl der Unterrichtsthemen schreibt er:

„Als Ordnungsinstrumente benutzen wir zu diesem Zweck die normativen Prämissen unseres Politikverständnisses, nämlich die politischen Grundziele, die handlungsleitenden Prinzipien des freiheitlichen Verfassungsstaates: Freiheit, Gerechtigkeit, Frieden. Wendet man diese Prinzipien in einer nicht zu eng gefaßten zeitgeschichtlichen Perspektive auf die bisher erörterten Problemzusammenhänge an, dann ergeben sich drei Leitfragen, deren Formulierung dem objektiv gegebenen Tatbestand von Zielkonflikten Rechnung trägt:

- Wie ist individuelle und politische Freiheit durch politische Ordnung in pluralistischer Gesellschaft möglich?
- Wie ist soziale Gerechtigkeit unter den Bedingungen heutiger Industriegesellschaft in Freiheit möglich?
- Wie ist zwischenstaatlicher Friede möglich in Verbindung mit sozialem Ausgleich zwischen den Völkern und in Respektierung der Freiheit gemäß dem jeweiligen nationalen Selbstverständnis?

Diesen drei Leitfragen können nun in Orientierung an politikwissenschaftlichen Grundbegriffen und gängigen Einteilungen einzelne Problemfelder der Politik als Aufgabenfelder politischer Bildung zugeordnet werden, ohne daß daraus eine für die Schule unangemessene Anlehnung an eine fachwissenschaftliche Systematik würde.

Der ersten Leitfrage ordnen wir zu:

- Politische Meinungsbildung/Massenmedien;
- Politische Willensbildung/Verbände und Parteien;
- Innere Politik: Verfassung und Regierungssystem;
- Recht und Rechtspolitik.

Der zweiten Leitfrage ordnen wir zu:

- Wirtschaft und Wirtschaftspolitik;
- Sozial- und Gesellschaftspolitik.

Der dritten Leitfrage ordnen wir Probleme der internationalen Politik zu, unterteilt in:

– Deutschland- und Europapolitik;
– Ost-West-Gegensatz und Friedenssicherung;
– Nord-Süd-Gegensatz und Entwicklungspolitik.

Den hier genannten Themenbereichen wird aus Gründen, die unter dem Aspekt Zukunftsbedeutsamkeit dargelegt sind und sich aus unserem doppelten Politikverständnis ergeben, die Thematik vorgeordnet: Das soziale Umfeld des Schülers und seine politische Relevanz." (2, 118; vgl. auch 1992: 41f.)

Der Vergleich zeigt, daß Roloff zum Generalthema eines Gesamtlehrplans macht, was für Sutor nur eine Vorstufe darstellt: das soziale Umfeld des Schülers. Sutors Themenplan enthält die großen Themen der Politik, man könnte sagen: Es sind Themen, die auch in politikwissenschaftlichen Lehrveranstaltungen vorkommen. Die Themen sind also in keiner Weise jugendnah oder didaktisiert; sie beziehen sich nicht auf den Alltag der Jugendlichen oder auf Lebenssituationen, sondern gliedern **Sachbereiche aus der Politik** aus: Grundstrukturen des politischen Systems im ersten Block, Politikfelder im zweiten, also Probleme und Aufgabenbereiche der Innenpolitik und Politikfelder der internationalen Beziehungen. Die Ähnlichkeit mit der Wissenschaft ist so stark, daß Sutor betonen muß, es handele sich nicht um eine fachwissenschaftliche Systematik.

Der Unterschied zwischen Roloff und Sutor kann auf verschiedene **Politikbegriffe** zurückgeführt werden. Bei Roloff erfährt man Politik als Machtausübung, gegen die man sich zur Wehr setzen muß. Für Sutor ist Politik ein Handeln, in dem es um die „die Regelung der allgemeinen Verhältnisse beliebiger Personen und Gruppen" geht, und das heißt „um die Ermöglichung des Zusammenlebens einer Gesellschaft". Es ist ein Handeln, das „gesamtgesellschaftlich verbindliche Regelungen zum Gegenstand hat" (1, 63). Dieser Politikbegriff hat den Zweck, Politik „einzugrenzen" (1, 66), um dadurch einen Bereich des Privaten auszugrenzen, in dem die Menschen für sich sind und nicht unter öffentlicher Verantwortung und unter Beeinflussung durch Entscheidungsprozesse stehen. Dieser Begriff ist dem Streben nach Demokratisierung aller gesellschaftlichen Bereiche entgegengesetzt; wenn dies als progressiv gilt, dann ist Sutor konservativ, – daher die Zuordnung.

Diese Klassifikation verdeckt aber die eigentlichen Merkmale und Unterschiede. Aufschlußreich ist es, nach der unterschiedlichen **Erfahrung von Politik** zu fragen, die Unterricht vermitteln soll.

Auch für Sutor ist Schule und Schulklasse ein Themenbereich der politischen Bildung in der Schule. Bei der Beschäftigung damit gewinnen die Lernenden die Erfahrung von der Art und Weise des Umgangs miteinander, der für Sutor als Politik im weiteren Sinne gilt, soweit damit die „gemeinsame Bewältigung zwischenmenschlicher Situationen" gemeint ist (1, 62). Beispiele sind hierfür die Verfahren, nach denen Konflikte zwischen Lehrern und Schülern ausgetragen werden. In dieser Bedeutung ist alles soziale Zusammenleben, soweit es der Regelung bedarf, politisch; Sutor sagt: „politisch relevant". Er zeigt aber, daß der Themenbereich „Schule" noch eine zweite Aufgabe erfüllen kann, nämlich den **Zusammenhang von Schule und Politik** zu verdeutlichen, wobei man zu schul- und bildungspolitischen Streitfragen gelangt (2, 124). Dadurch wird ein „Brückenschlag zwischen dem sozialen Erfahrungsfeld der Schüler und der Politik" erreicht (ebda.). Dies aber haben wir auch bei Roloff festgestellt. Worin liegt dann der Unterschied?

Sutor ist der Brückenschlag wichtig, damit die Schüler einen **Zugang zur „großen" Politik** erhalten. Die meisten Themen des Unterrichts entnimmt Sutor daher den Politikfeldern, welche die Bereiche der verbindlichen Regelungen für eine Gesellschaft darstellen. Roloff bleibt hingegen primär im Bereich der **Erfahrungswelt des Schülers** und erweitert diese im Themenkatalog seiner Beispielanalysen nur punktuell. Ihm geht es um die subjektive Bedeutung von Politik und um die Befähigung des Schülers, die Integrität seiner Persönlichkeit angesichts der gesellschaftlichen und politischen Zwänge zu behaupten. Zugespitzt gesagt: Roloff will die **Befreiung von Politik** als Lernerfahrung vermitteln, Sutor die **Hinwendung zur Politik**.

11.2.2 Ein Unterrichtsbeispiel

Angesichts der Unterschiede muß ein für Sutor typisches Unterrichtsbeispiel ganz anders ausfallen als bei Roloff. Ich wähle eines, das nicht von Sutor selber verfaßt ist, sondern von anderen Autoren „nach" Sutor entworfen wurde (Nitzschke/Sandmann 1987: 93f.).

Konflikt um den Bau einer Müllverbrennungsanlage:

1. Einstieg und Planungsgespräch
Die Schüler werden über Zeitungsartikel mit dem Konflikt vertraut gemacht. Im Gespräch treten die Bedeutung, das Problem und auch schon die Interessen hervor, die eigene Betroffenheit als Bewohner des Ortes; es erfolgt eine gemeinsame Planung des weiteren Vorgehens.

2. Erste Hauptphase: Situationsanalyse
Informationen über moderne Problematik der Müllbeseitigung, Sammeln von Informationen über den örtlichen Konflikt, über die Positionen der beteiligten Konfliktparteien (politische Parteien und Bürgerinitiativen). Erste Zwischenzusammenfassung.

3. Zweite Hauptphase: Möglichkeitserörterung
Es geht um die Absichten der Konfliktparteien und die Interessen, das Verhalten der Behörden. Informationen über die Rechtslage werden einge-

holt, geklärt wird, wer Einfluß nehmen kann, wer Entscheidungsbefugnisse hat, welche Rolle Gegner und Befürworter spielen und welche Entwicklung der Konflikt nehmen könnte.

4. Dritte Hauptphase: Urteilsfindung/Entscheidungsdiskussion
Schüler versuchen, sich ein eigenes Urteil zu bilden über die Spannung zwischen individuellen Interessen und Gemeinwohl, die Belastbarkeit der Bürger, die Lösbarkeit des Konflikts. Sie entwickeln eigene Lösungsvorschläge und wägen die möglichen Folgen ab.

Im Vergleich zu dem Beispiel von Roloff ist das Thema hier nicht eine individuelle, sondern eine **kommunalpolitische Entscheidung**, den Lerngegenstand bildet der Entscheidungsprozeß innerhalb von politischen Institutionen. In diesem Unterricht wird das Handeln von politischen Akteuren zum Wohle der Gesamtheit, hier der Gemeinde, im Wettbewerb der Interessen vergegenwärtigt. Die Aufgabe der Schüler besteht darin, den politischen Entscheidungsprozeß nachzuvollziehen; es ist ein **Mitdenken oder ein Vorausdenken politischer Entscheidungen**. Der Bezug zum Schüler besteht in der mentalen Beteiligung an diesem Entscheidungsprozeß. Es wird nicht die persönliche Entscheidung im Sinne des eigenen Handelns verlangt, sondern das Durchdenken des Entscheidungsproblems; man könnte dies als eine Art Probehandeln bezeichnen.

Das kommt Gieseckes Konfliktanalyse nahe. Wie dieser hat auch Sutor **Kategorien** entwickelt, welche nach seiner Absicht die Aufgabe haben, „Komplexität zu reduzieren und Gegenstände zu strukturieren“ (2, 70), also Erkenntnismöglichkeiten zu erschließen. Sie dienen „als Brücke zwischen Lernendem und Sache“ (2,73). Sutor geht aber, ähnlich wie Lingelbach, weiter als Giesecke, indem er die Kategorien einem **„idealtypischen Verlaufsschema“** zuordnet (s. Kasten S. 264), das zwei Funktionen ausüben kann: Es beschreibt ein „handlungsorientiertes politisches Denken“, aber auch den „möglichen Phasenablauf einer Problem- oder Konfliktanalyse im Unterricht“ (2, 71).

Sutor sieht in den Kategorien ein „heuristisches Instrumentarium zur Planung und Führung von Unterricht“ (2, 72). Die Kategorien sollen daher nicht nur der Unterrichtsvorbereitung dienen, sondern auch von den Lernenden als „Schlüsselfragen und aufschließende Grundbegriffe politischer Analyse“ (2,73) verwendet werden. Gieseckes Kategorien sind ähnlich, diejenigen von Hilligen unterscheiden sich jedoch durch ihre Offenheit, Unabgeschlossenheit und fehlende Systematisierung. Der Vorzug Sutors liegt in der **Zuordnung zum Lernprozeß**, wodurch der Katalog der Kategorien eine unterrichtsadäquate Systematisierung erhält.

Kategorien der Problem-/Konfliktanalyse nach Sutor

„Situationsanalyse: Was ist?
Problem/Konflikt;
Betroffenheit/Bedeutsamkeit;
Meinung/Information;
Interessen/Beteiligte;
Interpretation/Ideologie;
Geschichtlichkeit/Strukturen.

Möglichkeitserörterung: Was ist politisch möglich?
Macht/Organisation
Recht/Verfahrensregeln/Institutionen;
Beteiligung/Mitbestimmung
Koalition/Kompromiß/Zielkonflikte;
Durchsetzung/Entscheidung.

Urteilsbildung/Entscheidungsdiskussion: Was soll geschehen?
Menschenwürde (individuelle und politische Freiheit/soziale Gerechtigkeit/inner- und zwischenstaatlicher Friede);
Zumutbarkeit/Grundkonsens;
Legitimität/Gemeinwohl;
Wirksamkeit/Folgen/Verantwortbarkeit." (2, 72)

11.2.3 Nähe zum Pragmatismus

In der Kontroverse mit Roloff wurde oben (11.2.4.1; S. 255f.) die **pragmatische Denkweise Sutors** sichtbar. Am deutlichsten wird die Nähe zum Pragmatismus beim Vergleich der Unterrichtsbeispiele. Hier ist es die Phase der **Möglichkeit**, welche den pragmatistischen Ansatz seines Modells für das Durchdenken politischer Entscheidungsprozesse am schärfsten hervorhebt. Nach John Dewey gehört zu den Stufen des problemlösenden Denkvorganges das „Vorausnehmen möglicher Lösungen" (1964: 214). Eduard Baumgarten, der trotz seiner problematischen Einstellung zum NS-System (3.2.6.2; oben S. 66f.) als Exeget Deweys gelten kann, spricht bei der Darstellung des dreiphasigen Denkprozesses von dem „passenden Entwurf von Möglichkeiten" in der zweiten und von dem „experimentellen Zusammenschluß der analysierten Verfügbarkeiten mit dem Möglichen" in der dritten Phase (Baumgarten 1938: 272f.). Das Mögliche tritt hier in zwei unterschiedlichen Bedeutungen auf, als „Entwurf" und als „Realisierungsbedingung". Beide lassen erkennen, daß hier das **Denken auf die Bedingungen der Realität ausgerichtet** ist und sich nicht im Wünschbaren verliert. Wenngleich die Kategorien Sutors im einzelnen nicht trennscharf den drei Phasen zugeordnet werden können – Sutor spricht von „sich überschneidenden Bedeutungsfeldern"

(2,72) –, so wird doch deutlich, daß Sutor hier verlangt zu prüfen, welcher Spielraum für Entscheidungen gegeben ist. Daß auch das nur kontrovers, weil vielfach nur hypothetisch zu klären ist, muß nicht eigens erwähnt werden.

Für eine **pragmatistische politische Ethik** sind die Kategorien „Wirksamkeit/Folgen/Verantwortbarkeit" zentral, weil sich im Berücksichtigen der Folgen der Verantwortungsethiker vom Gesinnungsethiker trennt. Zu den Gemeinsamkeiten mit der von Theodor Wilhelm (Friedrich Oetinger) aus dem amerikanischen Pragmatismus entwickelten Theorie des Kompromisses zählt Sutor den Verzicht auf die Behauptung absoluter Wahrheit in politischen Entscheidungssituationen, die Beachtung von Geschichtlichkeit und Vorläufigkeit unserer Erkenntnis und die Verantwortungsethik, die „nach Preis und nach Folgen bestimmter Entscheidungen und Verhaltensweisen fragt" (1,24). Auch die „kommunikative Wahrheitssuche" (1,44) hat Sutor mit dem Pragmatismus gemeinsam.

Ich spreche nur von **Nähe** und von **partieller Übereinstimmung**. Sutor meint, daß man „aristotelisch verstandene Praxis und amerikanischen Pragmatismus nicht gleichsetzen" könne (1,24). Richtig ist, daß John Dewey den philosophischen Status des anthropologischen Fundamentes ablehnte, das Sutor mit Aristoteles aus der Natur des Menschen ableitet. Wenn die Interpretation Baumgartens zutrifft, dann hat bei Dewey die sittliche Vernunft keine „konstitutive", sondern nur eine rekonstruktive Funktion, eine aus der Beobachtung der *empirischen* Natur des Menschen gewonnene (vgl. Baumgarten 1938: 276). Hier gibt es also Unterschiede. Dessenungeachtet stellt Sutor eine enge Berührung zwischen den Aussagen des Pragmatisten Wilhelm und der aristotelischen Unterscheidung von Theorie und Praxis fest (1,24).

Daher halte ich es für zulässig, Sutors Didaktik dem **pragmatistischen Denkstil** zuzuordnen und sie auf diese Weise in idealtypischer Weise von dem existentialistischen Denkstil in der Didaktik von Roloff abzugrenzen. Auch Tilman Grammes hat Sutor – mit mehreren anderen Didaktikern – in eine „pragmatische Denktradition" eingeordnet. „Politisches Lernen verstanden als Ermöglichung dialogischen Handelns im Unterricht, dessen inhaltliches Resultat offenbleibt, dies wäre der methodisch-formale Konsens der politikdidaktischen Diskussion von Oetinger/Wilhelm über Giesecke zu Sutor." (Grammes 1986: 191) Wie aber ist dieser Konsens mit der Frontenbildung in den 70er Jahren zu vereinbaren?

11.2.4 Verständigungsschwierigkeiten in den 70er Jahren

Sutor erste Didaktik von 1971 ist in den 70er Jahren anders wahrgenommen worden, als ich seine spätere in den vorhergehenden Abschnitten dargestellt habe. Der Ursache hierfür möchte ich im folgenden nachgehen. Es hat **Rezeptionsprobleme** gegeben, und ich kann in der Rückerinnerung auch von eigenen sprechen. Dies ist heute noch aufschlußreich, weil ihre Darstellung auf Besonderheiten von Sutors didaktischem Denken verweist. Dabei soll in kauf genommen werden, daß einiges Subjektive in die Erörterung einfließt.

Auffallend im Vergleich zu anderen Didaktiken war bei Sutors früherer Didaktik, daß sie mit einer „Theorie der Politik als Grundlage politischer Didaktik" begann (1971: 29). Giesecke fing in seiner Didaktik von 1965 mit der Spiegel-Affäre an, weil sie für die Alltagserfahrung von Politik exemplarisch war. Sutor fragte, was Politik ist, Giesecke hingegen, wie der Mensch in unserer Gesellschaft Politik erfährt. Dieser pragmatistische Ansatz von der Erfahrung her veranlaßte ihn zu einer Definition von Politik, die – politikwissenschaftlich betrachtet – einseitig, aber didaktisch ergiebig ist, wie oben gezeigt wurde (7.3.2; oben S. 160). Bei Giesecke muß also zwischen einer pädagogischen und einer politikwissenschaftlichen Definition von Politik unterschieden werden. Dagegen erhob Sutor Einwände. Er vermißte bei Giesecke die Erhellung des „philosophisch-wissenschaftlichen Horizonts" seines Politikbegriffs und seines Konflikt-Modells. Daher begann Sutor mit der **Darlegung der Theorie**, um im weiteren Verlauf zur Praxis der politischen Bildung zu gelangen. Theorie bedeutete, daß er eine der möglichen wissenschaftstheoretischen Ansätze der Politikwissenschaft als Bezugs- und Grundlagenwissenschaft wählte (s. Kasten S. 267); Sutor nannte sie „synoptisch-praktische Wissenschaft", gängig ist deren Bezeichnung als „normativ-ontologischer Ansatz", gelegentlich wird auch von der „Freiburger Schule" der Politikwissenschaft gesprochen.

Es entstand der Eindruck, Sutor habe die wesentlichen Inhalte seiner Didaktik, vor allem die obersten Normen und zentralen Lerninhalte, aus Fachwissenschaft oder Philosophie deduziert und dadurch eine **normative Didaktik** geschaffen. Dieser Eindruck wurde dadurch verstärkt, daß er, nachdem er die Wahl seiner Bezugswissenschaft begründet hatte, mit der Entfaltung eines Systems „Philosophischer Kategorien einer Theorie der Politik" einsetzte (1971: 34ff.). Diese begann mit einer Besinnung auf das „Personsein" des Menschen, dem „Gesellschaftlichkeit" und „Geschichtlichkeit" als „Wesensmerkmale" zugeordnet wurden (1971: 34-39).

Sutor leistete hier die **Offenlegung der normativen Prämissen**, die zur Begründung von didaktischen Konzeptionen gehört. Daß dieser Ansatz bei dem Personsein den Bezug zur Menschenwürde herstellt, verband Sutor mit vielen anderen Didaktikern, beispielsweise mit Roloff und seinem Bezug auf den Art. 1 GG und mit Kurt Gerhard Fischer, der es als unvermeidlich ansah, „auf Wesens-Aussagen über den Menschen zu rekurrieren" und sich dabei auf Sokrates, Aristoteles und Marx berief (1975: 182f.). Dieser Bezug auf Menschenwürde und Menschenrechte ist zu einem weitgehenden Konsens der westdeutschen politischen Bildung geworden.

Wissenschaftstheoretische Ansätze der Politikwissenschaft (P):

1. Das **normativ-ontologische Paradigma** orientiert sich am klassisch-antiken Modell politischer Theorie (Platon, Aristoteles). Es will der P. das „Bewußtsein der Prinzipien“ (E. Voegelin) wiedergeben. Eine derart als „kritische Ordnungswissenschaft verstandene P. hat ihren natürlichen Schwerpunkt in der politischen Philosophie.
2. Das **empirisch-analytische Paradigma** bezieht sich im Unterschied dazu auf die Methodologie des Kritischen Rationalismus (Popper). Intersubjektive Überprüfbarkeit und Plausibilität der Forschungen werden zu Kriterien für Richtigkeit.
3. Das **historisch-dialektische Paradigma** basiert auf der Geschichtstheorie Hegels und der Gesellschaftstheorie von Marx. Ihre theoretischen Grundlagen werden durch die Kategorien der Geschichtlichkeit, Totalität und Dialektik bestimmt. Deren logische Problematik löste den „Positivismusstreit“ (7.4.1; oben S. 172ff.) aus. (Nach Holtmann 1991: 458f.)

Verständigungsschwierigkeiten hat jedoch die Selbstgewißheit erzeugt, mit welcher Sutor diese **Herleitung aus dem obersten Wert** des Personseins vornahm. Fischer hat sich bemüht, den erkenntnistheoretischen Status von „Evidenzien“ und „Einsichten“ zu klären, um sich dann unausgesprochen mit ihrem Optionscharakter zu begnügen, Hilligen nannte die obersten Werte von vorneherein „Optionen“, die Ergebnisse von Akten freier Wertwahl sind, weil diese begründbar, aber nicht erzwingbar ist. Sutor hingegen wählte den **Ausgangspunkt beim Unumstößlichen**; „Personsein“ bedeutet, daß dem Menschen seinsmäßig „unbedingter Wert“ (1971: 35) zugehört. Auch wenn Sutor dann vom „Prinzip der Personalität“ sprach, enthielt dies nach seinen Ausführungen nicht eine Prämisse, also die willkürliche Setzung eines Ausgangspunktes für weitere Ableitungen, sondern den unverfügbaren Anfangsgrund, das „unüberholbare Absolutum“, als welches er die menschliche Personalität bezeichnete (1971: 38f.).

Sutor hat immer wieder bestritten, daß er mit der Wahl seiner wissenschaftlichen Bezugstheorie dem „normativ-ontologischen Ansatz“ der Normenbegründung zuzuordnen wäre. Daher verwendet er die Bezeichnung „synoptisch-praktische Wissenschaft“. Spricht jedoch schon der Begriff „Personsein“ für die abgelehnte Bezeichnung, so findet man in seiner ersten Didaktik auch direkte Nennungen des bestrittenen Begriffes, so „die ontologische Aussage, der Mensch sei ein Wesen auf dem Weg...“ (1971: 39) oder „Macht im ontologischen Sinn ist Seinsmächtigkeit“ (1971: 41). **Ontologie** kann als Teil der Metaphysik verstanden werden. Sie ist ja auch keineswegs so überholt, daß man sich gegen die Verwendung dieses Begriffes schützen müßte. Aber sie steht im Gegensatz zu der Auffassung Kants, daß Kategorien des Seins nicht Seinsbegriffe, sondern **apriorische Denkformen** sind. Hier tut sich ein Gegensatz auf zwischen einem nachkantianischen Denken, für das Erkenntnis konstruktivistisch angelegt ist, und einem anderen, das meint, Erkenntnis sei an einem objektiven Sein festzumachen. Offenbar lag an diesem Punkt eine Verständnisbarriere.

Sutors spätere Didaktik weist deutliche Spuren einer **Beachtung der voraufgegangenen Kontroversen** auf. Er referiert hier die Analysen seiner Didaktik von 1971 (1, 29-32) und weist dabei Kritik gelegentlich zurück, aber berücksichtigt sie auch. Er sichert sich jetzt gegen die Zuordnung seiner Didaktik zu Ontologie oder Metaphysik ab, indem er die Funktion von Philosophie im wesentlichen negativ definiert, da sie „keinen die Zustimmung erzwingenden Gegenstand" treffe. „Die philosophische Denkbewegung ist also negativer Art, insofern sie reflektierende Distanz zum empirisch Wahrnehmbaren gewinnt und es mit der Frage nach dessen Möglichkeitsbedingungen transzendiert. Ihr Wahrheitsbegriff ist negativ-kritisch..." (1, 34). So weit liegt diese Auffassung gar nicht mehr von der Kritischen Theorie entfernt, und daher verwundert es nicht, daß Sutor die **Gemeinsamkeiten von Praktischer Philosophie und kritischer Gesellschaftstheorie** hervorhebt, beispielsweise daß beide auf eine philosophische Anthropologie zurückgreifen (1, 37-39). Auch gegen die Absicht der „Letztbegründung" grenzt er sich jetzt ab; das frühere „Zurückfragen nach dem Grund" (1971: 54) konnte verstanden werden als die Rückführung auf das „Absolutum"; die „Suche nach Gründen" (1, 39) beschreibt Sutor jetzt als ein Verfahren der kritischen Prüfung. Die dargelegten Verständigungsschwierigkeiten, soweit sie in seiner Didaktik angelegt waren, erscheinen mir weitgehend abgebaut.

11.4 Bernhard Claußen

Bernhard Claußen trat 1981 mit einer didaktischen Konzeption hervor. Als Angehöriger des Jahrgangs 1948 gehört er einer jüngeren Generation von Didaktikern an; man müßte ihn den Achtundsechzigern zurechnen. Er hat die Kritische Theorie zur einzigen Bezugstheorie seiner didaktischen Konzeption gewählt; daher nutze ich seine didaktische Konzeption hier, um den Marxismus als die dritte der praxisrelevanten Philosophien in seiner Ergiebigkeit für die politische Didaktik darzustellen.

Grundlage der folgenden Ausführungen bilden die Didaktik und die Methodik von Bernhard Claußen: „Kritische Politikdidaktik", Opladen 1981 (fortan zitiert: D mit Seitenangabe), „Methodik der politischen Bildung", Opladen 1981 (zit.: M mit Seitenangabe). Hinzugezogen wird auch die einbändige komprimierte Neudarstellung: „Politische Bildung und Kritische Theorie", Opladen 1984 (zitiert mit Jahreszahl). Einen ersten Zugang vermittelt: Birgit Wellie, Emanzipation in Kritischer Theorie, Erziehungswissenschaft und Politikdidaktik, Hamburg 1991, S. 252-265.

11.4.1 Zum Selbstverständnis der Kritischen Politikdidaktik

Seine Konzeption nennt Claußen „Kritische Politikdidaktik". An ihrer geschichtlichen Einordnung wird das Programm sichtbar, welches mit diesem Namen verbunden ist.

Claußen unterscheidet normativ-ontologische, empirisch-analytische und dialektisch-historische Politikdidaktik (D 14; vgl. auch Kasten oben S. 267). Innerhalb dieser Dreiergruppe zieht er eine fundamentale Grenzlinie, welche die ersten beiden von der letzteren scheidet: Didaktiken der ersten beiden Richtungen, so meint er, seien an „Systemerhaltung" interessiert, letztere enthielten die Absicht der „Systemveränderung" (D 15). Die beiden ersten rechnet er auch zur „traditionellen Theorie" politischer Bildung, während die letztere die „Kritische Theorie" repräsentiere (D 18). Claußen greift damit auf die Unterscheidung zurück, die Max Horkheimer in seinem Aufsatz „Traditionelle und kritische Theorie" 1937 eingeführt hatte (Horkheimer 1970). Traditionelle Theorie politischer Bildung besteht nach Claußen in der Beschreibung, Erklärung und im Verstehen vorfindlicher Praxis politischer Bildung (D 19). Kritische Politikdidaktik will demgegenüber „politische Bildung als komplexen Funktionszusammenhang" begreifen, stellt diesen in einen Kontext von Bildung und Erziehung, der zugleich im Zusammenhang mit dem „politisch-gesellschaftlichen Gesamtsystem" steht; Politikdidaktik ist „Teil historisch zu begreifender gesellschaftlicher Mechanismen" (D 19f.).

Im Selbstverständnis der Kritischen Politikdidaktik gibt es Vorläufer. 1981 sieht Claußen noch „fließende Übergänge" zwischen traditioneller und kritischer Theorie, erkennt Didaktiker mit gesellschaftskritischer Motivation unterschiedlicher Akzentuierung (D 37), aber doch wohl keine in dieser Hinsicht konsistente Konzeption. Die Kritikpunkte an anderen Konzeptionen sind für Claußen Eklektizismus, Zentrismus, Dezisionismus und Problemreduktion (D 35). In der Kritischen Politikdidaktik bekommt der wissenschaftstheoretische Ansatz nicht eine spezielle Funktion zugewiesen, beispielsweise die Normenbegründung zu leisten; vielmehr wird erwartet, daß er die Konzeption ausschließlich, pur und dadurch konsistent bestimmt. Darin unterscheidet sich Claußen von Hilligen und Giesecke, bei denen die Kritische Theorie eine Ergänzungs- und Bereicherungsfunktion hat (9.2.2.2; oben S. 205).

„Eklektizismus", der von Claußen als „simple Aneinanderreihung unvereinbarer Wissenschaftselemente" definiert wird, ist ein negativ wertbesetzter Begriff und enthält damit eine vorgängige Wertung; im einzelnen ist es jedoch schwer plausibel zu machen, was „simpel" ist und wann etwas „unvereinbar" ist. In meiner Betrachtungsweise wird demgegenüber die **Möglichkeit von Ergänzungsverhältnissen** zwischen Theorien immer vorausgesetzt,

– ich erinnere an den Begriff der „Arbeitsteilung", den ich oben (S. 123, 258) verwendet habe.

Von daher frage ich nach dem **Beitrag der vom Marxismus geprägten Version politischer Didaktik**. Für mich besteht er mit Pöggeler in der „dialektischen Integration alles einzelnen in ein geschichtliches Ganzes" (Pöggeler 1972: 137; vgl. 9.2.2.2, oben S. 220), oder anders ausgedrückt: darin, daß der gesamtgesellschaftliche Zusammenhang ein unentbehrlicher Aspekt bei der Analyse politischer Sachverhalte wie auch bei der Erhellung von Lernsituationen ist.

11.4.2 Strukturierung des Lernprozesses

11.4.2.1 Dialektische Bezüge

Die Darstellung der Konzeption Claußens kann ich nicht mit einem Umriß der Lernfelder beginnen, wie ich es bei Roloff und Sutor getan habe. Die These Claußens ist, daß

> „... Kritische Politikdidaktik nicht von einer gegenstandstheoretischen Systematik aus, von einem relativ festgefügten Begriffs- und Verknüpfungszusammenhang her also, argumentieren und praktisch werden kann: Ihr Gegenstand – Politik *und* politische Bildung – ist nicht unbeweglich, sondern hat Prozeßcharakter und ist begrifflich-konzeptualisiert in Sozialisationsprozessen vermittelt. Sie selber schreitet prozessual voran und greift in den ihr zum Gegenstand gewordenen Prozeß als eines ihrer Momente ein" (D 98; Hervorhebung daselbst).

Die politische Didaktik stellt nach Claußen nicht eine Ordnung von Gegenstandsfeldern her, also indem sie Politikfelder (Sutor), Erfahrungsbereiche (Schmiederer) oder Systeme (Giesecke) abgrenzt. Sie legt aber auch keinen großen Wert auf eine kategoriale kognitive Struktur („Begriffs- und Verknüpfungszusammenhang") im Lernenden. Das wird damit begründet, daß der Gegenstand Politik und politische Bildung „Prozeßcharakter" habe, also sich im Fluß befinde. Was die Politik anbelangt, so trifft dies zwar zu, stellt aber nur einen ihrer Aspekte dar, da zu ihr auch die Strukturen gehören, innerhalb deren sich Prozesse abspielen. Ferner ist der Gegenstand nach Auffassung Claußens „begrifflich-konzeptualisiert in Sozialisationsprozessen vermittelt": Das meint, daß Politik durch Begriffe der Erkenntnis zugänglich gemacht wird, analysiert werden kann und dadurch einen Bedeutungsgehalt bekommt („konzeptualisiert"). Der Erkenntnisvorgang wird zudem durch „Sozialisationsprozesse" beeinflußt oder gesteuert, also durch das Insgesamt der beim Hineinwachsen in Gesellschaft wirksam werdenden Einflüsse. Durch die Gesellschaft wird also Verständnis und Sinngebung von Politik im

Bewußtsein vorbestimmt. Offenbar versteht Claußen nun auch Politikdidaktik als einen Faktor dieses Sozialisationsprozesses, wenn er im letzten Satz des Zitats von ihr sagt, sie schreite „prozessural voran“ und greife in den Prozeß ein, also in den der Politik und der politischen Bildung, wobei sie diese als Gegenstand und Bearbeitungsobjekt („greift ein“) betrachtet und sich damit als Bestandteil, aber auch als Wirkfaktor („Moment“) dieses Prozesses versteht.

Der Sinn des schwierigen Zitats liegt also offenbar darin, daß die **Verflochtenheit des Bildungsbemühens** und **der Politikdidaktik mit den gesellschaftlichen Prozessen**, die sie durch Bildung beeinflussen will, aufgezeigt werden soll. Dies ist ein wesentliches Element des dialektischen Ansatzes.

Das andere Element ist die **Kritik an den Erkenntnismöglichkeiten**: Das erkennende Subjekt erfaßt Wirklichkeit immer schon in einem vorgeprägten Wahrnehmungsraster, und diese Vorprägung geschieht durch den historischen Prozeß der Gesellschaftsentwicklung. Geschichtlich-gesellschaftliche Realität ist „aktuell und geschichtlich gleichermaßen begrifflich vermittelt“ (D 95). Für Claußen ergibt sich daraus die **Berücksichtigung der Alltagstheorien** bei den Lernenden, obwohl sie dem emanzipatorischen Anspruch nicht genügen (D 95), was allerdings auch auf deskriptiv und normativ arbeitende Fachwissenschaften zutrifft (D 96). Durch Dialektik soll daher „die Chance zur Rekognition des Alltagsbewußtseins und der konkurrierenden wissenschaftlichen Theorien sowie des eigenen konträren Anspruchs eröffnet“ werden (D 96), um die emanzipatorischen Defizite auszugleichen.

11.4.2.2 Ein Strukturmodell?

Claußens Auffassung soll im folgenden am Lernprozeß konkretisiert werden. Ausgehend von Hilligens Dreischritt „Sehen – Beurteilen – Handeln“, hat Claußen in seiner Methodik „interdependente Phasen der Erkenntnisgewinnung“ beschrieben.

„(1) Am Beginn politischer Bildung stehen *Anschauungen* und *Betrachtungs*ergebnisse über das Politische: wahrgenommene Eigen- und Fremderfahrungen, Meinungen, vermeintliches und tatsächliches Wissen und Nichtwissen, Widersprüche, Selbstverständlichkeiten usw. Sie haben Probleme zum Inhalt oder sind selbst ein *Problem*, indem sie z.B. im Widerspruch zum Handeln stehen oder dieses nicht zu steuern vermögen, an ungelösten Komplikationen nicht vorbeisehen, sich von den Anschauungen anderer unterscheiden. So beginnt politische Bildung mit einem *Konflikt*, sei es nun der real gegebene Konflikt und der innere Widerstreit, den er in den Individuen auslöst, oder der innere Widerstreit, der äußere Ungereimtheiten vermuten läßt. Es kann ein konkreter Konflikt in der unmittelbaren Lebenswelt, ein konkretisierbarer Konflikt in der mittelbaren oder übergreifenden Lebenswelt oder der unterschiedliche Konkretionen annehmende Konflikt der politischen Existenz schlechthin sein.

(2) Konflikte setzen, sofern sie nicht verdrängt werden, Prozesse in Gang. Sie drängen auf *Lösungen.* Insofern ist der weitere Prozeß politischer Bildung ein Versuch der *Bewältigung von Widersprüchen.* Selbstredend können Konflikte der Realität nicht durch politisches Lernen beseitigt werden. Indem politische Bildung aber Lösungsmöglichkeiten diskutiert und erarbeitet sowie zum Handeln anleitet, hilft sie doch *indirekt*, die Widersprüche aus dem Weg zu räumen. Sofern politische Bildung als Politikum selbst Teil der politischen Realität ist, lassen sich allerdings Teilkonflikte im Lernprozeß selber erledigen: *direkt* auflösen. Und die inneren Konflikte, Spannungen zwischen Wissen und Nichtwissen, zwischen Können und Wollen, zwischen Behaupten und Beweisen u.ä.m., lassen sich zumindest *vorläufig* direkt auflösen, als politische Bildung Klarheit schafft, Wahrheitsfindung vorantreibt, Spannungen abbaut, Verhaltensdimensionen koordiniert. Das trägt so lange, bis die Lösungen und ihre Folgen selbst wieder zum Problem werden und bis die Erkenntnis fragwürdig wird. Die *indirekte und direkte Auflösung von Widersprüchen* ist als Problembearbeitung und Findung von Lösungen ein Denkvorgang im kommunikativen Prozeß, welcher historisch gewordene Wirklichkeit mit zunehmender Differenzierung und Integration rekonstruiert und vermittels von begründeten Antizipationen historisch mögliche und notwendige Wirklichkeit gedanklich konstruiert. Sie mündet in unterschiedliche Formen des Handelns und fordert immer neue, präzisere und zielgerichtete Wahrnehmungen.

(3) Die Produkte rekonstruierenden und konstruierenden Denkens genügen nicht sich selbst. Das ihnen zugrundeliegende Erkenntnisinteresse ist Ausdruck eines Handlungsinteresses. Deshalb drängen gefundene Lösungen auf *Verwendung.* Sie wollen und sollen erprobt sein und sich bewähren. Die *Erprobung* und *Bewährung* in Realsituationen sind häufig nicht mehr die politische Bildung selbst, sondern nur ihr Gegenstand, weil sie der unmittelbaren Kontrolle durch politische Bildung nicht unterliegen. Gleichwohl gibt es begrenzte Realsituationen, in denen das Handeln der politischen Bildung nicht entgleitet und deshalb ihr Konstitutivum ist. Allerdings umfaßt das Handeln, in welches die gefundenen Lösungswege einmünden, nicht allein den unmittelbar verändernden Eingriff in Lebenswelten und ihre äußeren Strukturen. Es kann auch das kommunikative und innere Strukturen tangierende Handeln sein. Und schließlich muß es nicht auf interaktive Prozesse konzentriert sein, sondern kann sehr wohl interaktive Vorgänge, nämlich die Stimulierung und Strukturierung weiterführender Erkenntnisprozesse meinen. Alle Handlungsvorgänge sind ihrerseits wieder Wahrnehmungsinhalte mit potentiellem Konfliktgehalt. Die Auflösung von Widersprüchen tendiert zu *Harmonie* und *Konsens.* Dies freilich nicht in dem Sinne, daß reale Konflikte verdeckt werden und unausgetragen bleiben, sondern so, daß z.B. Indifferenzen und kognitive Dissonanzen der Lernenden abgebaut und akzeptable Handlungsorientierung konsensuell verhandelt werden. Daß es sich dabei um Antizipation politisch-gesellschaftlicher Konsensfindung und Harmonieannäherung handelt, dürfte kaum bestreitbar sein." (M 93-96; Hervorhebungen daselbst)

Ein Unterrichtsbeispiel liegt von Claußen nicht vor. Daher sei hier eine Konkretisierung in Form einer didaktischen Skizze versucht, die sich thematisch an das nach Sutor entworfene und oben schon dargestellte Unterrichtsbeispiel anschließt (11.2.2; oben S. 262f.).

Konflikt um den Bau einer Müllverbrennungsanlage

1. **Wahrnehmungen** und **Beobachtungen** richten sich auf den Sachverhalt, den geplanten Bau einer Müllverbrennungsanlage, aus denen sich das

Problem herausschält: die Gefährdung der Umwelt angesichts des Zwanges, den Müll zu beseitigen. Der **Konflikt** wird an dem Parteienstreit im Kommunalparlament und im Kreistag sichtbar. Denkbar ist aber ein „innerer Widerstreit“, der bei Lernenden beispielsweise dadurch entstehen kann, daß sie sich in ihrer Meinung über die Schädlichkeit der geplanten Lösung des Müllproblems im Gegensatz zu ihren Eltern sehen, welche vielleicht für die kostengünstigere Lösung eintreten.

2. Die zweite Arbeitsphase enthält nach einer Übersicht bei Claußen (M 94) die Tätigkeiten: analysieren, erklären, verstehen, deuten, werten und kritisieren. Die Beschreibung des Strukturmodells setzt jedoch sofort mit dem Ziel ein: die Prozesse „drängen auf **Lösung**“. Hier wird es nun schwierig, das Beispiel weiter auszuführen. Denn für die Analyse verwenden beispielsweise Lingelbach, aber auch Sutor ein ganzes Kategorienensemble: Was sind die wichtigsten Gesichtspunkte, unter denen man den komplexen Sachverhalt (Konflikt) aufschlüsseln kann? Claußen hingegen beschreibt die internen Prozesse: Durch Erkenntnisprozesse werden Widersprüche **„indirekt“**, d.h. mental aufgelöst, abgesehen von den Fällen, in denen der Konflikt in der Lernsituation enthalten ist („**direkt** auflösen“). Es folgt dann die **Auflösung von Widersprüchen** durch „Rekonstruktion“ der historisch gewordenen Wirklichkeit: die historischen Ursachen für das Entstehen der Müllberge durch die Entstehung der technisch-wissenschaftlichen Zivilisation und deren Expansion der Konsummöglichkeiten, denen als „Antizipation“ der Entwurf eines einfacheren Lebens gegenübergestellt werden kann. Die Widersprüche würden dadurch in der Utopie aufgehoben, was man als Minderung der kognitiven Dissonanz durch Hoffnung verstehen kann.

3. Die Lösungen drängen nach **Verwendung**. Was aber ist anwendbar? Die Entscheidung lautet zunächst: Müllverbrennung ja oder nein, und wenn nein, an welchem anderen Ort oder welches andere Verfahren der Müllbeseitigung. All dies steht aber unter der Bedingung der Möglichkeit, auf die Claußen nicht eingeht. Auch die Kategorie der Entscheidung fehlt. Letzten Endes fällt die Entscheidung nach dem Mehrheitsprinzip und unterliegt im realen Prozeß tatsächlich nicht „der unmittelbaren Kontrolle der politischen Bildung“. Andererseits wäre auch dies insoweit **Harmonie** und **Konsens**, als der Konflikt nach konsensuellen Verfahren geregelt und damit der Friede wiederhergestellt ist. Dadurch wird sicherlich auch erneut kognitive Dissonanz in den Lernenden abgebaut.

Ich bin nicht sicher, ob dieser Versuch einer Konkretisierung ganz geglückt ist. Vergleicht man Claußens Strukturmodell des Lernprozesses mit anderen, so fällt die **fehlende kategoriale Ausdifferenzierung** auf. Claußens Absicht ist, einen „kategorialen Zugang“ zu finden (M 82). Absicherungsversuche gegen Beliebigkeit und Unverbindlichkeit seien ohne Kategorisierung nicht möglich, sagt er und erläutert diesen Begriff: „Die Kategorien (Leitfragen, Prinzipien, regulative Ideen) können nicht aus den Lerngegenständen abgeleitet werden, sondern sind etwas, mit dem die Objekte vom Subjekt aus gruppiert werden.“ (M 91) Claußen entscheidet sich demnach für **kategoriales Lernen**, und er ist sich darin mit Giesecke, Hilligen und Sutor einig. Aber er nennt diese Kategorien nicht, obwohl er in seiner Didaktik solche des Politikbegriffs und auch die Kategorien Gieseckes aufzählt (D 96f.). Das behindert die Anwendung seines Strukturmodells. Denn jetzt fehlt eine Auskunft darüber, welches die für Kritische Politikdidaktik typischen und unverwechselbaren Kategorien im Vergleich zu anderen Kategoriensystemen sind.

11.4.3 Kategoriale Bildung

Claußen versteht politisches Lernen wie Sutor als **kategoriale Bildung**. Worin liegt aber der Unterschied zu diesem?

> **Kategoriale Bildung** nach Wolfgang Klafki: „Bildung ist Erschlossensein einer dinglichen und geistigen Wirklichkeit für einen Menschen – das ist der objektive oder materiale Aspekt; aber das heißt zugleich: Erschlossensein dieses Menschen für diese seine Wirklichkeit – das ist der subjektive oder formale Aspekt...“ (Klafki 1963: 43)

Sutor definiert im Sinne von Klafki: „Kategoriale Bildung oder Didaktik zielt ... auf die wechselseitige Erschließung von Mensch und Welt...“ Darauf bestimmt er die Funktion der Kategorien, „die nach der Theorie der kategorialen Bildung die Brücke schlagen sollen zwischen dem Erkennenden/Lernenden und den Sachen; Kategorie soll nach diesem Konzept das an der Sache gewonnene Instrument ihrer Bewältigung sein, und sie soll beim Subjekt zur Einsicht in die verstandene Sache werden“ (Sutor 1984,2: 68). Sutor stellt die **„Sache“ in den Vordergrund**; die Kategorien sind aus ihr gewonnen und dienen als Mittel zu ihrer „Bewältigung“, der Erkenntnis. Die subjektive Seite gerät aus dem Blick, die „Brücke“ scheint zu den Sachen, nicht aber zurück zu führen, während in Klafkis Definition die **Wechselseitigkeit** zentral ist. Diese ist in Claußens Begriff der „Vermitteltheit“ enthalten. Er definiert nicht direkt, sondern indirekt durch Abgrenzung gegen formale und materiale Bildung (1984: 247) und betont die „Vermitteltheit bzw. Vermittelbarkeit von Subjekt- und Objektstrukturen“ (1984: 247f.). Das kommt dem Bildungsbegriff Klafkis näher.

Claußen verwendet seine Definition zu **zwei Abgrenzungen**: einmal von der „historisch-materialistischen Theorietradition“, weil sie ausschließlich

Kategorien der Objektivität benutzt (1984: 248), zum anderen aber auch von Sutor, weil er „überwiegend" nur „systemimmanent-deskriptive Kategorien" verwende (1984: 248). Das Letztere trifft sicherlich insoweit nicht zu, als die Kategorien Sutors nicht beschreibende, sondern aufschließende, erkenntnisermöglichende Funktion haben. Die Fehlinterpretation läßt jedoch Claußens **Zielvorstellung** erkennen: Die Kategorien sollen für ihn eine **systemtranszendierende Funktion** haben. Das entspricht seiner Unterscheidung zwischen traditioneller und kritischer didaktischer Theorie.

Ferner wirft der Verzicht darauf, Kategorien zu benennen, ein Licht auf seine Einschätzung der **Rolle des Subjekts** im Bildungsprozeß. Sutors oberstes Erziehungsziel ist „personale Entfaltung in sozialer Verantwortung" (Sutor 1984,2: 45). Bei Claußen ist es „Erhaltung und Erweiterung der Selbstverfügungsfähigkeit von Subjekten im politischen System" (Claußen 1984: 203). Während also Sutor die Einbindung in soziale Beziehungen mitberücksichtigt, zielt Claußen auf die Autonomie des Individuums gegen einengende politische Strukturen und offensichtlich auch gegen einengende, weil im voraus festgelegte Kategorien.

Daher rückt Claußen bei Zielbestimmung und Inhaltsauswahl die **subjektiven Aspekte** ganz in den Vordergrund. Er entfaltet das allgemeine Lernziel in die **„Zielperspektiven"** (1984: 204): Identität, Vernunft und Kompetenz als zu erwerbende „Subjektqualitäten" mit den zu ihnen hinführenden Mitteln: Identitätsfindung durch Aufklärung, Vernunftbesinnung durch Kritik, Kompetenzerwerb durch Handlungsorientierung (1984: 246). Ihnen ordnet er die **„Objektqualitäten"** zu, die durch Berücksichtigung von Zeitdimensionen gewonnen sind: Korrektivfunktion durch Historisierung, Hilfestellung (Lebenshilfe) durch Aktualisierung und Perspektivenentwicklung vermittels Futurisierung (ebda.). Auch wenn diese Kategorien hier nicht im einzelnen aufgeschlüsselt werden können (dies geschieht 1984: 203-245), so wird trotzdem erkennbar, daß alles Gegenständliche nur in seiner **Bezogenheit auf das Subjekt** gesehen wird. Denn es geht Claußen um die Selbstverfügung, und diese muß in der modernen Gesellschaft erst durchgesetzt werden. Dieses „emanzipatorische" Interesse zielt auf „Aufhebung und Abwehr irrationaler Herrschaft, auf die Befreiung von Zwängen aller Art" (Claußen 1984: 45).

Claußen weist also doch Kategorien aus. Aber sein Kategoriensystem besteht nicht aus Kategorien für die Erschließung des Gegenstandes, sondern aus **Kategorien der didaktischen Reflexion**, die sich auf Ziel- und Inhaltsentscheidungen richtet. Sie sind nicht Bestandteile einer erwünschten kognitiven Struktur von Lernenden wie bei Sutor, noch weniger haben sie eine Doppelfunktion wie bei Hilligen, dessen Kategorien zum Teil sowohl Kriterien der Inhaltsentscheidung als auch Schlüssel für die Wirklichkeitserkenntnis darstellen. Daß Claußen auf die zweite Funktion, Kategorien für die Erschließung der Wirklichkeit zu entwerfen, verzichtet, widerspricht eigentlich den oben erwähnten Absicherungsversuchen gegen Beliebigkeit und Unverbindlichkeit und mindert sicherlich die praktische Wirksamkeit seiner Konzeption.

11.4.4 Generationenerfahrung und Systemkritik

Claußen, Jahrgang 1948, stammt im Vergleich zu Roloff (1926) und Sutor (1930) aus der 20 Jahre jüngeren Generation. Er hat, wie er berichtet, Ende der 60er Jahre sein Studium aufgenommen, ohne aber von der Studentenbewegung erfaßt zu sein, die er als „locker assoziierte Aspekte eines interessiert beäugten Zeitgeistes" wahrnahm (Claußen 1987: 149). Erst gegen Ende seines Studiums gelangte er zu einer Vertiefung des **Emanzipationsgedankens**. Die Nachbereitung seiner Praxiserfahrungen während des Referendariats für das Lehramt in der Schule veranlaßte dann das „zielstrebige Sich-Einlassen auf die Kritische Theorie" (1987: 151). Das persönliche Motiv war jedoch schon früher wach. Bruchstückhafte Anregungen kamen von Repräsentanten des Frankfurter Instituts für Sozialforschung und weckten bei ihm „ein Stück Aufmerksamkeit für soziale Mißstände und das Erfordernis ihrer Bewältigung" (1987: 149).

Später hat Claußen dies verallgemeinert; die ihn fesselnde Sozialforschung steht für ihn „im Dienst des humanen Subjekts", das durch die „realen Lebensverhältnisse bedroht" ist (1987: 153). **Gefährdungen der menschlichen Existenz** in verschiedenen Dimensionen sind für Claußen ein Motor des Nachdenkens über Bildungsprozesse geblieben. Er hat sich dabei einer Interpretation von Hilligens Ansatz der kategorialen Bildung durch Orientierung an den „Herausforderungen" angeschlossen, die besagt, „daß nicht gedankliche Zusammenhänge ‚der Wissenschaft', sondern solche ... ausgewählt werden, in die Menschen eintreten müssen, die sich Sorgen um ihre Existenz und ihre Zukunft machen" (W.G., zit. Claußen 1984: 150). In gewissem Sinne könnte man bei Claußen also von einer **Reformulierung des existentiellen Ansatzes** sprechen, allerdings im Gewande einer anderen Wissenschaft.

Deutlicher als bei Hilligen und konträr zu Sutor ist aber der **systemkritische Ansatz** Claußens. Er folgt politikwissenschaftlichen Analysen der frühen 70er Jahre, nach denen gesellschaftliche Ungleichheit durch den Staat festgeschrieben wird. Er zitiert zustimmend: „Der Staat als die institutionelle Form dieser Herrschaft organisiert also lediglich die bürgerliche Klassenherrschaft, ohne daß sich die bürgerliche Klasse selber organisieren müßte." (U.K. Preuß 1975, zit. Claußen 1984: 76) Das sind Analysen, mit denen das Urteil auch über die Bundesrepublik gesprochen wird.

Claußen übernimmt **makrotheoretische Systemanalysen**, nach denen der Mensch „Produkt der Gattungsgeschichte" ist (1984: 48), er insistiert auf der „Totalitätserfahrung" der Kritischen Theorie und zitiert Theodor W. Adornos Anspruch, „Wesen und Erscheinung im Angesicht des gesellschaftlichen

Ganzen zu erhellen" (1984: 48). Das Programm der Kritischen Theorie ist die „Analyse der Gesellschaft im ganzen, in ihrer Totalität" (1984: 59). Auch wenn, wie gezeigt, Claußen die subjektiven Aspekte ganz in den Vordergrund rückt: einen Theorierahmen, der beide, die individuelle Erfahrungsweise und die Systemstrukturen zusammenbindet, kann ich bei Claußen nicht erkennen. Kritische Theorie rezipiert Claußen aus dem Fundus der sog. älteren Kritischen Theorie und der Entwicklung von Jürgen Habermas bis zu seinen „Legitimationsproblemen im Spätkapitalismus" (1973), dem Werk, mit dem er noch makrotheoretisch verortet wird (Treibel 1993: 45ff.). Während Schmiederer 1977 entschieden auf einen Mikroansatz überwechselte, bleibt Claußen in seinen didaktischen Monographien von 1981 und 1984 bei einer theoretisch nicht überzeugend geklärten **Kombination von Makroansatz und subjektbezogenen Ergänzungen**. Die „Theorie des kommunikativen Handelns" von Jürgen Habermas, die oben schon als Beispiel für eine Überwindung des Dualismus zwischen Mikro- und Makroansatz in der Soziologie angeführt wurde (10.4; oben S. 244) und deren spätere didaktische Rezeption unten (12.3.2; S. 294) angeführt wird, hat Claußen im Literaturverzeichnis seiner Didaktik von 1984 erwähnt, doch hat dies seine Konzeption, soweit ich sehen kann, dort nicht erkennbar verändert. Eine Annäherung erfolgt am Ende unseres Darstellungszeitraums; wieweit der Aufsatz „Politisches Lernen angesichts der Veränderungen von System und Lebenswelt" (Claußen 1990) seine Konzeption verändert hat, wird unten (12.3.2; S. 295) geprüft. Auffallend ist, daß Claußen hier ein direktes Zitieren von Habermas umgeht; er übernimmt hier Gedanken aus der „Theorie des kommunikativen Handelns" aus zweiter Hand.

So bleibt es auch bei Claußen wie beim Schmiederer von 1971 dabei, daß **Systemveränderung** das Ziel politischer Bildung ist. „Kritische Theorie erschöpft sich weitgehend in der Benennung des Negativen" (Hansen, zit. Claußen 1984: 34): Claußen zitiert hier ein Merkmal der „älteren" Kritischen Theorie, von dem sich Habermas gelöst hat. Im Gesamt der wissenschaftlichen Diskussion ist diese negative Kritik legitim, in vielem berechtigt, gleichwohl aber einseitig (so Höffe 1989: 306). Erinnert sei an das Problem des Rollenkonflikts zwischen dem Wissenschaftler und dem Pädagogen, den wir bei Schmiederer beobachten konnten (10.1.4; oben S. 230) und der entstand, weil der Makroansatz die Gefahr erzeugt, daß der Lernende im gesellschaftlichen Ganzen gleichsam untergeht. Daher ist diese Einseitigkeit zwar wissenschaftlich legitim, aber unpädagogisch: Totalität und Negativität erzeugen in der pädagogischen Situation die **Gefahr der Überwältigung**. Hilligen hat richtiger gesehen, daß die „Herausforderungen" nicht nur negativ zu bewerten sind, nicht nur „Krisen" darstellen, sondern ambivalent sind: Sie enthalten Gefahren, aber auch Chancen.

Diese Negativität bewirkt bei Claußen ein **distanziertes Verhältnis zum demokratischen Verfassungsstaat**. Seine Systemkritik enthält offensichtlich

Erfahrungen der 68er Generation, welche sich von den Erfahrungen der älteren Didaktiker unterscheiden. Diesen war das Scheitern der Weimarer Republik noch im Bewußtsein, und sie hatten die Herrschaft des Nationalsozialismus persönlich so unmittelbar erlebt, daß sie die zweite deutsche Republik von 1949 bei allen Unvollkommenheiten doch als **einen bedeutenden historischen Fortschritt** empfinden konnten. Ihnen sprach der jahrgangsgleiche Jürgen Habermas (1929) aus dem Herzen, der sein „ambivalentes" Verhältnis zur bundesrepublikanischen Gesellschaft bekannte; bei aller Kritik berichtete er doch auch von der Erfahrung nach 1945, „daß nämlich etwas besser geworden ist" (Habermas 1985: 203). Die jüngere Generation hingegen kannte die Negativität der NS-Herrschaft nicht mehr, daher lag manchen von ihr eine Relativierung fern, und sie ergingen sich in einer uneingeschränkten Abwertung der Bundesrepublik und ihrer Gesellschaft. Sicherlich hatte sich auch einer der älteren Didaktiker wie der dem Jahrgang 1928 angehörende Rolf Schmiederer für Systemüberwindung eingesetzt. Er aber wandte 1977 den Blick von Zukunftsentwürfen ab und akzeptierte die gegenwärtige Wirklichkeit von Staat und Gesellschaft als pädagogisches Arbeitsfeld. Claußen hat daran nicht angeknüpft; bei ihm geschieht ein erneuter **Rückgriff auf die ältere Kritische Theorie** und auf das **politische Bewußtsein der Studentenbewegung**; dabei ist er bis heute geblieben.

11.5 Die Ergänzungsfunktion didaktischer Stile

Wie Wissenschaften lassen sich auch didaktische Konzeptionen auf **philosophische Grundannahmen** zurückführen. An dieser Stelle möchte ich sie „Weltanschauungen" nennen, weil ihre Adaption beim einzelnen Didaktiker zu einem wesentlichen Teil biographisch-situativ bedingt ist. In seinem gesellschaftlichen Umfeld wächst der Mensch in Sichtweisen der Welt auf oder wächst im Verlauf seines Lebens in sie hinein.

Sutors Definition des Erziehungsziels als „personale Entfaltung in sozialer Verantwortung" war beeinflußt von der katholischen Sozialphilosophie, die dem Autor durch familiare Sozialisation und Studiengang vertraut war. Es lag daher nahe, daß er seine didaktische Konzeption auf eine christlich-thomistische Anthropologie zurückführte, die ihren Ursprung vor der neuzeitlichen Aufklärungsphilosophie datiert. **Claußen** hingegen wählte mit „Selbstverfügungsfähigkeit des Menschen" eine in der Zeit der Aufklärung entstandene Vorstellung vom Menschen als eines zur Selbstbestimmung fähigen Wesens, das sich im Vertrauen auf seine Vernunft von traditionellen Bindungen gelöst und Mut zum eigenen Denken gefaßt hat. Die Geschichtserfahrungen von **Roloff** schließlich waren geprägt von der historisch bedingten

Verführbarkeit des deutschen Protestantismus durch nationale politische Macht, seine Haltung wiederum von der protestantischen Religiosität mit ihrer Rückbindung an die eigene Gewissensentscheidung. – In all dem sind Prämissen enthalten, die letzten Endes nicht beweisbar, aber aufweisbar sind und Unterschiede erklären.

Doch zeichnen sich hierin nicht nur Trennungen ab, denn es gibt auch **Nähe**. Sutor spricht von „sozialer Verantwortung“, Claußen sagt, daß Wissenschaft „an politisch-soziale Verantwortung gebunden“ ist (1984: 40). Natürlich besteht hier ein erheblicher Unterschied, weil Claußen diese Aussage nicht als einen Appell an das „persönlich-willkürliche Verantwortungsbewußtsein“ verstanden wissen will, wie er sagt (ebda.), – obwohl es das natürlich auch sein muß, um wirksam zu werden. Mit diesem Vorbehalt grenzt er sich auch von Roloff ab. Claußen zielt auf die gesellschaftlichen, hier wissenschaftsorganisatorischen Bedingungen und ihre Verflechtungen mit Systemen der Gesellschaft, – das ist sicherlich ein anderer analytischer Zugriff. Doch gemeinsam ist allen dreien die **moralische Potenz**, daß nämlich individuelles wie kollektives Handeln durch „moralisches Urteil“ (Claußen 1984: 40) geleitet werden soll oder durch die Bindung an die Menschenwürde wie bei Roloff. Unausgesprochen oder ausgesprochen liegt den drei Denkrichtungen das **Interesse an Bewahrung der Menschenwürde** zugrunde, – wie denn ja die Menschenrechte überhaupt zum Konsensbereich der Fachdidaktik gerechnet werden können. Nicht zufällig hat Sutor, wie erwähnt, auf Gemeinsamkeiten zwischen Praktischer Philosophie und Kritischer Theorie verwiesen (Sutor 1984, 1: 37-39).

Damit sollen keineswegs die Unterschiede verschliffen werden. Aber diese Überlegungen regen mich zu **Relativierungen** an. Drei Stile didaktischer Konzeptionen habe ich in diesem Kapitel behandelt, denen ich idealtypisch drei Philosophien zugeordnet habe: Existentialismus, Pragmatismus und Marxismus. Ihr Verhältnis zueinander habe ich mit dem Begriff der **„Arbeitsteilung“** zu bestimmen versucht: Gesinnungsethische Diskussion und pragmatisches Nachdenken über das Mögliche **ergänzen sich** in Bildungsprozessen. Der **Marxismus** in der Form der Kritischen Theorie bewirkt als weitere Ergänzung, daß das Erschrecken über Inhumanitäten nicht nur moralische Impulse weckt, sondern auch methodisches Nachdenken über Ursachen und Abhilfen in Gang setzt, also **wissenschaftlich angeleitete Reflexion** ermöglicht. Ein Verfahren für Gesellschaftskritik ist demnach wünschenswert. Mir erscheint auch wichtig, daß die **Subjektposition** in ihrer Verflechtung mit dem gesellschaftlichen System aufgehellt werden kann, um Handlungsspielräume auszuloten. Deswegen halte ich den marxistischen „Stil“ in seiner Ergänzungsfunktion zu den anderen für unverzichtbar.

Dem werden vielleicht nicht alle Repräsentanten dieser Richtungen zustimmen. Claußen jedenfalls hält die „Klassifikation als bloße Konzeptvariante neben anderen“ bezüglich seiner Didaktik für unangemessen (1992: 56). Gewiß, eine Konzeption auszuführen, verlangt eine gewisses Maß an Konsequenz, bei der Einseitigkeiten gar nicht zu vermeiden sind; erst wenn der Ansatz ausgelotet ist, kann man über ihn in die Diskussion treten.

Nicht dies scheint mir das Problem zu sein, sondern vielmehr die Frage, wie die **Adressaten didaktischer Konzeptionen**, also die Lehrenden, damit umgehen können. Muß unter ihnen um Anhänger geworben werden, auf daß man sich einer verschreibt und dadurch gleichsam Parteiungen entstehen? Ich sehe dies anders. Die systematisch ausgeführten Ansätze eröffnen in ihrer Gesamtheit ein **didaktisches Entscheidungsfeld**, in dem der Lehrende sich zu bewegen gewohnt sein müßte, weil nicht er, sondern die Schüler die Entscheidungen zu treffen haben. Situativ im Hier und Jetzt eröffnen die Hauptrichtungen dieser Stile Wahlmöglichkeiten, etwa durch folgende Fragen, die den Lernenden bewußt werden müßten:

- Soll ich hier und jetzt einer Norm unbedingt folgen oder nur gemäßigt?
- Was kann ich mit Rücksicht auf andere, auf die Folgen verantworten?
- Kann ich Bedingungen der Wirklichkeit akzeptieren, oder soll ich mich für ihre Änderung einsetzen?

Vielleicht empfindet der Lehrende selbst eine Affinitität zu einer dieser drei Stile oder zu einer ihnen zuzuordnenden didaktischen Konzeption. Das würde aber nur seine Person betreffen. Für die Lernenden müßte er die **Entscheidungssituation offen** halten. Die genannten Entscheidungsfragen müßten demnach in jeder Problem- und Lernsituation neu gestellt und beantwortet werden. Relativierung bedeutet demnach die Ermöglichung des offenen Diskurses und wertgeleiteter eigener Entscheidungen.

12. Lebenswelt als neuer Bezugspunkt der politischen Bildung 1980-1989

Nach 1980 war die Zeit der Produktion neuer didaktischer Konzeptionen vorbei, wenn man einmal von Rothe 1981 und Claußen 1981 absieht. Es begann in der Geschichte der Politikdidaktik die nachkonzeptionelle Phase mit ihrer „Pluralisierung“ (Kuhn/Massing 1990: 37) und „Aufsplitterung“ in eine Vielzahl von „Ansätzen“ (Gagel 1985: 411). Sie soll in dieser Lektion als vorläufig letzte Phase bis zum Jahre 1989, bis zur Öffnung der Mauer durch die DDR, betrachtet werden.

12.1 Zur Lage der politischen Bildung

Für das Jahr 1989 war ein ähnliches Ereignis erwartet worden wie 1968: die Antwort der Bundesregierung auf Große Anfragen zur politischen Bildung. Noch im Mai 1989 hatte eine Anhörung von Experten der politischen Bildung durch den Innenausschuß und den Ausschuß Bildung und Wissenschaft im Bundestag stattgefunden, durch welche diese Antwort vorbereitet werden sollte. Die „Wende“ in der DDR strich dann dieses Thema von der Tagesordnung des Bundestages.

So können wir heute die in der Anhörung abgegebenen Stellungnahmen als Rückblicke zur **Lage der politischen Bildung** in den 80er Jahren lesen. Einer der Bundestagsabgeordneten, der stellvertretende Vorsitzende des Kuratoriums der Bundeszentrale für politische Bildung Volkmar Kretkowsky, sah die politische Bildung „wieder in der Flaute“:

„Ein erstes sehr vorläufiges Fazit der Anhörung läßt die Lage der politischen Bildung prekärer erscheinen als erwartet: In den Schulen werden die Stundenzahlen gekürzt, in der Erwachsenenbildung verliert sie an Stellenwert. Die Betonung der beruflichen Qualifizierung in vielen Weiterbildungskonzepten läßt für die politische Bildung kaum noch Raum, allenfalls als ein eher allgemeines »Unterrichtsprinzip«. Auf dem Freizeitmarkt hat politische Bildung mit immer attraktiveren Unterhaltungs- und Bildungsangeboten zu konkurrieren.“ (Kuhn u.a. 1993: 322).

In den Schulen zeigte sich diese Tendenz an der Entwicklung der Stundentafeln. Wie die Deutsche Vereinigung für politische Bildung in ihrem „Memorandum zur Lage der politischen Bildung in der Bundesrepublik Deutschland 1988/89" ausführte, war der Stundenanteil des Faches Politik im Kanon der Unterrichtsfächer noch weiter zurückgeschnitten worden.

„In den meisten Bundesländern hat er in der Sekundarstufe I insgesamt noch nicht einmal den Umfang von einer Unterrichtsstunde pro Woche. Oft gibt es Politikunterricht in der Sekundarstufe I nur in der 9. und 10. oder gar nur in der 10. Klasse. Einer detaillierten Bestandsaufnahme ... läßt sich entnehmen, daß in der Sekundarstufe I der verschiedenen Schulformen für Politikunterricht (bzw. Sozialkunde, Gemeinschaftskunde usw.) in 8 Bundesländern maximal 3,2 Prozent aller Unterrichtsstunden vorgesehen sind (Stand August 1985). Beispielsweise beträgt der Prozentsatz in den Gymnasien in Baden Württemberg und Rheinland-Pfalz 1,0%, in Bayern 0,6%, in Hamburg 1,1%, in Schleswig-Holstein gibt es im Gymnasium in der Sekundarstufe I überhaupt keinen Politikunterricht. (Zum Vergleich: auf das Fach Erdkunde entfallen in allen Bundesländern zwischen 4 und 6% aller Unterrichtsstunden)." (Franke 1990: 294)

In den 80er Jahren geriet die politische Bildung in ein **Konjunkturtief**. Hatte man nach 1968 große Erwartungen in ihre Funktion als Legitimationsbeschaffer für den demokratischen Staat gesetzt, so zeigte die Polarisierung in den 70er Jahren, daß auf ihrem Feld sich die innenpolitischen Konflikte geradezu verschärften. Diese Jahre hatten demonstriert, daß der innenpolitische Konsens, welcher die Bundesrepublik bis in die 60er Jahre getragen hatte, brüchig geworden war. Das hatte Auswirkungen auf die Schule, und zwar auf ein Fach, das weniger gesichert und mehr fremdbestimmt ist als die meisten anderen.

Der Politikwissenschaftler Thomas Ellwein, der seit 1955 auch wichtige Arbeiten zur politischen Bildung veröffentlicht hatte, zog 1985 aus dieser Diagnose die **Folgerung**: „Ist die »Lage« durch Mangel an Konsens gekennzeichnet, kann man in der Schule nur lavieren oder man gerät in die Gefahr, das Vorhandensein eines »Konsens« zu behaupten, den es nicht gibt und auf dessen Fehlen man später unweigerlich stößt." Politische Bildung befindet sich nach Ellwein auf dem Weg „zwischen Scylla und Charybdis", und er führte dies auf die Unsicherheit deutscher Politiker zurück, für die „aus Meinungs- schnell Macht- und Machtsicherungsfragen werden" (Ellwein 1985: 401).

Der Streit um die Wege zur Friedenserhaltung offenbarte den tiefgehenden **bildungspolitischen Dissens** in der Bundesrepublik. Seit 1980 arbeitete die Konferenz der Kultusminister an einer Empfehlung zum Thema „Friedenssicherung und Bundeswehr im Unterricht". Während die CDU-regierten Länder der Auffassung waren, daß eine freie Wahl zwischen Wehrdienst und Ersatzdienst nicht möglich sei, vertraten die SPD-regierten Länder die Meinung, angesichts der atomaren Bedrohung könne die Schule nicht nur den

Beitrag der Bundeswehr zur Friedenssicherung behandeln, vielmehr müsse sie auch das Recht auf Kriegsdienstverweigerung und alternative Ansätze der Friedensbewegung berücksichtigen. Am 24. Juni 1983 mußte die KMK förmlich feststellen, „daß eine Einigung über eine gemeinsame Empfehlung nicht möglich ist“ (Mickel/Zitzlaff 1988: 114f.; eine kontroverse Dokumentation der Entwürfe: Breit 1983).

Der Politikunterricht wurde durch **Richtlinien** jetzt stärker gesteuert als früher. Ich habe schon meine Untersuchung der 1988 gültigen Lehrpläne für Politik/Sozialkunde erwähnt, in denen die parteipolitische Polarisierung sich widerspiegelt, bis auf wenige Ausnahmen (9.5; s. oben S. 221). Zu beobachten war eine „Tendenz zur Historisierung der politischen Bildung“ durch Verstärkung des Geschichtsunterrichts und die Versuche einer „Versachlichung der politischen Bildung“ durch die Ausgliederung von Wirtschaftslehre und Rechtslehre (Rothe 1989: 11); beides signalisierte eine Tendenz zur „Entpolitisierung“ (ebda.: 17). Restrikiv wurden die **Schulbuchzulassungen** gehandhabt; es gab kaum mehr ein Buch für das Fach Politik oder Sozialkunde, das in allen Bundesländern zugelassen war.

In den Schulen litt das Schulfach unter der **rückläufigen Lehrereinstellung**. Zurückgehende Schülerzahlen und zunehmende Verschuldung der Bundesländer führten zu einer Einstellungspraxis, durch die kaum mehr sozialwissenschaftlich ausgebildete Lehrer in die Schule eintraten. Schon 1983 wiesen die Kultusministerien darauf hin, daß der „Bedarf an Sozialkundelehrern an allen Schularten mit den vorhandenen Lehrern langfristig abgedeckt“ sei (Thienel-Saage 1983: 325). Aus Länderberichten geht jedoch hervor, daß nach wie vor Politik/Sozialkunde „in einem erheblichen Maße“ fachfremd unterrichtet wurde, und zwar besonders in den Hauptschulen, aber auch in Realschulen und Gymnasien (Rothe 1989: 14). Für Nordrhein-Westfalen ergab sich: In den Hauptschulen wurden im Schuljahr 1989/90 42,7% der Stunden im Fach Geschichte/Politik fachfremd unterrichtet, im Fach Politik der Realschulen 67,5%, des Gymnasiums 34,4% und an Gesamtschulen 75,5% (DVPW-NW Rundbrief 1990: 1). Dementsprechend wurden in einzelnen Bundesländern auch die Zahl der Hochschullehrerstellen für Fachdidaktik reduziert, beispielsweise in Niedersachsen, wo die Anfang der 70er Jahre erfolgte Expansion Schritt für Schritt zurückgenommen wurde.

12.1.2 Politische Didaktik und Politische Wissenschaft

Infolgedessen verschlechterten sich die **Bedingungen für die innerfachliche Diskussion** in der politischen Didaktik. 1986 stellte ich die Frage: „Stirbt die politische Didaktik aus?“ (Gagel 1986: 290) Es war vorauszusehen, daß auf den oben (6.2, S. 128ff.) dargestellten Generationenwechsel jetzt ein neuerlicher eintreten würde. Ein ganzer Generationenblock von Didaktikern der

Jahrgänge 1926-1930 stand vor dem Ausscheiden aus dem Berufsleben, aber die Zahl der jüngeren Didaktiker schien kleiner geworden zu sein, so daß große Lücken zu erwarten waren.

Weitere **Rahmenbedingungen** der didaktischen Diskussion waren ungünstiger geworden:

- die Abkoppelung der Lehrerfortbildung von den Hochschulen,
- das Fehlen eines Publikationsorgans, das die Funktion eines „Forums" für die fachdidaktische Diskussion hätte ausüben können, wie dies bis 1973 die Zeitschrift „Gesellschaft – Staat – Erziehung" tat.

Seit längerer Zeit gab es nun Störungen im **Theorie-Praxis-Verhältnis**, die Gotthard Breit und Hermann Harms 1989 in einer Befragung von fast 900 Lehrerinnen und Lehrern des Faches Sozialkunde/Politik nachwiesen (Breit/-Harms 1990). Die Autoren kamen zu dem Ergebnis: Zwischen Fachdidaktik und Unterrichtspraxis besteht keine Verbindung mehr. Bei der Unterrichtsvorbereitung kommt der Fachdidaktik nur eine untergeordnete Bedeutung zu. Analyse- und Urteilsaufgaben im Unterricht werden mehr nach Gutdünken als anhand von didaktischen Konzeptionen gestaltet. Die Mehrheit der Befragten neigt dazu, die Fachdidaktik auf Methodik zu reduzieren. Die Ursache lag nach Ansicht der Autoren an einem Mangel an Kooperation zwischen Theorie und Unterrichtspraxis, der seinerseits auf Barrieren für die Vermittlung fachdidaktischer Theorie zurückgeführt werden kann (Breit/Harms 1990: 144f.).

Ferner hatte sich das **Verhältnis zwischen politischer Bildung und Politischer Wissenschaft** geändert. Hans-Hermann Hartwich hat 1987 mit seiner These, die Politikwissenschaft sei nicht mehr „prädisponiert für eine »natürliche« Ehe mit der politischen Bildung" (1987: 13), großes Aufsehen erregt; seine These von der **Abkoppelung** erzeugte Widerspruch (die nachfolgende Diskussion bei Claußen/Noll 1989). Hartwich begründete dies mit dem Prozeß der „Professionalisierung", dem die Politische Wissenschaft inzwischen ausgesetzt sei und durch den sie eine andere Funktion als die frühere Bildungsfunktion übernommen habe: Ausbildung für Berufsfelder außerhalb der Schule, aber vor allem empirische Politik-Forschung, die beispielsweise die Theorie der „Politikverflechtung" erbrachte (ebda.: 12).

Es gab auch **andere Stimmen**, welche erneut die Bildungsfunktion der Politikwissenschaft betonten. So sprachen die Politikwissenschaftler Peter Graf von Kielmannsegg von der „Idee der Urteilsfähigkeit des Bürgers" als Aufgabe der Politikwissenschaft (1987: 63) und Michael Th. Greven von „kritischer Reflexion und Forschung" über den politischen Prozeß wie auch von „Kompetenz zu kritischer Distanz" (1987: 105). Und Hartwich selber setzte sich für die gemeinsamen Aufgaben und für eine Kooperation zwischen politischer Bildung und Politikwissenschaft ein (Hartwich 1987: 16).

Richtig ist aber, daß mit einer **breiten Unterstützung durch die Fachwissenschaft**, die in den 60er Jahren selbstverständlich war, jetzt **nicht mehr zu**

rechnen war. Der politischen Bildung fehlte die einflußreiche „Lobby“, die früher die aus der Emigration zurückgekehrten Gründungsväter der Politikwissenschaft repräsentiert hatten. Außerdem entzog ihr die von Gorbatschow 1985 eingeleitete Politik der „Perestrojka“ und der durch sie bewirkte schwindende Antikommunismus nach und nach eine bisher tragfähige Legitimationsgrundlage.

12.2 Politische und gesellschaftliche Wandlungen

12.2.1 Zusammenhänge zwischen Außen- und Innenpolitik

Streit um die Nachrüstung. 1981 trat mit Ronald Reagan ein amerikanischer Präsident sein Amt an, welcher der Wiederherstellung „amerikanischer Stärke“ Priorität vor Verhandlungen mit der Sowjetunion einräumte. Dagegen versuchte die Bundesregierung der sozialliberalen Koalition unter Schmidt und Genscher, die Entspannungspolitik und die Politik des Dialogs fortzusetzen. Der NATO-Doppelbeschluß (Aufstellung von Mittelstreckenraketen in Europa bei gleichzeitigem befristeten Aufschub und Verhandlungsangebot an die Sowjetunion) wurde nun zum **zentralen innenpolitischen Streitpunkt**; die „Nachrüstung“ und die neue Konfrontation zwischen den USA und der UdSSR lastete man auch der Bundesregierung an. In der Bundesrepublik formierte sich eine Friedensbewegung, die zwischen 1981 und 1983 die größten Protestdemonstrationen seit der Staatsgründung veranstaltete (Staack 1991: 272).

Protestbewegungen: Der NATO-Doppelbeschluß und die neue Außenpolitik der USA bewirkten eine **hochgradige Mobilisierung** der Friedensbewegung. Diese Mobilisierung gelang, weil die Friedensbewegung auf eine fundamentale systemoppositionelle Frontstellung verzichtete: Das Gefühl unmittelbaren Bedrohtseins durch die Stationierung der Atomraketen konnte sie in weiten Kreisen der Bevölkerung in Protestbereitschaft ummünzen; einige Gemeinden erklärten sich sogar zu atomwaffenfreien Zonen. Erstmals nutzten die Protestierer auch Techniken des „zivilen Ungehormsams“: Menschenketten, Blockaden von Kasernen und Zufahrtsstraßen zu Raketenstellungen. Dementsprechend war der Konfliktgegenstand nicht mehr die „andere“ Gesellschaft, sondern der demokratische Entscheidungsprozeß (Koll 192-194). Nach den „Grenzen der Mehrheitsdemokratie“ wurde gefragt (Guggenberger/Offe 1984). Die Diskussion stand auf einem hohen theoretischen Niveau, Wissenschaftler und Institute der Friedensforschung beteiligten sich daran, die Zahl der Publikationen ist kaum zu überschauen (stellvertretend für viele der Sammelband Vogt 1984 mit den unterschiedlichen Positionen).

Andere Protestbewegungen der 80er Jahre waren die **Hausbesetzerbewegung** und die **Ökologiebewegung**. Sie konnten alle keinen politischen Fundamentalkonflikt mehr auslösen wie noch die Bewegungen der vorhergehenden Jahrzehnte, da sich die Konflikte mehr und mehr vom Produktions- zum Reproduktionsbereich verlagerten, sie entstanden also in der „Lebenswelt", im sozialen Nahraum. Global systemverändernde Ziele wurden sukzessiv zurückgenommen (Koll 1991: 200). Themen einer „Neuen Politik" (Ökologie, Frieden, Gleichberechtigung, Dritte-Welt) traten an die Stelle derjenigen einer „Alten Politik" (ökonomische Stabilität, Verteilung, innere Sicherheit, Sicherheitspolitik nach außen) (Gagel 1984: 37). Eine **dichte Folge von Kampagnen** zeigte in den 80er Jahren, daß „unkonventionelle" Formen politischer Beteiligung mehr genutzt wurden als je zuvor. In keinem westlichen Land waren die politischen Reaktionen auf die Reaktorkatastrophe von Tschernobyl 1986 so stark wie in der Bundesrepublik. Breiter ziviler Ungehorsam richtete sich gegen die Volkszählung von 1987. Hinzu kam eine neuerliche Welle von Bürgerinitiativen mehr lokaler Reichweite (Roth 1991: 210f.). Die Intensität dieser Bewegungen wurde als „zweite Demokratisierungsrunde in der Geschichte der Bundesrepublik" gedeutet (ebda.: 216).

Innenpolitische Veränderungen. Aber es gab auch gegenläufige Prozesse. Am 1. 10. 1982 wurde die Regierung Schmidt-Genscher durch eine christlich-liberale Koalition unter Helmut Kohl abgelöst; die vorzeitigen Bundestagswahlen vom März 1983 bestätigten diesen Regierungswechsel. Kohl versprach eine „geistig-moralische Erneuerung" und eine Wiederbelebung der sozialen Marktwirtschaft. Trotz aller Proteste wurde die Stationierung der Mittelstreckenraketen in der Bundesrepublik durchgesetzt. Auf die verbreitete Verunsicherung durch die radioaktive Strahlung nach dem Reaktorunfall in Tschernobyl reagierte Kohl mit der Einrichtung eines Bundesumweltministeriums, das sich im Laufe der Zeit einige Autorität erarbeitete. Eine **neokonservative Wende** im strengen Sinne hat sich **nicht durchsetzen** lassen. Zwar konzentrierte sich die Regierung zunächst auf den wirtschaftspolitischen Bereich, doch rückte in der Programmatik der CDU später auch wieder die Sozial- und Gesellschaftspolitik in den Vordergrund. Zur Vorbereitung auf die Bundestagswahl 1987 beschloß die CDU sogar ein Zukunftsmanifest, es wurde von der „Tagesordnung Zukunft" gesprochen (Schmid 1991: 28).

Daß Themen der „Neuen Politik" auch von den etablierten Parteien aufgegriffen wurden, ist als Folge einer **Wandlung des Parteiensystems** zu verstehen: Mit dem Einzug der „Grünen" als Partei in den Bundestag 1983 wandelte sich die „Bewegungspartei" zur „Parlamentspartei". In Hessen wurde sie 1985 in der Koalition mit der SPD sogar Regierungspartei. „Basisdemokratische" Grundsätze ihrer Organisation (z.B. Rotation) wurden im Laufe der parlamentarischen Praxis revidiert. Schon 1987 konnte man feststellen: „Der Weg von der fundamentaloppositionellen Bewegungspartei zur realpolitisch orientierten Konkurrenzpartei ist weithin zurückgelegt" (Stöss, zit. n.

Zeuner 1991: 66). Über die „Grünen" erfolgte somit eine Integration der „Bewegungen" in das politische System der Bundesrepublik.

12.2.2 Soziale Wandlungen

Seit den 60er Jahren ist ein **Wertewandel** zu beobachten, den Klages als Verschiebung im Bereich zweier Wertegruppen definiert: Pflicht und Akzeptanzwerte (Disziplin, Pflichterfüllung, Fleiß usw.) nehmen in der Orientierung der Menschen an Bedeutung ab, hingegen werden Selbstentfaltungswerte (Autonomie, Genuß, Kreativität usw.) zunehmend bevorzugt (Klages 1988: 56ff.). In anderer Begrifflichkeit wurde dieser Wertwandel auch als Verschiebung von materialistischen zu postmaterialistischen Werten beschrieben; wo das Überleben kein Problem mehr ist, gibt es die Möglichkeit, sich mit der Entwicklung der eigenen Persönlichkeit zu beschäftigen. In der politischen Soziologie kann die Dynamik dieser Wandlung am Wahlverhalten sichtbar gemacht werden. Wenn man die traditionellen ideologischen Gruppierungen (Rechts, Mitte, Links) kombiniert mit dem Schema materialistisch – postmaterialistisch, dann ergibt sich ein Wandel im Verlauf der 80er Jahre:

Der Anteil ideologischer Gruppierungen an der Gesamtbevölkerung im Zeitverlauf (in Prozent)

	H1976- F1980*	H1980- H1982	F1983- H1986	F1987- F1989
Materialistische Linke	13,9	14,2	12,0	11,9
Postmaterialistische Linke	9,5	12,6	19,4	21,5
Materialistische Mitte	28,6	29,3	23,4	19,7
Postmaterialistische Mitte	10,6	11,3	15,5	18,4
Materialistische Rechte	30,4	26,6	21,2	17,8
Postmaterialistische Rechte	7,0	6,0	8,5	10,6
	100%	100%	100%	100%
N	8038	5411	8259	5032

* H= Herbst, F= Frühjahr

Quelle: Fuchs 1991; S. 72

In allen drei ideologischen Gruppierungen nahm der Anteil der Postmaterialisten seit Mitte der 70er Jahre zu, der der Materialisten ab. Die Zunahme erfolgte allerdings innerhalb der Linken schneller und stärker als innerhalb der Rechten, wahrscheinlich, weil hier der soziale Wandel positiv bewertet wird (Fuchs 1991: 73).

Tendenzen einer **„neuen Subjektivität"** waren schon in der Studentenbewegung und in der gleichzeitigen Literatur zu beobachten. Rudi Dutschke sah im revolutionären Kampf eine Art Selbsttherapie: Abbau der eigenen „autoritären Persönlichkeit" (oben 8.1.2, S. 181). „»Subjektivität«, »Betroffenheit«, sogar »Innerlichkeit« hießen die neuen Trendbezeichnungen" in der Literatur (Hermann Schlösser in Briegleb/Weigel 1992: 392). Peter Schneiders „Lenz" und Karin Strucks „Klassenliebe" aus dem Jahr 1973 gehörten zur „Neuen Subjektivität"; Verena Stefans „Häutungen" markierte in der Form subjektiver Aufzeichnungen „den Übergang zu einer neuen Phase der Frauenbewegung, die im Zeichen der »Selbsterfahrung« steht" (Sigrid Weigel in Briegleb/Weigel 1992: 247).

Eine zunehmende Individualisierung führte zur **Herauslösung aus traditionalen Klassenbedingungen und Versorgungsbezügen** der Familie, verstanden als „Freisetzung des Individuums" (Beck 1986: 116). Die vertikale Gliederung der Gesellschaft in Oben und Unten wurde dadurch zwar nicht aufgehoben, aber überlagert von horizontalen **„Lebensstil-Gruppierungen"** (Hradil 1990: 32), wodurch ein differenziertes Bild von der Gesellschaft als Ganzes entsteht. Dennoch darf über diesen Befunden nicht vergessen werden, „in welchem Ausmaß die soziale Ungleichheit noch existiert" (Schäfers 1989: 149). Mit dem Begriff **„Erlebnisgesellschaft"** hat Gerhard Schulze diese Entwicklung der bundesrepublikanischen Gesellschaft aufgrund von empirischen Daten aus der Mitte der 80er Jahre – allerdings unter Ausblendung der genannten sozialen Schattenseiten – auf den Begriff gebracht; für die „Erlebnisgesellschaft" sind „innenorientierte Lebensauffassungen, die das Subjekt selbst ins Zentrum des Denkens und Handelns stellen", das prägende Merkmal (Schulze 1992: 35).

Diese Subjektzentrierung ist in mannigfachen Varianten auch in der politischen Bildung der 80er Jahre zu beobachten.

12.3 Die Orientierung an der Lebenswelt

In seinem 1975 erschienenen Buch „Pubertät und Narzißmus" hat Thomas Ziehe einen **„neuen Sozialisationstyp"** diagnostiziert, der die Jugendlichen der 70er Jahre charakterisiert. Es ist ein Typus von Jugendlichen, der sich durch Ichbezug und schwaches Selbstwertgefühl auszeichnet. Ziehe deutete dieses Phänomen als Produkt einer psychoanalytisch erklärbaren Gesellschaftskrise: Strukturelle Veränderungen der Gesellschaft haben die Eltern-

Kind-Beziehung gestört und dadurch frühkindliche Sozialisationsschäden verursacht (Ziehe 1975). Später hat Ziehe immer wieder die **Konsequenzen für das politische Lernen** herausgestellt: Er verwies auf das große „Subjektivierungsverlangen" der Jugendlichen, auch auf ihre „umfassende Beziehungsorientiertheit". Sie suchten in der Beschäftigung mit Lerngegenständen die Bestätigung des Selbstwertgefühls, die Geborgenheit durch das Angenommensein von anderen und nicht so sehr objektbezogene Erkenntnisse (Ziehe 1980: 35).

Somit wurde die Aufmerksamkeit in der Fachdidaktik auf den „subjektiven Faktor" (Schuch 1978) gelenkt. Zunehmende Theoriemüdigkeit bei Lehrenden, die Forderung nach verstärkter Praxiszuwendung (Giesecke 1975) und eine vermehrte Sensibilisierung für Schülerwünsche kamen zusammen, um Lehrende zu bewegen, sich von den „Konzeptionen" abzuwenden und die mehr partiellen didaktischen „Ansätze" zu bevorzugen: Erfahrungsorientierung (Schaeffer 1976, Tegtmeyer 1977), Handlungsorientierung (Nonnenmacher 1984), Alltagsorientierung, Gemeinwesenorientierung (Geiger 1985). Ihre Gemeinsamkeit ist die **Bezugnahme auf die „Lebenswelt"**. Sie entfaltete sich in zwei Problemrichtungen: in eine zunehmende subjektivierende Sicht (12.3.1) und in eine Perspektive auf die Beziehung zwischen Lebenswelt und abstrakten Systemstrukturen (12.3.2).

12.3.1 „Expansion des Subjektiven"

12.3.1.2 Der subjektive Faktor

Der „**subjektive Faktor** in der politischen Erziehung", der bei Schmiederer nur ein Faktor unter mehreren war, wurde bei Hans Waldemar Schuch (1978) **zum alleintragenden Grund des politischen Unterrichts** (zum Folgenden vgl. Gagel 1985; auszugsweise auch in Kuhn u.a. 1993: 341-344). Für Schuch ist Unterricht ein „Lernmedium", womit er einen geschützten pädagogischen Raum meint, der frei von Ansprüchen ist, die von außen herangetragen werden, und der infolgedessen ungehinderte Interaktion unter den Teilnehmern zuläßt. Der politische Erzieher tritt hier in der Rolle des Beraters auf, der nach dem Vorbild der klientenzentrierten Gesprächspsychotherapie den Lernenden Gelegenheit gibt, alle Entscheidungen über Ziele, Inhalte und Arbeitsweisen selber zu treffen (Schuch 1978: 32-34). Politische Bildung orientiert sich hier am Modell der Therapiegruppe; im Mittelpunkt des Lernens steht „die Entwicklung der Ich-Leistungen des Individuums" (ebda.: 32). Das Ziel ist also die Vermittlung von Ich-Stärke und sozialen Kompetenzen, und das heißt: soziales Lernen.

Ausgeprägter als in dem mehr institutionell gebundenen Schulunterricht erschien die **zunehmende Subjektivierung** der politischen Bildung in der außerschulischen Bildungsarbeit. Die Erfahrungsberichte in dem Themenheft „Der ‚Neue Sozialisationstyp‘ – Klientel politischer Bildung?“ der Zeitschrift „Materialien zur politischen Bildung“ (1981, H. 4) stellten vielfältig dar, was einer der Autoren dort die „Expansion des Subjektiven“ genannt hat (Alt 1981). 1982 sprach Ziehe von der „Betroffenheitspädagogik“ (Ziehe/Stubenrauch 1982: 155ff.), und zwar im problematisierenden Sinn; er traf damit eine auch in der politischen Bildung zu beobachtenden Tendenz, die bisher unbestrittene Verknüpfung von subjektiver und objektiver Betroffenheit aufzulösen und die **subjektive Betroffenheit zum Selbstwert** zu erheben.

Eine Untersuchung, welche die politische Bildungsarbeit verschiedener außerschulischer Weiterbildungsträger für die Jahre 1986/87 auswertete, kam zu dem Ergebnis: „Auffallend ist der hohe Anteil an Bildungsangeboten unter dem Stichwort »Zwischenmenschliche Kommunikation« und »Rhetorik« bei fast allen Trägergruppen“ (Cremer/Piepenschneider 1989, zit. nach Hufer 1992: 55). Einem Tagungsbericht über eine Veranstaltung der Bundeszentrale für politische Bildung konnte Hufer entnehmen, daß es den Veranstaltern und Teilnehmern ganz offensichtlich nicht auf politische Inhalte und Strategiefragen ankam:

> „Statt dessen werden subjektive Empfindungen und Befindlichkeiten der Gruppen wiedergegeben, werden die Kommunikationsspiele und Kreativitätsübungen, mit welchen sich die Teilnehmer/-innen in der Woche beschäftigt hatten, vorgestellt. Die Interaktion verlief vielfach non-verbal, der Umgang war spielerisch, körpersprachlich, an einem individuellen oder gemeinsamen Produkt (Pantomime, Rollenspiel, Gesichtsmaske, Spiele, Kabarett etc.) orientiert. Weder der traditionelle politische Diskurs noch eine Auseinandersetzung über Lernziele und -inhalte der politischen Bildung spielten allem Anschein nach bei diesem Wochenseminar eine Rolle.“ (Hufer 1992: 56)

Vergleicht man derartige Tagungen mit den ebenfalls außerschulisch organisierten Veranstaltungen in dem Jugendhof, in dem Hermann Giesecke Anfang der 60er Jahre mit Jugendlichen Konflikte bearbeitete (oben 7.3.1, S. 158f.), so wird der Abstand deutlich. Mit derartigen Konzepten wird man kaum ein Kategoriensystem der Wirklichkeitsanalyse erarbeiten können, wie es Giesecke tat, weil Kognitionen klein geschrieben sind gegenüber den unmittelbaren Erlebnissen.

12.3.1.2 Das Syndrom des Subjektiven

Diese „Expansion des Subjektiven“ läßt sich als „Syndrom“ von fünf Merkmalen beschreiben (Gagel 1985: 406-410):

Kultivierung des Ich: Darauf verweisen narzißtische Symptome bei Jugendlichen: „Betroffenheit äußert sich im Bedürfnis nach Selbst-Thematisierung“ (Ziehe/Stubenrauch 1982: 162). Alles wird unter der Frage geprüft: Hat das mit mir zu tun? Persönliche Probleme gelten als Ausweis hoher Sensibilität, man „inszeniert sich als sensibler Körpermensch“, liebt es, seine „beschädigte Subjektivität zum Nabel der Welt zu exponieren“ (Hansen 1981: 24). Ein Lehrertagebuch berichtete über Selbst-Thematisierung im

Schulunterricht: „Eine 10. Hauptschulklasse und ihre Lehrerin machen sich selbst zum Thema“ (Kagerer 1978). Das Lehrertagebuch wurde zu einer neuen Literaturgattung (als Beispiel v. Schoenebeck 1980).

Beziehung wichtiger als Inhalte. Die Erfahrung subjektiver Bedeutsamkeit von Situationen und Gegenständen ist abhängig von der Erfüllung von „Beziehungswünschen“: Das Gefühl des Angenommenseins, das Erleben der Nähe ist wichtiger als objektivierbare Effizienz von Handlungen oder Ereignissen (vgl. Ziehe 1980: 35). „Soziale Zärtlichkeit“ wird zum „Lebensprinzip“ erhoben. Als „soziale“ hat diese Zärtlichkeit öffentlichen Charakter, stiftet einen „Zusammenhang von Zärtlichkeit und Politik“, entwickelt „soziale und politische Freiheit“, erreicht „Abwehr von lebensfeindlichen Bedingungen und Verhältnissen“ (Esser 1984: 30). Die interpersonale Körpererfahrung wird zum Organ der Problemwahrnehmung und -lösung, das Erleben der zwischenmenschlichen Intimität wird zum Instrument im Kampf gegen politische Mächte, militärische Potentiale und deren Bedrohung, – kurz: „Körperpolitik“ (Hansen 1981: 24) weist den Weg zum Frieden.

Lob der Nähe. Nähe wird auch als räumlicher Erlebnisbereich der Subjekte bevorzugt. Geiger regte für den politischen Unterricht die Öffnung der Schule an nach dem Muster der angelsächsischen *community education*, des Lernens im Lebenszusammenhang mit der Gemeinde oder dem Stadtteil (Geiger 1985: 281). Noll forderte eine „alltagsnahe Didaktik, welche die politische Bildung zugunsten einer Stadtteilarbeit ersetzt (Noll 1985: 291). Daß Alltag auch als „Labyrinth“ erfahren werden kann (Waldenfels 1985), daß „Alltagsbewußtsein“ auch als Gegenteil von aufgeklärtem Bewußtsein gedeutet wird (Leithäuser 1976: 165), gerät aus dem Blick. Habermas hat diese Auffassung von Lebenswelt als „methodischen Deskriptivismus“ kritisiert, weil sie sich mit der „Binnenperspektive“ begnügt (1981, 2: 223).

Verflüchtigung der Strukturen. Die Kehrseite der genannten Merkmale ist das Schwinden der Objektwelt. Erfahrungsbezogener Unterricht besteht für Scheller darin, daß die Schüler die Möglichkeit erhalten, „sich selbst, die eigenen Erlebnisse, Phantasien, Erfahrungen und Haltungen in der Auseinandersetzung mit den verschiedenen Unterrichtsinhalten darzustellen“ (Scheller 1981: 1), offenbar aber nicht darin, die den Gegenständen eigenen Strukturen zu erfassen, – der Lerngegenstand als Anlaß zur Selbstdarstellung. Bei Geiger (1985) erscheint die Umwelt nicht strukturiert, sondern stellt sich als eine Sammlung von Gelegenheiten zu sozialen Kontakten und von Handlungssituationen dar. Daß auch beim Eingreifen von sozialen Bewegungen in die politische Wirklichkeit regelhaftes und zweckrationales Handeln, auf Dauer gestellte Organisation und ein Mindestmaß an Disziplinierung erforderlich sind, wird nicht sichtbar.

Entwertung des Kognitiven. Wissen, das nicht unmittelbar praktisch, nämlich subjektiv befriedigend verwertet werden kann, wird in der Didaktik jetzt vielfach abfällig beurteilt. Lernen beschreibt Scheller als „Prozeß der

Begriffsdefinition und Begriffsbenennung", das zum „Begriffsfetisch" führt (Scheller 1981: 37); abfällig wird gesagt, Politikunterricht könne gesellschaftliche Realitäten „nur kategorial vermitteln" (Noll 1981: 170). Theorieabstinenz galt plötzlich als Tugend, außerschulische Seminare wurden dadurch zur „Idylle der Subjektivität" (Alt 1981: 32).

Die sich daraus ergebende **Aufsplitterung der Didaktik** in die „Ansätze" haben Kühn und Rohe theoretisch begründet, indem sie diese auf die „fundamentale Spaltung der politischen Realität" zurückführten: „Politik als Lebensweise" habe sich von einem Bereich der Politik „als Produktionsweise" abgesondert. Die Autoren folgern daraus, daß im politischen Unterricht auf unterschiedliche „Handlungszusammenhänge" hin erzogen werden müsse (Kühn/Rohe 1981: 507). Diese Diagnose rechtfertigt also die Auflösung der politischen Didaktik in die **Sonderdidaktiken** für eine Vielzahl von Alltagskulturen, auch für unterschiedliche Subkulturen oder Generationengruppen.

Das „Syndrom" steht in enger Beziehung zum gesellschaftlichen Wandel, den Gerhard Schulze als **„Erlebnisgesellschaft"** gedeutet hat. Wenn Subjekt „eine Verbindung von Bewußtsein und Körper, umgeben von einer subjektspezifischen Situation" bedeutet (Schulze 1992: 35), dann besagt die Theorie der „Erlebnisgesellschaft", daß heute die „Situation" für den Menschen ihre Widerständigkeit eingebüßt hat. Früher seien Handlungsmöglichkeiten „vor allem durch situative Begrenzungen des Subjekts" zu erklären gewesen und demzufolge auch „durch subjektive Einwirkungen auf die Situation", also um diese zu ändern, um Widerstände zu überwinden. Heute jedoch, so Schulze, „legt die Situation etwas nahe oder löst etwas aus, statt zu begrenzen", und infolgedessen handelt das Subjekt „eher durch Wählen als durch Einwirken" (ebda.). „Erlebnisgesellschaft" ist die Gesellschaft des Warenüberflusses, in welcher nicht das Überleben, sondern das **Wählen** angesichts der Vielfalt des Angebots problematisch erscheint. So ist das Ich auf sich selbst verwiesen, um dort, wo der Überlebenswert nicht mehr maßgeblich ist, den „Erlebniswert" des Gewählten auszukosten, damit sein Handeln einen Sinn bekommt.

12.3.2 Die „Brücke" zwischen Lebenswelt und Politik

Der Ansatz bei der Lebenswelt muß nicht zur subjektivistischen Selbstbezogenheit führen. Vielmehr hat er auch bewirkt, das **„Brückenproblem"** zu entdecken. Einen Anstoß dazu gab Tilman Grammes 1986 in seiner Untersuchung fachdidaktischer Konzeptionen im Hinblick auf ihre „pragmatische Denktradition", zu welcher die didaktische Intention gehört, „das Politische im Sozialen" aufzusuchen, um dadurch die „strukturelle Distanz der Jugend zur Politik" aufzuheben (Grammes 1986: 51). Das Brückenproblem leitet auch den Versuch, Ansätze einer **„neuen" Institutionenkunde** aufzuzeigen (Gagel 1989c). Dabei wird zwischen erfahrungsorientierten und politikbezogenen Ansätzen unterschieden.

Erfahrungsorientierte Ansätze der Institutionenkunde. Die Schweizer Didaktiker Jacques Vontobel und Fritz Künzler haben ihre „Politik zum Anfassen" als eine „soziale Institutionenkunde" konzipiert, weil nach Meinung der Autoren das für Schüler „abstrakte, formale und sterile Lernfeld" anders nicht mit seiner „Lebenswelt" in Verbindung gebracht werden kann (Vontobel/Künzler 1984: 15). Ihre Prämisse ist, daß die meisten in der Politik auftretenden Probleme auch im „sozialen Mikrokosmos" erscheinen (ebda.: 18), daß man sie also im sozialen Nahbereich aufsuchen kann. Aber da diese Probleme nicht als Einbruchstellen des Politischen in die Lebenswelt verstanden werden, Schule beispielsweise nicht als politische Institution aufgefaßt wird, gelangen die Schüler nicht zum Bereich des Politischen.

Anders ist es bei Carl Deichmann in „Politische Institutionen und Bürgeralltag" (1979). Seine „neue Sicht der Institutionenkunde" zielt ausdrücklich auf die Überwindung der Distanz zwischen Alltagswelt und Politik. An schulischen Handlungssituationen werden die erfahrbaren und daher auch beobachtbaren „herrschaftlich bedingten Bestandteile der Alltagswelt" thematisiert, zugleich aber wird auch die Distanzerfahrung zwischen Alltagswelt und Politik zur Sprache gebracht.

Politikbezogene Ansätze. Die didaktische Aufbereitung des Themas „Das politische System der Bundesrepublik Deutschland" von Gotthard Breit, Hermann Harms und Gerhard Himmelmann (1983) läßt sich einer **kritischen Institutionenkunde** zuordnen. Am Beispiel des konstruktiven Mißtrauensvotums vom 17. 12. 1982, das als Mittel zu einer anders nicht erreichbaren Auflösung des Bundestages benutzt wurde, können Funktionsweise und Ausgestaltung der politischen Institutionen kontrovers beurteilt und Institutionenprobleme in Verfassungs*politik* übersetzt werden. Die Autoren beachten aber auch den Aspekt der „Relation von Individuum und System": „Die Systemperspektive soll mit der Handlungsperspektive reflexiv verknüpft werden" (Breit u.a. 1983: 90). Weil in den Fallbeispielen die individuelle Betroffenheit berücksichtigt wird, so durch den Fall der Novellierung des Gesetzes über Kriegsdienstverweigerung, kann der Unterricht auch hier als „Brücke" zwischen Lebenswelt und Politik wirken. Freilich ist hier nicht der Erfahrungsbezug der Ausgangspunkt der didaktischen Konzeption, sondern der Objektbezug der Lernenden.

Das gilt auch für die Version, in welcher Politik als **Prozeß- und Entscheidungsanalyse** vergegenwärtigt wird. Hans-Joachim Lißmann und Fritz Sandmann haben in ihrem Beitrag zum „Metzler Handbuch für den politischen Unterricht" (1987) ein und dasselbe politische Entscheidungsproblem, den Konflikt um eine Müllverbrennungsanlage in Hessen, nach drei verschiedenen didaktischen Konzeptionen (Sutor, Schmiederer, Grosser) in Unterrichtsentwürfen durchgespielt. Zwar tritt das Institutionelle hier als Rahmenbedingung auf, doch wird am Beispiel sichtbar, in welcher Weise Institutionen auch Handlungspotentiale und Handlungsschranken darstellen. Da der Fall in der Alltagswelt der Lernenden aufgesucht und sinnlich wahrnehmbar gemacht werden kann, ist die Möglichkeit der Betroffenheit gegeben, der Zusammenhang zwischen Lebenswelt und Politik also sinnfällig.

Lebenswelt und System. Einen anderen theoretischen Ansatz wählt, wer das Brückenproblem mit Hilfe der Unterscheidung von Lebenswelt und System zu lösen versucht. Hingewiesen wurde auf die didaktische Ergiebigkeit der „Theorie des kommunikativen Handelns“ von Jürgen Habermas (1981); sie biete einen Weg, „lebensweltliche Ansätze für Systembezüge zu öffnen“ (Gagel 1986b: 294). Dagmar Richter (1989, 1991) hat aus dieser Theorie von Habermas die Fragestellung nach dem Lernprozeß entwickelt. Für sie liegt das „Brückenproblem“ in Problemen der „Übergänge vom **lebensweltlichen zum wissenschaftlichen Wissen** und vice versa“ (Richter 1991: 252). Anhand einer Interpretation der Erzählung „Störfall“ von Christa Wolf (Richter 1989: 184ff.) zeigt sie exemplarisch, wie lebensweltlich nicht erfaßbare Ereignisse, hier die Auswirkungen eines Reaktorunfalls, durch „systemisches“ Wissen verstehbar gemacht werden und wie dadurch systemisches Wissen in Erfahrungsprozesse einbezogen wird (ebda.: 185). Kognitive Schwierigkeiten des Übergangs von Alltagswissen zu systemischem Wissen treten bei allen politisch relevanten Alltagsproblemen auf; Beispiele für weitere didaktische Bearbeitungen unter diesem Aspekt sind das Müllproblem (Richter 1991) und der Einbruch von großtechnologischen Gefahren in die Alltagswelt (Gagel 1991b). Weniger speziell auf Bedrohungsphänomene bezogen, dafür aber verallgemeinert und stärker didaktisiert hat Gotthard Breit die Unterscheidung von **lebensweltorientierten und politikorientierten Perspektiven**, die zur Analyse von Lerngegenständen dienen, um dadurch Unterricht in der Verbindung von konkreter und abstrakter Lernebene planen zu können (Breit 1985).

Mit dem Wissensproblem wird die subjektive Seite angesprochen, aber in einem theoretischen Rahmen, in welchem der Systembereich nicht ausgeklammert bleibt. Die erwähnte „Theorie des kommunikativen Handelns“ von Jürgen Habermas leistet die **Verbindung von Mikro- und Makrotheorie in der Soziologie**, die wir jede für sich schon als Beispiele nacheinander bei Schmiederers didaktischen Konzeptionen von 1971 und 1977 kennengelernt haben (10.4; oben S. 243). Diese Verbindung beider Theorieansätze ist für die Didaktik fruchtbar, weil dadurch weder die Bedürfnislagen der Lernenden gesamtgesellschaftlich untergepflügt werden, noch die Illusion erzeugt wird, daß die Systeme den einzelnen umstandslos zu Diensten seien. Habermas zielt mit der „einprägsamen Metapher“ (Dubiel 1988: 112) von der „Kolonialisierung der Lebenswelt“ (Habermas 1981, 2: 522) auf das Dingfestmachen der **Konfliktzonen** des gesellschaftlichen Lebens, die durch den Einbruch des Systems in Lebenswelt entstehen. Dies bietet einen theoretischen Rahmen, innerhalb dessen **didaktische Aufgaben** ermittelt werden,

- indem Erfahrungsweisen und Bedürfnislagen von Lernenden als gefährdet durch „systemische Imperative" (Habermas) erkannt,
- die Lernnotwendigkeit von Systemen durch ihr auf die Lebenswelt wirkendes Erhaltungs- und Bedrohungspotential begründet und
- Probleme in den Konfliktzonen zwischen Lebenswelt und System als Lerninhalte identifiziert werden können.

Dieser Theorierahmen war bis 1989 noch nicht ausgeschöpft; auch Claußen nutzte ihn in seinem Aufsatz „Politisches Lernen angesichts der Veränderungen von System und Lebenswelt" (1990) nicht zur didaktischen Reflexion, sondern bildete ihn unter Berufung auf U.K. Preuß zu einem bloßen Makroansatz der Gesellschafts- und Systemkritik der 70er Jahre und zur Forderung nach „Beseitigung der antagonistischen Struktur der Gesellschaft und also der kapitalistischen Produktionsweise" (Claußen 1990: 253) zurück, ohne die didaktischen Chancen dieser Verbindung von Mikro- und Makroansatz zu ergreifen. Allein Dagmar Richter hat in späteren Veröffentlichungen, welche nicht mehr zu dem hier behandelten Zeitraum gehören (z.B. 1982), nach der Theorie von Habermas, aber sie auch modifizierend, einen kategorialen Rahmen der didaktischen Reflexion entwickelt, durch den kindliche Lebenswelten analysiert und Aufklärung über Lebenswirklichkeit als Bildungsprozeß angebahnt werden können.

12.4 Handlungsorientierung: Der „halbe" Pragmatismus?

12.4.1 Ein Beispiel

In der „nachkonzeptionellen Phase" trat eine Schwerpunktverschiebung innerhalb des Spektrums didaktischen Denkens ein: weg von den Zielen und Inhalten, hin zu den Tätigkeiten. Die Erfahrungen der Lernenden sollten einbezogen werden. **Handlungsorientierung** wurde zum Schlüsselwort für einen modernen, motivierenden Unterricht. Ein Beispiel soll verdeutlichen, was mit diesem Wort gemeint ist. Es ist der Bericht einer jungen Lehrerin über den Unterricht in einer 10. Klasse.

> Da die Schülerinnen und Schüler etwas „Richtiges" lernen wollten, habe ich den Unterricht erst einmal mit den Themen „Politische Willensbildung/Verfassung der Bundesrepublik Deutschland/Wahlsystem/Kandida-

tenaufstellung der Parteien“ begonnen. Erst in einer zweiten Unterrichtseinheit habe ich versucht, ein Stück Wirklichkeit aus dem politischen Alltag in den Unterricht zu bringen, dabei an ihre politischen Alltagserfahrungen anzuknüpfen und zugleich ein Stück weit handlungsbezogen zu unterrichten.

Die Stadt Nordenham plant zur Zeit, unter dem Marktplatz eine Tiefgarage zu bauen. Diese Absicht hat breiten Protest hervorgerufen; es ist zur Gründung einer Bürgerinitiative gekommen. An diesem Beispiel wollte ich mit den Schülern die „Interessenvertretung“ gewählter „Volksvertreter“ genauer untersuchen.

Die Schülerinnen und Schüler wurden in feste Kleingruppen aufgeteilt und erhielten den Auftrag, sich über Zeitungsmaterialien, Flugblätter, Parteiprogramme usw. in die Position der ihnen zugeteilten Partei, Gruppe oder Organisation zum Tiefgaragenprojekt einzuarbeiten. Nach der inhaltlichen Einarbeitung gingen die Schüler zu diesen Politikern und Interessenvertretern und befragten sie. Eine Kleingruppe interviewte Bürgerinnen und Bürger in der Innenstadt.

Nach dieser ersten Phase kam auf meine Einladung der Stadtbaurat von Nordenham in unseren Unterricht, um sich der Diskussion zu stellen. Er stellte noch einmal zusammenfassend die Haltung der Stadt zum Tiefgaragenprojekt aus seiner Sicht dar.

Die Schüler hatten die Aufgabe, die Argumente des Stadtbaurats kritisch zu hinterfragen. Und dies gelang ihnen auch hervorragend. Sie waren gut vorbereitet; sie setzten sich engagiert und sachkundig mit den einzelnen Argumenten auseinander. Es gab eine lebhafte und kontroverse Diskussion.

Den Abschluß der Unterrichtseinheit bildete eine gründlich vorbereitete Simulation einer *Podiums-Diskussion*: Der „Bürgerverein Nordenham“ lud ein; die Schüler der Kleingruppen, die sich in bestimmte Positionen lange eingearbeitet hatten, schickten einen „Sprecher“.

Es wurde mit großem Engagement gespielt und gestritten; es trat genau das ein, was in „richtigen“ Bürgerversammlungen regelmäßig stattfindet: Den „Politikern“ ging es mehr um Selbstdarstellung als um die Nähe zum Bürger und zu seinen Problemen. Diejenigen Schüler, die die Rolle des „Publikums“ übernommen hatten, wurden immer unzufriedener, weil es ihnen nicht gelang, in die Debatte einzugreifen.

Was habe ich erreicht? Die Schülerinnen und Schüler dieser 10. Klasse haben sich spürbar mehr als vorher für Politik interessiert, für das Geschehen in diesem „Geschäft“, an das sie zu Beginn des Halbjahrs nicht gedacht hatten. Sie haben, was sie vorher nicht getan hatten, zu Hause die kommunalpolitische Seite der Zeitung gelesen und ihre Eltern in Diskussionen über das Tiefgaragenprojekt verwickelt. Die Distanz zur Politik ist ein Stück weit aufgebrochen worden; Politik stellt sich für die

> Schüler als etwas „Faßbares" dar. Sie sind zu Politikern gegangen, sie haben Engagement, Mut und Bereitschaft gezeigt, mitzuspielen. Und diese Eigenschaften sind auch dann wichtig, wenn es darum geht, sich für seine eigenen Interessen einzusetzen.
>
> (Mechtild Weremeyer 12. 9. 86.; zit. nach Meyer 1987 II: 397f. [Auszug])

Der Lehrerin war der **Realitätsbezug** wichtig: „Politischer Alltag" sollte in den Unterricht gebracht werden. Als Methoden wurden verwendet: Gruppenarbeit, Erkundung/Befragung, Expertenbefragung, Rollenspiel. Nach der Beobachtung der Lehrerin bewirkte der Unterricht, daß sich die „Distanz zur Politik" verkleinerte, daß Interesse an lokaler Politik geweckt und dadurch die Wahrnehmungsfähigkeit gesteigert wurde, daß die Lernenden kommunikative Kompetenz erwarben.

Was aber ist hier unter „Handlungsorientierung" zu verstehen? Besteht sie in der Wahl aktivierender Unterrichtsmethoden? Das Beispiel soll als Bezugspunkt für die Darstellung unterschiedlicher Auffassungen dienen.

12.4.2 Handlungsbegriffe

12.4.2.1 Politisches Handeln

Frank Nonnenmacher (1984) sieht im **politischen Handeln** der Schüler ein Ziel der politischen Bildung. Er weist darauf hin, daß die politische Didaktik dieses Ziel immer schon postuliert, aber seine Einlösbarkeit nicht geklärt habe. Er versteht also Handlungsorientierung nicht als eine Frage der Methodenwahl, sondern als Zielproblem, und deshalb setzt er mit der Klärung des für Politik relevanten Handlungsbegriffs ein.

Im Anschluß an Jürgen Habermas unterscheidet er „strategisches" und „kommunikatives" Handeln: Beim **strategischen Handeln** wird angenommen, daß andere Mithandelnde sich nicht von vorneherein kooperativ, vielmehr nach ihrem eigenen Nutzen verhalten und daher nur soweit in die eigenen Pläne sich einpassen lassen, als es diesem Nutzen entspricht. Beim **kommunikativen Handeln** hingegen steht die Verständigung über Handlungsnormen im Vordergrund; sie gelten nicht als von vorneherein verbindlich, sondern es muß im Diskurs erst eine Übereinkunft, ein Konsens erzielt werden, ohne daß auf einen der Beteiligten Zwang ausgeübt wird (Nonnenmacher 1984: 46-50).

Im Unterschied zu Habermas begreift Nonnenmacher diese Handlungstypen nicht als eine Hierarchie mit dem kommunikativen Handeln als oberstem Wert, sondern als **konkurrente Handlungsalternativen**. Denn seine Intention ist das **politische Handeln**, bei welchem zweckrationale Verhaltensweisen und strategische Einflußnahme auf andere zum notwendigen Instrumentarium gehören, neben der auf Konsens zielenden Verständigung.

Vergleichen wir dies mit dem Unterrichtsbeispiel: Strategisches Handeln wird dort nicht geübt, weil es nicht um Durchsetzung von Zielen, sondern um Erkennen der Realität geht. Insofern wird verständigungsorientiertes Handeln praktiziert, weil auch die kritische Befragung des Stadtbaurats nicht auf einen konkreten Erfolg zielt.

Nonnenmacher beschreibt das kommunale Planungsvorhaben „Umgehungsstraße" als Unterrichtsthema einer 9. Jahrgangsklasse, um die **Handlungsmöglichkeiten** aufzuzeigen. Er nimmt an: Der Unterricht war bis zur Urteilsbildung gediehen, und dann wird die Frage nach den „praktischen Konsequenzen" gestellt. Infrage kommen Veröffentlichung der Unterrichtsergebnisse, schulöffentliche Diskussionsveranstaltung, Teilnahme an Demonstrationen. Bei der letzteren dieser Möglichkeiten geht Nonnenmacher auf die pädagogischen Probleme ein; richtiger erscheint es ihm, wenn Schüler nicht „draußen", sondern im Rahmen ihrer Schülervertretung aktiv werden (119). Wegen dieser Schwierigkeiten mit Realbegegnungen außerhalb der Schule beschränkt Nonnenmacher Handlungsorientierung vorzugsweise auf „Handlungsvorbereitung" (119f.). Dazu gehört es, sich im „Rollenspiel" auf eine reale Auseinandersetzung vorzubereiten; das Spiel wird dann wirklich zum „Probehandeln". Eine „Reflexion der Handlungsergebnisse" (123f.) sollte das Vorhaben abschließen.

Strategisches Handeln läßt sich wahrscheinlich am ehesten im **Erfahrungsbereich „Schule"** praktizieren, wo es zur Durchsetzung von Schülerinteressen auch einen unmittelbaren „Lebenswert" haben kann. Alles übrige wird durch die „**Grenzen** der Realisierung eines auf Handlungsfähigkeit zielenden politischen Unterrichts", die Nonnenmacher ausführlich beschreibt (125ff.), eingeschränkt. Zu fragen ist aber, ob Nonnenmacher nicht mit zu einem engen Begriff von Handeln arbeitet. Kompetenz für politisches Handeln läßt sich auch durch andere Handlungsformen erwerben.

12.4.2.2 Realbegegnung und Simulation

Gerade wegen der Restriktionen des schulischen Lernens wird von Lehrenden häufig die Variante „Wirtschaft und Politik erleben" (Klippert 1984) gewählt. Nach Heinz Klippert sprechen im wesentlichen pädagogische Überlegungen für ein „erfahrungs- und handlungsbezogenes Lernen": Weil **alltägliche „Belehrung" demotiviert**, suchen Lehrende nach anderen Verfahren. Das hat „ziemlich Spaß gemacht", „haben selbst was getan", urteilten die Schüler (Klippert 1988: 77). Der andere Gesichtspunkt ist für Klippert die alltägliche Erfahrung aus „zweiter Hand": Durch ihre Nutzung der Massenmedien erleben die Lernenden wie die Erwachsenen das **„allmähliche Verschwin-**

den der Wirklichkeit" und den „rasch fortschreitende Verlust originärer Welterfahrung" (Klippert 1988: 78f.). Unsere Mediengesellschaft erzeugt ein Defizit an Realitätsbezug, und dies regt zur Suche nach Kompensationen an.

Klippert verwendet einen weiteren Begriff von Handlungsorientierung als Nonnenmacher. Er enthält die Konzeption eines **aktiven Lernens**. Dementsprechend unterscheidet er eine didaktische und eine methodische Komponente:

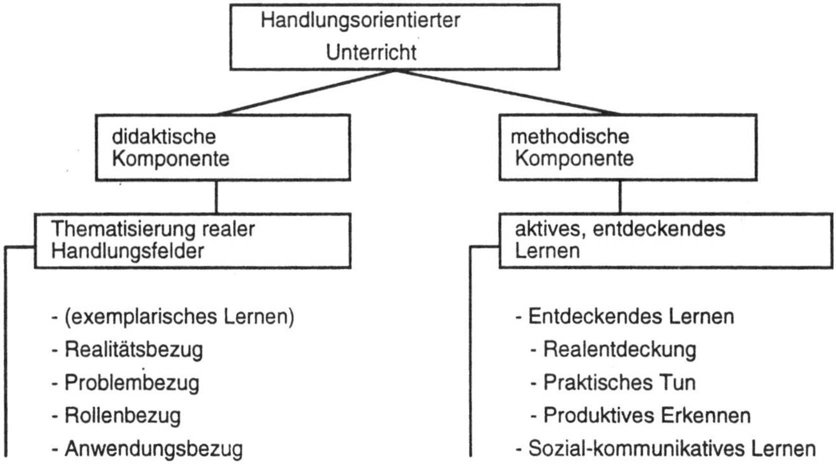

Abb.: Didaktische und methodische Aspekte eines handlungsorientierten Unterrichts (Klippert 1984: 27)

Ziele des handlungsorientierten Unterrichts sind für Klippert:

„(1) Prinzipiell soll der handlungsorientierte Unterricht dazu beitragen, daß die Schüler Handlungskompetenz in bezug auf die Bewältigung jetziger und zukünftiger Lebenssituationen erwerben, also lernen, wie man lernt (Methodenlernen), wie man sich als mündiger Wirtschafts- und Staatsbürger im privaten wie im öffentlichen Leben verhält, wie man im sozialen Kontext agiert und interagiert etc.

(2) Gefordert ist ferner, daß der Unterricht möglichst vielfältige Realitätserfahrungen zuläßt, und zwar im Sinne der unmittelbaren Realitätsbegegnung – Erkundungen, Praktika, Projektunterricht etc. – als auch im Sinne der exemplarischen Realitätssimulation (Rollenspiele, Planspiele etc.).

(3) Schließlich meint handlungsorientierter Unterricht auch und vor allem, daß die Unterrichtsorganisation ausreichend Zeit lassen muß für aktives, produktives, entdeckendes, kreatives, soziales und kommunikatives Lernen und Arbeiten der Schüler." (Klippert 1984: 28)

Die Hauptkomponenten sind also Realitätserfahrung, Selbsttätigkeit und Sozialbezug. Klippert hat diese Konzeption an Beispielen für Lernspiele (Planspiele) entwickelt (1984), aber seine Beschreibung von Handlungsorientieung zeigt, daß die Palette der Realisierungsmöglichkeiten breiter ist.

Der Vergleich mit dem oben wiedergegebenen Unterrichtsbeispiel ergibt, daß alle drei Zielaspekte Klipperts darin enthalten sind: soziales Handeln, Realitätserfahrung und aktives Lernen.

12.4.2.3 Handlungsprodukt

Eine andere Variante bringen Werner Jank und Hilbert Meyer in den Begriff Handlungsorientierung, wenn sie definieren:

„Handlungsorientierter Unterricht ist ein ganzheitlicher und schüleraktiver Unterricht, in dem zwischen dem Lehrer/der Lehrerin und den SchülerInnen vereinbarte Handlungsprodukte die Gestaltung des Unterrichtsprozesses leiten, so daß Kopf- und Handarbeit der SchülerInnen in ein ausgewogenes Verhältnis zueinander gebracht werden können." (Jank/Meyer 1991: 254)

Die Besonderheit dieser Definition ist das **Produkt** als Ziel der Tätigkeiten. Darunter verstehen die Autoren „Symbolisierungsformen", und zwar Inszenierungen (Rollenspiel, Tanz), Hergestelltes (Wandzeitung, Leserbrief) oder Vorhaben (Elternabend, Erkundung) (ebda.: 356). Kriterium für Handlungsorientierung sind also die wahrnehmbaren Objektivierungen als Ergebnisse, nicht die Aktivitäten als solche. In dem oben angeführten Unterrichtsbeispiel wäre das die Simulation einer Podiumsdiskussion. In der Definition wird aber nicht deutlich, welchen Stellenwert das Produkt hat. Ist es das Handlungsziel oder ist es die Symbolisierung von Handlungsergebnissen? In dem genannten Beispiel war nicht die Absicht leitend, eine Podiumsdiskussion zu veranstalten, sondern ein Problem (Konflikt um die Tiefgarage) zu klären.

In einer **Vielzahl von methodischen Formen** hat sich die Intention Handlungsorientierung niedergeschlagen: Nitzschke nennt das Projekt, die Fallstudie, die Fallanalyse, das Planspiel, die Erkundung (1988: 50); die Zukunftswerkstatt (Weinbrenner 1988) gehört dazu wie beispielsweise auch die Computersimulation (Viechtbauer 1988) oder das Börsenspiel (Riehl 1987). „Methodenbewußter Unterricht" (Glass 1987) ist eigentlich „entdeckendes Lernen": „tote Sachverhalte in lebendige Handlungen zurückzuverwandeln", wobei Grammes zusätzlich auch die soziale Perspektivenübernahme empfiehlt, nämlich den Lernenden in die Sache hineinzuversetzen (1990: 15, 17). Unter dem Dach des Begriffes „Handlungsorientierung" vereinigen sich so viele Varianten, daß es zweckmäßig ist, zu fragen, welche Grundintention sie zusammenhält.

12.4.3 Pragmatismus als Diagnosehilfe

Handlungsorientierung hat eine lange Vorgeschichte, ihr Ursprung liegt in der deutschen Reformpädagogik und in der amerikanischen Pädagogik des

Pragmatismus. Letzterer liefert auch den theoretischen Hintergrund. Er kann daher als **Diagnosehilfe** für die Entdeckung der Defizite dienen.

Gemeinsam ist den aufgeführten Beispielen, daß Tätigkeiten oder Produkte, nicht kognitiven Akte und nicht die Inhalte als Kriterium für Handlungsorientierung gelten. Diese **Dominanz der Aktion** gegenüber der Kognition entspricht aber nicht der ursprünglichen pädagogischen Theorie des Lernens im Zusammenhang mit Handeln, wie sie der amerikanische Philosoph und Pädagoge John Dewey entwickelt hat (s. 3.2.4; oben S. 60f.).

Nicht die Tätigkeit ist das Kriterium für einen Lernprozeß im Sinne des Pragmatismus, sondern die **Problemhaltigkeit der Lernsituation** und die **selbständige Problemlösung**. Denn Denken entsteht für Dewey aus der Not bzw. der Notwendigkeit, eine Schwierigkeit überwinden und dazu Ziele projizieren und über Mittel befinden zu müssen (Bohnsack 1976: 443). Lernen ist eine Frage der Selbsterhaltung, des Überlebens. Fritz Bohnsack deutet dies so, daß Dewey die Grundstruktur des Lernprozesses aus **außerschulischen Situationen** entnommen und dabei an die Lebensbedingungen der Pionierzeit gedacht habe (ebda.: 440). Zu beachten ist ferner der Einfluß des Darwinismus auf den Pragmatismus; Hans Joas hat gezeigt, wie nach dessen Muster die geistigen Leistungen in die Funktionen des Organismus eingebettet sind und wie dadurch eine transzendentale Begründung der Philosophie überflüssig wird. Es ist das „von Darwin inaugurierte Modell des ein Leben in der Umwelt aktiv sichernden Organismus", welches vom Pragmatismus als Ausgangspunkt gewählt wird (Joas 1980: 39). Aus diesem Grunde darf der **Lerngegenstand nicht heruntergespielt** werden. Problem ist zu verstehen als das Dringliche, das Unabweisbare, das in einer bestimmten Situation den Zwang zur Überwindung ausübt. Lern-Zwang entspringt dem Zwang der Dinge (vgl. Bohnsack 1976: 442).

Nun gibt es hier sicherlich Abschattierungen; nicht alles, was Neugier erregt, was sachbezogene Motivation erzeugt, ist ein Teil des Überlebenskampfes. Und wenn wir an die Projektmethode denken, so ist es sicherlich legitim, daß Lernende angeregt mitarbeiten, weil es „Spaß" macht, weil ihre Phantasie, ihre Kreativität und ihr Tätigkeitsdrang angeregt werden. Aber von dieser „Erlebnismotivation" ist doch die „Mangelmotivation" (Gronemeyer 1976: 64) zu unterscheiden, denn diese ist das Kriterium für das gesellschaftlich bedeutsame Projekt. Für die politische Bildung ist die **Wertigkeit der Projektanlässe** ein unentbehrliches Kriterium; was hier als bedeutsam gilt, ist wichtig im Sinne der politischen Dringlichkeit, zielt auf einen gesellschaftlichen Mißstand oder auf einen Tatbestand der Gefährdung, die den Zwang zu ihrer Überwindung in sich tragen.

Demnach findet das eigentliche Handeln erst in einer sehr späten Phase statt; es geht **handlungsvorbereitendes Denken** voraus. Handlungsvorbereitung ist daher nicht Strategietraining in der Simulation wie bei Nonnenmacher, sondern die Planung der Handlung durch vorwegnehmendes Denken.

Gegenüber der verbreiteten Ritualisierung einer pragmatistischen Didaktik im handlungsorientierten Unterricht muß man also deren **Kernbestände** in Erinnerung rufen:

1. Lernanlässe sind wie die Anlässe zum Denken **Probleme in Lebenssituationen**; dies erfordert nicht primär die Fähigkeit zum Handeln, sondern zunächst zum Problemlösen.
2. Das Problemlösen verlangt die enge **Verbindung von Denken und Handeln**; durch Denken wird Handeln vorbereitet und begleitet. Dewey nannte dies „denkende Erfahrung" (1964: 195).
3. Es gibt keinen prinzipiellen Unterschied zwischen wissenschaftlichen und alltagspraktischen Erkenntnisweisen; das Gemeinsame ist die **generelle Struktur des Problemlösungsverhaltens**.

Es entspricht ja der Lebenserfahrung, daß auch im handlungsorientierten Unterricht Lernende ihren Verstand gebrauchen, daß sie „denken" müssen. Umso verwunderlicher ist es, daß dies in der didaktischen Literatur häufig verdeckt wird, als rühre man an ein Tabu. Ich sehe darin ein weiteres Beispiel für die oben dargestellte „Entwertung des Kognitiven" (12.3.1, S. 291f.).

12.5 Zeitdiagnose und Schlüsselprobleme

12.5.1 „Risikogesellschaft"

Mit dem Bewußtsein von den Gefährdungen der Lebenswelt ist in der politischen Bildung auch das **Interesse an Zeitdiagnosen** wieder erwacht. Weite Beachtung hat die Kritik an der modernen Industriegesellschaft gefunden, die Ulrich Beck in seinem Buch **„Risikogesellschaft"** (1986) vorgelegt hat. Hier werden nicht nur die Tendenzen gesellschaftlichen Wandels (Individualisierung, Differenzierung), sondern auch die Bedrohungen durch die Großtechnologien aufgezeigt. Sie erzeugen Gefährdungen, die sich nicht mehr raumzeitlich begrenzen lassen, die aus Entscheidungen außerhalb des politischen Systems herrühren und den traditionellen Politikprozeß unterlaufen. In der Risikogesellschaft wird nach Beck „der Umgang mit Angst und Unsicherheit ... zu einer zivilisatorischen Schlüsselqualifikation" (1987: 168).

Wolfgang Zapf hat kommentiert, die Position von Ulrich Beck sei deshalb so faszinierend,

„weil sie sowohl am Programm der Modernisierung festhält als auch an einer fundamentalen Kritik der gegenwärtigen Gesellschaft einschließlich des größten Teils der heutigen Soziologie. Beck will eine »andere Moderne« und eine einsichtsvollere, gewissenhaftere, reflektiertere, eben: reflexive Theorie entwerfen. Er vermag die Anhänger der Kritischen Theorie der 1930er und 1960er Jahre für sich zu gewinnen, für die der Satz von Adorno gilt: »Das Ganze ist das Unwahre«. Sie vermag die enttäuschten Marxisten zu vereinnahmen, deren Träume vom Sozialismus zwar zerbrochen sind, die aber nun gezeigt bekommen, daß auch die marktwirtschaftlichen Demokratien an ihren Widersprüchen scheitern müssen. Sie ist eine modernisierte Variante der Spätkapitalismusdoktrin, wobei die ökologische Krise jetzt die Rolle einnimmt, die seinerzeit die Legitimationskrise des Spätkapitalismus eingenommen hat. Sie ist eine weitere Theorie des »Dritten Weges« jenseits von Sozialismus und Kapitalismus." (Zapf 1992: 205)

Es mag an diesem Aspektreichtum liegen, daß der Begriff „Risikogesellschaft" zu einer **gebräuchlichen Formel** geworden ist (als Beispiel die Beilage zu Das Parlament B 36/89 mit vier Beiträgen zu diesem Begriff). Er ist auch von philosophischen Zeitdiagnosen übernommen worden. Peter Koslowski vertritt die These, „daß die Ausdehnung des »Risikos« durch die Entgrenzung der Macht des Menschen über die Natur und sich selbst entstanden ist und daß die Expansion des Risikos mit dem expansionistischen Weltbild und Wirtschafts- und Lebensstil der Moderne zusammenhängt" (Koslowski 1989: 14). Auch in der **politischen Didaktik** ist der Begriff vielfach verwendet worden (als Beispiel Claußen 1989). Andere zeitdiagnostische Befunde wie die Entfremdungserfahrung der Moderne, die Krise der Arbeitsgesellschaft oder die Frage nach der Postmoderne (vgl. Ollig 1991: 10) haben demgegenüber keine derart weite Verbreitung gefunden.

12.5.2 „Schlüsselprobleme"

Der didaktische Ansatz Wolfgang Hilligens, aus Ergebnissen von Zeitdiagnosen Herausforderungen und fundamentale Probleme zu identifizieren (zuerst 1955; 5.2.1, oben S. 103ff.), wurde wieder aufgegriffen. In seinem Aufsatz „Konturen eines neuen Allgemeinbildungskonzeptes" hat der Pädagoge Wolfgang Klafki Allgemeinbildung als „ein geschichtlich vermitteltes Bewußtsein von zentralen Problemen der gemeinsamen Gegenwart und der voraussehbaren Zukunft" beschrieben (1985: 20). Er meinte, daß ein Konsens über Lösung und Wegen zu Lösungen dieser Probleme nicht erreichbar sei, daß aber eine Übereinstimmung hinsichtlich der Problemstellung möglich sei (ebda.: 21). Sein Katalog von **„Schlüsselproblemen"** (ebda.) war ein Anstoß, in der Fachdidaktik der politischen Bildung das Inhaltsproblem im Sinne von Hilligens „fundamentalen Problemen" neu zu durchdenken.

Wolfgang Sander hat Klafkis Schlüsselprobleme zur Grundlage eines Konzepts **fächerübergreifender politischen Bildung** gemacht, ohne daß er sie, wie er sagte, inhaltlich prüfen wollte. Er stellte aber fest, daß es sich bei ihnen ganz überwiegend „um Gegenstände der politischen Bildung handelt" (Sander 1989: 128).

Klafki hat später seinen Katalog verdichtet und auf folgende **Schlüsselprobleme** reduziert: die Friedensfrage, die Umweltfrage, die gesellschaftlich produzierte Ungleichheit, die Gefahren und Möglichkeiten der neuen technischen Steuerungs-, Informations- und Kommunikationsmedien und schließlich die Erfahrung der Liebe, der menschlichen Sexualität, des Verhältnisses zwischen den Geschlechtern oder gleichgeschlechtlicher Beziehungen (Klafki 1990: 302-304).

Gleichzeitig zog Wolfgang Hilligen – im Oktober 1989 noch vor der „Wende" – Konsequenzen aus der Perestroika im Ostblock. Mit ihr sei die Legitimitätsgrundlage für den Antikommunismus geschwunden, das hierdurch entstandene **Legitimationsvakuum** soll nach Hilligen mit der Hinwendung zu den „Gefährdungen für das Zusammenleben und Überleben im »Raumschiff Erde« durch die wissenschaftlich-technische und industrielle Entwicklung der letzten Jahrzehnte" gefüllt werden (Hilligen 1990: 332). Für ihn gilt es, die „Herausforderungen der Risikogesellschaft" (ebda.: 334) im Politikunterricht zu verarbeiten. Er erinnert an die „existentiellen Schlüsselprobleme", nennt aber im folgenden nur noch **„gewandelte Perspektiven"** (wobei der Zeitpunkt Oktober 1989 zu beachten ist):

„– die skizzierten Probleme im Ostblock – mit dem Ende der Effektivität und Glaubwürdigkeit einer verbindlichen Ideologie und der zentralistischen ökonomischen Planung – und die bisher unzureichenden Antworten in den kapitalistischen Industrienationen;
- der Beginn von ernsthaften Abrüstungsverhandlungen zwischen den Weltmächten, verbunden mit der wachsenden Erkenntnis, daß Krieg auch einen Sieger vernichtet;
- der Verlust der Gewißheit einer Möglichkeit unbegrenzter technischer Fortschrittserwartungen in Verbindung mit der Gefahr einer Zerstörung der Lebensgrundlagen;
- wachsende soziale Ungleichheiten zwischen Erster, Zweiter, Dritter Welt und auch innerhalb der Ersten Welt – Zwei-Drittel- bzw. Vier-Fünftel-Gesellschaft – verbunden mit einer Beschränkung der Sozialpflichtigkeit und Identität auf die eigene Gruppe;
- schwindende Möglichkeiten, wissenschaftliche Kontroversen im naturwissenschaftlich-technischen Bereich übereinstimmend zu entscheiden;
- wachsende Überflutung durch Bilder, Musik und Werbung in den elektronischen Medien; Zurückdrängung des Denkens und der verbalen Kommunikation" (Hilligen 1990: 340).

Auch wenn Hilligen hier nur „Perspektiven" nennen wollte, so besitzen diese Aussagen doch die **didaktische Funktion von Schlüsselproblemen**. Neuerdings tauchen Schlüsselprobleme auch in Richtlinien als organisierendes Prinzip auf (z.B. Richtlinien Geschichte/Politik von Nordrhein-Westfalen

1989; erwähnt seien auch Richtlinien aus der Zeit nach der Einheit: Vorläufiger Rahmenplan Politische Bildung von Brandenburg 1991; Richtlinien und Lehrpläne Politik (Wirtschaft) Gymnasium Sekundarstufe I von Nordrhein-Westfalen 1993, hier „Gegenwartsprobleme und Zukunftsaufgaben" genannt [S. 34]).

12.5.3 „Zukunftsdidaktik"

Neu herausgestellt wurde die „Zukunft" als didaktische Kategorie, wenngleich sie die Konzentration der Lehrinhalte auf „Herausforderungen" oder „Schlüsselprobleme" inhaltlich nicht grundsätzlich veränderte, sondern ihre existentielle Qualität nur eindringlicher machte. Sie war aber als Impuls innerhalb der Didaktik wirksam und regte einen „Diskussionsstrang" (Kuhn/Massing 1990: 38) an. Peter Weinbrenner schlug eine Umorientierung in der Politikdidaktik vor unter dem Aspekt „Zukunftssicherung als Thema und Qualifikation" (1980); andere Autoren griffen das Thema auf (Claußen 1985). Zeitschriften veröffentlichten Themenhefte zum Stichwort „Zukunft" (Politische Didaktik 1979, H. 4; Politische Bildung 1981, H. 3); die dritte Auflage der „Richtlinien von Nordrhein-Westfalen für den Politikunterricht" (1987), an der auch Weinbrenner mitgearbeitet hatte, wurde im Katalog der „Qualifikationen" um eine elfte zur „Sicherung der Lebensbedingungen in der Zukunft" ergänzt (Kuhn u.a. 1993: 313).

Weinbrenner ging später noch weiter. Er forderte einen „Paradigmawechsel" als Grundlage für eine wirtschafts- und sozialwissenschaftliche **„Zukunftsdidaktik"** (1989: 39). Dieser Paradigmawechsel ging für ihn

- von der partiellen zur strukturellen Orientierung,
- von der nationalen zur globalen Orientierung,
- von der Gegenwarts- zur Zukunftsorientierung,
- von der Mikro- zur Makroorientierung.
- von der Kurzzeit- zur Langzeitorientierung,
- von der Kausalität zur Interdependenz,
- von der Rationalität zur Transzendenz (ebda.: 41).

Man gewinnt den Eindruck, als habe sich die Entwicklung der politischen Bildung in der Bundesrepublik bis 1989 weit von ihrem Ausgangspunkt entfernt: von der Demokratielehre zur Zukunftslehre.

12.6 Zukunft der Demokratie

„In ihrer heute praktizierten Form ist die Demokratie für die vor uns liegenden Aufgaben nicht mehr besonders geeignet“, stellte der Club of Rome in seinem Bericht von 1991 „Die globale Revolution“ fest (King/Schneider 1991: 69). Eine derartige Konsequenz scheint sich aufzudrängen. Je eindringlicher die Gefahren wahrgenommen werden, desto größer wird die Ungeduld und desto mehr wächst die Sorge, die politischen Institutionen seien hoffnungslos überfordert. Das führt zur Abwertung all der Ordnungselemente, die in einer offenen Gesellschaft das Zusammenleben in Menschenwürde und Freiheit gewährleisten, in deren Rahmen Not gelindert werden kann, ohne daß auf Chancen politischer Beteiligung verzichtet werden müßte. Die Flucht in die **Ökodiktatur** einer technokratischen Elite der Wissenden und eines starken Staates liegt verführerisch nahe.

Herbert Gruhl, ein CDU-Bundestagsabgeordneter, der sich dann von seiner Partei trennte, hat schon 1975 in seinem Buch „Ein Planet wird geplündert“ in diese Richtung argumentiert. Der Staat könne nichts mehr verteilen, er müsse vielmehr allen wegnehmen, entziehen und rationieren. „Jetzt muß die Zukunft geplant werden. Und es ist weit und breit niemand sichtbar, der das tun könnte, außer dem Staat. Wenn er es aber tut, dann muß er jetzt tatsächlich viele Freiheiten entschlossen aufheben, um das Chaos zu verhüten. Infolgedessen werden weitere Freiheiten nicht deshalb verlorengehen, weil alle immer besser leben wollen, sondern weil sie überleben wollen.“ (Gruhl 1975, zit. Theisen 1985: 80) Auch der Philosoph Hans Jonas, dessen „Prinzip Verantwortung“ als ökologische Ethik weite Verbreitung gefunden hat, vertrat die Ansicht, „daß eine Tyrannei immer noch besser sei als der Untergang“ (Jonas 1992: 145) und daß wir „um der physischen Rettung willen, wenn es denn sein muß, selbst eine Pause der Freiheit in den äußeren Affären der Menschheit hinnehmen“ dürften (ebda.: 146).

Es hat den Anschein, als seien wir in **existentialistische Grenzsituationen** geraten, angesichts derer nur die Entschlossenheit des „Entweder-Oder“ gilt. Doch können dies Täuschungen sein. Schon gegen Beck hat Wolfgang Zapf eingewandt, es sei streitig, ob moderne Gesellschaften an einem grundlegenden Widerspruch wie der ökologischen Krise derartig leiden, daß sie nur durch fundamentale Veränderungen eine Überlebenschance besitzen (1992: 205). „Die Größe von Problemen ... ist allein noch kein Argument für einen Systemwandel. Auch Großprobleme lassen sich durch räumliche, zeitliche, sachliche, soziale Teilung in Aufgaben transformieren, die man mit Reformen und Innovationen bewältigen kann.“ (ebda.: 207). Ernst Ulrich von Weizsäcker hat die Bedingungen aufgezählt, durch die man eine **Ökodiktatur verhindern** könne:

„1. Wir müssen die ökologische Umsteuerung *rechtzeitig*, solange noch reichlich Freiheitsspielräume vorhanden sind und noch nicht alles der akuten Not untergeordnet ist, vornehmen.
2. Wir müssen unter den umweltpolitischen Instrumenten systematisch diejenigen fördern, die freiheitsförmig sind, und diejenigen zurückdrängen, die strukturell polizeirechtlich sind.

3. Wir müssen uns schon jetzt um Freiheitsräume kümmern, die unbedingt zu schützen sein werden, wenn die Zwänge und Nöte des Jahrhunderts der Umwelt zur alles beherrschenden Realität werden." (von Weizsäcker 1989: 268f.)

Er zählt einen Minimalbestand an freiheitssichernden Prinzipien auf: Menschenrechte, Subsidiaritätsprinzip, Rechtsstaat, Demokratie und Begrenzung wirtschaftlicher Macht u.a. (ebda.: 269).

In dieser Situation ist die politische Bildung besonderen Anforderungen ausgesetzt. Sie muß das **Gefahrenpotential thematisieren**, aber zugleich die Frage nach den **demokratieadäquaten Systembedingungen** für die Bewältigung der Probleme stellen, um gegen die Verführung zur Ökodiktatur und diejenige einer „Katastrophendidaktik" (5.5, oben S. 124; Gagel 1994) zu immunisieren. Es ist eine Doppelaufgabe, die sich in zwei Positionen ausgeprägt hat.

Wolfgang Hilligen hat im Jahre 1989, kurz vor der „Wende", im Anschluß an Beck in seinem schon erwähnten Aufsatz den Umgang mit Risiken, Unsicherheiten und Angst als „zivilisatorische Schlüsselqualifikation" zur Aufgabe der politischen Bildung gemacht (1990: 334). Er hält es also für erforderlich, im Unterricht die Themenbereiche zu behandeln, die durch die Schlüsselprobleme umgrenzt werden. **Hans-Hermann Hartwich** äußerte sich in einem Vortrag, den er am 10. 11. 1989, dem Tag nach der Öffnung der Mauer, im Berliner Reichstag hielt, kritisch gegenüber der Tendenz zur Ausweitung der Bildungsbemühungen auf eine Vielzahl von Politikfeldern und forderte, politische Bildung müsse auf einen „Kern" reduziert werden, den er mit dem Begriff „Wertungssicherheit" umriß. Er meinte damit die Sensibilität für die normativen Grundlagen der demokratischen Ordnung: „Es geht um die Gewißheit der Normen und notwendigen Institutionen und Regelwerke wie die der Rechtsstaatlichkeit, und es geht um die Formen der politischen Auseinandersetzung." (Hartwich 1990: 46-47)

In diesen Positionen wird die **Zielbestimmung politischer Bildung** unterschiedlich akzentuiert: einerseits Schlüsselprobleme und -qualifikationen, andererseits „Wertungssicherheit" und Demokratielehre. Diese Alternativen werden spätestens dann aktuell, wenn es um die Frage geht, in welchen Prozessen politischen Handelns die Bewältigung der Gegenwarts- und Zukunftsprobleme überhaupt möglich ist. Die Unterschiede müssen nicht überwunden werden, beide Positionen können vielmehr eine fruchtbare Spannung entfalten, vor allem, wenn die didaktischen Überlegungen von der Inhaltsseite auf die **Urteilsseite** verlagert werden.

Joachim Kahlert hat die umweltpädagogische Literatur vor 1989 untersucht (1990a) und dabei vor allem „die **Urteilsschwierigkeiten** bei der Beschreibung der Umweltkrise" sowie „die begrenzte Überschaubarkeit von Erfolgsbedingungen umweltpolitischen Handelns" herausgestellt (1990b: 526). Er kritisiert das Überwiegen „gesinnungsorientierter Kommunikation" in derartigen pädagogischen Konzeptionen.

Gesinnungsorientierte Kommunikation: enthält Aussagen, die erkenntnistheoretische Grenzen und Schwierigkeiten unberücksichtigt lassen, die ihr widersprechende Teilbereiche der Realität vernachlässigen, die auf einem zu einfachen Gesellschaftsbild aufbauen, die Gesinnungsgemeinschaften stiften oder bestätigen, statt zur Aufklärung über Gesellschaft beizutragen. Man entwirft Utopien über eine natur- und umweltverträgliche Gesellschaft und erhebt Forderungen an Politiker.
Verständigungsorientierte Kommunikation: Deren Aussagen sind in der Regel „bescheidener" als diejenigen der g.K. Sie liefern überprüfbare Informationen, machen auf methodische und erkenntnistheoretische Schwierigkeiten aufmerksam und legen ihren begrenzten Gültigkeitsbereich offen. Man untersucht anhand von Fallstudien die umweltpolitischen Strategien einzelner Akteure, es werden Konflikte dargestellt und Informationshindernisse ermittelt (nach Kahlert 1990a: 267ff.).

„Das im Vergleich zum Informationsbedarf zu geringe Orientierungsvermögen und der hohe Empörungswert von Umweltthemen begünstigen eine gesinnungsorientierte Kommunikation über die Umweltkrise." (Kahlert 1990a: 274)

Daher setzt er sich für die „verständigungsorientierte Kommunikation" ein. Er spricht sich für „skeptische Toleranz" aus, worin er eine „Voraussetzung für eine sozialverträgliche Suche nach Wegen aus der Gefahr" sieht – im Gegensatz zu einer „Polemik der Selbstgewißheit, zu der verleitet wird, wer für umwelt- und sozialverträglich hält, was er selbst für umwelt- und sozialverträglich hält" (Kahlert 1990b: 529). Im Sinne von Hartwich bedeutet diese Aussage ein **Plädoyer zugunsten des Bewußtmachens und der Fortführung unserer Entscheidung für die Ordnungs- und Lebensvorstellungen der westlichen Demokratien** auch angesichts der globalen Gefahren.

Bei Wolfgang Hilligen haben wir aber bereits gesehen, wie die existentialistisch erfahrene Problemsituation in die politische Entscheidungssituation einer demokratischen „Experimentiergemeinschaft" kleingearbeitet werden kann (5.5.; oben S. 124). So hilft Hilligen selber bei der **Überbrückung** des scheinbaren Gegensatzes zu Hartwich. Sie wird ermöglicht durch die Beachtung der „Arbeitsteilung" zwischen einer existentialistischen **Betroffenheitsanalyse** einerseits und einer die Handlungsfähigkeit sichernden **Situationsanalyse** andererseits. Oder didaktischer ausgedrückt: daß sowohl die Frage nach dem „Was soll?" legitim ist wie diejenige nach dem „Was ist möglich?" unter Wahrung unserer fundamentalen Werte.

So schließt sich in diesem Überblick über die Geschichte der politischen Bildung der Kreis. Er begann mit der politischen Westorientierung der neugegründeten Bundesrepublik, und endet 1989 mit einer Vergewisserung dieser Grundentscheidung (Dokumentationen der Entwicklung nach 1989 in der DDR und den neuen Bundesländern: Gagel 1992b; Kuhn u.a. 1993: 351-

427). Gewiß ist damit die Geschichte der politischen Bildung nicht zu Ende. Über den jetzt beginnenden neuen Abschnitt könnte im Augenblick jedoch nur spekuliert werden. Aber eines hat dieses Epochenjahr mit der früheren Geschichte gemeinsam: In ihm hat sich die damalige **Entscheidung zur Westorientierung** der Bundesrepublik **dramatisch wiederholt**. Denn sie war Inhalt der „Revolution“ des Jahres 1989 (Dahrendorf) in den Ländern des ehemaligen Ostblocks; der Sturz der alten Regime öffnete ihnen den Weg zur eigenen Westorientierung, – mit ihren Worten: zur „Rückkehr nach Europa“ (Reich 1991).

Literatur

Ackermann, Paul/Glashagen, Winfried 1982 (Hg.): Friedenssicherung als pädagogisches Problem in beiden deutschen Staaten, Stuttgart: Klett
Adorno, Theodor W./Albert, Hans/Dahrendorf, Ralf/Habermas, Jürgen/Pilot, Harald/Popper, Karl R. 1969: Der Positivismusstreit in der deutschen Soziologie, hier: 2. Aufl., Neuwied: Luchterhand 1970
Aebli, Hans 1980: Denken als Ordnen des Tuns, Bd. I: Kognitive Aspekte der Handlungstheorie, Stuttgart: Klett-Cotta
Alt, Jürgen August 1981: Die Expansion des Subjektiven. In: Materialien zur Politischen Bildung, H. 4, S. 32-35
Apel, Karl-Otto 1975: Der Denkweg von Charles S. Peirce. Eine Einführung in den amerikanischen Pragmatismus, Frankfurt: Suhrkamp
Arbeitsgruppe am Max-Planck-Institut für Bildungsforschung 1979: Das Bildungswesen in der Bundesrepublik Deutschland. Ein Überblick für Eltern, Lehrer, Schüler, Reinbek: Rowohlt
Ash, Timothy Garton 1990: Ein Jahrhundert wird abgewählt. Aus den Zentren Mitteleuropas 1980-1990, München: Hanser
Assel, Hans-Günther 1969: Kritische Gedanken zu den Denkansätzen der politischen Bildung. In: APuZ, Beilage zu Das Parlament B 31/1969 vom 2. 8. 1969
Auernheimer, Georg/Doehlemann, Martin 1971: Mitbestimmung in der Schule, München: Juventa
Autorenkollektiv 1975: Methodik der politischen Bildung, 3. Aufl., Berlin (Ost): Dietz
Bahner, Hajo 1990: Romano Guardinis These vom „Ende der Neuzeit". In: Widerspruch, Münchner Zeitschrift für Philosophie Heft 18: Restauration der Philosophie nach 1945
Ballauf, Theodor 1961: Zum Problem der politischen Bildung in Schule und Volkshochschule. In: Pädagogische Rundschau, S. 441-450
Baring, Arnulf 1982: Machtwechsel. Die Ära Brandt-Scheel, Stuttgart: DVA
Baruzzi, Arno 1968: Hegel. In: Hans Maier, Heinz Rausch, Horst Denzer (Hg.), Klassiker des politischen Denkens, Bd. 2, München: Beck, S. 187-216
Baumgarten, Eduard 1938: Die geistigen Grundlagen des amerikanischen Gemeinwesens, Bd. II, Der Pragmatismus. R.W. Emerson, W. James, J. Dewey, Frankfurt
Beck, Ulrich 1986: Risikogesellschaft. Auf dem Weg in eine andere Moderne, Frankfurt/M.: Suhrkamp
Beck, Ulrich 1987: Leben in der Risikogesellschaft. In: Gegenwartskunde 36, H. 2, S. 159-170
Beck, Ulrich 1992: Der feindlose Staat. In: Die Zeit vom 23. 10. 1992, S. 65f.
Becker, Egon u.a. 1967: Erziehung zur Anpassung. Eine soziologische Untersuchung der politischen Bildung in den Schulen, hier: 3. Aufl., Schwalbach: Wochenschau Verlag 1970
Becker, Peter 1992: Ostdeutsche und Westdeutsche auf dem Prüfstand psychologischer Tests. In: APuZ, Beilage zu Das Parlament B 24/92 vom 5. 6. 1992, S. 27-36
Behrmann, Günter C. 1991: Das amerikanische Bildungswesen. In: Hartmut Wasser (Hg.), USA. Wirtschaft, Gesellschaft, Politik, Opladen: Leske + Budrich, S. 207-234
Benz, Wolfgang 1986: Die Gründung der Bundesrepublik. Von der Bizone zum souveränen Staat, München: dtv

Bergedorfer Gesprächskreis 1990: Wie geht es weiter mit den Deutschen in Europa? 90. Gespräch am 29. 4. 1990 in Dresden, hg. von der Körber-Stiftung, Hamburg
Bergmann, Uwe/Dutschke, Rudi/ Wolfgang Lefèvre/Rabehl, Bernd 1968: Rebellion der Studenten oder Die neue Opposition. Eine Analyse, Reinbek: Rowohlt
Binder, Gerhard/Frede, Günther/Kollnig, Karl/Messerschmid, Felix 1953: Politische Bildung und Erziehung, Stuttgart: Klett
Bocherding, Karl 1965: Wege und Ziele politischer Bildung in Deutschland. Eine Materialsammlung zur Entwicklung der politischen Bildung in Schulen 1871-1965, München: Olzog
Bohnsack, Fritz 1976: Erziehung zur Demokratie. John Deweys Pädagogik und ihre Bedeutung für die Reform unserer Schule, Ravensburg: Otto Maier
Bollnow, Otto Friedrich 1949: Existenzphilosophie, 3. Aufl., Stuttgart: Kohlhammer
Borowsky, Peter 1983: Deutschland 1963-1969, Hannover: Fackelträger
Borowsky, Peter 1987: Deutschland 1969-1982, Hannover: Fackelträger
Böhret, Carl/Jann, Werner/Kronenwett, Eva 1988: Innenpolitik und politische Theorie. Ein Studienbuch, 3. Aufl., Opladen: Westdeutscher Verlag
Brämer, Rainer/Heublein, Ulrich 1990: Studenten in der Wende? Versuch einer deutsch-deutschen Typologie vor der Vereinigung. In: APuZ, Beilage zu Das Parlament B 44/90 vom 26. 10. 1990, S. 3-16
Breit, Gotthard 1983: 2 x Friedenserziehung! In: Gegenwartskunde 32, H. 2, S. 203-211
Breit, Gotthard 1985: „Sozialhilfe" – Didaktische Planung von politischem Unterricht für die Sekundarstufen I und II. In: Sozialwissenschaftliche Informationen 14, H. 3, S. 216-231. Auch in: Breit/Massing 1992, S. 444-461
Breit, Gotthard/Harms, Hermann 1990: Zur Situation des Unterrichtsfachs Sozialkunde/Politik und der Didaktik des politischen Unterrichts aus der Sicht von Sozialkundelehrerinnen und -lehrern. Eine Bestandsaufnahme. In: Bundeszentrale 1990, S. 13-167. Auszüge in: Breit/ Massing 1992, S. 53-65
Breit, Gotthard/Harms, Hermann/Himmelmann, Gerhard 1983: Das politische System der Bundesrepublik Deutschland. Didaktische Analyse und Hinweise zur Unterrichtsplanung für Sekundarstufe II. In: Politische Bildung 16, H. 1, S. 87-106
Breit, Gotthard/Massing, Peter (Hg.) 1992: Grundfragen und Praxisprobleme der politischen Bildung, Schriftenreihe Bd. 305 der Bundeszentrale für politische Bildung, Bonn
Briegleb, Klaus/Weigel, Sigrid (Hg.) 1992: Gegenwartsliteratur seit 1968, Hansers Sozialgeschichte der deutschen Literatur, hg. von Rolf Grimminger, Bd. 12, München: Hanser
Broszat, Martin/Henke, Klaus-Dietmar/Woller, Hans (Hg.) 1988: Von Stalingrad zur Währungsreform. Zur Sozialgeschichte des Umbruchs in Deutschland, München: Oldenbourg
Bude, Heinz 1987: Deutsche Karrieren. Lebenskonstruktionen sozialer Aufsteiger aus der Flakhelfer-Generation, Frankfurt/M.: Suhrkamp
Bude, Heinz 1992: Die Soziologen der Bundesrepublik, in: Merkur 46, Heft 7, Nr. 520, S. 569-580
Bundeszentrale für politische Bildung (Hg.) 1990: Zur Theorie und Praxis der politischen Bildung, Schriftenreihe Bd. 290, Bonn
Bungenstab, Karl Ernst 1970: Umerziehung zur Demokratie? Re-education-Politik im Bildungswesen der US-Zone 1945-1949, Düsseldorf: Bertelsmann

Cheval, René 1981: Die Bildungspolitik in der Französischen Besatzungszone. In: Heinemann 1981, S. 190-200
Christian, Wolfgang 1974: Die dialektische Methode im politischen Unterricht, hier: 2. Aufl., Köln: Pahl-Rugenstein 1978
Claußen, Bernhard 1981 a: Kritische Politikdidaktik. Zur pädagogischen Theorie der Politik für die schulische und außerschulische Bildungsarbeit, Opladen: Westdeutscher Verlag
Claußen, Bernhard 1981 b: Methodik der politischen Bildung. Von der pragmatischen Vermittlungstechnologie zur praxisorientierten Theorie der Kultivierung emanzipatorischen politischen Lernens, Opladen: Westdt. Verlag

Claußen, Bernhard 1984: Politische Bildung und Kritische Theorie. Fachdidaktisch-methodische Dimensionen emanzipatorischer Sozialwissenschaft, Opladen: Leske + Budrich 1984
Claußen, Bernhard 1985: Utopien im sozialwissenschaftlichen Unterricht: Didaktisch-methodische Möglichkeiten des Umgangs mit der Zukunft. In: Sozialwissenschaftliche Informationen 14, H. 4, S. 288-294
Claußen, Bernhard 1987: Didaktik der Sozialwissenschaften und Politische Bildung im Kontext Kritischer Theorie. In: F. Hartmut Paffrath (Hg.), Kritische Theorie und Pädagogik der Gegenwart. Aspekte und Perspektiven der Auseinandersetzung, Weinheim: Dt. Studien Verlag. Auch in Breit/Massing 1992, S. 352-367
Claußen, Bernhard 1989: Politische Bildung in der Risikogesellschaft. In: APuZ, Beilage zu Das Parlament B 36/89 vom 1. 9. 1989, S. 43-54
Claußen, Bernhard 1990: Politisches Lernen angesichts der Veränderungen von System und Lebenswelt. In: Cremer/Klein 1990, S. 235-258
Claußen, Bernhard 1992: Politikdidaktik als Kritische Theorie der Politischen Bildung: Herkunft, Konturen und Praxisrelevanz. In: Wolfgang Sander (Hg.), Konzepte der Politikdidaktik. Aktueller Stand, neue Ansätze und Perspektiven, Stuttgart: Metzler, S. 55-78
Claußen, Bernhard/Adolf H. Noll (Hg.) 1989: Politische Wissenschaft und Politische Bildung. Eröffnung einer Diskussion, Hamburg: Krämer
Corbet, Christoph (Hg.) 1988: Einführung in Fragen an die Soziologie in Deutschland nach Hitler 1945-1950, Frankfurt/M.: Corbet
Cremer, Will/Klein, Ansgar (Hg.) 1990: Umbrüche in der Industriegesellschaft. Herausforderungen für die politische Bildung, Opladen: Leske + Budrich (auch als Bd. 284 der Schriftenreihe der Bundeszentrale für politische Bildung, Bonn 1990)

Dahrendorf, Ralf 1961: Die Funktionen sozialer Konflikte. In: ders., Gesellschaft und Freiheit. Zur soziologischen Analyse der Gegenwart, München: Piper, S. 112-131
Dahrendorf, Ralf 1965: Gesellschaft und Demokratie in Deutschland, München: Piper
Dahrendorf, Ralf 1967: Pfade aus Utopia. Arbeiten zur Theorie und Methode der Soziologie, München: Piper
Dahrendorf, Ralf 1990 a: Betrachtungen über die Revolution in Europa, Stuttgart: DVA
Dahrendorf, Ralf 1990 b: Die Sache mit der Nation. In: Merkur 500, Jg. 44, H. 10/11, S. 823-834
Dahrendorf, Ralf 1991: Die offene Gesellschaft und ihre Ängste. In: Wolfgang Zapf (Hg.), Die Modernisierung moderner Gesellschaften. Verhandlungen des 25. Deutschen Soziologentages in Frankfurt/M. 1990, Frankfurt/M.: Campus, S. 140-150
Davies, Edith Siems 1981: Der britische Beitrag zum Wiederaufbau des deutschen Schulwesens von 1945 bis 1950. In: Heinemann 1981, S. 140-152
Deichmann, Carl 1979: Politische Institutionen und Bürgeralltag – ein didaktisches Konzept zur Überwindung der Distanz zwischen Politik und Alltagswelt. In: Hans-Hermann Hartwich (Hg.), Grundgesetz und sozialer Wandel. Sonderheft 1 der Gegenwartskunde, Opladen: Leske + Budrich, S. 105-138
Deutsches Jugendinstitut 1992: Schüler an der Schwelle zur deutschen Einheit. Politische und persönliche Orientierungen in Ost und West, Opladen: Leske + Budrich
Dewey, John 1951: Wie wir denken. Eine Untersuchung über die Beziehung des reflektiven Denkens zum Prozeß der Erziehung, Zürich
Dewey, John 1964: Demokratie und Erziehung. Eine Einleitung in die philosophische Pädagogik, 3. Aufl. Braunschweig: Westermann (2. Aufl. 1949, zuerst USA 1916; neuerdings wieder zugänglich in einem seitengleichen Nachdruck der 3. Aufl., Weinheim: Beltz 1993)
Dewey, John 1980: Democracy and Education, in: John Dewey, The Middle Works, Vol. 9: 1916, Southern Illinois University Press
Dewey, John 1982: Philosophy and Democracy, in: John Dewey, The Middle Works, Vol. 11: 1918-1919, Southern Illinois University Press, p. 41-53 (zuerst 1919)
Die deutsche Unruhe. Ursachen, gegenwärtige Situation, Folgerungen für die politische Bildungsarbeit. In: APuZ, Beilage zu Das Parlament B 3/70 vom 17. 1. 1970

Drechsler, Hanno/Hilligen, Wolfgang/Neumann/Franz (Hg.) 1992: Gesellschaft und Staat. Lexikon der Politik, München: Vahlen
Dubiel, Helmut 1988: Kritische Theorie der Gesellschaft. Eine einführende Rekonstruktion von den Anfängen im Horkheimer-Kreis bis Habermas, Weinheim: Juventa
Dubiel, Helmut 1990: Linke Trauerarbeit. In: Merkur Nr. 496, 6/90, S. 482-491
Ehrmann, Henry W. 1966: Politische Bildung. Beobachtungen und Vorschläge, Weinheim: Beltz
Elias, Norbert 1992: Studien über die Deutschen. Machtkämpfe und Habitusentwicklung im 19. und 20. Jahrhundert, Frankfurt: Suhrkamp (zuerst 1989)
Ellwein Thomas 1955: Pflegt die deutsche Schule Bürgerbewußtsein? München
Ellwein, Thomas 1985: Politische Bildung zwischen Scylla und Charybdis. In: Gegenwartskunde 34, H. 4, S. 393-401
Eschenburg, Theodor 1983: Jahre der Besatzung 1945-1949. Geschichte der Bundesrepublik Deutschland, Bd. 1, hg. von Karl Dietrich Bracher, Theodor Eschenburg, Joachim C. Fest, Eberhard Jäckel, Stuttgart, Wiesbaden: DVA und Brockhaus
Esser, Johannes 1984: Soziale Zärtlichkeit als Lebensprinzip. Zum Einstellungswandel in der jungen Generation. In: Sozialwissenschaftliche Informationen 13, H. 3, S. 28-32
Euchner, Walter 1968: Locke. In: Hans Maier, Heinz Rausch, Horst Denzer (Hrsg.), Klassiker des politischen Denkens, Bd. 2, München: Beck S. 1-26
Feige, Wolfgang u.a. 1975: Beiträge zur Methodik des Staatsbürgerkundeunterrichts, Berlin (Ost): Volk und Wissen
Felken, Detlev 1988: Oswald Spengler. Konservativer Denker zwischen Kaiserreich und Diktatur, München: Beck
Fischer, Kurt Gerhard 1970: Einführung in die politische Bildung, Stuttgart: Metzler; 3. erweiterte Aufl. 1973. Auszüge in Breit/Massing 1992, S. 298-317
Fischer, Kurt Gerhard 1972: Der Begriff der Einsicht im didaktischen Bedenken Politischer Bildung. In: ders., Überlegungen zur Didaktik des Politischen Unterrichts, Göttingen: Vandenhoeck & Ruprecht, S. 29-44 (zuerst erschienen 1965)
Fischer, Kurt Gerhard 1975: Wie ist Theoriebildung für politische Bildung möglich? In: ders. (Hg.), Zum aktuellen Stand der Theorie und Didaktik der Politischen Bildung, Stuttgart: Metzler
Fischer, Kurt Gerhard 1978: Politische Bildung nach der Tendenzwende (I). In: Neue Politische Literatur 1978, H. 2, S. 248-270
Fischer, Kurt Gerhard 1993: Das Exemplarische im Politikunterricht. Beiträge zu einer Theorie politischer Bildung, Schwalbach/Ts.: Wochenschau
Fischer, Kurt Gerhard/Herrmann, Karl/Mahrenholz, Hans 1960: Der politische Unterricht, Bad Homburg v.d.H.: Verlag Dr. Gehlen, 2. Aufl. 1965
Flechtheim, Ossip K. 1955: Zur Problematik der Politologie; hier in: Heinrich Schneider (Hg.), Aufgabe und Selbstverständnis der politischen Wissenschaft, Wege der Forschung 64, Darmstadt: Wissenschaftliche Buchgesellschaft 1967, S. 72-99
Fraenkel, Ernst 1963: Die Wissenschaft von der Politik und die Gesellschaft, Gesellschaft – Staat – Erziehung 8 (1963), S. 273-285; hier in: Heinrich Schneider (Hg.), Aufgabe und Selbstverständnis der politischen Wissenschaft, Wege der Forschung 64, Darmstadt: Wissenschaftliche Buchgesellschaft 1967, S. 228-247
Fraenkel, Ernst 1964: Deutschland und die westlichen Demokratien, Stuttgart: Kohlhammer
Franke, Kurt (Hg.) 1990: Demokratie lernen in Berlin. 1. Berliner Forum zur politischen Bildung 1989, Opladen: Leske + Budrich
Friemond, Hans 1973: „Ein Bubenstück an Verleumdung". Wolfgang Hilligens Buch und Walter Wallmanns Weltsicht. In: Frankfurter Hefte, H. 1, S. 43-48
Fuchs, Dieter 1991: Zum Wandel politischer Konfliktlinien: Ideologische Gruppierungen und Wahlverhalten. In: Süß 1991, S. 69-86
Fuchs, Werner u.a. (Hg.) 1978: Lexikon zur Soziologie, 2. Aufl., Opladen: Westdeutscher Verlag

Gagel, Walter 1967: Ein Strukturmodell für den politischen Unterricht. Generalisierbare Elemente für die didaktische Analyse und Planung. In: Politische Bildung 1, H. 4; hier in: Schneider (Hg.) 1975, Bd. 2, S. 116-164
Gagel, Walter 1979: Politik – Didaktik – Unterricht. Eine Einführung in didaktische Konzeptionen des politischen Unterrichts, Stuttgart: Kohlhammer, 2. Aufl. 1981
Gagel, Walter 1983: Einführung in die Didaktik des politischen Unterrichts. Studienbuch politische Didaktik I, Opladen: Leske + Budrich
Gagel, Walter 1984: Die neuen sozialen Bewegungen als Herausforderung des politischen Unterrichts. In: APuZ, Beilage zu Das Parlament B 50/84, S. 35-43
Gagel, Walter 1985: Betroffenheitspädagogik oder politischer Unterricht? Kritik am Subjektivismus in der politischen Didaktik. In: Gegenwartskunde 34 H. 4, S. 403-414. Langfassung in: Peter Doyé (Hg.), Aktuelle Fragen der Fachdidaktik, Braunschweig 1986, S. 45-66. Auszüge in: Kuhn u.a. 1993, S. 341-344
Gagel, Walter 1986a: Unterrichtsplanung: Politik, Sozialkunde. Studienbuch politische Didaktik II, Opladen: Leske + Budrich
Gagel, Walter 1986b: Politische Didaktik: Selbstaufgabe oder Neubesinnung? In: Gegenwartskunde 35, H. 3, S. 289-295. Auch in: Breit/Massing 1992, S. 66-71
Gagel, Walter 1988: Theorien und Konzepte. In: Wolfgang W. Mickel/Dietrich Zitzlaff (Hg.), Handbuch zur politischen Bildung, Opladen: Leske + Budrich
Gagel, Walter 1989 a: Parteipolitik im Unterricht? Das Thema „Sozialstaat" in den Lehrplänen der Bundesländer. In: Gegenwartskunde 38, H. 3, S. 347-354
Gagel, Walter 1989 b: Das Thema „Sozialstaat" in den Lehrplänen der Bundesländer. Eine Anregung zu vergleichender Curriculumforschung in der politischen Bildung. In: Udo Bermbach, Bernhard Blanke, Carl Böhret (Hg.), Spaltungen der Gesellschaft und die Zukunft des Sozialstaates, Opladen: Leske + Budrich, S. 217-238
Gagel, Walter 1989c: Renaissance der Institutionenkunde? Didaktische Ansätze zur Integration von Institutionenkundlichem in den politischen Unterricht. In: Gegenwartskunde 38, H. 3, S. 387-418
Gagel, Walter 1990: Politisierung der politischen Bildung? Erfahrungen und Perspektiven. In: Cremer/Klein 1990, S. 383-399
Gagel, Walter 1991a: Drei didaktische Konzeptionen: Giesecke, Hilligen, Schmiederer, Schwalbach/Ts.: Wochenschau
Gagel, Walter 1991b: Lebenswelt und Großtechnologie: Das Beispiel Kernenergie. Didaktische Skizze eines Projektes. In: Gegenwartskunde 40, H. 2, S. 207-218
Gagel, Walter 1991c: Vereinigung: Ist gemeinsame politische Bildung möglich? In: Gegenwartskunde 40, H. 1, S. 55-69. Auch in: Breit/Massing 1992, S. 255-267
Gagel, Walter 1992a: Zum Selbstverständnis der politischen Bildung in Deutschland nach der Vereinigung. In: Politische Bildung 25, H. 2, S. 3-11
Gagel, Walter 1992b: Materialien zur Entwicklung der Politischen Bildung in der DDR seit der Wende. In: Politische Bildung 25, H. 2, S. 88-104
Gagel, Walter 1994: Untiefen der Katastrophendidaktik. Von der Ambivalenz des Begriffs „Schlüsselprobleme". In: Politische Bildung 27, H. 2, S. 44-57
Gagel, Walter 1995: Der Pragmatismus als verborgene Bezugstheorie der politischen Bildung. In: Karl Graf Balleström, Hans Buchheim, Manfred Hättich, Heinz Hürten (Hg.), Sozialethik und Politische Bildung. Festschrift zum 65. Geburtstag von Bernhard Sutor, Paderborn: Schöningh
Gagel, Walter/Hilligen, Wolfgang/Buch, Ursula 1984: Sehen Beurteilen Handeln. Arbeitsbuch für den politischen Unterricht Kl. 7-10, Neubearbeitung, Frankfurt/M.: Hirschgraben
Gagel, Walter/Schörken, Rolf 1975 (Hg.): Zwischen Politik und Wissenschaft. Politikunterricht in der öffentlichen Diskussion, Opladen: Leske + Budrich
Gebhardt, Winfried/Kamphausen, Georg 1994: Mentalitätsunterschiede im wiedervereinigten Deutschland? Das Beispiel zweier ländlicher Gemeinden. In APuZ, Beilage zu Das Parlament B16/94 vom 22. 4. 1994, S. 29-39

Geiger, Wolfgang 1985: Der unmittelbare Lebens- und Erfahrungsraum der Jugendlichen in der Gesellschaft als Ausgangspunkt politischer Bildungsarbeit. In: Kurt Franke (Hg.), Jugend, Politik und politische Bildung, 2. Bundeskongreß für politische Bildung 1984, Opladen: Leske + Budrich, S. 277-289

George, Siegfried/Sander, Wolfgang (Hg.) 1988: Demokratie-Lernen als politische und pädagogische Aufgabe. Für Kurt Gerhard Fischer zum 60. Geburtstag, Stuttgart: Metzler

Giesecke, Hermann 1965: Didaktik der politischen Bildung, München: Juventa; 3. Aufl. 1968; Neue Ausgabe, 7. Aufl. 1972, 10. Aufl. 1976, 12. Aufl. 1982. Auszüge in Breit/Massing 1992, S. 318-338

Giesecke, Hermann 1966: Politische Bildung in der Jugendarbeit, München: Juventa

Giesecke, Hermann 1975: Plädoyer für eine praktische und praktikable politische Didaktik. In: Kurt Gerhard Fischer (Hg.), Zum aktuellen Stand der Theorie und Didaktik der Politischen Bildung, Stuttgart: Metzler, S. 53-61

Giesecke, Hermann 1979: Einführung in die Politik. Lehrerheft, Stuttgart: Metzler

Giesecke, Hermann 1980: Entwicklung der Didaktik des politischen Unterrichts, in: Max-Planck-Institut für Bildungsforschung, Projektgruppe Bildungsbericht, Bildung in der Bundesrepublik Deutschland. Daten und Analysen, Bd. 1, Reinbek: Rowohlt, S. 501-547

Glass, Ingrid 1987: Schüler üben sich in einer Rolle. Beispiele für methodenbewußten Unterricht. In: Gegenwartskunde 36, H. 4, S. 503-513

Gottschalch, Wilfried 1970: Soziologie der politischen Bildung, Frankfurt: EVA

Grammes, Tilman 1986: Politikdidaktik und Sozialisationsforschung. Problemgeschichtliche Studien zu einer pragmatischen Denktradition in der Fachdidaktik, Frankfurt/M.: Lang

Grammes, Tilman 1989: Auf der Suche nach der Fachdidaktik „Politik". Community, Gemeinschaft und die Rede vom Partner, In: Reinhard Dithmar (Hg.), Schule und Unterricht im Dritten Reich, Neuwied: Luchterhand, S. 259-274

Grammes, Tilman 1990: Reflexionen über das Scheitern von Handlungsorientierung. In: Politisches Lernen H. 1, S. 12-20

Greiffenhagen, Martin und Sylvia 1979: Ein schwieriges Vaterland. Zur Politischen Kultur Deutschlands, 2. Aufl., München

Greven, Michael Th. 1987: Die „Professionalisierung" der Politologen zwischen gesellschaftlichem Bedarf und verwertungsorientiertem Interesse. In: Hans-Hermann Hartwich (Hg.), Politikwissenschaft. Lehre und Studium zwischen Professionalisierung und Wissenschaftsimmanenz, Opladen: Leske + Budrich , S. 93-110

Gronemeyer, Marianne 1976: Motivation und politisches Handeln. Grundkategorien politischer Psychologie, Hamburg: Hoffmann und Campe

Grosser, Alfred 1974: Geschichte Deutschlands seit 1945. Eine Bilanz, München: dtv

Grosser, Dieter/Hättich, Manfred/Oberreuter, Heinrich/Sutor, Bernhard 1976: Politische Bildung. Grundlagen und Zielprojektionen für den Unterricht an Schulen, Stuttgart: Klett

Guardini, Romano 1950: Das Ende der Neuzeit, hier: Das Ende der Neuzeit, Die Macht, Mainz/Paderborn: Grünewald/Schöningh, 2. Aufl. 1989

Guggenberger, Bernd/Offe, Klaus (Hg.) 1984: An den Grenzen der Mehrheitsdemokratie, Opladen: Westdeutscher Verlag

Gutjahr-Löser, Peter/Knütter, Hans-Helmuth (Hg.) 1975: Der Streit um die politische Bildung. Was man von Staat und Gesellschaft wissen und verstehen sollte, München: Olzog

Gutjahr-Löser, Peter/Knütter, Hans-Helmuth (Hg.) 1979: Die realistische Wende in der Politischen Bildung, München: Olzog

Günther, Henning/Willeke, Clemens und Rudolf 1978: Die Gewalt der Verneinung. Die Kritische Theorie und ihre Folgen, Stuttgart: Seewald

Habermas, Jürgen 1981: Theorie des kommunikativen Handelns, 2 Bde., Frankfurt/M.: Suhrkamp

Habermas, Jürgen 1985: Die Neue Unübersichtlichkeit. Kleine Politische Schriften V, Frankfurt/M.: Suhrkamp

Habermas, Jürgen 1990: Die nachholende Revolution. Kleine Politische Schriften VII, Frankfurt: Suhrkamp
Habermas, Jürgen/Friedeburg, Ludwig von/Oehler, Christoph/Weltz, Friedrich 1961: Student und Politik. Eine soziologische Untersuchung zum politischen Bewußtsein Frankfurter Studenten, Neuwied: Luchterhand
Hansen, Klaus 1981: Der politische Narziß. In: Materialien zur Politischen Bildung, H. 4, S. 20-27
Hartmann, Nicolai 1962: Ethik, 4. Aufl., Berlin: de Gruyter (1. Aufl. 1926)
Hartwich, Hans-Hermann 1987: Politische Bildung und Politikwissenschaft im Jahre 1987. In: Gegenwartskunde 35, H. 1, S. 5-17
Hartwich, Hans-Hermann 1990a: Die wechselseitige Beeinflussung von Politik und staatlicher politischer Bildung. In: Bundeszentrale für politische Bildung (Hg.), Vierzig Jahre politische Bildung in der Demokratie. Kongreß im Berliner Reichstag vom 10.-12. 11. 1989, Bonn, S. 34-50
Hartwich, Hans-Hermann 1990b: Der Verfassungstypus „westliche Demokratie" und die DDR. In: Gegenwartskunde 39, H. 2, S. 149-163
Hartwig, Helmut 1974: Curriculumrevision im Legitimationszusammenhang. Zum aktuellen politischen Kontext der Rahmenrichtliniendiskussion. In: Bundeszentrale für politische Bildung (Hg.), Curriculum-Entwicklungen zum Lernfeld Politik, Schriftenreihe Bd. 100, Bonn, S. 29-41
Harvard-Committee 1949: Allgemeinbildung für ein freies Volk, Stuttgart: Klett
Hättich, Manfred 1969: Das Wesen der politischen Unterweisung. In: APuZ, Beilage zu Das Parlament B 4/69 vom 25. 1. 1969, S. 19-24
Hättich, Manfred 1990: Deutschland. Eine zu späte Nation, Mainz: v. Hase & Köhler
Heinemann, Manfred (Hg.) 1981: Umerziehung und Wiederaufbau. Die Bildungspolitik der Besatzungsmächte in Deutschland und Österreich, Stuttgart: Klett-Cotta
Hennis, Wilhelm 1969: Die deutsche Unruhe, in: Merkur Nr. 250, 2/1969, S. 103-120
Hentig, Hartmut von 1968a: Systemzwang und Selbstbestimmung. Über die Bedingungen der Gesamtschule in der Industriegesellschaft, Stuttgart: Klett
Hentig, Hartmut von 1968b: Die große Beschwichtigung. Zum Aufstand der Studenten und Schüler, in: Merkur Nr. 241, 5/1968, S. 385-400
Hentig, Hartmut von 1973: Schule als Erfahrungsraum? Stuttgart: Klett
Hentig, Hartmut von 1983: Aufgeräumte Erfahrung. Texte zur eigenen Person, München: Hanser
Hermand, Jost 1986: Kultur im Wiederaufbau. Die Bundesrepublik Deutschland 1945-1965, München: Nymphenburger
Herzinger, Richard 1992: Masken der Lebensrevolution. Vitalistische Zivilisations- und Humanismuskritik in Texten Heiner Müllers, München: Fink
Hessisches Institut für Lehrerfortbildung 1969: Protokoll des Lehrgangs 1478/69 „Der Stand der Diskussion um die Politische Bildung", Ihringshausen/Kassel
Hilligen, Wolfgang 1955: Plan und Wirklichkeit im sozialkundlichen Unterricht. Untersuchungen, Erfahrungen, Vorschläge, Frankfurt/M.: Bollwerk Verlag
Hilligen, Wolfgang 1961: Worauf es ankommt. Überlegungen und Vorschläge zur Didaktik der politischen Bildung. In: Gesellschaft-Staat-Erziehung, S. 339-359; hier nach Hilligen 1976, S. 53-79. Auch in: Schneider (Hg.) 1975, Bd. 1, S. 164-201
Hilligen, Wolfgang 1964: Didaktische und methodische Handreichungen zur politischen Bildung und Sozialkunde, zugleich Lehrerheft zum Unterrichtswerk Sehen Beurteilen Handeln, Frankfurt/M.: Hirschgraben o.J.
Hilligen, Wolfgang 1970: Vorschläge für didaktische Kategorien zur Strukturierung von Inhalten und Intentionen der politischen Bildung. In: Die deutsche Unruhe, S. 20-24
Hilligen, Wolfgang 1971: Forschung im Bereich Social Studies, in: Handbuch der Unterrichtsforschung Teil III, hrsg. von K. Ingenkamp und E. Parey, Weinheim: Beltz, Sp. 2537-2670
Hilligen, Wolfgang 1975: Zur Didaktik des politischen Unterrichts I, Opladen: Leske + Budrich

Hilligen, Wolfgang 1976: Zur Didaktik des politischen Unterrichts II. Schriften 1950-1975, Opladen: Leske + Budrich
Hilligen, Wolfgang 1979: Kreativität in Fesseln? Die Situation des Autors. In: Bernard Tewes (Hg.), Schulbuch und Politik. Unterrichtsmedien im Spannungsfeld politischer Interessen, Paderborn: Schöningh, S. 51-62
Hilligen, Wolfgang 1985: Zur Didaktik des politischen Unterrichts, 4. völlig neu bearbeitete Auflage, Opladen: Leske + Budrich. Auszüge in Breit/Massing 1992, S. 268-297
Hilligen, Wolfgang 1988: Das Schulbuch als Pädagogicum und Politicum. In: Siegfried George, Wolfgang Sander (Hg.), Demokratie-Lernen als politische und pädagogische Aufgabe. Für Kurt Gerhard Fischer zum 60. Geburtstag, Stuttgart: Metzler, S. 85-112
Hilligen, Wolfgang 1990: Gewandelte Legitimitätsmuster und Perspektiven der politischen Bildung. In: Cremer/Klein 1990, S. 329-349
Hilligen, Wolfgang 1991: Didaktische Zugänge in der politischen Bildung, Schwalbach/Ts.: Wochenschau
Hofmann, Werner 1970: Stalinismus und Antikommunismus. Zur Soziologie des Ost-West--Konflikts, 5. Aufl., Frankfurt/M.: Suhrkamp
Hohmann, Joachim S. 1985: Vom Elend politischer Bildung. Konservativismus, Nationalismus und Faschismus als Quellen staatsbürgerlicher Erziehung in westdeutschen Schulen, Köln: Pahl-Rugenstein
Holtmann, Everhard (Hg.) 1991: Politik-Lexikon, München: Oldenbourg
Horkheimer, Max 1967: Zur Kritik der instrumentellen Vernunft, hier: Frankfurt/M.: Fischer 1985
Horkheimer, Max 1970: Traditionelle und kritische Theorie. Vier Aufsätze, Frankfurt/M.: Fischer
Horkheimer, Max/Adorno, Theodor W. 1969: Dialektik der Aufklärung. Philosophische Fragmente, hier: Frankfurt/M.: Fischer 1971
Hornung, Klaus 1966: Politik und Zeitgeschichte in der Schule. Didaktische Grundlagen, Villingen: Neckar-Verlag
Hornung, Klaus 1970: Die politische Bildung und die Rebellion der Jugend. In: Gesellschaft – Staat – Erziehung, H. 1, S. 9-23
Höffe, Otfried 1989: Wann ist Forschungsethik kritisch? Plädoyer für eine judikative Kritik. In: Merkur 43, H. 482, S. 305-316
Hradil, Stefan 1990: Von der „Nivellierten Mittelstandsgesellschaft" zur „Pluraldifferenzierten Wohlstandsgesellschaft". Strukturtypisierungen der Sozialstruktur der Bundesrepublik und ihr Realitätsgehalt. In: Politische Bildung 23, H. 2, S. 18-37
Hufer, Klaus-Peter 1992: Politische Erwachsenenbildung. Strukturen, Probleme, didaktische Ansätze – eine Einführung, Schwalbach/Ts.: Wochenschau
Huster, Ernst-Ulrich/Kraiker, Gerhard/Scherer, Burkhard/Schlotmann, Friedrich-Karl/Welteke, Marianne 1975: Determinanten der westdeutschen Restauration 1945-1949, 3. Aufl., Frankfurt: Suhrkamp
Hübscher, Arthur 1961: Von Hegel zu Heidegger. Gestalten und Probleme, Stuttgart: Reclam

Jacobmeyer, Wolfgang (Hg.) 1986: Deutschlandbild und deutsche Frage in den historischen, geographischen und sozialwissenschaftlichen Unterrichtswerken der Bundesrepublik Deutschland und der Deutschen Demokratischen Republik, Schriftenreihe des Georg-Eckert-Instituts, Braunschweig
Jank, Werner/Meyer, Hilbert 1991: Didaktische Modelle, Frankfurt/M.: Scriptor
Jaspers, Karl 1946: Die geistige Situation der Zeit (1931), hier: 3. Abdruck, Berlin: de Gruyter 1953
Jaspers, Karl 1949: Vom Ursprung und Ziel der Geschichte, hier: 9. Aufl., München: Piper 1988
Jäger, Wolfgang 1986: Die Innenpolitik der sozialliberalen Koalition 1969-1974. In: Karl Dietrich Bracher, Wolfgang Jäger, Werner Link, Republik im Wandel 1969-1974. Die Ära

Brandt. Geschichte der Bundesrepublik Deutschland Bd. 5/1, Stuttgart: DVA, Mannheim: Brockhaus, S. 13-160

Jäger, Wolfgang 1987: Die Innenpolitik der sozial-liberalen Koalition 1974-1982. In: Wolfgang Jäger, Werner Link, Republik im Wandel 1974-1982. Die Ära Schmidt. Geschichte der Bundesrepublik Deutschland Bd. 5/2, Stuttgart: DVA, Mannheim: Brockhaus, S. 7-272

Joas, Hans 1980: Praktische Intersubjektivität. Die Entwicklung des Werkes von G.H. Mead, Frankfurt/M.: Suhrkamp

Joas, Hans 1992: Pragmatismus und Gesellschaftstheorie, Frankfurt/M.: Suhrkamp

Jonas, Hans 1992: Philosophische Untersuchungen und metaphysische Vermutungen, Frankfurt/M.: Insel

Jürgensen, Kurt 1981: Zum Problem der „Political Re-education". In: Heinemann 1981, S. 114-139

Kaack, Heino und Ursula 1977 (Hg.): Parteien-Jahrbuch 1973/74, Meisenheim: Hain

Kagerer, Hildburg 1978: In der Schule tobt das Leben. Eine 10. Hauptschulklasse und ihre Lehrerin machen sich selbst zum Thema, Berlin: Basis-Verlag

Kahlert, Joachim 1990a: Alltagstheorien in der Umweltpädagogik. Eine sozialwissenschaftliche Analyse, Weinheim: Deutscher Studien Verlag

Kahlert, Joachim 1990b: Umwelterziehung zwischen Aufklärung und Simplifizierung. Bedingungen und Grenzen von Rationalität in der Umweltpolitik als Herausforderung der politischen Bildung. In: Gegenwartskunde 39, H. 4, S. 503-531

Kapferer, Norbert 1990: Das Feindbild der marxistisch-leninistischen Philosophie in der DDR 1945-1988, Darmstadt: Wissenschaftliche Buchgesellschaft

Kastendiek, Hans 1977: Die Entwicklung der westdeutschen Politikwissenschaft, Frankfurt/M.: Campus

Kellermann, Henry 1981: Von Re-education zu Re-orientation. Das amerikanische Re-orientierungsprogramm der Nachkriegszeit. In: Heinemann 1981, S. 86-102

Kielmannsegg, Peter Graf von 1987: Zur philosophischen Tradition des Faches und seiner Bildungsfunktion. In: Hans-Hermann Hartwich (Hg.), Politikwissenschaft. Lehre und Studium zwischen Professionalisierung und Wissenschaftsimmanenz, Opladen: Leske + Budrich , S. 59-64

Kindler, Karl Friedrich 1960: Not und Aufgabe der politischen Erziehung. In: Gesellschaft – Staat – Erziehung, S. 62-86. Hier in: Schneider (Hg.) 1975, Bd. 1, S. 103-144

King, Alexander/Schneider, Bertrand 1991: Die Globale Revolution. Ein Bericht des Rates des Club of Rome, Spiegel Spezial 2/1991

Klafki, Wolfgang 1958: Die didaktische Analyse als Kern der Unterrichtsvorbereitung, hier in: Heinrich Roth/Alfred Blumenthal (Hg.), Auswahl. Grundlegende Aufsätze aus der Zeitschrift Die Deutsche Schule 1, Hannover: Schroedel 1964, S. 5-34

Klafki, Wolfgang 1963: Kategoriale Bildung. Zur bildungstheoretischen Deutung der modernen Didaktik. In: ders., Studien zur Bildungstheorie und Didaktik, Weinheim: Beltz

Klafki, Wolfgang 1982: Die Pädagogik Theodor Litts. Eine kritische Vergegenwärtigung, Königstein/Ts.: Scriptor

Klafki, Wolfgang 1985a: Konturen eines neuen Allgemeinbildungskonzepts. In: ders., Neue Studien zur Bildungstheorie und Didaktik, Weinheim: Beltz, S. 12-30

Klafki, Wolfgang 1985b: Unterrichtsplanung im Sinne kritisch-konstruktiver Didaktik. In: ders., Neue Studien zur Bildungstheorie und Didaktik, Weinheim: Beltz, S. 194-227

Klafki, Wolfgang 1988: Theodor Litt zwischen Weimar und Bonn. In: Siegfried George, Wolfgang Sander (Hrsg.), Demokratie-Lernen als pädagogische Aufgabe. Festschrift für Kurt Gerhard Fischer zum 60. Geburtstag, Stuttgart: Metzler, S. 13-40

Klafki, Wolfgang 1990: Allgemeinbildung für eine humane, fundamental-demokratisch gestaltete Gesellschaft. In: Cremer/Klein 1990, S. 297-310

Klages, Helmut 1988: Wertedynamik. Über die Wandelbarkeit des Selbstverständlichen, Zürich: Edition Interfrom

Kleemann, Ulla 1977: Der Deutsche Ausschuß für das Erziehungs- und Bildungswesen. Eine Untersuchung zur Bildungspolitik-Beratung in der Bundesrepublik Deutschland, Weinheim: Beltz

Kleßmann, Christoph 1982: Die doppelte Staatsgründung. Deutsche Geschichte 1945-1955, Göttingen: Vandenhoeck & Ruprecht (auch Schriftenreihe der Bundeszentrale Bd. 193, Bonn 1982)

Kleßmann, Christoph 1988: Zwei Staaten, eine Nation. Deutsche Geschichte 1955-1970, Schriftenreihe der Bundeszentrale für politische Bildung Bd. 265, Bonn

Klippert, Heinz 1984: Wirtschaft und Politik erleben. Planspiele für Schule und Lehrerbildung, Weinheim: Beltz

Klippert, Heinz 1988: Durch Erfahrung lernen. Ein Prinzip (auch) für die politische Bildung. In: Bundeszentrale für politische Bildung (Hg.), Erfahrungsorientierte Methoden der politischen Bildung, Schriftenreihe Bd. 258, Bonn, S. 75-93

Kniffler, Carter/Schlette, Hanna 1967: Politische Bildung in der Bundesrepublik. Analysen – Reflexionen – Versuche, Neuwied: Luchterhand

Knütter, Hans-Helmuth 1993: Deutschfeindlichkeit im westlichen Ausland. In: Rainer Zitelmann, Karlheinz Weißmann, Michael Großheim (Hg.), Westbindung. Chancen und Risiken für Deutschland, Frankfurt/M.: Propyläen, S. 421-437

Kocka, Jürgen 1994: Ein deutscher Sonderweg. Überlegungen zur Sozialgeschichte der DDR. In: APuZ, Beilage zu Das Parlament B 40/94 vom 7. 10. 1994, S. 34-45

Kolakowski, Leszek 1960: Der Mensch ohne Alternative. Von der Möglichkeit und Unmöglichkeit, Marxist zu sein, hier: 6. Aufl., München: Piper 1984

Koll, Rainer 1991: Systemopposition und Verfassungsmilitanz, in: Süß 1991, S. 187-202

Korte, Hermann 1992: Einführung in die Geschichte der Soziologie, Opladen: Leske + Budrich

Koslowski, Peter 1989: Risikogesellschaft als Grenzerfahrung der Moderne. Für eine post-moderne Kultur. In: APuZ, Beilage zu Das Parlament B 36/89 vom 1. 9. 1989, S. 14-30

Köhler, Gerd (Hg.) 1974: Wem soll die Schule nützen. Rahmenrichtlinien und neue Lehrpläne: Soziales Lernen im Konflikt, Frankfurt: Fischer

Krockow, Christian Graf von 1969: Sozialwissenschaften und Lehrerbildung. Plädoyer für eine neue Bildungskonzeption, Opladen: Leske

Krockow, Christian Graf von 1990: Die Deutschen in ihrem Jahrhundert 1890-1990, Reinbek: Rowohlt

Kuhn, Hans-Werner/Massing, Peter 1990: Politische Bildung seit 1945. Konzeptionen, Kontroversen, Perspektiven. In: APuZ, Beilage zu Das Parlament B 52-53/90 vom 21. 12. 1990, S. 28-40. Auch in Breit/Massing 1992, S. 19-37

Kuhn, Hans-Werner/Massing, Peter/Skuhr, Werner (Hg.) 1993: Politische Bildung in Deutschland. Entwicklung – Stand – Perspektiven, Opladen: Leske + Budrich, 2. Aufl.

Kunz, Rainer/ Maier, Herbert/Stammen, Theo (Hg.) 1975: Programme der politischen Parteien in der Bundesrepublik, München: Beck

Kühn, Peter/Rohe, Karl 1981: Theorie und Didaktik der politischen Bildung in der Bundesrepublik Deutschland. In: Walter Twellmann (Hg.), Handbuch Schule und Unterricht, Bd. 5.1, Düsseldorf: Schwann, S. 500-508

Kühr, Herbert 1980: Politische Didaktik, Königstein/Ts.: Athenäum

Laak, Dirk van 1993: Gespräche in der Sicherheit des Schweigens. Carl Schmitt in der politischen Geistesgeschichte der frühen Bundesrepublik, Berlin: Akademie Verlag

Lange-Quassowski, Jutta-B. 1978: Demokratisierung der Deutschen durch Umerziehung? Die Interdependenz von deutscher und amerikanischer Politik in der Vorgeschichte der Bundesrepublik Deutschland. In: APuZ, Beilage zu Das Parlament B 29/78 vom 22. 7. 1978, S. 13-28

Lange-Quassowski, Jutta-B. 1979: Neuordnung oder Restauration? Das Demokratiekonzept der amerikanischen Besatzungsmacht, Opladen: Leske + Budrich

Lange-Quassowski, Jutta-B. 1981: Amerikanische Westintegrationspolitik, Re-education und deutsche Schulpolitik. In: Heinemann 1981, S. 53-67
Leggewie, Claus 1988: 1968: Ein Laboratorium der nachindustriellen Gesellschaft? Zur Tradition der antiautoritären Revolte seit den sechziger Jahren. In: APuZ, Beilage zu Das Parlament B 20/88 vom 13. 5. 88., S. 3-15
Leithäuser, Thomas 1976: Formen des Alltagsbewußtseins, Frankfurt/M.: Campus
Lengemann, Jörg 1974: Politisch-gesellschaftliche Postulate. Forderungen gesellschaftlicher Gruppen und der politischen Didaktik an den Politischen Unterricht, in: Rolf Schörken (Hg.), Curriculum „Politik". Von der Curriculumtheorie zur Unterrichtspraxis, Opladen: Leske, S. 64-86
Lessing, Theodor 1919: Geschichte als Sinngebung des Sinnlosen, hier München: Matthes & Seitz 1983
Lilge, Herbert (Hg.) 1976: Deutschland 1945-1963, 5. Aufl., Hannover: Fackelträger
Lingelbach, Karl-Christoph 1967: Der „Konflikt" als Grundbegriff der politischen Bildung. In: Pädagogische Rundschau 21, S. 48-55 u. 125-138. Auszüge in Kuhn u.a. 1993, S. 252-260
Lingelbach, Karl-Christoph 1970: Zum Verhältnis der ‚allgemeinen' zur ‚besonderen' Didaktik. Dargestellt am Beispiel der politischen Bildung. In: Wolfgang Klafki u.a., Erziehungswissenschaft 2, Funk-Kolleg, Frankfurt/M.: Fischer, S. 93-121. Auch in Breit/Massing 1992, S. 394-415
Lißmann, Hans-Joachim/Sandmann, Fritz 1987: Unterrichtsmodelle – ein Thema – drei didaktische Konzeptionen. In: Volker Nietzschke/Fritz Sandmann (Hg.), Metzler Handbuch für den politischen Unterricht, Stuttgart: Metzler, S. 86-110. Auch in Breit/Massing 1992, S. 534-572
Litt, Theodor 1958: Die politische Selbsterziehung des deutschen Volkes, 4. Aufl., Bonn
Litt, Theodor 1959: Das Selbstverständnis des gegenwärtigen Zeitalters. In: ders., Wissenschaft und Menschenbildung im Lichte des West-Ost-Gegensatzes, 2. Aufl., Heidelberg
LM = Laufende Mitteilungen Zum Stand der politischen Bildung in der Bundesrepublik Deutschland, hrsg. von Friedrich Minssen, Essen: Hobbing 1964ff.
Lorig, Wolfgang H. 1987: „Sonderweg" oder „Sonderbewußtsein der Deutschen"? Zu einer Kategorie des deutschen Geschichtsbewußtseins. In: Politische Bildung 20, H. 1, S. 13-29
Löwenthal, Richard 1979: Gesellschaftswandel und Kulturkrise. Zukunftsprobleme der westlichen Demokratien, Frankfurt: Fischer
Lübbe, Hermann 1974: Politische Philosophie in Deutschland, München: dtv
Lübbe, Hermann 1988: Der Mythos der „kritischen Generation". Ein Rückblick. In: APuZ, Beilage zu das Parlament B 20/88 vom 13. 5. 88., S. 17-25

Maaz, Hans-Joachim 1990: Der Gefühlsstau. Ein Psychogramm der DDR, Berlin: Argon
Mannheim, Karl 1958: Mensch und Gesellschaft im Zeitalter des Umbaus, Darmstadt: Wiss. Buchgesellschaft
Martens, Ekkehard 1981: Amerikanische Pragmatisten. In: Otfried Höffe (Hg.), Klassiker der Philosophie, Bd. 2, München: Beck, S. 225-250
Marz, Lutz 1992: Dispositionskosten des Transformationsprozesses. In: APuZ, Beilage zu Das Parlament B 24/92 vom 5. 6. 1992, S. 3-14
Massing, Peter 1984: Die Bildungspolitik. In: Gert-Joachim Glaeßner, Jürgen Holz, Thomas Schlüter (Hg.), Die Bundesrepublik in den siebziger Jahren. Versuch einer Bilanz, Opladen: Leske + Budrich, S. 197-216
Merkel, Reinhard 1990: Wahnbild Nation. In: Die Zeit vom 9. 3. 1990, S. 52
Mesarovic, Mihailo/Pestel, Eduard 1974: Menschheit am Wendepunkt. 2. Bericht an den Club of Rome zur Weltlage, Stuttgart: DVA
Messerschmid, Felix 1946: Alte Wahrheit und neue Ordnung. Grundfragen der Erziehung und Bildung, Stuttgart: DVA
Messerschmid, Felix 1955: Die Aufgabe der politischen Bildungsarbeit der Schule und der Geschichtsunterricht. In: Geschichte in Wissenschaft und Unterricht 6, S. 463-476

Messerschmid, Felix 1971: 25 Jahre politische Bildung im Wandel. In: Theodor Pfizer (Hg.), Bürger im Staat. Politische Bildung im Wandel, Stuttgart: Kohlhammer, S. 23-43
Meyer, Hilbert 1987: UnterrichtsMethoden, Bd. I: Theorieband, Bd. II: Praxisband, Frankfurt/M.: Scriptor. Auch in Breit/Massing 1992, S. 500-516
Mickel, Wolfgang W. (Hg.) 1983: Handlexikon zur Politikwissenschaft, München: Ehrenwirt
Mickel, Wolfgang W./Zitzlaff, Dietrich (Hg.) 1988: Handbuch zur politischen Bildung, Opladen: Leske + Budrich
Minssen, Friedrich (Hg.) 1966: Politische Bildung als Aufgabe. Beiträge deutscher Amerika-Fahrer, Frankfurt/M. u. Stuttgart: Diesterweg u. Klett
Mitscherlich, Alexander und Margarete 1967: Die Unfähigkeit zu trauern. Grundlagen kollektiven Verhaltens, München: Piper (hier 20. Aufl. 1988)

Negt, Oskar 1968: Studentischer Protest – Liberalismus – „Linksfaschismus". In: Kursbuch 13, Juni 1968, S. 179-189
Nietzschke, Volker 1988: Zum methodischen Handeln im politischen Unterricht. In: Bundeszentrale für politische Bildung (Hg.), Erfahrungsorientierte Methoden der politischen Bildung, Schriftenreihe Bd. 258, Bonn, S. 47-61. Auch in Breit/Massing 1992, S. 517-529
Nitzschke, Volker/Sandmann, Fritz (Hg.) 1987: Metzler Handbuch für den politischen Unterricht, Stuttgart: Metzler
Nolte, Ernst 1985: Deutschland und der Kalte Krieg, 2. Aufl., Stuttgart
Nonnenmacher, Frank 1984: Politisches Handeln von Schülern. Eine Untersuchung zur Einlösbarkeit eines Postulats der Politischen Bildung, Weinheim: Beltz

Oetinger, Friedrich 1951: Wendepunkt der politischen Erziehung. Partnerschaft als pädagogische Aufgabe, Stuttgart: Metzler
Oetinger, Friedrich 1956: Partnerschaft. Die Aufgabe der Politischen Erziehung, 3. Aufl., Stuttgart: Metzler
Ollig, Hans-Ludwig (Hg.) 1991: Philosophie als Zeitdiagnose. Ansätze der deutschen Gegenwartsphilosophie, Darmstadt: Wiss. Buchgesellschaft
Ortega y Gasset, José 1952: Der Aufstand der Massen, Stuttgart: DVA
Ortlieb, Heinz-Dietrich/Dörge, Friedrich-Wilhelm (Hg.) 1964: Wirtschafts- und Sozialpolitik. Modellanalysen politischer Probleme, Opladen: Leske
Ortlieb, Heinz-Dietrich/Dörge, Friedrich-Wilhelm (Hg.) 1968: Wirtschaftsordnung und Strukturpolitik, Modellanalysen Bd. II, Opladen: Leske
Otto, Harald 1970: Versuch einer Konfliktanalyse, in: Wilhelm 1970, S. 79-102

Pakschies, Günter 1979: Umerziehung in der Britischen Zone 1945-1949, Weinheim: Beltz
Pakschies, Günter 1981: Re-education und die Vorbereitung der britischen Bildungspolitik in Deutschland während des Zweiten Weltkrieges. In: Heinemann 1981, S. 103-113
Perschel, Wolfgang 1970: Die rechtliche Seite der SMV, in: Wilhelm 1970, S. 201-207
Pieper, Josef 1948: Grundformen sozialer Spielregeln, Frankfurt/M.
Plessner, Helmut 1959: Die verspätete Nation. Über die politische Verführbarkeit bürgerlichen Geistes, hier: 3. Aufl., Frankfurt/M.: Suhrkamp 1988
Pöggeler, Otto 1972: Philosophie und Politik bei Heidegger, Freiburg: Alber

Raschert, Jürgen 1980: Bildungspolitik im kooperativen Föderalismus. Die Entwicklung länderübergreifender Planung und Koordination des Bildungswesens der Bundesrepublik Deutschland. In: Max-Planck-Institut für Bildungsforschung (Hg.), Bildung in der Bundesrepublik Deutschland. Daten und Analysen, Bd. 1, Reinbek: Rowohlt, S. 103-215
Reich, Jens 1991: Rückkehr nach Europa. Zur neuen Lage der deutschen Nation, München: Hanser
Reichel, Peter 1981: Politische Kultur der Bundesrepublik, Opladen: Leske + Budrich
Richter, Dagmar 1989: Bedingungen emanzipatorischer Lernprozesse. Über den Zusammenhang von lebensweltlicher Erfahrung mit kognitiver Entwicklung, Frankfurt/M.: Haag + Herchen

Richter, Dagmar 1991: Herausforderungen und Lebenswelt. Probleme der Vermittlung von wissenschaftlichen und lebensweltlichen Erkenntnisweisen. In: Bernhard Claußen/Walter Gagel/ Franz Neumann (Hg.), Herausforderungen, Antworten. Politische Bildung in den neunziger Jahren. Wolfgang Hilligen zum 75. Geburtstag, Opladen: Leske + Budrich, S. 251-264
Richter, Dagmar 1992: Bildungsprozesse im Sachunterricht. Oldenburger Vor-Drucke Heft 170/92, Oldenburg
Riehl, Wolfgang 1987: Können Schüler lernen, an der Börse zu spielen? Können Schüler spielend an der Börse lernen? In: Gegenwartskunde 36, H. 2, S. 219-222
Rohe, Karl/Dörner, Andreas 1990: Von der Untertanenkultur zur „Partizipationsrevolution"? Kontinuität und Wandel Politischer Kultur in Deutschland. In: Politische Bildung 23, H. 3, S. 18-33
Rolff, Hans-Günter 1984: Schule im Wandel. Kritische Analysen zur Schulentwicklung, Essen: Neue Deutsche Schule
Roloff, Ernst-August 1961: Bürgertum und Nationalsozialismus 1930-1933. Braunschweigs Weg ins Dritte Reich, Hannover: Verlag für Literatur und Zeitgeschehen; hier: Reprint Braunschweig: Magni-Buchladen 1980
Roloff, Ernst-August 1971: Politische Bildung zwischen Ideologie und Wissenschaft. In: APuZ, Beilage zu Das Parlament B 41/71 vom 9. 10. 1971, S. 3-20
Roloff, Ernst-August 1972 ff.: Erziehung zur Politik. Eine Einführung in die politische Didaktik, Bd. 1: Sozialwissenschaftliche Grundlagen, Göttingen: Schwartz 1972, 3. erweiterte Aufl. 1974; Bd. 2: Didaktische Beispielanalysen für die Sekundarstufe I, Göttingen: Schwartz 1974; Bd. 3: Didaktische Beispielanalysen für die Sekundarstufe II und die Erwachsenenbildung, Göttingen: Schwartz 1979
Roloff, Ernst-August 1975: Politische Didaktik – Didaktik der Politik. In: Kurt Gerhard Fischer (Hg.), Zum aktuellen Stand der Theorie und Didaktik der Politischen Bildung, Stuttgart: Metzler, S. 125-136
Roloff, Ernst-August 1977: „Tendenzwende" – oder: Wie politisch darf politische Bildung sein? In: Neue Politische Literatur, H. 1, S. 71-94
Roloff, Ernst-August 1985: 100 Jahre Bürgertum in Braunschweig, Bd. I: Von der Jasperallee zur Kaiser-Wilhelm-Straße, Braunschweig: Oeding
Roloff, Ernst-August 1987: 100 Jahre Bürgertum in Braunschweig, Bd. II: Tradition und Wandel. Lebensgeschichten aus einem bürgerlichen Wohnquartier, Braunschweig: Oeding
Roloff, Ernst-August 1988: „Gewissenhafte Pflichterfüllung zum Wohle der Allgemeinheit"? Ein subjektiver Rück- und Ausblick auf 40 Jahre politische Bildung in der Bundesrepublik Deutschland. In: APuZ, Beilage zu Das Parlament B 51/88 vom 16. 12. 1988, S. 3-12
Rossmeissl, Dieter 1988: Demokratie von außen. Amerikanische Militärregierung in Nürnberg 1945-1949, München: dtv
Roth, Heinrich 1966: Pädagogische Psychologie, 9. Aufl., Hannover: Schroedel
Roth, Roland 1991: Abkehr vom Etatismus. In: Süß 1991, S. 203-218
Rothe, Klaus 1981: Didaktik der Politischen Bildung, Berlin: Gercke
Rothe, Klaus (Hg.) 1989: Unterricht und Didaktik der politischen Bildung in der Bundesrepublik. Aktueller Stand und Perspektiven, Opladen: Leske + Budrich
Rössner, Lutz 1969: Der politische Bildungsprozeß, Frankfurt/M.: Diesterweg
Ruhl, Hans-Jörg (Hg.) 1982: Neubeginn und Restauration. Dokumente zur Vorgeschichte der Bundesrepublik Deutschland 1945-1949, München: dtv
Rutschky, Michael 1990: Mein Westdeutschland. In: Merkur Nr. 494, 4/1990, S. 269-281

Sander, Wolfgang 1988: Methoden der politischen Entscheidungsanalyse und der politisch-moralischen Urteilsbildung. In: Walter Gagel/Dieter Menne (Hg.), Politikunterricht. Handbuch zu den Richtlinien NRW, Opladen: Leske + Budrich, S. 189-199
Sander, Wolfgang 1989: Zur Geschichte und Theorie der politischen Bildung. Allgemeinbildung und fächerübergreifendes Lernen in der Schule, Marburg: SP-Verlag

Sarcinelli, Ulrich 1980: Grundsatzpolitische Kontroversen der Bundestagsparteien als Versuche gegenseitiger Positionsfixierung. In: Heino Kaack, Reinhold Roth (Hg.), Handbuch des deutschen Parteiensystems, Bd. 2, Opladen: Leske + Budrich
Schaeffer, Barbara 1976: Erfahrung als Grundlage politischen und sozialen Lernens. Überlegungen zu einer Didaktik der Gesellschaftslehre. In: Ulf Preuss-Lausitz/Barbara Schaeffer/ Wilhelm Quitzow (Hg.), Fachunterricht und politisches Lernen, Weinheim: Beltz
Schaeffer, Barbara/Lambrou, Ursula 1972: Politische Bildung als Unterrichtsprinzip, Frankfurt/M.: EVA
Schäfers, Bernhard (Hg.) 1986: Grundbegriffe der Soziologie, Opladen: Leske + Budrich
Schäfers, Bernhard 1989: Wandel der bundesrepublikanischen Gesellschaft 1949-1989. In: Gegenwartskunde 38, H. 2, S. 141-152
Schefer, Gerwin 1969: Das Gesellschaftsbild des Gymnasiallehrers. Eine Bewußtseinsanalyse des deutschen Studienrats, Frankfurt/M.: Suhrkamp
Scheller, Ingo 1981: Erfahrungsbezogener Unterricht. Praxis. Planung, Theorie, Königstein: Scriptor
Schelsky, Helmut 1957: Die skeptische Generation. Eine Soziologie der deutschen Jugend, hier Frankfurt/M.: Ullstein 1975
Schiele, Siegfried/Schneider, Herbert 1977 (Hg.): Das Konsensproblem in der politischen Bildung, Stuttgart: Klett
Schlander, Otto 1981: Der Einfluß von John Dewey und Hans Morgenthau auf die Formulierung der Re-educationspolitik. In: Heinemann 1981, S. 40-53
Schmid, Josef 1988: Landesverbände und Bundespartei der CDU. Organisationsstrukturen, Politiken und Funktionsweisen einer Partei im Föderalismus, Politikwiss. Diss. Universität Konstanz
Schmid, Josef 1991: Der Machtwechsel und die Strategie des konservativ-liberalen Bündnisses. In: Süß 1991, S. 19-34
Schmidt, Rudi 1992: Obsolete Nation und transitorischer Staat. In: Otthein Rammstedt/Gert Schmidt (Hg.), BRD ade! Vierzig Jahre in Rück-Ansichten, Frankfurt: Suhrkamp, S. 181-202
Schmiederer, Ingrid 1970: Wirtschaftliche Mitbestimmung. Modelle für den politischen und sozialwissenschaftlichen Unterricht 2, Frankfurt/M.: EVA
Schmiederer, Rolf 1971: Zur Kritik der Politischen Bildung. Ein Beitrag zur Soziologie und Didaktik des Politischen Unterrichts, Frankfurt/M.: EVA, 6. Aufl. 1977
Schmiederer, Rolf 1972: Zwischen Affirmation und Reformismus. Politische Bildung in Westdeutschland seit 1945, Frankfurt/M.: EVA
Schmiederer, Rolf 1975: Entwicklung und Probleme der Didaktik des politischen Unterrichts. In: Kurt Gerhard Fischer (Hg.), Zum aktuellen Stand der Theorie und Didaktik der Politischen Bildung, Stuttgart: Metzler
Schmiederer, Rolf 1976: Praxisbezug und Realisierbarkeit der Ziele als Grundlage einer pragmatischen Konsensfindung der Didaktik des politischen Unterrichts. In: Franz Neumann/ Kurt Gerhard Fischer (Hg.), Option für Freiheit und Menschenwürde. Festschrift für Wolfgang Hilligen zum 60. Geburtstag, Frankfurt/M.: Hirschgraben, S. 143-151
Schmiederer, Rolf 1977 a: Einige Überlegungen zum Konsensproblem in der politischen Bildung. In: Schiele, Siegfried/Schneider, Herbert (Hg.) 1977, S. 130-151
Schmiederer, Rolf 1977 b: Politische Bildung im Interesse der Schüler, Köln: EVA
Schmiederer, Rolf/Schmiederer, Ingrid 1966: Neuere Literatur zur politischen Bildung. In: Das Argument 40, 5/1966, S. 406-413
Schneider, Heinrich (Hg.) 1975: Politische Bildung in der Schule,. Bd. 1: Grundfragen. Zur Entwicklung der Diskussion in der Bundesrepublik Deutschland, Wege der Forschung 136, Bd. 2: Beiträge der Unterrichtsfächer, Wege der Forschung 423, Darmstadt: Wissenschaftliche Buchgesellschaft
Schneider, Peter 1990: Extreme Mittellage. Eine Reise durch das deutsche Nationalgefühl, Reinbek: Rowohlt

Schneider [Reinhardt], Sibylle 1967: Zum Entwicklungsstand der Schülermitverwaltung. Ergebnisse einer Untersuchung. In: Gesellschaft – Staat – Erziehung, H. 1, S. 48-54
Schoenebeck, Hubertus von 1980: Der Versuch, ein kinderfreundlicher Lehrer zu sein, Frankfurt/M.: Fischer
Schörken, Rolf 1978: Die öffentliche Auseinandersetzung um neue Lehrpläne für politische Bildung und das Konsensusproblem. In: Kurt Gerhard Fischer (Hg.), Zum aktuellen Stand der Theorie und Didaktik der Politischen Bildung, 3. Aufl., Stuttgart: Metzler, S. 5-19
Schörken, Rolf 1984: Luftwaffenhelfer und Drittes Reich. Die Entstehung eines politischen Bewußtseins, Stuttgart: Klett-Cotta
Schörken, Rolf 1990: Jugend 1945. Politisches Denken und Lebensgeschichte, Opladen: Leske + Budrich
Schubarth, Wilfried 1990: Zu Veränderungen im politischen Denken von DDR-Jugendlichen. In: Geschichte Erziehung Politik 1, H. 4, S. 350-356
Schuch, Hans Waldemar (Hg.) 1978: Der subjektive Faktor in der politischen Erziehung, Stuttgart: Klett
Schulz, Walter 1972: Philosophie in der veränderten Welt, Pfullingen: Neske
Schulze, Gerhard 1992: Die Erlebnisgesellschaft. Kultursoziologie der Gegenwart, Frankfurt/M.: Campus
Schwarz, Hans-Peter 1981: Die Ära Adenauer 1949-1957. Geschichte der Bundesrepublik Deutschland Bd. 2, hg. von Karl Dietrich Bracher, Theodor Eschenburg, Joachim C. Fest, Eberhard Jäckel, Stuttgart: DVA, Wiesbaden: Brockhaus
Seeber, David 1990: Die Bundesrepublik Deutschland 1990: Abschied von einem Modell? In: Manfred Mols (Hg.), Normative und institutionelle Ordnungsprobleme des modernen Staates, Festschrift zum 65. Geburtstag von Manfred Hättich, Paderborn: Schöningh, S. 272-282
Sontheimer, Kurt 1962: Antidemokratisches Denken in der Weimarer Republik. Die politischen Ideen des deutschen Nationalismus zwischen 1918 und 1933, hier: 3. Aufl., München: dtv 1992
Sozialkunde und Sozialwissenschaften 1963. Zur Diskussion um das neue Fach Gemeinschaftskunde, hg. von Otto-Suhr-Institut der FU Berlin und Landeszentrale für politische Bildungsarbeit Berlin, Berlin: Colloquium Verlag
Söllner, Alfons 1986: Zur Archäologie der Demokratie in Deutschland, Bd. 2: Analysen von politischen Emigranten im amerikanischen Außenministerium 1946-1949, Frankfurt: Fischer
SPIEGEL-Umfrage: West-Deutsche und Ost-Deutsche im Vergleich. In: DER SPIEGEL Nr. 46 vom 12. 11. 1990, S. 114-128, und Nr. 47 vom 19. 11. 1990, S. 113-127
Spinner, Helmut F. 1978: Popper und die Politik. Rekonstruktion und Kritik der Sozial-, Polit- und Geschichtsphilosophie des kritischen Rationalismus, Bd. I: Geschlossenheitsprobleme, Berlin: Dietz
Spranger, Eduard 1930: Lebensformen. Geisteswissenschaftliche Psychologie und Ethik der Persönlichkeit, 7. Aufl., Halle/Saale: Niemeyer (zuerst 1914)
Staack, Michael 1991: Die Entwicklung der internationalen Beziehungen und die Bundesrepublik Deutschland. In: Süß 1991, S. 269-286
Stegmüller, Wolfgang 1954: Metaphysik, Skepsis, Wissenschaft, hier 2. Aufl., Berlin: Springer 1969
Stein, Gerd 1979: Immer Ärger mit den Schulbüchern. Ein Beitrag zum Verhältnis zwischen Pädagogik und Politik. Dokumentarischer Teil, Stuttgart: Metzler
Streithofen, Heinrich, Basilius 1980: Die Familie im Schulbuch. Eine Untersuchung, Walberberg: Institut für Gesellschaftswissenschaften
Sutor, Bernhard 1968: Realismus in der politischen Bildung, in: Gesellschaft – Staat – Erziehung 13, H. 1, S. 12ff.
Sutor, Bernhard 1971: Didaktik des politischen Unterrichts. Eine Theorie der politischen Bildung, Paderborn: Schöningh, 2. Aufl. um ein Nachwort erweitert 1973

Sutor, Bernhard 1976: Grundgesetz und politische Bildung. Ein Beitrag zur Wiedergewinnung eines Minimalkonsenses im Streit um den Politikunterricht, hg. von der Niedersächsischen Landeszentrale für Politische Bildung, Hannover
Sutor, Bernhard 1984: Neue Grundlegung politischer Bildung, Bd. I und II, Paderborn: Schöningh. Auszüge in Breit/Massing 1992, S. 339-351
Sutor, Bernhard 1988: Politische Bildung als Politikum – Ein unbewältigtes Problem. In: APuZ, Beilage zu Das Parlament B 51/88 vom 16. 12. 1988, S. 13-27
Sutor, Bernhard 1992: Politische Bildung als Praxis. Grundzüge eines didaktischen Konzepts, Schwalbach/Ts.: Wochenschau
Süß, Werner (Hg.) 1991: Die Bundesrepublik in den achtziger Jahren, Opladen: Leske + Budrich
Swartz, Richard 1990: Die Deutschstunde. In: Kursbuch 100, Berlin

Tausch, Anne-Marie 1958: Empirische Untersuchungen über das Verhalten von Lehrern gegenüber Kindern in erziehungsschwierigen Situationen. In: Zeitschrift für experimentelle und angewandte Psychologie 5, S. 127-163. Hier in: Berthold Gerner (Hrsg.); Erziehungsstile und Lehrerverhalten in der neueren deutschen Forschung, Darmstadt: Wissenschaftliche Buchgesellschaft 1976, S. 29-103
Tegtmeyer, G. 1977: Politische Erziehung in der Bundesrepublik zwischen Ideologie und Wirklichkeit, Bad Heilbronn: Klinkhardt
Tenbruck, Friedrich H. 1974: Alltagsnormen und Lebensgefühle in der Bundesrepublik. In: Richard Löwenthal, Hans-Peter Schwarz (Hg.), Die zweite Republik. 25 Jahre Bundesrepublik Deutschland – eine Bilanz, Stuttgart: Seewald, S. 289-310
Tent, James 1981: Education and Religious Affairs Branch, OMGUS und die Entwicklung amerikanischer Bildungspolitik 1944 bis 1949. In: Heinemann 1981, S. 68-85
Teschner, Manfred 1968: Politik und Gesellschaft im Unterricht. Eine soziologische Analyse der politischen Bildung an hessischen Gymnasien, Frankfurt/M.: EVA
Thaysen, Uwe 1990: Der Runde Tisch. Oder: Wo blieb das Volk? Opladen: Westdeutscher Verlag
Theisen, Heinz 1985: Katastrophenstimmung und freiheitliche Demokratie. Gefährdungen, Grenzen und Möglichkeiten freiheitlicher Politik in den prognostizierten Bedrohungsfeldern unserer Zukunft, Köln: Wissenschaft und Politik
Thienel-Saage, Ingrid 1983: Zur Berufssituation junger Sozialkundelehrer. In: Gegenwartskunde 32, H. 3, S. 319-329
Tietgens, Hans 1960: Falsche Ansätze in der politischen Bildung. Gesellschaft-Staat-Erziehung, S. 296-307. Hier in: Schneider (Hg.) 1975, Bd. 1, S. 145-163
Tjaden, Karl Hermann 1966: Politische Bildung als Affirmation und Kritik. In: Das Argument 8 (1966), Nr. 40, 5/1966, S. 361-385; auch in: Schneider (Hg.) 1975, Bd. 1, S. 241-275
Topitsch, Ernst 1961: Sozialphilosophie zwischen Ideologie und Wissenschaft, Neuwied: Luchterhand
Toynbee, Arnold J. 1950: Der Gang der Weltgeschichte, Band 1: Aufstieg und Verfall der Kulturen, hier: München: dtv 1970
Treibel, Annette 1993: Einführung in soziologische Theorien der Gegenwart, Opladen: Leske + Budrich

Viechtbauer, Hans-Peter 1988: Computersimulation im sozialwissenschaftlichen Unterricht. In: Gegenwartskunde 37, H. 3, S. 355-364
Vogt, Wolfgang R. (Hg.) 1984: Streitfall Frieden. Positionen und Analysen zur Sicherheitspolitik und Friedensbewegung, Heidelberg: C. F. Müller
Vontobel, Jacques/Künzler, Fritz 1984: Politik zum Anfassen. Vorschläge für eine schülernahe politische Bildung (ab 7. Schuljahr), Zug (Schweiz): Klett und Balmer

Waldenfels, Bernhard 1985: In den Netzen der Lebenswelt, Frankfurt/M.: Suhrkamp
Wallraven, Klaus 1976: Der unmündige Bürger. Ideologien und Illusionen politischer Pädagogik, München: Juventa
Weber, Max 1964: Wirtschaft und Gesellschaft, Studienausgabe, Köln: Kiepenheuer & Witsch

Wehling, Hans-Georg 1977: Konsens à la Beutelsbach? In Schiele/Schneider 1977, S. 173-184. Auch in Breit/Massing 1992, S. 122-128
Weinbrenner, Peter 1980: Zukunftssicherung als Thema und Qualifikation – eine Umorientierung in der politischen Didaktik? In: Gegenwartskunde 29, H. 3, S. 295-306. Auch in Breit/Massing 1992, S. 631-642
Weinbrenner, Peter 1988: Zukunftswerkstätten. Eine Methode zur Verknüpfung von ökonomischen, ökologischem und politischem Lernen. In: Gegenwartskunde 37, H. 4, S. 527-560
Weinbrenner, Peter 1989: Die Zukunft der Industriegesellschaft im Spannungsfeld von Fortschritt und Risiko. In: Grundfragen der Ökonomie, Schriftenreihe Bd. 277 der Bundeszentrale für politische Bildung, Bonn, S. 29-50. Auszüge in Kuhn u.a. 1993, S. 337-341
Weinstock, Heinrich 1958: Die politische Verantwortung der Erziehung in der demokratischen Massengesellschaft des technischen Zeitalters. Schriftenreihe der Bundeszentrale für Heimatdienst H. 33, Bonn
Weizsäcker, Ernst Ulrich von 1989: Erdpolitik. Ökologische Realpolitik an der Schwelle zum Jahrhundert der Umwelt, Darmstadt: Wissenschaftliche Buchgesellschaft
Wellie, Birgit 1991: Emanzipation in Kritischer Theorie, Erziehungswissenschaft und Politikdidaktik. Studien zur Transformation einer sozialphilosophischen Basiskategorie, Hamburg: Krämer
Wellmer, Albrecht 1979: Terrorismus und Gesellschaftskritik. In: Jürgen Habermas (Hg.), Stichworte zur „Geistigen Situation der Zeit", 1. Band: Nation und Republik, Frankfurt/M.: Suhrkamp, S. 265-293
Weniger, Erich 1952: Politische und mitbürgerliche Erziehung. In: Die Sammlung, S. 304-317. Hier in: Schneider (Hg.) 1975, Bd. 1, S. 16-35
Wiggershaus, Rolf 1988: Die Frankfurter Schule. Geschichte, Theoretische Entwicklung, Politische Bedeutung, München: dtv
Wilhelm, Theodor 1954: Eine Lanze für die Partnerschaft. In: Die Sammlung 9, S. 225-236. Hier in: Schneider (Hg.) 1975, Bd. 1, S. 36-54
Wilhelm, Theodor 1961: Für und Wider die politische Gefühlsbildung. In: Die deutsche Berufs- und Fachschule, S. 442-449
Wilhelm, Theodor (Hg.) 1970: Demokratie in der Schule, Göttingen: Vandenhoeck & Ruprecht
Winkeler, Rolf 1981: Das Scheitern einer Schulreform in der Besatzungszeit. Analyse der Ursachen am Beispiel der französisch besetzten Zone Württembergs und Hohenzollerns von 1945 bis 1949. In: Heinemann 1981, S. 211-228
Winkler, Hans-Joachim (Hg.) 1968: Das Establishment antwortet der APO. Eine Dokumentation, Opladen: Leske
Witsch-Rothmund, Franz Josef 1986: Politische Parteien und Schulbuch. Eine inhaltsanalytische Studie unter Berücksichtigung des Spannungsverhältnisses zwischen sozialisationstheoretischer Forschung und öffentlicher Schulbuchdiskussion, Frankfurt/M.: Haag + Herchen
Witsch-Rothmund, Franz Josef 1987: Politische Parteien und Schulbuch. In: APuZ, Beilage zu Das Parlament B 39/87 vom 26. 9. 1987, S. 17-28
Wurzbacher, Gerhard (Hg.) 1968: Die Familie als Sozialisationsfaktor, Stuttgart: Enke

Zapf, Wolfgang 1992: Entwicklung und Zukunft moderner Gesellschaft seit den 70er Jahren. In: Hermann Korte/Bernhard Schäfers (Hg.), Einführung in Hauptbegriffe der Soziologie, Opladen: Leske + Budrich, S. 195-210
Zeuner, Bodo 1991: Die Partei der Grünen. Zwischen Bewegung und Staat. In: Süß 1991, S. 53-68
Ziehe, Thomas 1975: Pubertät und Narzißmus. Sind Jugendliche entpolitisiert? Frankfurt/M.: EVA
Ziehe, Thomas 1980: Warum das Lernen heute schwieriger geworden ist. In: päd. extra 1980, H. 1, S. 33-42
Ziehe, Thomas/Stubenrauch, Herbert 1982: Plädoyer für ungewöhnliches Lernen, Reinbek: Rowohlt

Personenregister

W

Z